너무 늦기 전에 알아야 할
물건 이야기

THE STORY OF STUFF
by Annie Leonard

Copyright ⓒ 2010 by Annie Leonard
All rights reserved.
Korean translation copyright ⓒ 2011 by Gimm-Young Publishers, Inc.
This Korean edition was published by arrangement with the original publisher,
Free Press, A Division of Simon & Schuster, Inc.,
New York through KCC(Korea Copyright Center Inc.), Seoul.

너무 늦기 전에 알아야 할
물건 이야기

애니 레너드
김승진 옮김

너무 늦기 전에 알아야 할
물건 이야기

지은이_ 애니 레너드
옮긴이_ 김승진

1판 1쇄 발행_ 2011. 5. 6.
1판 14쇄 발행_ 2025. 8. 26.

발행처_ 김영사
발행인_ 박강휘

등록번호_ 제406-2003-036호
등록일자_ 1979. 5. 17.

경기도 파주시 문발로 197(문발동) 우편번호 10881
마케팅부 031)955-3100, 편집부 031)955-3200, 팩스 031)955-3111

이 책의 한국어판 저작권은 KCC(Korea Copyright Center Inc.)를 통한
저자와의 독점 계약에 의해 김영사에 있습니다. 저작권법에 의해 한국 내에서
보호를 받는 저작물이므로 무단 전재와 무단 복제를 금합니다.

값은 뒤표지에 있습니다.
ISBN 978-89-349-5073-8 03320

홈페이지_ www.gimmyoung.com   블로그_ blog.naver.com/gybook
인스타그램_ instagram.com/gimmyoung   이메일_ bestbook@gimmyoung.com

좋은 독자가 좋은 책을 만듭니다.
김영사는 독자 여러분의 의견에 항상 귀 기울이고 있습니다.

―

당신의 아이팟을 만드는 데 들어간
모든 자원과 사람의 노동과 시간에 대해
생각해 본 적이 있는가?
휴대 전화에 대해서는?
컴퓨터는?
입고 있는 옷은?
이제 그것에 대해,
더 늦기 전에 우리는 알아야 한다!

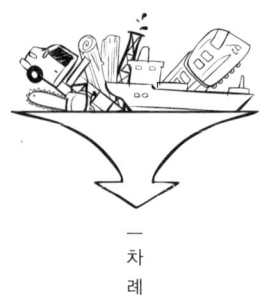

— 차례

★ 프롤로그 모든 것은 연결되어 있다 • 9 | 한계에 봉착하다 • 12 | 문제는 경제 성장이야, 멍청아 • 16 | 물건 이야기 • 18

★ 용어에 대해 • 22   ★ 그림 기호에 대해 • 26

1 추출 : 나무, 그들이 숲에 있어야 하는 이유 • 30 | 물, 낭비되어서는 안 되는 필수 요소 • 44 | 광석, 미래 세대가 쓸 것을 남겨두기 위해 • 58 | 석유, 그것이 우리를 남겨놓고 사라지기 전에 • 73 | 자원 채굴을 다시 생각하기 • 81 | 불균등하게 돌아가는 이득 • 85 | 추출 방식과 과정 바꾸기 • 91

2 생산 : 면티셔츠의 저렴한 가격에 숨겨진 진짜 비용 • 99 | 나무가 한 권의 책으로 만들어지기까지 • 109 | 컴퓨터가 좋아지는 만큼 환경은…… • 117 | 화를 돋우는 물건들 • 127 | 생산과 관련된 핵심 질문들 • 140 | 생산 현장의 노동자들 • 160 | 공장 입지 지역 공동체 • 164 | 우리를 지켜주(지 못하)는 것들 • 176 | 늘 이랬던 것은 아니다 • 185 | 맨 처음에서 시작하기 • 188

3 유통 : 공급망에서의 감량핑 • 197 | 트럭, 화물선, 비행기…… 오, 맙소사! • 206 | H&M의 티셔츠가 내 손에 들어오기까지 • 211 | 아마존 대 동네 서점 • 214 | 월마트와 '언제나 낮은 가격'의 진실 • 218 | 슈퍼스토어, 슈퍼악덕 • 224 | 규칙을 만드는 사람들 • 228 | 아이티에서 얻은 깨달음 • 242 | 지역적인 대안 • 246

4 소비 : 신성한 쇼핑 • 262 | 더 많은 돈과 물건, 그러나 불행한 사람들 • 265 | 부유하지만 행복하지 않은 나라 • 269 | 이제는 지쳐버린 지구 • 271 | 소비자의 나라는 어떻게 건설되었는가? • 275 | 시간이냐, 물건이냐 • 276 | 소비자 계급은 어떻게 형성되었는가? • 282 | 업계의 두 가지 책략 • 284 | 나 자신이 될 자유 • 293 | 소비자로서 어떤 선택을 할 것인가? • 297 | 소비자 자아와 시민 자아 • 304 | 시민 자아를 다시 활성화해야 하는 세 가지 이유 • 307 | 소비의 평등 실현하기 • 310 | 소비와 기후 그리고 평등 • 314 | 재분배와 존중 • 316

5 폐기 : 산업 폐기물 • 326 | 도시 생활 폐기물 • 334 | 건축 폐기물 • 348 | 의료 폐기물 • 350 | 전자제품 폐기물 • 352 | '멀리 보내기'의 허구 • 359 | 묻어서 멀리 보내기 • 360 | 태워서 멀리 보내기 • 367 | 매사추세츠주의 독성물질 저감법 • 376 | 해외로, 멀리 떨어진 곳으로 • 378 | '멀리'는 없다 • 390 | 그리고 거기 재활용이 있다 • 392 | 쓰레기 제로 • 401

★ 에필로그   패러다임 전환 • 408 | 새로운 세계의 모습 • 416 | 변화와 희망 • 419

★ 옮긴이의 글 • 421

★ 부록   전망 있는 정책과 개혁과 법률의 사례 • 429 | 개인적으로 할 수 있는 일들 • 439 | PVC 제품의 유통업자, 제조업자, 로비스트에게 보내는 편지 • 447

★ 주 • 451   ★ 찾아보기 • 493

―
프
롤
로
그

나는 녹음이 우거진 도시 시애틀에서 어린 시절을 보냈다. 여름이면 우리 가족은 자동차에 캠핑 도구를 가득 싣고 경이로울 만큼 아름다운 노스 캐스케이드산으로 갔다. 그런데 매년 쇼핑센터와 주택가는 점점 멀리 뻗어나가는 반면, 숲은 점점 줄어든다는 걸 알아차릴 수 있었다. 내 소중한 숲은 어디로 가고 있었던 것일까?

몇 년 뒤, 뉴욕에서 답을 찾았다. 나는 바너드 대학에서 환경학을 공부했는데, 아침에는 뉴욕 거리에 줄줄이 나와 있는 쓰레기봉지들을 보면서 여섯 블록을 걸어서 학교에 갔고, 열 시간 후에는 쓰레기봉지가 말끔히 치워져 있는 그 길을 다시 걸어서 기숙사로 돌아왔다. 궁금증이 일었다. 이 끝없는 쓰레기더미에는 도대체 무엇이 들어 있을까? 그 해답을 얻으려고 여기저기 들쑤시고 다니기 시작했다. 무엇이었을 것 같은가?

종이! 대부분은 종이였다. 내 소중한 숲의 나무들이 가는 곳이 여기였다. 미국 북서부 해안의 숲에서 동부의 뉴욕 어퍼 웨스트 사이드 길거리까지 온다는 것은 이제 알았다. 그러면…… 그 다음에는 어디로 가는 걸까?

답을 알아내지 않고는 멈출 수가 없었다. 그래서 스태튼 아일랜드에 있는 악명 높은 쓰레기 매립지 프레시킬스Fresh Kills에 가보았다. 프레시킬스는 세계에서 가장 큰 쓰레기장으로 꼽히는 곳이었다. 2001년 공식적으로 폐쇄되었을 때, 이 냄새나는 쓰레기산이 지구상에 인간이 만든 구조물 중 가장 큰 것이라는 말까지 있었다. 중국의 만리장성보다도 길었고, 자유의 여신상보다도 25미터나 높았다.[1] 사방 어느 곳으로 눈을 돌려보아도 보이는 것이라곤 어마어마한 양의 버려진 물건들뿐이었다. 소파, 가전제품, 상자, 사과속, 비닐봉지, 책…… 끔찍한 교통사고 현장을 지나갈 때, 그 광경을 차마 볼 수 없을 것 같으면서도 또 한편으로는 보고 싶은 마음이 드는 경험을 해보셨는지? 이 쓰레기장의 광경이 딱 그랬다.

멀쩡한 물건이 쓰레기가 되어 프레시킬스에 산처럼 쌓여 있는 게 나로서는 도저히 이해되지 않았다. 끔찍하게 잘못된 일이라는 생각이 들었다. 누가 이런 시스템을 만들었는가? 사람들은 왜 이런 일이 지속되도록 내버려두었는가? 나는 알 수가 없었고, 그래서 알아내겠다고 다짐했으며, 20년 동안 추적하고 연구해서 알아냈을 때 거기에 '물건 이야기Story of Stuff'라는 이름을 붙였다.

모든 것은 연결되어 있다

'물건 이야기'를 알아내기 위해 나는 세계 각지를 돌아다녔다. 쓰레기장뿐 아니라 탄광, 공장, 병원, 대사관, 대학, 농장, 세계은행 사무실, 정부

기관 등도 돌아다녔다.

나는 가는 곳마다 "왜?"라고 물으면서 점점 깊이 파고들어갔다. 왜 쓰레기더미는 그렇게 유해한가? 그 버려진 물건들에는 애초에 왜 독성물질이 들어가 있었는가? 왜 쓰레기장은 저소득층 유색인종들이 사는 곳에 많이 들어서는가? 또 공장 전체를 다른 나라로 옮기는 것이 어째서 경제적으로 이득이 되는가? 어떻게 해서 기업들은 그렇게 멀리서 물건을 만들어 옮겨오면서도 고작 몇 푼을 받고 판매할 수 있는가? 그리고 또 하나! 가전제품은 왜 그렇게 빨리 망가지며, 어째서 고치는 것보다 새로 사는 쪽이 비용이 덜 드는가?

얼핏 보면 이런 주제들은 서로 관련이 없는 별개의 문제들인 것 같고, 뉴욕 골목의 쓰레기더미나 노스캐스케이드의 숲과는 매우 동떨어진 이야기 같아 보인다. 하지만 알고 보면 이 모든 것은 서로 연결되어 있었다. '물건 이야기'를 알아가는 여정을 통해 나는 '시스템적 사고자systems thinker'가 되었다. 즉, 모든 것이 시스템의 일부로서 존재하며, 어떤 것이든 다른 부분과의 관계 속에서 파악해야 한다고 생각하게 되었다.

생각해보니 내 직업 경로에는 재미있는 구석이 있다. 대부분 넓고 일반적인 관심사에서 시작해 점차 세부적인 분야의 전문성을 갖춰가지만, 나의 시작은 쓰레기에 대한 관심(혹은 분노)이었다. 더 구체적으로는 뉴욕 어퍼 웨스트 사이드에 쌓여 있는 쓰레기봉지들에 대한 관심이 나의 출발점이었다. 그래서 대학에서 환경학을 전공했고, 졸업 후 그린피스에 취직했다. 내 업무는 미국에서 배에 실려 해외로 나가는 쓰레기를 추적하고, 그 쓰레기가 끼칠 영향을 파악하는 것이었다. 내가 하는 일은 모두 국제 쓰레기 투기를 조사하고 막는 일과 관련돼 있었다.

1990년대 초부터 나는 외국 단체들과 공조하기 위해 많은 나라를 돌아다녔다. 그때만 해도 나는 그린피스의 다른 팀 사람들 중에는 나보다 국제 폐기물 거래에 대해 더 많이 알고 있는 사람이 없다는 걸 자랑스러워했다. 하지만 다른 나라를 다녀볼수록, 내가 얼마나 아는 것이 적은지, 내가 얼마나 제대로 파악하지 못하고 있는지를 점점 더 깨닫게 되었다. 처음에는 그들이 속한 단체에는 인력이 부족해서 한 사람이 그렇게 많은 범위를 맡아야만 하는 모양이라고 생각했다. 이들은 여러 명이 할 일을 혼자 다 해야 하는데 나는 한 사안에만 집중해도 되는 게 미안하기까지 했다.

얼마 지나지 않아 '이 모든 사안은 다 연결되어 있다'는 점을 문득 깨달았다. 연결된 실타래가 조금씩 풀릴수록, 쓰레기 문제든 어떤 다른 문제든 그것만 따로 떼어서는 해결할 수 없다는 것이 확실해졌다. 다른 사안들까지 관심을 갖고 배우는 것이야말로 내 업무에 방해가 아니라 오히려 돌파구가 될 수 있을 터였다.

이렇게 해서 나는 쓰레기봉지를 뒤지는 데서 출발해 대량 제조된 물건들을 생산하고 소비하는 글로벌 시스템(물질경제)을 연구하는 쪽으로 나아갔다. 그러니까 흔히들 완전히 동떨어져 있으며 상충되기까지 한다고 보는 두 영역, 즉 '환경(혹은 생태) 영역'과 '경제 영역' 사이를 오가게 된 셈이다. 하지만 알고 보면 이 두 시스템은 서로 연결되어 있을 뿐 아니라 한쪽이 다른 쪽의 하위 시스템이다. 지구생태계가 태양계에 속한 하위 시스템이듯이 말이다.

사실 많은 환경론자가 경제 문제는 별로 다루려고 하지 않는다. 전통적인 환경론자들은 멸종위기에 처한 가여운 곰이나 웅장한 아메리카 삼나무숲, 아니면 주식시장 같은 추한 것들을 모두 잊기 위해 찾아가는 자연보호구역에 관심을 집중한다. 멸종위기의 생물이나 원시림은 가격 결정 구조라든가 광산업에 대한 정부보조금, 혹은 국제 무역협정 같은 사안들하고는 관련이 없다고 생각하는 것이다. 한편, 경제학자들은 환경을 경제 성장의 연료가 되어줄 무한하고 값싼, 심지어는 공짜인 자원의 집합으로만 여긴다. 아니면 성가신 운동가들이 가끔씩 튀어나와 새 공장이 들어설 지역의 숲 서식지를 지켜야 한다고 으르렁대는 분야로 여기거나.

하지만 경제는 지구생태계의 하위 시스템이다. 인간은 지구에 사는 많은 생물종 중 하나에 불과하므로, 인간이 만든 것은 그게 무엇이든 지구생태계의 하위 시스템이다. 이것은 나의 '주장'이 아니라 명백한 '사실'이며, 이 점을 이해하면 우리는 환경과 경제에 관해 몇 가지 의미 있는 점들을 생각해볼 수 있다.

한계에 봉착하다

그중에서 가장 중요한 것은 '한계'의 문제다. 우주에서 찍은, 아름답고 푸른 지구의 사진을 본 적이 있을 것이다. 자, 우리에게 주어진 것은 딱 그만큼이다. 지구의 크기와 수용력은 일정하다. 다시 말하면 땅, 물, 공기, 광물 등 지구가 제공하는 자원의 양에는 한계가 있다.

크기가 고정되어 있는 모시스템의 하위 시스템, 이를테면 경제가 계속해서 성장하면 어떻게 될까? 한계에 부딪힐 수밖에 없다. 오늘날 경제 시스템은 계속 팽창하면서 지구가 생명체를 수용할 수 있는 한계를 향해 돌진하고 있다. 경제학자들은 현재의 경제 성장률 예측치를 바탕으로 선진국은 연간 2~3퍼센트, 중국과 인도는 5~10퍼센트씩 성장할 것으로 전망한다.[2] 그런데 우리는 현재 수준의 재화와 용역을 생산하는 데에도 이미, 전면적인 기후재앙을 막기 위해 2050년까지 줄여서 도달해야 할 이산

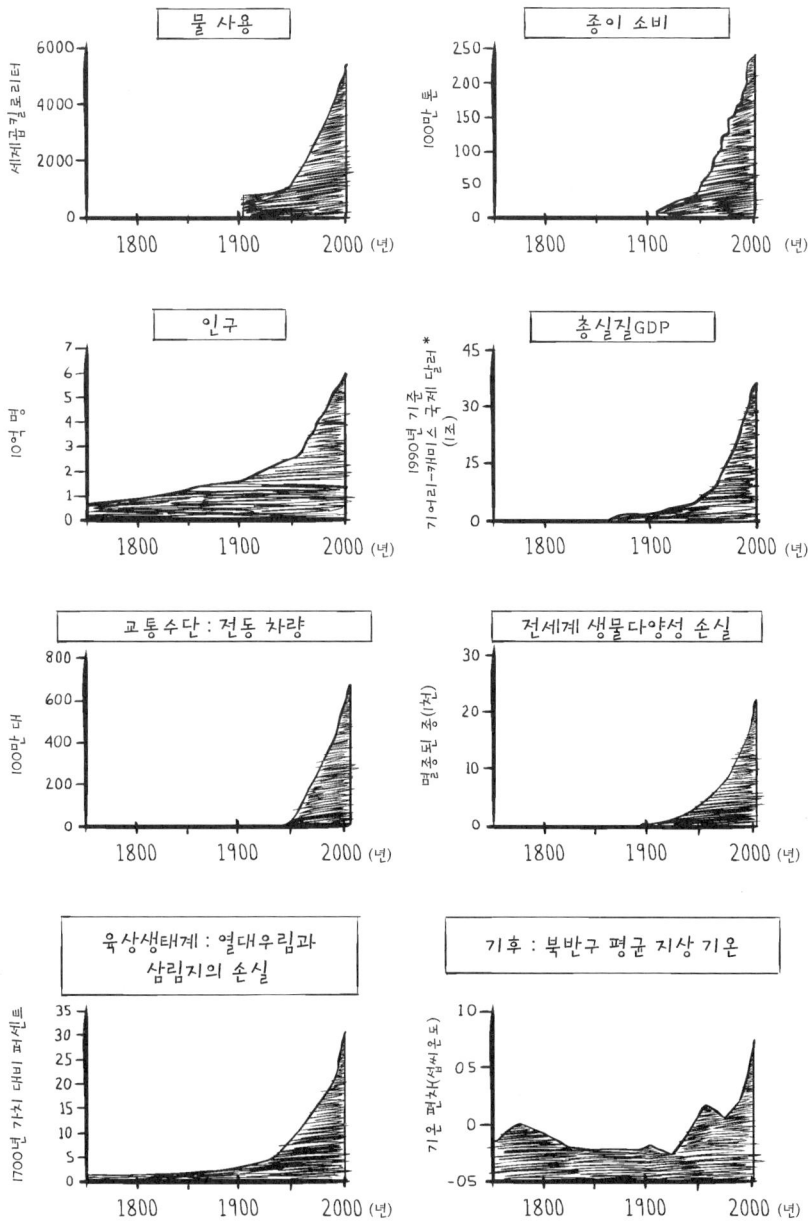

*Geary-Khamis dollar, 해당 연도의 미국달러 구매력을 기준으로 환산한 통화가치
출처 : W. Stefffen et al., *Global Change and the Earrh System: A Planet Under Pressure*, 2005.

화탄소 배출 목표치의 5배 이상, 사실은 거의 6배를 배출하고 있다.[3]

간단히 말해서, 자원을 추출하고 물건을 생산·유통·소비·폐기하는 현재의 시스템을 변화시키지 않는다면, 지금과 같은 방식의 경제는 지구를 죽이고 말 것이다. 내가 이 책을 쓰는 동안 어떤 뉴스들이 나왔는지 한 번 보자. 금융시장이 붕괴했고, 월스트리트와 미국 연방정부가 어마어마한 구제금융을 쏟아부었지만 조금밖에 회복하지 못했다. 식품 가격의 이상변동 때문에 전세계의 가난한 사람과 농민들이 비참한 상황에 처했다. 이산화탄소 수치는 생명을 위협하는 정도로까지 치솟고 있으며, 석유·어류·물 등의 자원은 날마다 더 부족해지고 있다.

이런 암울하고 무서운 자료들을 보면, 그리고 이 문제가 얼마나 해결하기 어려운지를 생각하면 다 외면하고, 다 포기하고, 그냥 살던 대로 살고 싶어진다는 걸 나도 잘 안다. 내 친구 한 명은, 이런 정보들을 보고 나면 쇼핑하러 가고 싶어진다고 말했다. 신경 써야 할 가장 큰 문제가 '이 구두

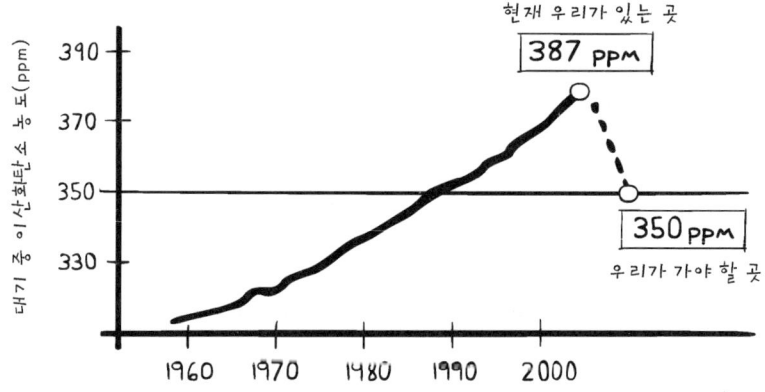

출처: J. Hansen et al., "Target atmospheric CO_2: Where should humanity aim?" 2008, 350.org

가 핸드백이랑 잘 어울리는지?'인 상황 속에 있으면 안도감이 느껴진다는 것이다. 전세계의 많은 사람이, 특히 가난한 사람들이 위기 피로 증상을 겪고 있다. 독감 유행, 끔찍한 자연재해, 실업 문제, 파산…… 으악! 걱정해야 할 일이 너무 많아 포기하고 싶다.

문제들은 시스템 전역에 걸쳐 있고 상호 연관되어 있는 반면, 그에 대한 대처는 부분적이고 한 가지 면에만 초점이 맞춰져 있는 경우가 많다. 테크놀로지를 향상시키는 데만 중점을 두거나, 인구 증가 억제에만 신경을 쓰거나, 자원의 소비를 제한하는 데만 집중하는 식으로 말이다.

한정된 지구가 얼마나 많은 인구를 수용할 수 있는지는, 우리가 어떤 방식으로 얼마나 많이 생산하고 소비하는지에 달려 있다. 여기에서 '자원 배분이 평등하게 이루어지고 있는가'의 문제와, '충분한 정도란 얼마만큼인가'에 대한 가치판단의 문제가 제기된다. 미국의 소비수준으로 살 경우 지구에 몇 명이 살 수 있을지를 물어봐야 하는가, 아니면 방글라데시의 소비수준을 기준으로 계산해야 하는가? 그리고, (이건 정말 중요한 문제인데) 누가 그것을 결정해야 하는가?

어렵고 복잡한 질문들이지만, 우리는 지금 논의를 하고 함께 답을 내야 한다. 지구의 수용력에는 한계가 있으며, 지금 우리는 분명히 그 한계에 다다라 있기 때문이다. 일단 한계선을 넘으면 '게임 끝!'이다. 우리의 '터전'인 하나뿐인 지구에서 모두가 함께 '공정하고 지속 가능한 방식으로, 존중하면서 즐겁게' 살아갈 수 있는 방법을 알아내는 일보다 더 중요한 것은 없다. 그 길을 가로막고 있는 것이 인간이 만든 고장난 시스템('취하고-만들고-버리는' 경제 성장 기계)이라면, 논리적으로 생각할 수 있는 해결책은, 그 시스템을 해체하고 재구성해서, 우리가 오랜 세월 동안 터득한 모든 지혜를 이용해 향상시키는 일일 것이다.

문제는 경제 성장이야, 멍청아

일반적으로 경제 성장이란 거래, 서비스, 생산, 소비 등 모든 경제활동이 전면적으로 증가하는 것을 뜻한다. 지구에서 추출되어 다양한 경제 영역들을 거치면서 제품으로 바뀌었다가 쓰레기의 형태로 지구에 되돌아가는 자연자원의 양이 증가한다는 뜻이기도 하다. 간단히 말하면, 경제 성장은 '더 많이'를 의미한다. 더 많은 물건, 더 많은 돈…… 단어에서 딱 느껴지듯이, 성장은 더 커지는 것을 뜻한다. 사실, 우리는 전세계 모든 사람의 기본적인 필요를 충족시키기에 충분한 물건들을 가지고 있다. 단지 충분히 잘 분배되고 있지 않을 뿐이다. 물건이 부족한 게 아니라, 나눔이 부족한 것이다.

우리가 오늘날 직면한 문제의 상당부분은 경제 시스템이 성장 그 자체를 다른 어떤 것보다 중요한 목적으로 여긴다는 데서 야기된다. 성공을 재는 척도로 으레 GDP가 사용되는 이유도 바로 성장 자체에 가치를 부여하기 때문이다. GDP는 한 나라에서 1년간 생산된 재화와 용역의 가치를 합한 것이다. 그런데 여기에는 현실에서 정말 중요한 몇 가지 측면이 포함되지 않는다. GDP는 불공정하고 불평등한 부의 분배를 설명하지 않는다. 사람들이 얼마만큼 건강하며 만족과 충족감을 느끼는지도 계산하지 않는다. 그렇기 때문에 GDP는 매년 2~3퍼센트씩 계속 성장하는데도 같은 기간 동안 노동자들의 임금은 전혀 오르지 않는 경우가 발생한다. 부富가 시스템의 어느 한곳에 적체되어 있는 것이다.

GDP 계산 방식에는 또 하나의 심각한 문제가 있다. 성장이 유발하는 생태적·사회적 비용이 반영되지 않는다는 점이다. 기업들은 물건을 생산하고 판매하는 일에만 분주할 뿐이다. 자신이 일으키는 부작용, 즉 지표수가 오염되고 사람들이 발암물질에 노출되고 대기가 오염되는 것 등에 대해서는 알아볼 생각조차 하지 않고 비용도 물지 않는다.

권력자들 즉 정부와 기업 인사들은 우리 경제의 목표가 논란의 여지 없이 GDP의 지속적인 증가라고, 즉 성장이라고 생각한다. 목표의 자리를 차지한 성장은 자신이 수단이 되어 기여해야 마땅한 진짜 목표들을 몰아내버렸다. 하지만 나를 포함해 많은 사람이 알게 된 바로는, '성장 자체를 위한 성장'에 초점을 맞추는 전략은 진짜 목표들을 너무나 자주 훼손한다. 이 책이 독자 여러분께도 이런 사실을 분명하게 전할 수 있기를 바란다.

오늘날 '성장'으로 계산되는 것 중 많은 부분(이를테면 유해한 소비재 같은 것)이 우리의 안전과 건강과 행복을 갉아먹는다. 경제는 계속 성장했고 기술과 과학과 의학도 발달했지만, 오늘날 그 어느 때보다도 많은 사람이 굶주리고 있으며 세계 인구의 절반가량이 2.5달러 이하로 하루를 살고 있다.[4] 또한 한 국가 안에서나 여러 국가 사이에서 소득 불평등은 더욱 심화되고 있다.

우리 사회가 경제 성장에 대해 갖고 있는 흔들림 없는 믿음의 기반에는, 무한한 경제 성장이 가능하며 바람직하다는 가정이 깔려 있다. 하지만 사실은 가능하지도 바람직하지도 않다. 경제는 지구의 하위 시스템이므로, 팽창하는 경제 시스템(취하고-만들고-버리는 시스템)을 한정된 지구 안에서 무한히 끌고 갈 수는 없다. 이미 많은 측면에서 우리는 위험할 정도로 지구의 한계에 바짝 다가가 있다. 따라서 무한한 경제 성장은 불가능하다. 그리고, 기본적인 필요가 충족되고 나면 경제 성장에 집중하는 전략은 인간의 후생을 향상시키는 데에 별로 기여하지 못한다.

물건 이야기

'물건 이야기'를 알아가는 여정의 결과, 나는 쓰레기 사안이 물질경제 전체와 관련이 있다는 사실을 깨달았다. 광업이나 벌목업 등 자원을 추출하는 일과도 관련이 있고, 물건을 디자인하고 생산하는 화학실험실이나 공장과도 관련이 있으며, 배와 트럭으로 운반해온 물건에 믿을 수 없을 만큼 싼 가격표를 붙여서 쌓아놓은 국제 물류창고와 유통매장과도 관련이 있고, 소비자의 관심을 끌기 위해 심리학자들의 도움을 받아 만든 영리한 TV 광고들과도 관련이 있었다.

나는 세계은행·국제통화기금·세계무역기구와 같은 국제 금융 및 무역 기구에 대해, 셰브런·월마트·아마존과 같은 기업에 대해, 그리고 에콰도르 우림을 지키는 토착 부족과, 아이티에서 디즈니 잠옷을 만드는 재봉공과, 나이지리아에서 쉘석유에 맞서 싸우는 오고니 사람들과, 루이지애나주 '암 골목cancer alley'의 마을들과, 우즈베키스탄 면화농장의 노동자들에 대해서도 알게 되었다. 이 모든 경제활동과 국제기구와 기업과 공동체가 하나의 이야기를 구성하고 있었다!

환경경제학자인 제프리 모리스Jeffrey Morris 박사에게 내 노트북컴퓨터가 유발한 진정한 비용이 얼마인지 물어보았을 때, 그는 이렇게 대답했다. "아무 물건이나 들고서 그것의 진짜 기원을 추적해보세요. 그러면 어떤 물건이라도 그것을 만드는 데는 전체 경제가 들어간다는 것을 알 수 있을 거예요."[5]

기능장애를 일으키고 있는 현 시스템의 전체 궤적을 맞춰보면서, 나는 각기 다른 각도에서 이 사안에 접근하는 다양한 사람들을 만났다. 과학, 경제학, 정책학 분야에는 사실이긴 하되 끔찍하게 무서운 정보와 자료로 무장한 '심각 선생'들이 있다. 안타깝게도 이들이 제시하는 자료와 정보들은 공포와 절망을 불러일으켜서, 사람들이 행동에 나서도록 격려하기보다는 지레 포기하게 만드는 경향이 있다.

나쁜 소비자들에게 손가락질을 하면서 목청을 높이는 사람들도 있다. 죄책감을 유발함으로써 사람들이 자원을 소비하는 패턴을 변화시키려고 하지만, 성공하는 경우는 드물다.

다운시프트족downshifters도 있다. 이들은 상업문화에서 벗어나, 노동과 구매를 덜 하면서 자발적으로 단순하고 소박하게 살아간다. 그러나 '취하고-만들고-버리는' 모델에서 탈피한 삶의 방식을 효과적으로 보여줄 수는 있지만, 그들의 작은 공동체를 넘어서까지 광범위한 문화적 견인력을 갖기는 힘들다.

의식적인 소비를 주창하는 사람들도 있다. 기술적 향상이 우리를 구원해줄 것이라고 믿는 사람들과 비슷하게, 이들은 우리가 친환경 공정과 친환경 제품이 팔릴 수 있는 충분한 시장을 제공하고 그런 것들을 구매하면 문제가 해결될 거라고 생각한다. 이들은 내가 강연을 하고 나면 꼭 이렇게 묻는다. "알겠어요. 그럼 무엇을 사면 될까요?"

우리의 집과 제품을 더 안전하게 만들고자 노력하는 친환경 디자이너들도 있는데, 아직은 구상 단계다. 그리고 물론, 자신이 선택한 사안에 대해 운동을 펼치는 활동가들도 있다. 나도 오랫동안 그들 중 한 명이었다.

나는 현재 존재하는 접근방식들에서 좋은 점을 취하고 더 넓은 시스템적 관점을 촉진하면서, 그러나 어려운 전문용어와 죄책감과 절망감의 수렁에는 빠지지 않으면서, 물질경제와 그 근간에 놓인 경제 성장의 패러다임에 대해 이야기하는 법을 알아내고 싶었다.

이 책과 이 책의 근간이 된 영화의 목표는 '물건 이야기', 즉 물건들이 경제 영역들을 통과해가는 흐름에 대한 이야기를 가능한 알기 쉽게 풀어 놓는 것이다. 분명히 말하건대, 내가 제기하는 근본적인 문제는 개인의 행동이나 잘못된 라이프스타일이 아니라 망가진 시스템에서 비롯된 것이다. '취하고-만들고-버리는' 치명적인 시스템이 야기한 문제인 깃이다.

이 책을 통해, 독자들이 화장품 속의 유해물질, 재활용과 소각로의 문제점, 국제통화기금 경제정책의 오류 등에 대해 정보를 얻고, 그것을 주위 사람들과 나누게 되기를 바란다. 화학, 공급망이론, 무역정책 등과 관련된 어려운 전문용어는 가능한 쉽게 설명하려 했고, 아니면 적어도 어려운 말의 사용을 피하려고 노력했다.

어려운 과제들이 산적해 있지만, 희망적이고 흥미로운 변화들도 많다. 나는 이런 변화가 진정으로 지속 가능한 생태경제 시스템을 향해 가는 한걸음 한걸음이라고 생각한다. 무엇보다 나는 당신 안에 있는 시민적 자아가 소비자적 자아보다 더 큰 목소리를 내서, 당신이 주위 사람들과 지역사회에서 아주 큰 목소리로 아주 풍부한 논의들을 시작할 수 있기를 바란다. 본론을 시작하기 전에 몇 가지 분명히 해둘 점이 있다.

★ **나는 물건의 사용을 반대하려는 것이 아니다.** 사실 나는 물건을 좋아한다! 나는 우리가 물건의 가치를 더 많이 인정하고, 물건을 더 잘 관리하고, 물건이 마땅히 받아야 할 존중을 해줘야 한다고 생각한다. 또 우리가 구매하는 물건 하나하나에는 온갖 종류의 자원과 노동이 들어 있다는 사실을 인식해야 한다고 생각한다. 누군가는 당신의 휴대전화기에 들어가는 광물을 캤고, 누군가는 조면기로 당신의 티셔츠에 쓰일 면화뭉치들을 뽑아냈다. 또 누군가는 공장에서 당신의 선글라스를 조립했다. 그러는 동안 아마 발암물질에 노출되거나 초과근무를 강요받았을 것이다. 또 누군가는 이런

물건을 다른 지방에서, 혹은 해외에서 당신에게까지 실어날랐다.

우리는 물건들에 대해 가격표에 찍힌 숫자나 사회적으로 승인된 '소유권'의 자격을 훨씬 넘어서는, 진정한 가치를 알아야 한다. 물건들은 오래가야 하고, 장인의 자부심으로 만들어져야 하며, 그에 걸맞은 보살핌을 받아야 한다.

★ **나는 가난을 낭만화하려는 것이 아니다.** 내가 과다소비를 하는 생활습관의 오류를 지적하고 다른 나라들의 더 느리고 덜 물질적인 생활습관을 칭송하는 것은 가난을 낭만화하려는 것이 아니다. 가난은 견딜 수 없이 비참한 현실이며, 자원 배분을 제대로 해내지 못하는 망가진 경제 모델의 결과다. 나는 어느 누구도 이런 현실에 처하지 않기를 바란다.

우리는 일을 하고 지친 채로 집에 돌아와서 TV 앞에 털퍼덕 주저않는다. 그러면 광고들이 더 마음에 드는 나 자신이 되려면 새 물건이 필요하다고 알려준다. 그래서 쇼핑을 하러 간다. 그리고 물건값을 벌기 위해 우리는 더더욱 많이 일해야 한다. '일하고-TV 보고-돈 쓰는' 쳇바퀴다.

나는 사람들이 더 적은 시간 일하고, 더 긴 휴가를 보장받고, TV를 덜 보고, 친구나 이웃과 더 많은 시간을 보내고, 그리고 물건에 에너지를 덜 낭비하는 사회를 존중한다. 내가 이런 라이프스타일을 낭만화한다고 지적한다면, 그건 인정하겠다.

용어에 대해

★ **stuff 물건** 이 책에서 '물건'은 제조된 상품, 혹은 대량 생산된 제품을 말한다. 포장재, 아이팟, 옷, 신발, 자동차, 토스터, 마시멜로 권총 등이 모두 포함된다. 목재나 원유 같은 원자재는 이 책에서 '물건' 이라고 칭하지 않았다. 나는 우리가 구매하고, 소유하고, 잃어버리고, 망가뜨리고, 새것으로 다시 사고, 그것 때문에 스트레스를 받고, 개인적인 자아존중감을 그것과 헛갈리는 그런 물건들에 초점을 맞췄다. 나는 '물건'이라는 말을 '쓰레기 또는 잡동사니crap' 라는 뜻으로도 사용했다. 또 이 책에서의 '물건'은 '상품'을 의미하는 것이라고 봐도 무방하지만, 상품goods 중에는 전혀 좋지good 않은 것들, 이를테면 과도하게 포장된 것, 독성물질이 많이 들어 있는 것, 불필요한 것, 지구를 파괴하는 것 등도 있기 때문에, 이 책에서는 이 단어goods를 사용하지 않았다. (stuff는 경우에 따라 '물건' 또는 '제품'으로 옮겼다.- 옮긴이)

★ **consumption 소비** '소비하다consume' 라는 말에는 본래 '파괴하다' 라는 뜻이 있었다. 그런데 '파괴하다' 라는 뜻으로 보면, 소비사회는 파괴하고 버리는 사람들의 사회라는 의미가 된다(오, 그건 안 되지). 앨리게니 대학의 정치학·환경학 교수 마이클 마니아테스Michael Maniates는 자원 추출, 생산, 유통 등을 모두 포함해서 물건의 일생 전체를 '소비' 라고 부르자고 제안했다. 나무젓가락을 만들기 위해 숲에서 나무를 벨 때, 나무젓가락을 종이로 포장할 때, 그것을 지구 반 바퀴 너머로 운반하기 위해 연료를 땔 때…… 이 모든 과정이 사실 '생산' 이라기보다는 소비, 그러니까 파괴이지 않은가? 하지만 소비를 다룬 이 책의 4장에서는, 일반적인 정의를 따라 '소비자들이 구매하고 사용하는 것' 으로만 소비의 의미를 한정했다.

★ corporations 기업 기업은 그 자체로는 선하거나 악하지 않다. 기업은 하나의 법적 실체일 뿐이다. 사회에 득이 되느냐 해가 되느냐는 그 기업이 어떤 방식으로 운영되느냐에 달려 있다. 기업체에서 일하는 사람 중에도 지구를 걱정하고 자신의 회사가 환경에 끼치는 영향을 줄이기 위해 애쓰는 사람이 많다는 것을 안다. 한 발 더 나아가 적극적으로 변화를 일구려고 노력하는 사람들도 있다. 그들은 자원을 덜 쓰고, 독성물질을 사용하지 않고, 쓰레기를 덜 배출하고, 지역 공동체와 노동자를 존중하는 방향으로 훌륭한 성과를 내기도 했다.

하지만 지금까지 드러난 바로는, 기업의 자발적인 윤리강령이나 선의만으로는 충분하지 않다. 기업과 그 구조를 둘러싼 규제 시스템 모두가 바뀌어야 한다. 유한책임 제도와 법으로 기업에 자연인과 동일한 권리 능력을 부여하는 제도를 없애고, 기업들이 더 많은 책임을 지도록 해야 하며, 더 강력한 반독점법과 국제적인 책임법을 도입해야 한다. 기업들을 정치적인 과정에서 배제하고, 생산자 책임 재활용 제도를 도입해야 한다. 기업이 유발하는 비용을 내생화(외부화의 반대)하고, 노동자·인근 지역 공동체·소비자·납품업자 등을 모두 포함하는 전체 관련자들에 대해 기업이 책임을 지도록 해야 한다. 이런 변화들은, 기업이 사회에서 문제라기보다는 해결책이 될 수 있도록 도와줄 것이다.

★ development 개발 또는 발전 직관적으로 우리는 '개발' 또는 '발전' 이란 뭔가가 더 좋아지는 것이라고 생각한다. 하지만 불행히도 개발은 흔히 화석연료 집약적이고 독성물질이 가득하고 소비 주도적인 경제 시스템을 이식하는 것을 의미한다. 따라서 기대수명·식자율·삶의 만족도 등이 높은 코스타리카의 작은 마을은, 환경파괴와 사회적 불평등과 스트레스가 심각한 미국에 비해 '저개발' 된 것으로 여겨진다.

우리는 정말 목표로 삼아야 할 것이 무엇인지를 잊어서는 안 된다. 우리의 목적은 인간과 환경의 후생이다. 새로운 인프라, 도시화, 자원의 소비 등이 이런 목적에 기여한다면 좋은 일이다. 그건 정말로 발전이고 개발이다. 하지만 이런 것들이 후생을 갉아먹기 시작한다면 발전이 아니라 파괴다. 어떤 진보들은, 특히 의료나 통신 분야에서의 진보는 분명히 긍정적이다. 하지만 어떤 국가가 개발의 길을 갈 때 통상 수반되는 몇 가지 다른 현상들, 이를테면 신체에 축적되는 독성물질, 온실가스 배출 등은 절대로 발전이 아니다.

이 책에서 나는 '선진국developed countries' 과 '개발도상국developing countries' 이라는 말을 통상 쓰이는 의미대로 사용했다. 하지만 가치판단을 담지는 않았다. 즉, 소위 선진국이라고 불리는 나라들이 개발도상에 있다고 여겨지는 나라들보다 더 낫다는 생각이 담겨 있지는 않다는 뜻이다.

★ **externalized costs** 외부화된 비용, **prices vs. costs** 가격 대 비용 할인하는 곳들이 넘쳐난다. 할인점, 아울렛, 온라인 경매 사이트, 99센트 상점까지 있다. 하지만 여기에는 바람직하지 않은 착각이 하나 자리 잡고 있다. 당신이 지불하는 가격과 그 물건에 실제로 들어간 비용 사이의 차이를 잊게 하는 것이다. 가격표에 적힌 숫자는 그 물건에 실제로 투입된 비용과는 관련이 매우 적다. 물론 인건비나 재료비 같은 직접적인 비용은 가격에 반영된다. 하지만 식수 오염, 노동자의 건강에 미친 악영향, 해당 지역사회에 끼친 영향, 지구의 기후변화 등과 같이 숨겨져 있는, 외부화된 비용에 비하면 너무나 미미하다.

이런 비용은 누가 지불하는가? 때로는 해당 지역사회의 주민들이 지불한다. 식수원이 오염돼 생수를 사마시는 식으로 말이다. 또는 노동자들이 부담한다. 의료비를 직접 내는 형태로 말이다. 또는 미래 세대가 지불한다. 물의 순환 조절을 숲에 의존할 수 없게 되는 식으로 말이다. 이런 비용들은 그것을 유발한 책임이 있는 기업이 아니라 외부의 사람이나 집단이 부담하기 때문에 '외부화된 비용'이라고 불린다.

좋은 소식도 있다. 점점 더 많은 경제학자가 생태적·사회적 비용을 소비재의 가격에 반영시키려고 노력하고 있다. '전체 환경 원가 회계'나 '전과정 환경영향 평가' 등을 통해, 물건들을 만드는 데 소요되는 진짜 비용을 우리가 더 잘 파악할 수 있게 해주는 것이다. 숨은 비용이 드러났을 때 충격을 받지 않도록 마음의 준비를 해두는 게 좋을 것이다.

★ **organic** 유기 요즘 이 말은 농산물과 관련해서 많이 쓰인다. 채소, 낙농 제품, 면섬유 등이 화학물질이나 하수찌꺼기나 유전자조작 생물 등의 유해 원료를 쓰지 않고 생산된 경우에 '유기농 제품'이라고 일컫는다. 이 책에서도 가끔은 이런 의미로 사용하겠지만, 주로는 화학에서 말하는 '탄소를 포함한 물질'이라는 의미로 '유기'라는 단어를 사용할 것이다. 여기에는 중요한 두 가지 이유가 있다.

첫째, 모든 생명체의 몸이 탄소를 포함하고 있다. 우리 몸은 탄소를 포함한 물건들과 온갖 종류의 생물학적·화학적 상호 작용을 한다. 이를테면 파라티온이나 말라티온 등의 유기인산 화합물이 들어간 농약이나 DDT 같은 유기염소계 살충제는 우리 신경계에 꼭 필요한 효소를 영구적으로 비활성화시킨다. 그래서 농약에 중독된 사람들이 씰룩거리거나 경련을 일으키거나 시야가 흐릿해지거나 방광과 창자를 조절하지 못하는 경우가 많은 것이다. 둘째, 유기화학물질이 대량으로 개발된 것은 상대적으로 최근의 일이라서 건강이나 환경에 미치는 영향이 아직 많이 밝혀지지 않았다. 수천 년 동안 사용해온 금속·돌·흙 등의 무기물질과 달리, 과학자들이 유기화합물을 개발해대기 시작한 것은 겨우 지난 세기부터다.

★ **sustainability** 지속 가능성 이 말은 도처에서 쓰이지만 의미하는 바가 늘 분명한 것은 아니다. 가장 일반적인 정의는 유엔의 세계환경개발위원회가 설명한 '지속 가능한 발전'의 개념에서 찾을 수 있을 것이다. "미래 세대의 필요를 희생하지 않고 현 세대의 필요를 충족시키는 것." 나는 여기에 두 가지 핵심 개념을 더한 의미로 '지속 가능성'이라는 말을 사용하려고 한다. 우선, 지속 가능성은 평등과 정의를 포함해야 한다. 둘째, 특정한 삼림이나 기후만의 지속 가능성을 생각하거나 내 집, 내 도시, 내 나라만의 지속 가능성을 고려하는 것이 아니라, 모든 것의 지속 가능성을 생각하는 큰 틀의 개념이어야 한다.

그림 기호에 대해

희망의 표지판

이 그림은 해당 사안에 진전이 있다는 표시다. 그 문제에 대해 사회적인 인식이 높아지고 있어서 상황을 개선할 시민 행동이나 법적인 규제 움직임이 있는 경우 등이다.

또 다른 길

이 그림은 문제가 있는 현 상태에 대해 실행 가능한 대안을 제시한다는 의미다. 이를테면, 현재 생산 과정에서 쓰이고 있는 독성물질을 대체할 수 있도록 안전한 화합물을 개발하는 녹색화학자들이 이에 해당한다.

chapter
1

추출

EXTRACTION

나무, 그들이 숲에 있어야 하는 이유 | 물, 낭비되어서는 안 되는 필수 요소
광석, 미래 세대가 쓸 것을 남겨두기 위해 | 석유, 그것이 우리를 남겨놓고 사라지기 전에
자원 채굴을 다시 생각하기 | 불균등하게 돌아가는 이득 | 추출 방식과 과정 바꾸기

 ⇒ ⇒  ⇒ ⇒ ⇒

　어떤 것이든 물건을 만들려면 우선 재료를 구해야 한다. 오늘날 물건을 만드는 재료에는 자연적으로 생성되지 않는 인공 화합물들도 있지만, 상당한 재료는 지구의 내부와 표면에 존재한다. 이런 것들은 그저 거둬들이거나 캐내기만 하면 된다, 그저!

　그런데 조금만 조사해보면, 각각의 핵심 재료를 끄집어내고 가공해서 사용 가능한 상태로 만드는 데만도 수많은 다른 재료가 필요하다는 사실을 알게 된다.

　이를테면, 종이를 만드는 데 나무만 필요한 것이 아니다. 전기톱과 벌목 기계를 만들 금속도 있어야 하고, 목재를 가공공장에 보낼 트럭과 기차와 배도 필요하며, 기계와 공장을 돌리려면 석유도 있어야 한다. 종이 펄프를 만들려면 물도 아주 많이 필요하고, 종이의 색을 원하는 만큼 밝게 만들려면 화학표백제(안 돼!)나 과산화수소(이건 좀 낫군!)와 같은 화학물질도 있어

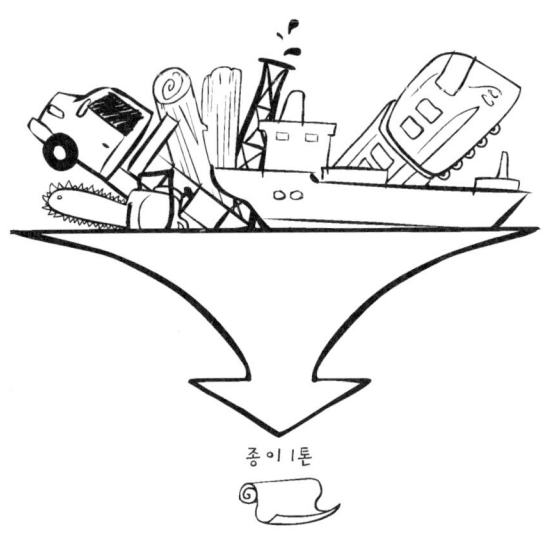

야 한다. 대체로 종이 1톤을 만드는 데 각종 다른 자원 98톤이 필요하다.[1]

이건 그나마 꽤 간단한 사례다. 오늘날 상점 선반에 있는 어떤 물건이든지, 그것에 들어가는 자원을 명확하게 이해하려면 물질경제 전체를 살펴봐야 하고 많은 경우 세계지도를 펼쳐야 한다.

지구가 제공하는 자원에는 여러 가지가 있지만, 이 책에서는 논의를 간단히 하기 위해 나무, 물, 광석의 세 범주만 다루려고 한다.

나무, 그들이 숲에 있어야 하는 이유

짙푸른 도시 시애틀에서 자란 나는 나무를 좋아한다. 시애틀은 더 짙푸른 워싱턴주에 속해 있는데, 워싱턴주는 땅의 절반 이상이 숲이다.[2] 나는 기회가 있을 때마다 숲에 갔다. 하지만 어린 시절 내내 나는 숲이 도로와 쇼핑몰과 주택에 자리를 내주고 점점 더 밀려나는 것을 보면서 낙담했다.

더 커서는 감상적인 이유가 아니더라도 나무들의 운명을 걱정할 이유가 많다는 사실을 알게 되었다. 나무는 산소를 만든다. 혹시 잊으셨을까 봐 덧붙이는데, 우리가 숨쉬려면 산소가 있어야 한다. 이 사실만으로도 숲을 잘 보호해야겠다는 마음이 충분히 들 것이다. 지구의 허파인 숲은 불철주야 공기 중에서 이산화탄소를 제거하고(이 과정을 '탄소 격리carbon sequestration'라고 부른다) 산소를 내준다.

요즘 기후변화를 걱정하는 과학자들은 기후변화를 완화하기 위해 대기 중에서 탄소를 격리할 수 있는 갖가지 정교하고 비싸고 인공적인 도구에 대해 연구한다. 하지만 내가 보기에는 낭비인 것 같다. 대기 중에서 탄소를 격리하는 건 물론이고, 우리가 필요로 하는 기체를 정확히 제공해주기까지 하는 자연적인 시스템, 즉 숲이 이미 있으니 말이다. 게다가 숲은 이 일을 공짜로 해준다. 무엇이 이보다 더 낫겠는가?

이게 다가 아니다. 숲은 그밖에도 여러 가지 중요한 일을 한다. 지구의 전반적인 물순환을 유지하고, 홍수와 가뭄을 완화하며, 담수를 모으고 걸러준다. 또한 비옥한 표토의 유실을 막아서 토질을 유지한다. 도대체 무슨 생각으로 이렇게 명백한 우방을 파괴한단 말인가?

숲을 베어버리는 것이 왜 끔찍한 발상인지, 그 이유를 한 가지만 더 들어보자. 처방 의약품의 4분의 1이 숲, 특히 열대우림에서 나온다.[3] 수술마

취제와 근육이완제로 쓰이는 쿠라레curare,[4] 이질을 치료하는 토근ipecac,[5] 말라리아 약 퀴닌quinine[6] 등은 이런 사례의 극히 일부일 뿐이다.

오래지 않은 지난날, 서유럽 화학자들은 마다가스카르 민간 치료사들이 그 지방의 열대우림 토착 식물인 로지 페리윙클rosy periwinkle을 당뇨 치료에 사용하는 것을 알고 관심을 갖게 되었다. 분홍색 꽃이 피는 이 식물은 항암 효과가 있는 것으로 밝혀졌으며, 오늘날에는 빈크리스틴vincristine과 빈블라스틴vinblastine을 만드는 데 이용된다. 전자는 호지킨병을 치료하는 데 쓰이고 후자는 소아백혈병에 놀라운 효과가 있는 것으로 밝혀졌다. 오늘날 소아백혈병 환자의 생존 확률은 95퍼센트인데, 이 식물이 발견되기 전에는 10퍼센트에 불과했다.[7] 이 두 약품의 매출액은 매년 수억 달러나 되지만, 세계에서 가장 가난한 나라 축에 드는 마다가스카르 사람들의 수중에 들어가는 돈은 거의 없다.[8] 이 주제는 앞으로도 여러 차례 다루어질 것이다.

어디에 있는 것이든 숲을 밀어버리는 것은 미친 짓이지만, 열대우림을 베어내는 것은 특히 미친 짓이다. 열대우림은 매우 다양한 생물종을 보유하고 있기 때문이다. 일반적으로 적도에 가까운 숲일수록 숲속의 생물종 다양성이 커진다. 예를 들면, 보르네오의 우림에는 25에이커의 땅에 700종 이상의 나무가 살 수 있는데, 이는 북아메리카 전역에 있는 나무생물종을 다 합한 것과 비슷한 수치다.[9]

게다가 우리가 이제껏 알아낸 동식물은 아주 일부에 불과하다. 여러 과학자에 따르면, 열대우림에 있는, 그리고 열대우림에만 있는 생물종 중 지금까지 유용한 특성이 조사되거나 밝혀진 것은 1퍼센트에 불과한 것으로 추정된다.[10]

삼림 손실이 비참한 일까지는 아니라 해도, 아직 다 알려지지도 않은 유용한 치료물질들의 보고를 '진보'나 '발전' 또는 '개발'의 이름으로 없애 버리는 것은 어이없는 일이다. 내 생각에 이보다 훨씬 현명한 발전 전략 은, 우리의 질병 치료에 큰 잠재성이 있는, 그리고 우리가 숨쉴 공기를 제 공하고 우리의 물을 정화하고 우리의 기후를 조절해주는 이 숲들을 보호 하는 것이다.

숲에서 캠핑을 즐기던 어린 시절에는 탄소 격리, 물순환, 식물에서 추출 하는 의약품 등에 대해서는 들어본 적도 없었다. 내가 숲을 사랑한 이유 중 하나는 숲에 수많은 동물이 살고 있어서였다. 코알라, 원숭이, 표범, 나 비, 도마뱀, 앵무새 등 지구상에 존재하는 생물종의 약 3분의 2가 숲을 집 으로 삼아 살아간다.[11] 이들의 집을 베어버리면, 특히 생물종 다양성이 풍 부한 열대우림을 베어버리면, 많게는 하루에 100종의 생물을 멸종으로 몰 아넣을 수 있다.[12] '하루에 100가지 생물종'이라는 표현이 감이 잡히지 않 는다면 지금까지 본 개를 모두 떠올려보라. 그걸 다 합해도, 생물학적 분 류로 '개속genus Canis'에 속한 종은 전세계에 10종도 안 된다.[13] 그리고 인 간은 단지 한 개의 생물종일 뿐이다!

하루에 100가지 생물종이 사라진다는 건 엄청난 일이다. 이렇게 사라져 가는 동식물 중에는 놀라운 의약 효능이 있는 생물도 있을 수 있고, 먹이 사슬에서 다른 것이 대신할 수 없는 중요한 역할을 맡고 있는 생물이 있을 수도 있다. 이들을 모두 쓸어내버리는 것은 당첨 숫자도 확인하지 않고 복 권을 내다버리는 격이다.

다른 생물종, 이를테면 먹바퀴벌레(학명은 페리플라네타 풀리지노사*Periplaneta fuliginosa*)가 지구를 지배하면서 자신의 욕심을 채우기 위해 매일 100가지 생물종을 없앤다고 생각해보자. 우리는 뭐라고 말할까? 먹바퀴벌레의 행 동이 좀 부당하다고 생각할 것이다. 그럼 어떻게 하겠는가? 봉기를 일으키겠는가? 물론 우리는 봉기를 일으킬 기회가 없을 것이다. 그저 어느 날 다른 99종의 생물과 함께 사라질 수밖에 없을 테니까.

숲은 야생의 동식물들에게만 집을 제공하는 게 아니다. 전세계에서 약 3억 명의 사람이 숲에 살며, 약 6,000만 명의 토착민이 전적으로 숲에 의지해 살아간다.[14] 10억 명 이상의 극빈자들에게 숲은 주된 생존원이다.[15] 숲은 우리의 생존에 필수적인 네 가지 F, 즉 음식$_{food}$, 가축의 먹이$_{fodder}$, 집의 재료$_{fiber}$, 연료$_{fuel}$를 제공한다. 숲에 사는 사람들은 건강한 숲에서 음식을 얻고, 가축을 먹이고, 집 지을 재료를 얻고, 조리와 난방에 쓸 장작을 모은다.

시애틀에서 자란 어린 시절, 내가 숲과 맺은 관계는 다섯 번째 F와 관련이 있었다. 바로 재미$_{fun}$였다. 나는 집 지을 재료를 구하기 위해서가 아니라 하이킹, 캠핑, 새 관찰, 스키 타기 등을 위해 숲에 의존했다. 먹을 것이 필요하면 냉장고가 아니라 숲으로 갔다. 환경 문제에 대해 공부한 뒤에도, 나에게 '즉각적인 생존'과 '숲'의 관계는 머리로 아는 것이었지 겪어서 아는 것이 아니었다. 다른 나라들을 다녀보고서야, 다른 많은 곳에서는 숲이 정말 직접적으로 생명을 지탱해준다는 사실을 깨달을 수 있었다.

한때는 녹음이 짙은 곳이었던 아이티의 시골에서 나는 숲이 베어져서 집을 잃은 사람들을 만났다. 토양의 유실을 막고 홍수 때 유량을 조절해주는 나무뿌리들이 없어져서 진흙사태가 집을 삼켜버린 것이다. 숲이 없으면, 홍수 조절 기능도 없다. 인도에서는 소를 먹이고 지붕을 이고 밥을 지을 나뭇가지를 모으러 날마다 몇 킬로미터씩 걸어다녀야 하는 여성들을 보았다. 숲이 없으면, 사료도 이엉도 연료도 없다. 숲은 생명에 없어서는 안 될 존재다. 숲이 해주는 이 모든 일의 가치는 숲을 베어서 얻는 목재의 가격과는 비교도 할 수 없을 만큼 크다.

숲이 생산하는 것들의 금전적 가치를 계산하기 위해 연구하는 경제학자들이 있다. 2008년 10월, 유럽연합은 숲이 제공하는 기능 중 매년 삼림 황폐화 때문에 잃어버리는 것의 가치를 금전으로 환산해 《생태계와 생물종 다양성의 경제학The Economics of Ecosystems and Biodiversity》을 발간했다. 이 보고서는 숲의 손실이 세계경제에 끼치는 비용은 온 언론이 호들갑을 떨고 정부가 구제조치를 내놓은 2008년의 금융위기가 그때까지 유발한 경제 손실보다 훨씬 크다고 경고했다. 또 삼림 황폐화로 생긴 손실은 한 번의 재앙으로 그치지 않고 몇 년이고 계속해서 영향을 끼친다고 지적했다.[16] 보고서에 따르면, 매년 삼림의 손실로 발생하는 비용은 2~5조 달러, 혹은 전세계 GDP의 약 7퍼센트로 추산된다. (이 수치는 숲이 제공하는 수많은 기능의 금전적 가치를 평가하고, 숲이 손실될 경우 우리가 적응하느라 치러야 할 비용과 사라진 기능을 인공적으로 만들어내는 데 들어갈 비용이 얼마일지를 계산한 것이다.[17]) 경제적으로 보나 환경적으로 보나, 구제조치가 이보다 더 절실한 일이 무엇이겠는가?

이런 연구 결과들이 있는데도, 숲이 우리에게 집과 약을 주는데도, 물을 정화하고 숨쉴 공기를 주는데도…… 그런데도 우리는 여전히 맹렬한 속도로 나무를 베어넘기고 있다. 세계적으로 1년에 700만 헥타르 이상의 삼림이 사라지고 있는데, 이는 하루에 2만 헥타르 (거의 5만 에이커)에 해당한다.[18] 날마다 프랑스 수도 파리 면적의 두 배, 1분에 축구장 33개만 한 면적이 사라지는 꼴이다.[19] 또한 열대우림행동네트워크Rainforest Action Network에 따르면, 매년 5만 종의 나무가 사라진다.[20]

삼림 손실률이 특히 높은 지역에는 아프리카, 라틴아메리카, 카리브해 지역, 그리고 아시아의 상당 지역이 포함된다. 중국과 인도가 예외적으로 손실률이 별로 높지 않은데, 삼림 플랜테이션에 많은 투자가 이루어졌기 때문에 산림 손실률만 봐서는 자연림 손실 정도가 잘 드러나지 않는다.[21]

산업용 목재 생산을 위해 인공적으로 조림하는 플랜테이션은 진짜 숲과는 매우 다르다. 플랜테이션의 목적은 목재 제품을 생산하는 것이기 때문에, 관리자들은 다양한 자원이나 서식지 등 진짜 숲이 제공하는 다른 혜택들에는 거의 관심을 기울이지 않는다.

일반적으로 플랜테이션에는 목재를 가장 많이 산출할 수 있는 수입산 단일종을 일괄적으로 심어서 집약적으로 관리한다. 이런 플랜테이션은 생물종 다양성, 질병 저항성 등 사람과 동물의 생존에 필요한 수많은 혜택과 물질을 제공하지 못한다. 보통 플랜테이션은 자연림일 때 보유했던 생물종의 10퍼센트 정도밖에 품지 못한다.[22] '녹색사막green desert'이라는 말이 플랜테이션의 이런 상태를 잘 표현해준다. 또 플랜테이션은 상대적으로 더 적은 일자리를 제공하고, 제초제를 더 많이 필요로 하며, 인근 지역의 물순환에 부정적인 영향을 미친다.[23]

그래서 플랜테이션이 아니라 진짜 숲이 필요하다는 데 과학자, 환경학자, 경제학자, 그리고 모든 동물과 사람들의 의견이 일치하고 있다. 그런데도 우리는 계속 베어넘긴다. 생물종 다양성 측면에서 특히 중요한 열대 우림뿐 아니라, 내가 살던 미국 북서부 온대삼림 지대도 마찬가지다.

1980년 여름에 나는 숲 밖에서보다 숲 안에서 더 많은 시간을 보내면서 이것을 직접 목격했다. 10학년에서 11학년으로 올라가는 여름방학에 나는 청소년자연보호단Youth Conservation Corps, YCC에 자원했다. 그때 생긴 지 10년쯤 되었던 YCC는 어린이들이 여름에 도시를 벗어나 (어떤 경우에는 길거리를 벗어나) 숲에서 자원봉사를 하면서 무언가를 배우도록 하는 연방정부의 프로그램이었다. 우리는 열심히 일했고, 자연의 시스템에 대해 배웠으며, 일종의 목적의식을 갖게 되었고, 약간의 수고비를 받았다. 이것이 내가 처음으로 경험한 '그린칼라 직업'(내 동료 밴 존스의 표현이다)이었다.

내가 일한 YCC 현장은 워싱턴주 노스캐스케이드 국립공원으로, 얼음이 햇빛에 반짝이는 수정같이 푸른 호수 근처에 알파인 침엽수가 있는 곳부터 저지대 삼림까지, 그리고 습기 많고 이끼 낀 진녹색의 온대우림부터 건조한 폰데로사소나무 생태계까지, 다양한 경관이 장관을 이루는, 숨이 멎을 정도로 아름다운 곳이었다. 나처럼 숲에 대해 까다로운 취향을 가진 사람이 보기에도 정말로 특별한 곳이었다.

나보다 23년 전에 이곳에서 여름을 보낸 잭 케루악 Jack Kerouac 은 소설 《달마행자들 The Dharma Bums》에서, 이곳에 대해 다음과 같이 묘사하며 경의를 표했다. "그것은 경이로운 강의 땅이었다. 황금 같은 영원의 공허함, 이끼와 나무껍질과 나무둥지와 진흙의 냄새, 구슬픈 소리를 내는 내 눈앞의 신비한 모든 것, 고요하면서도 영원함, 언덕을 뒤덮은 나무, 춤추는 햇빛⋯⋯ 소나무 가지는 물에서 세수를 하면서 만족스러워 보였다. 꼭대기의 나무들은 회색 안개 속에서 만족스러워 보였다. 경쾌하게 햇빛을 반사하는 나뭇잎들은 북서풍의 미풍 속에서 즐거워 보였다. 끝을 알 수 없는 지평선 위의 눈은 포근하고 따뜻해 보였다. 모든 것이 영원같이 느긋하면서도 응답을 하고 있었다. 그것은 진리 너머의, 푸른 창공 너머의 모든 곳이었다."[24]

믿을 수 없을 만큼 아름다운 자연 속에서, 나는 YCC 친구들과 함께 하이킹로에 넘어진 나뭇가지들을 치우고, 부주의한 캠핑객이 캠프파이어를 하고 안 치운 것들을 파묻고, 연어의 부화를 돌보고, 대학생들에게 숲 생태계에 대해 배웠다. 대학생들이 전문적인 지식도, 세상 돌아가는 일도 너무나 잘 알고 있어서 놀랐던 기억이 있다.

이 프로그램은 효과가 있었다. 적어도 나에게는 그랬다. 그해 여름의 초입에는 숲에서 느낄 수 있는 감정들, 안전하고 든든하다는 느낌과 신성한 것 앞에서 겸손해지는 느낌 때문에 숲을 사랑했다. 하지만 그해 여름의 끝 무렵에는, 우리가 알고 있는 강과 물고기와 지구가 모두 숲에 의존하고 있다는 사실을 알게 되었다. 나는 숲을 보호해야 한다는 사명감으로 가득 차서 그곳을 떠났다.

그해 여름에 나는 처음으로 개벌지를 가까이에서 보았다. '개벌皆伐, clear-cut'은 일정한 지역에 있는 나무를 모조리 제거하는 공격적인 벌목 방식이다. 뿌리건 야생화건, 생명체 전부를 말이다. 개벌된 땅은 수감자의 머리처럼 박박 밀어져서, 남는 것이라곤 드문드문 버려진 나무둥치나 말라비틀어진 덤불뿐이다. 개벌지는 흔히 바그다드처럼 폭격으로 난장판이 된 곳이나 약탈당한 땅에 비유되곤 한다. 과연 적절한 묘사다.

예전에는 개벌지를 비행기나 차를 타고 휙 지나가면서 봤지만, 그해 여름에는 그 안을 직접 걸어다니면서 개벌지가 숲과 얼마나 다른지를 배웠다. 또 개벌지에서 하류 쪽으로 흘러가는 개울에서 물을 채취해 기온, 산소, 수중생물이 어떻게 달라져가는지도 살펴봤다. 피해가 개벌지에서 얼마나 멀리 떨어진 곳까지 미치는지를 보고 나는 충격을 받았다.

숲은 나무의 잎과 둥치와 뿌리 사이에 많은 양의 물을 머금는 등 거대한 스펀지 역할을 하면서, 개울과 강으로 흘러들어가는 물의 양을 조절한다. 하지만 개벌지는 토양이 휩쓸려가는 것을 막지 못하고 물을 흡수하지도 못한다. 비가 많이 오면 물은 개벌된 언덕을 따라 쭉 흘러내려가면서 진흙 사태, 토양 침식, 홍수를 일으킨다. 물에 떠내려온 흙이 물길을 막고 마을을 뒤덮기도 한다. 하류에서는 물과 진흙 때문에 많은 집과 자산이 파괴되고, 때로는 사람들이 다치거나 숨지기도 한다.

어떤 경우에는 피해를 복구하는 데 정부자금 수백만 달러가 들어간다. 하지만 또 어떤 경우에는 그곳에 사는 사람들이 그 비용을 고스란히 감당하느라 가진 것을 모조리 잃기도 한다.

그리고 개벌은 숲에 의존해 살아가는 생명체들의 복잡한 망, 이를테면 뿌리에서 자라는 버섯을 작은 포유류가 먹고, 작은 포유류를 올빼미나 부엉이가 먹는 식의 먹이사슬망에도 당연히 영향을 미친다.

노스캐스케이드에서 그해 여름을 보내고 나서, 나는 야생환경보호론자인 존 뮤어 John Muir가 일찍이 이야기한, "어떤 것이든 그것 하나만 꺼내려 해도 우주의 다른 모든 것이 함께 당겨져 온다는 사실을 알게 될 것이다"라는 말의 의미를 다시 생각하게 되었다.[25] 예전에도 이 말을 들어본 적이 있었지만 은유적인 의미에서 상호 연결을 말하는 것이겠거니 했다. 그런데 은유로서가 아니라 문자 그대로 지구 전체가 연결되어 있었던 것이다. 숲과 강과 대양과 도시와 우리가 먹는 음식과 우리 자신, 모두가 말이다.

'개벌'은 럼버잭 lumberjack(벌목하는 사람)이라는 민속영웅의 이미지를 연상시킨다. 텁수룩한 턱수염에 청바지와 격자무늬 플란넬셔츠를 입고, 도끼를 들고 웃고 있는 사람 말이다. 럼버잭 그림은 식당에서도 볼 수 있고 메이플시럽 병에서도 볼 수 있다. 그런데 예전에는 벌목이 이런 모습이었는지 몰라도 이제는 더 이상 그렇지 않다. 플란넬셔츠에 도끼를 든 사람들의 자리는 대부분 오래전에 거대한 벌목기계들의 차지가 되었다. 커다란 불도저, 크레인, 집게차 등 거대한 금속 이빨로 목재를 물어서 큰 트럭에 쌓아놓는 기계들 말이다. 기계는 많은 노동자를 몰아내기만 했지, 남아 있는 노동자들이 처할 위험은 줄여주지 못했다. 국

국제노동기구International Labor Organization, ILO는 대부분의 국가에서 벌목이 가장 위험한 3대 직업에 든다고 밝혔다.²⁶ 넘어지는 나무, 중장비기계, 거친 땅, 날씨 등의 요인 때문이다.

그렇다면 무엇을 위해서인가? 지구의 건강을 해치고, 엄청난 가치가 있을지도 모르는 치료물질들을 없애고, 동식물을 멸종시키고, 꼭 필요한 탄소 격리 기능을 없애고, 벌목 노동자의 안전을 해치고 있다면, 그 대가로 뭔가 기막히게 좋은 점이 있어야 하지 않는가?

상당한 면적의 숲이 소를 키우는 목장이나 콩밭 등 농업용지로 바뀌기 위해 베어져나간다. 어처구니없는 일이지만, 화석연료를 식물성 연료(바이오연료)로 대체하겠다는 단견短見 때문에도 세계 각지에서 삼림이 개벌되어, 종려나무 등 기름을 내는 작물 재배지로 바뀌고 있다. 국제 환경단체인 세계삼림연합Global Forest Coalition과 함께 파라과이에서 활동하고 있는 시몬 로베라Simone Lovera는 "바이오연료 때문에 인도네시아, 말레이시아, 브라질 등지에서 빠른 속도로 삼림이 사라지고 있다"면서 "우리는 이것을 '삼림 황폐화 디젤'이라고 부른다"고 말했다.²⁷

숲은 도시 및 교외 확산과 소위 '개발'이라는 것을 위해서도 잘려나간다. 베어낸 나무는 가구와 집을 짓는 목재로 쓰인다. 또 세계 각지에서 수백만 명의 사람이 난방과 취사 연료로 나무를 사용한다.

하지만 연료용 나무를 제외하면, 나무로 만들어지는 제품 1위는 종이다. 단순해 보이는 종이가 삼림 황폐화를 일으키는 주요 생산품인 셈이다. 신문, 잡지, 포스터, 책, 카탈로그뿐만이 아니다. 종이로 만드는 제품은 약 5,000가지나 되며,²⁸ 여기에는 지폐, 보드게임, 전자레인지용 음식 포장재, 그리고 근사한 운동화 안에 모양을 잡기 위해 끼워넣는 종이까지 포함된다.

미국은 매년 종이를 8,000만 톤 이상 소비한다.[29] 2006년 미국에서 책을 만드는 데 들어간 종이만 해도 160만 톤이나 되며, 이는 나무 3,000만 그루에 해당한다(2008년에 출간된 보고서에 나온 수치임).[30] 평범한 사무용 또는 복사용 종이 1톤을 만들기 위해 어딘가의 숲에서 나무 2~3톤이 베어진다.[31] 이런 추세는 끝날 기미가 보이지 않는다. 세계적으로 지난 50년 동안 종이 소비는 여섯 배로 늘었으며,[32] 더 늘어날 것으로 전망된다. 미국이 선두를 달리고 있는데, 요즘 미국에서는 전형적인 사무직 노동자 한 명이 1년에 종이를 1만 장 이상 쓴다.[33] 미국인들이 매년 소비하는 종이로 뉴욕에서 도쿄까지 3미터 높이의 벽을 쌓을 수 있을 정도다.[34]

폐지나 지속 가능한 원료로 종이를 만들자는 운동이 활발하게 펼쳐지고는 있지만, 아직도 세계에 공급되는 종이의 약 71퍼센트는 재활용품통이나 나무농장이 아니라 숲에서 나온다.[35]

현재 벌어지고 있는 삼림 손실은 매우 심각하지만, 방향을 돌릴 수 있는 기회도 있다. 더 많은 종이가 재활용되고 더 많은 기업이 재활용 종이를 사용하게 되면서, 지난 한 세대 동안 종이 재활용이 증가했다. 나무에서 종이를 만드는 게 아니라, 종이에서 종이를 만드는 순환 시스템으로 바뀌어가고 있는 것이다.

10여 개의 회원 단체로 이루어진 친환경종이네트워크Environmental Paper Network, EPN는, 기업들이 종이의 원료로 농업 부산물, 소비자가 사용하고 나서 재활용한 폐지, 대안적인 섬유, 지속 가능성 인증 마크가 있는 나무 등을 더 많이 사용하도록, 시장에 기반한 전략을 통해 활동하는 단체들의 연합체다. EPN 회원 단체들은 기업 CEO들과의 대화에서부터 상점이나 산업박람회장에서 대규모 집회를 조직하는 것에 이르기까지 국제적으로

다양한 활동을 펼치고 있다.³⁶

그중 포리스트에식스ForestEthics는 오피스디포, 스테이플스, 홈디포 등 굵직한 기업들이 폐지와 지속 가능 목재로 만든 종이를 사용하도록 유도하는 활동에서 특히 놀라운 성공을 거뒀다. 또한 카탈로그를 많이 찍어내는 업체들(빅토리아시크릿 등)을 상대로 재활용 종이로 만든 카탈로그 비중을 늘리도록 하는 운동도 해왔다. 여세를 몰아 전국적인 '우편물 수신 거부 등록Do Not Mail Registry'도 받고 있다. '전화 수신 거부 등록'처럼, 가정으로 광고 우편물이 끝없이 날아오는 것을 막는 것이다. 포리스트에식스에 따르면, 미국에서 가정으로 발송되는 우편물은 연간 1,000억 건, 가구당 800건 이상이다. 이중 절반 가까이(44퍼센트)는 뜯지도 않은 채 버려진다.³⁷ 여기에는 나무가 1억 그루 이상 들어가는데, 이는 로키산 국립공원 전체를 넉 달에 한 번씩 밀어버리는 것이나 마찬가지다.³⁸

문제는 우리가 종이를 많이 '사용'할 뿐 아니라 많이 '낭비'하기도 한다는 점이다. 미국의 도시 생활 쓰레기 중 40퍼센트가량이 종이다.³⁹ 너무 많은 독성 화학물질로 처리하지 않았다면 전부 재활용하거나 퇴비용으로 쓸 수 있는 것들이다. 이 종이들을 버리지 않고 재활용하는 것만으로도 우리는 종이를 새로 만들기 위해 더 많은 숲을 벨 필요성을 줄일 수 있을 것이다. 쓰레기도 40퍼센트 줄일 수 있고 말이다. 물론 광고 우편물 같은 경우 애초에 종이를 쓰지 않는 것이 재활용보다 더 좋은 방법이다.

숲의 생태계와 숲에 의존해 살아가는 공동체를 파괴하지 않으면서 나무를 얻을 수 있는 방법도 있다. 이런 친환경적 목재 생산은 지나친 벌목을 하지 않고, 화학물질을 덜 사용하고, 토양을 건강하게 유지하고, 야생생물과 생물종 다양성을 보호한다. 숲 전체를 밀어버리는 개벌 방식에 비해 단기적으로는 수익성이 낮을지 모르지만, 장기적으로 얻을 수 있는 환경적·사회적 이점으로 만회되고도 남는다.

　삼림관리협의회Forest Stewardship Council, FSC는 어떤 삼림이 위와 같은 환경 기준을 충족하는지 조사해서 인증서를 준다. FSC 인증 제도는 현재 45개국에서 시행되고 있으며, 지난 13년간 전세계에서 9,000만 헥타르 이상의 숲이 FSC 기준에 부합한다는 인증을 받았다. 또 수천 가지 상품이 FSC 인증 목재로 제조되어 FSC 마크를 달고 있다.⁴⁰ 삼림 운동가들은, FSC가 충분히 강력하지는 않으며 FSC 인증을 받았다고 해서 환경적으로 완전무결하다는 뜻으로 여겨져서는 안 된다는 점에 대체로 동의하지만, 그래도 FSC는 좋은 출발임에 틀림없다.

　포리스트에식스의 소장 토드 패글리아Todd Paglia는 "FSC는 현재 존재하는 것 중에서는 가장 좋은 삼림 인증 시스템"이라면서 "더 강력해지려면 계속 운영되어야 한다"고 말했다. "목재업체들의 녹색세탁greenwashing(제품이 친환경적으로 보이도록 위장하는 것)인 '지속 가능 삼림 이니셔티브Sustainable Forestry Initiative'와 같은 다른 제도들에 비하면 FSC가 명백히 낫다."⁴¹

　'공동체 삼림 관리community forestry'라는 전도유망한 삼림 관리 방식도 있다. 숲 관리는 숲 인근의 지역 공동체들이 해야 하며, 목재만이 아니라 숲이 제공하는 모든 것을 보호하는 방향으로 이루어져야 한다는 생각에 바탕을 둔 새로운 접근방식이다. 사실, 정말 '새로운' 접근방식은 아니다. 세계 각지에서 많은 농촌과 토착 공동체들이 구성원들의 집단적 노력을 통해 숲을 관리하는 오랜 전통이 있었으니 말이다. 이제 드디어 다른 사람들도 이런 접근방식의 큰 이점들을 알아보기 시작한 것이다.

물, 낭비되어서는 안 되는 필수 요소

노스캐스케이드 국립공원에서 일했던 여름에 나는 나무에 대한 것 말고도 많은 것을 배웠다. 그때 나는 강 주변에서도 많은 시간을 보냈다. 우리는 캠핑객들이 버리고 간 쓰레기와 강줄기를 막고 있는 나뭇가지들을 치우기 위해, 얼마 전까지 얼어 있었던 차가운 개천을 첨벙첨벙 돌아다녔다. 목까지 물에 잠긴 채 다니는 걸 '첨벙거렸다'라고 말할 수 있다면 말이다. 빈 콜라캔을 주우러 얼음장 같은 물에 들어가는 것은, 절대로 물에 쓰레기를 버리지 않겠다는 결심을 굳건히 하는 데 매우 좋은 방법이다.

개벌지의 강과 손상되지 않은 건강한 숲의 강이 얼마나 다른지 그때 처음 알았다. 개벌지의 강은 물이 탁하고 진흙과 자갈이 많으며 물고기나 벌레 같은 생명체들은 적다. 물 표본을 추출해 살펴본 결과, 개벌지의 강이 '생물학적 산소 요구량biological oxygen demand, BOD'이 더 높았다. BOD는 물속에 유기물질이 얼마나 많은지를 나타내는 척도인데, BOD가 낮으면 건강한 물이고 너무 높으면 오염된 물이다.

요즘 농업이나 농산품 매대에서는 '유기organic'라는 말이 좋은 의미로 쓰인다. '유기농'이라고 하면 유독한 농약을 사용하지 않았다는 뜻이다. 그런데 생물학이나 화학 분야에서는 '유기'라는 말이 꼭 좋은 의미로 쓰이는 것은 아니다. 생물학에서 말하는 유기물질이란 살아 있는 조직에서 나온 물질을 뜻한다. 화학에서는 탄소를 포함한 물질을 유기물질이라고 한다.

유기물질은 자연의 일부이고(강도 자연이다), 강에 유기물질이 있다는 것은 그 자체로는 좋다고도 나쁘다고도 할 수 없다. 문제는 유기물질의 양이다. 나뭇잎이나 죽은 벌레 등의 유기물질은 분해되는 것보다 더 빠른 속도로 쌓이지만 않는다면 물속에 있어도 문제가 되지 않는다. 유기물질을 분해하는 게 업인 박테리아는 산소를 필요로 한다. 박테리아들이 해야 할 일이 많아지면, 이들이 요구하는 산소량이 공급되는 산소량을 초과하게 되어, 강에는 산소가 부족해지고 점차 죽은 강으로 변해간다.

건강한 숲의 바닥은 유기물질인 부식질腐植質, humus로 덮여 있다. 부식질은 나무뿌리나 관목 사이에 있는데, 미생물과 산소가 있으면 분해가 잘 되어서 토양에 지속적으로 영양분을 보충해준다. 하지만 나무뿌리와 관목이 없는 개벌지의 경우, 지표가 그대로 노출되어 있기 때문에, 비가 오면 비옥한 토양이 강에 씻겨들어가 오염물질로 바뀐다.

노스캐스케이드의 강들은 워싱턴주 사람들이 마시고, 씻고, 관개용수로 쓰는 여러 물줄기에 물을 제공한다. 그리고 이 강들은 어린 시절 내가 조개 잡고 물장구치던 퓨젓사운드Puget Sound로 흘러들어간다. 노스캐스케이드에서 발원한 강물의 건강은 수백 킬로미터 떨어진 강이나 바다의 건강에도, 그리고 물고기와 개, 사람의 건강에도 영향을 미친다.

우주의 모든 것이 다 함께 당겨져 온다는 말을 다시 생각해보자. 자연자원 중에서 시스템들의 상호 연관성을 가장 분명하게 보여주는 것은 아마도 물일 것이다. 이를테면, 우리는 비가 내려서 물이 저수지와 강을 채우고, 호수와 대양에서 증발하고, 구름이 되었다가 다시 비나 눈으로 내려온다는 것을 학교에서 배웠다. 게다가 물은 우리 몸 외부의 '환경'에만 있는 것이 아니다. 우리 몸 자체가 50~65퍼센트는 물이고, 아기는 몸의 70퍼

센트가 물이다.⁴²

하지만 어쩌다 보니 어른이 되면서 우리는 물에 대해 분절적으로 생각하는 법을 배우고 말았다. 그린피스에서 활동한 적이 있는 과학자이자 물 문제 전문가이며《우리는 모두 하류에 산다, 물 오염을 막을 수 있는 쓰레기 처리 가이드We All Live Downstream》의 저자 패트 코스트너Pat Costner는, 수세식 화장실 등 물을 기반으로 하는 하수 시스템 때문에 우리가 잘못된 생각을 갖게 된다고 말한다. 배변 훈련 연령이 되자마자 우리는 물이 쓰레기를 받아들이는 것을 당연하게 생각하면서 물과 쓰레기를 연관시키기 시작한다는 것이다.

코스트너 같은 물 문제 활동가들은, 가장 귀중한 자원인 물을 배설물 나르는 데 사용하고는 다시 각종 비싼 장비를 동원해 그 물에서 배설물을 없애는 '처리'를 한다는 것이 전적으로 불합리한 일이라고 지적한다. 코스트너는 아기가 물과 쓰레기를 연관시키지 않도록 모래상자에서 배변 훈련을 시키자고까지 말했는데, 농담만은 아니었다.⁴³

이보다 훨씬 좋고 깨끗하고 합리적인 해결책이 있다. 바로 퇴비화 변소인데, 간단하면서도 물을 사용하지 않는 이 기술은 지구상 어느 곳에서든지 지금 당장 도입할 수 있다. 퇴비화 변소를 이용하면 물이 오염되는 것을 막을 수 있고, 물에 들어갈 경우 자칫 오염물질로 변할 수 있는 것들을 귀중한 거름으로 이용할 수 있다. 표토의 영양분이 휩쓸려가버린 개벌지의 경우 땅에 거름을 주는 일이 특히 중요하다. 퇴비화 변소는 윈-윈-윈 시나리오다. 물에도, 토양에도, 지구에도 다 좋다.

물을 몇 리터씩 집어삼키는 화장실을 사용하고(물 절약형 변기는 좀 낫지만, 그래도 마찬가지다), 95퍼센트 이상의 가구가 수도꼭지만 돌리면 낮이고 밤이고 찬물과 더운물이 콸콸 나오는 집에 살고 있는[44] 미국인들은 물이 얼마나 귀중하고 부족한 자원인지 잊어버리기 쉽다. 하지만 나처럼 물이 부족한 나라에서 얼마간 살아보면, 감사한 마음을 갖지 않은 채 수도꼭지를 돌릴 수가 없게 된다.

1993년에 나는 방글라데시 수도 다카에 6개월 동안 머물면서 그곳의 환경단체와 함께 일했다. 방글라데시는 물 재앙을 늘 겪는 나라다. 물이 너무 많아 문제고, 또 너무 없어 문제다. 방글라데시는 저지대 국가로, 기본적으로 나라 전체가 벵골만으로 흘러들어가는 세 개의 큰 강 브라마푸트라, 메그나, 갠지스가 이루는 거대한 범람원이다. 매년 우기에는 국토의 3분의 1가량이 홍수에 잠긴다. 정말로 물에 잠긴다. 수백만 명이 집을 잃는다. 강이 계속해서 지리적으로 이동하는 와중에 생긴 퇴적토로 된 섬에 사는 사람들을 '차르 거주자들char dwellers'이라고 하는데, 홍수로 이런 사람들의 마을 전체가 사라지기도 한다.

여느 환경 문제와 마찬가지 이유로 방글라데시의 홍수도 악화되고 있다. 강 상류, 멀게는 인도의 히말라야 같은 곳에서 삼림이 벌목되면 비가 몰아칠 때 엄청난 물이 지표를 쓸고 지나가게 된다. 토양을 그 자리에 붙들어매줄 나무뿌리들이 없기 때문에, 범람한 물에 흙이 같이 쓸려가다가 강에 쌓인다. 그러면 강이 얕아져 홍수에 더 취약해진다. 게다가 기후변화로 해수면이 올라가면 방글라데시 같은 저지대 국가는 지표수와 지하수의 수면도 높아진다. 그러면 우기에 땅이 보유할 수 있는 물의 양이 더 적어진다. 많은 과학자에 따르면, 해수면이 30~45센티미터 올라가면 해안 지역에서 약 3,500만 명이 말 그대로 딛고 선 땅을 잃고 내륙으로 옮겨가야 한다.[45]

내가 방글라데시에 머문 동안, 집과 사무실 사이에 있는 도로에 물이 범람해서 내 릭샤의 자전거 바퀴가 완전히 물에 잠긴 적이 적어도 한 번 이상 있었다.

역설적이지만, 물 밑으로 점점 가라앉는 나라에서 정작 마실 물은 구하기가 어렵다. 방글라데시에서는 수백만 명이 연못이나 도랑과 같은 지표수에 의존하는데, 이 물은 사람들이 배출하는 쓰레기나 농업 및 산업 오염 물질로 더럽혀져 있기 일쑤다. 매년 10만 명 이상의 어린이가 이질로 숨진다. 이질은 불결한 물을 마셔야 하는 상황이 아니라면 쉽게 막을 수 있는 병이다. 게다가 많은 우물이 이 지역에서 자연적으로 생성되는 비소로 오염되어 있다. 2008년 방글라데시에서는, 많게는 7,000만 명이 세계보건기구WHO의 기준을 충족시키지 못하는 물을 마시고 있었다.[46]

다카에서 나는 방글라데시 사람 여덟 명과 한집에서 살았다. 그들은 수돗물을 마셨지만 내 몸은 그 수돗물에 적응을 하지 못한 상태여서, 요리를 맡은 두 여성은 나 하나 때문에 매번 주전자에 물을 20분이나 끓여야 했다. 내 물을 준비하느라 귀한 취사 연료를 이렇게 많이 쓰면 큰 부담이 된다는 것을 나는 잘 알고 있었다. 그랬으니 그 6개월 동안 내가 어떻게 단 반 컵의 물인들 쉽게 개수대에 흘려버릴 수 있었겠는가?

방글라데시의 다른 지역들을 다니면서 나는 물을 구할 데가 없는 마을들을 내 눈으로 보았고, 다른 문제는 다 뒷전이 되게 만드는 진짜 갈증을 난생 처음 경험했다. 그러고서 다카로 돌아오면 나는 내가 가진 물을 한 모금 한 모금 감사하며 마셨다. 이 물이 집을 덮치지 않고 컵 안에 담겨 있다는 사실이 감사했다. 온전히 감사하고 그 가치를 알면서 마시는 것, 이것은 물을 마시는 매우 다른 방식이다.

방글라데시에서는 목욕하는 방식도 매우 달랐다. 나는 이틀에 한 번씩 찬물 한 양동이를 받았다. 그게 다였다. 어떤 때는 너무 차가워서 꼭 씻어야 하는 부분만 겨우 물칠을 했다. 비상수단이 하나 있긴 했다. 나는 릭샤를 타고 시내로 나가 두 개의 고급 호텔(쉐라톤과 소나르가온) 중 한 곳에 갈 수 있었다. 호텔 여자화장실에서 20분은 족히 들여가며 더운물로 손과 얼굴을 씻고는, 더운물 목욕 외에 내가 방글라데시에 있는 동안 그리워했던 유일한 것을 탐닉했다. 정말 좋은 커피 한 잔.

호텔의 작은 카페에 앉아 옆 테이블에서 들려오는 기업인과 원조단체 활동가의 대화를 들으면서 카페오레를 마셨다. 그때 나는 저 수영장 가득 물이 반짝이는 것을 알고 있었고, 내 커피 한 잔이 나오려면 약 140리터의 물이 필요하다는 사실을 알고 있었으며, 나처럼 몰골이 꾀죄죄한 사람이 근사한 호텔 화장실을 20분이나 쓰도록 허용한 이유는 내 피부색(백인)과 주머니 속의 아메리칸익스프레스 카드라는 것을 알고 있었다. 깨끗한 물이 없어서 1년 안에 죽을지도 모르는 수십만

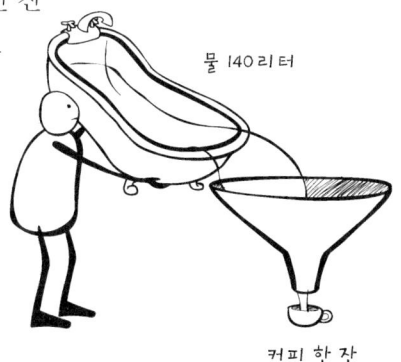

명의 어린이가 이런 카드를 한 장씩 갖고 있다면, 아니 집 근처에 안전한 수돗물이라도 나온다면, 이 아이들의 삶은 얼마나 달라질 것인가.

지구상에 사는 대부분의 사람이 일상적으로 겪는 물 부족 문제를 경험하고 나서, 나는 소위 선진국 사람들이 산소 다음으로 생존에 가장 필요한 물질인 물을 너무 당연하게 여기며 헤프게 쓰는 것에 더 민감해졌다. 식수나 목욕물뿐 아니라 작물 재배용으로도 물은 꼭 필요하다. 그런데도 우리는 양치질을 할 때 물이 하수구로 줄줄 흐르게 놔두고, 대변부터 독성 폐기물에 이르기까지 모조리 물에 쓸어넣으며, 골프장과 잔디에 수백만 리터의 물을 뿌려댄다.

미국에서 잔디에 들이는 비용이 연간 200억 달러가 넘는다는 사실을 아는가?⁴⁷ 미국인들은 평균적으로 1년에 25시간을 잔디 깎는 데 쓴다. 그리고 대부분은 1년에 총 30억 리터가량의 휘발유를 먹어치우는 매우 비효율적인 잔디기계를 사용한다.⁴⁸ 여기에 잔디에 들어가는 물까지 생각해보자. 우리는 이 귀한 물을 잔디에 엄청나게 쏟아붓는다. 잔디가 자라는 기간에는 한 사람당 하루에 물 약 750리터를 잔디에 뿌린다. 어떤 동네에서는 거주자가 사용하는 물 소비량 중 절반 이상이 잔디에 들어간다!⁴⁹ 미국에서 잔디는 제1의 관개작물이다. 재배 면적이 옥수수의 세 배나 된다.⁵⁰ 잔디 대신 물을 덜 먹고 토양이 물을 더 많이 머금게 할 수 있는 토착 식물을 심는 것만으로도, 미국의 가정들은 물 사용량을 크게 줄일 수 있다.

지금쯤 짐작하셨겠지만, 이 귀하고 절대적으로 중요한 원료는 물건을 생산하는 데도 들어간다.

사실, 앞에서 열거한 세 가지 핵심 원료 중에서 가장 근본이 되는 것이 물이다. 모든 산업 생산 과정에 꼭 필요한 원료이기 때문이다. 종이공장에서 종이 1톤을 만드는 데 물 300~400톤이 쓰인다(물이 전혀 재활용 또는 재순환되지 않을 경우).⁵¹ 티셔츠 한 장에 들어가는 면화를 재배하려면 물 약 970리터가 필요하다.⁵² 모닝커피 한 잔에 들어갈 커피콩을 재배, 생산, 포장, 운반하는 데는 물 약 140리터가 들어간다.⁵³ 전형적인 미국 자동차 한 대를 생산하는 데는 자동차 무게보다 50배가 더 나가는, 148,000 리터가량의 물이 들어간다.⁵⁴

물건 제조에 쓰이는 물은 생산 과정에 들어간 화학물질로 심하게 오염된다. 이런 폐수를 직접 강이나 바다에 투기하지는 않는다 해도(아직도

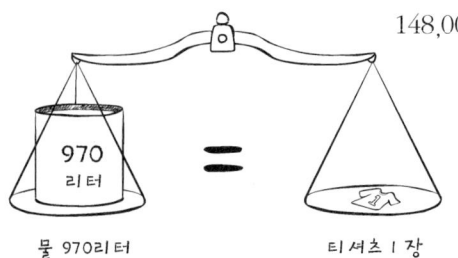

물 970리터 = 티셔츠 1장

투기하는 경우가 많긴 하다), 종이나 흰 티셔츠에 쓰인 표백제, 납, 비소, 금속 채굴에 쓰인 시안화물(청산염) 등의 독성물질이 지표수로 스며들거나 저장소에서 흘러넘쳐 강이나 바다로 들어갈 위험이 늘 존재한다.

물건 만드는 기계를 돌리는 데도 물이 필요하다. 물의 낙차를 이용한 수력발전만을 이야기하는 것이 아니다. 석탄, 석유, 천연가스 등 화석연료를 때는 발전소도 열을 식히기 위해 물을 사용한다. 세계 에너지원에서 굉장히 많은 부분을 화력발전소가 공급하고 있는데, 그 모든 화력발전소에 물이 필요한 것이다.

이렇게 많은 곳에서 물을 필요로 하지만 물은 고갈되고 있다. 절반 이상이 물로 덮인 푸른 지구에서 어떻게 그럴 수 있느냐고? 지구상의 물 중 97.5퍼센트는 짠물이다. 나머지 2.5퍼센트의 단물 중 대부분은 빙하 상태로 얼어 있거나 깊은 지하 대수층에 있어서 사용할 수가 없다.[55] 사람이 사용할 수 있는 물은 지구상에 있는 물 중 1퍼센트 정도다.[56] 호수, 강, 저수지, 그리고 너무 깊지 않아서 퍼올리는 것이 기술적·경제적으로 가능한 지하수 등을 모두 포함한 수치다. 비와 눈이 다시 채워줘서 우리가 지속 가능하게 쓸 수 있는 물은 이 1퍼센트뿐이다. 따라서 그 이상으로 많이 쓰면 문제가 된다.

식수, 위생용수, 관개용수, 공업용수 등 우리가 필요한 모든 곳에 사용하는 물이 이 1퍼센트다. 그런데 인구 증가, 도시화, 산업화, 소비 증가는 모두 '물 수요 증가'를 의미한다. 오늘날 이용 가능한 담수의 양은 줄고 있는데, 우리는 어느 때보다도 물을 많이 쓰고 많이 낭비하고 있다. 세계적으로 지난 한 세기 동안 물 사용량은 6배가 되었는데, 이는 인구 증가 속도의 두 배다.[57] 더 많은 사람이, 더 많은 물을 쓰고 있다. 이런 추세는 지속 가능하지 않다.

이미 세계 인구 중 3분의 1가량이 물 부족 국가에 살고 있다.[58] 온갖 기술적인 수단에도 불구하고, 여섯 명 중 적어도 한 명은 안전한 식수에 접근하지 못한 채 살아간다. 날마다 수천 명(대부분은 아이들)이 깨끗한 물이 없어서 발생하는, 예방 가능한 질병으로 숨진다.[59] 물이 늘 풍부한 자원으로 여겨지던 아시아에서도 1인당 확보 가능한 물의 양이 1955~1990년 40~60퍼센트나 줄었다.[60] 전문가들의 예측에 따르면, 2025년이 되면 세계 인구 중 4분의 3이 물 부족 상태, 즉 물의 공급이 수요를 따라가지 못하는 상태에 처할 것으로 보인다.[61] 가뭄, 오염, 기상이변, 공업·농업용수로의 전용, 물 접근의 불평등, 물 과다 사용…… 이 모든 것이 물 부족 현상을 심화시키고 있다.

물 부족이 심해지면서 물의 사용을 둘러싼, 그리고 더 중요하게는 물의 사용 과정이 어떻게 결정되느냐를 둘러싼 갈등과 분쟁이 세계 곳곳에서 일어나고 있다. 나를 포함해서 많은 사람이, 이윤을 목적으로 하는 사기업이 물 시스템을 관리하는 현상에 대해 우려한다. 기업의 이해관계는, 모든 사람에게 물에 접근할 권리를 주고 지속 가능한 방식으로 물을 관리하는 것과는 부합하지 않는다고 생각하기 때문이다. 물 시스템을 사기업이 관리하면 흔히 물값이 폭등하고, 물 공급이 불안정해지며, 물에 대한 접근이 전반적으로 감소한다. 아주 가난한 지역들에 물을 공급해서는 돈이 안 되는 경우가 많기 때문이다.

물은 생명(미래 세대의 생명도 포함해서)에 필수불가결하기 때문에 공정하게 공유하고 분배해야 한다. 물 관리 프로그램은 이런 개념에 기반해서 이루어져야 하며, 기업의 이윤이 아니라 장기적인 지속 가능성, 생태적 통합성, 의사결정 과정에 해당 공동체 참여, 공정한 접근 등에 우선순위를 두어야 한다.

　물 관리를 사기업에 맡기지 말고 공공기관이 담당해야 한다고 주장하는 국제적인 운동이 벌어지고 있으며, '물 정의' 관련 활동가들의 네트워크는 모든 사람에게 물 사용권을 보장하기 위해 강제력 있는 유엔 협약을 만들고자 노력한다. 2002년 유엔의 경제사회문화적권리위원회Committee on Economic, Social and Cultural Rights는 물 사용권을 보장하는 것이 모든 인권과 존엄성의 권리를 실현하기 위한 선결 조건임을 밝힌 '일반논평 15General Comment No. 15'를 채택하기도 했다.⁶²

　하지만 여전히 많은 초국적 거대 기업들이, 인간의 기본적인 필요를 충족시키고 생태적 후생과 사회정의를 확보하는 방향보다는 시장에서의 기회와 잠재적인 이윤 가능성에 기반해 의사결정을 하면서, 세계 각지에서 공공 물 관리 시스템을 민영화하려 하고 있다. 이런 기업들은 병에 든 마실 물과 대용량 '벌크 워터'를 판매할 시장을 확장하려고 하는데, 이런 물 상품들은 새로운 시장까지 먼 거리를 이동한다. 많은 지역에서 물이 고갈되면서, 사람들은 어쩔 수 없이 돈을 내고 다른 데서 오는 물에 의존해야 한다. 이런 이유로 《이코노미스트》는 "물이 21세기의 석유"라고 표현한 바 있다.⁶³

　자원 고갈 문제가 대부분 그렇듯이, 한 가지 해결책만으로 전지구적인 물 위기를 해결할 수는 없다. 우리는 다양한 각도에서 조치를 취해야 한다. 어떤 전문가들은 수십억 달러가 드는 인프라와 거대한 댐 건설을 제안한다. 하지만 나는 태평양연구소Pacific Institute가 '연성 경로soft path'라고 부른 해결책을 선호한다. 이 연구소에 따르면, "연성 경로 해결책은 무한정 새로운 공급원을 찾기보다는 물의 '생산성' 향상을 목표로 하며…… 중앙정부가 설치한 인프라를 지역사회에서의 프로젝트들로 보완한다. 또한 관련 당사자들을 중요한 의사결정에 참여시켜 물 관리가 환경과 공공의 이해를 보호하는 방향으로 이루어지게 한다."[64] 이런 해결책을 따르려면 기술 개발, 자원 보전, 그리고 진정으로 민주적이고 공정한 의사결정 과정 등이 모두 함께 이루어져야 한다.

물이 어디에 쓰이고 있으며 어디에서 낭비되고 있는지를 알아내는 것만으로도 바람직한 방향으로의 진보에 큰 도움이 된다. 일상에서는 눈에 잘 띄지 않는 부분들도 알아내야 한다. 누구라도 면티셔츠, 자동차, 전등 스위치에서 물을 떠올리기는 쉽지 않다. 이런 '보이지 않는' 물을 볼 수 있도록 하기 위해, 영국의 존 앨런John Allan 교수는 '가상수假想水, virtual water'라는 개념을 만들었다.[65] 가상수는 전지구적인 생산과 거래에 들어가는 물의 양을 추적하기 위해 고안된 것으로, 해당 품목의 생산과 그 원료의 추출 과정에 얼마나 많은 물이 들어갔는지를 추산한 양이다. 면화나 커피처럼 물 집약적인 작물을 재배하고 수출하는 나라들은 가상수 수출국이라고 할 수 있다.

또 다른 유용한 개념으로 '물 발자국water footprint'이 있는데, 이는 기업이 생산한, 혹은 개인이나 공동체가 사용하는 재화와 용역에 들어간 담수의 총량을 계산한 것이다. 관심이 있다면 www.water-footprint.org에서 당신의 물 발자국을 대략 계산해볼 수 있다. '물 발자국'을 고안한 네덜란드 트벤테 대학의 아르옌 훅스트라Arjen Hoekstra 교수

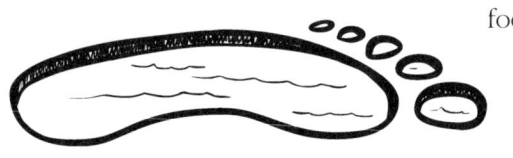

는 "인간이 담수 시스템에 미치는 영향은 궁극적으로 인간의 소비와 관련이 있으며, 물 부족이나 오염 등의 사안은 생산과 공급망을 전체적으로 고려해야만 더 잘 이해할 수 있다는 개념에 기반해" 물 발자국을 고안했다

고 설명한다.[66] 다른 말로 하면, 더 많은 물건이 생산되고, 사용되고, 새것으로 교체될수록, 더 많은 물이 사용된다는 것이다.

내 물 발자국을 계산해보니 연간 500세제곱미터였다. 이렇게저렇게 물 발자국을 계산하면서 나는 커피를 덜 마시고, 동물성 식품을 덜 먹고, 물건을 덜 사면 발자국을 줄일 수 있다는 사실을 알게 되었다.

우리집의 '그레이 워터 시스템grey water system'(한 번 쓴 물을 재활용하는 시스템)이 변화를 일굴 수 있다고 생각하면 마음이 좀 편하다. 나는 세탁기에서 나온 물을 거름 기능이 있는 식물을 겹겹이 쌓아 만든 간단한 필터로 걸러서 정원에 준다. 세계 각지의 가정, 대학, 호텔, 식품공장 등이 다양한 방식으로 그레이 워터 시스템을 도입해, 한 번 쓴 물을 걸러서 다시 쓰고 있다. 우리집 정원은 이걸 마음에 들어한다. 하지만 이런 식으로 재사용하는 물의 양은 내가 날마다 쓰는 물건에 들어간 물의 양에 비하면 새 발의 피에 불과하다는 사실을 나는 잘 알고 있다. 물 사용을 가장 많이 줄일 수 있는 영역은, 개개인의 라이프스타일보다는 농업, 에너지 생산, 그리고 산업 제품의 생산 과정이다.

물의 숨겨진 비용은 산업이 유발하는 외부화된 비용 중 하나다. 즉, 산업체가 이 비용을 지불하지 않는다. 물건의 가격은, 경제학자들이 이제야 계산하기 시작한 물의 진정한 가치를 반영하지 않는다. 오염 때문에 수자원이 줄어드는 비용도 반영하지 않는다. 환경상의 악영향 때문에 생태계가 제공하는 기능이 줄어드는 비용도 반영하지 않는다.

진정한 가치를 계산하기 위해 일각에서는 '총경제적 가치total economic value'라는 개념이 사용되기 시작했다. 여기에는 직접 사용 가치(식수 등)와 간접 사용 가치(강의 수위와 유량 등)뿐 아니라, 유산 가치(미래 세대가 사용할 수 있는 가치), 존재 가치(단지 지구상에 존재함으로써 갖는 가치)와 같은 비사용

가치도 포함된다.⁶⁷

이와 비슷한 맥락에서 물의 가치를 인식하고 물 관리의 기준을 세우기 위해 1992년 각국의 정부 대표와 비정부기구들은 '물과 환경에 관한 국제회의'에서 '더블린 원칙Dublin Principles'을 발표하기도 했다.⁶⁸

숨은 비용을 드러내는 이런 움직임은, 사람들이 물의 생산성을 향상시키도록 동기부여를 할 수 있다. 물의 사용과 오염이 유발하는 숨은, 혹은 사실상의(virtual은 '가상'이라는 뜻도 있지만 '사실상의'라는 뜻도 있다—옮긴이) 외부화된 비용이 기업 장부의 '비용' 항목에 드러나면, 기업들은 사용하거나 오염시키는 물의 양을 줄이려고 노력하게 될 것이다. 이런 활동을 펴되, 물의 경제적 가치를 계산하다가 자칫 물 접근권이 기본적인 인권이라는 점을 잊어버리는 일이 발생하지 않도록 조심해야 한다. 물에 경제적 가치를 부여하는 것은 전체적인 가치를 더 잘 이해하기 위해서지, 물 관리를 민영화하거나 물을 판매하기 위한 사전작업이 아니다.

우리가 바라는 시나리오는, 기업이 물 사용 비용을 온전히 책임지게 됨으로써 물을 덜 사용하고 덜 낭비하는 기술들을 적극적으로 도입하게 되는 것이다. 그러나 시장에 기반한 전략에는 난점이 있다. 기업이 외부화된 비용을 감안하게 되면 높아진 비용을 소비자에게 전가할 것이기 때문에 물건 가격이 올라간다는 점이다. 그런데 많은 경우에 이것이 그리 나쁜 일만은 아니다. 할인점에서 4.99달러의 싼 가격표를 달고 있어서 도저히 안 살 수 없는, 그러나 사실은 970리터의 물이 들어간 티셔츠 한 장이 정말 더 필요한가? 하지만 기초 상품의 가격이 오르면 세계 각지의 가난한 사람들에게는 정말 치명적인 일이 될 수 있다.

바로 이런 문제를 풀기 위해 활동하는 사람들이 있다. 돈으로 물을 살 여력이 안 되는 가난한 사람들도 기본적으로 필요한 물은 충분히 공급받

을 수 있게 하고, 과다한 소비나 생산에 물을 사용(낭비)하는 사람들이 추가적인 비용을 물게 하는 방향으로 운동을 벌이는 것이다. 인권 운동가, 진보적인 도시행정가, 노조, 환경단체 등(이들을 통틀어 '물의 전사'라고 부른다)은 물이 곧 인권이라는 인식을 확립하고, 가난한 사람들의 물 접근권을 확대하고, 물을 상품화하지 않고, 과다한 물 사용에 세금을 물리고, 민간 기업이 아니라 투표로 선출된 도시행정가들이 물 공급 및 관리 시스템을 운영하도록 만들기 위해 전세계적인 연합을 구성해서 공동으로 노력하고 있다.

기술적인 측면에서도, 많은 기업이 한 번 사용한 물을 계속 재사용하는 '순환 공정 공장closed loop factory'과 같은 혁신을 통해 제조 공정에서 물을 덜 사용하고 낭비를 줄이는 방향으로 개선해가고 있다. 생산 과정에서 유독한 원료를 사용하지 않으면 생산에 사용된 용수가 오염되지 않으므로 안전하게 재사용할 수 있다. 이는 굉장히 큰 진보다. 이런 공정을 도입한 곳 중 하나로 카펫 제조사 인터페이스Interface를 들 수 있다. 이 회사는 CEO 레이 앤더슨Ray Anderson의 비전에 따라, 1996년부터 용수 사용을 생산단위당 75퍼센트나 줄였다.[69] 그리고 앞으로도 이런 혁신을 계속해나가겠다고 말한다!

한편 지역 개발, 산업생태학, 도시 디자인, 건축 영역의 전문가들은 가정집, 공장 복합단지, 그리고 도시의 건축 환경을 자연적인 물 시스템과 '분기점'을 교란하는 것이 아니라 모방하는 방식으로 다시 디자인하고 있다. 잔디 대신 물을 덜 먹는 토착 식물을 심고, 딱딱한 지표면을 물이 스며들도록 바꿔 토양이 더 많은 비를 머금을 수 있게 하고, 공장이 하수에 독성 폐기물을 버리도록 허용하는 산업 유착관계를 끊는 등의 변화를 이루면 물의 고갈을 막는 데 도움이 된다. 두말할 것도 없이, 퇴비화 변소도 이런 변화에 해당한다.

시장에 기반한 경제적인 해결책과 테크놀로지를 향상시키는 기술적인 해결책(이런 것들은 우리가 맘만 먹으면 바로 실행할 수 있다)에 더해, 물에 대한 우리의 문화적 접근방식도 바뀌어야 한다. 즉, 모두에게 물을 공급하고 지속 가능한 방식으로 사용하는 쪽에 우선순위를 두어야 한다. 물은 산소만큼이나 우리 생존에 절대적으로 필요하다. 그리고 우리에게는 물이 고갈됐을 때 대신 쓸 수 있는 대체품이 없다.

광석, 미래 세대가 쓸 것을 남겨두기 위해

물건에 들어가는 재료 중에서 가장 파악하기 어려운 것은 지하에 있는 재료들이다. 금속, 보석, 광물, 그리고 유기 구성적으로 이와 사촌격인 석유와 석탄은 나무나 물과 달리 기본적으로 재생 가능하지가 않다. 나무는 다시 심는 양보다 사용량이 많지만 않으면 재생 가능하고, 물은 고갈 위기에 있긴 하지만 건강한 생태계에서는 복원될 수 있으니 말이다. 또 재료들이 있는 곳까지 접근하는 것도 나무나 물보다 어렵다. 여기에서 채굴과 관련한 문제가 등장한다.

광물에 대해 감상적인 느낌을 갖는 사람은 별로 없을 것이다. 광물은 숲의 나무처럼 경이롭고 압도적인 생명체도 아니고 물처럼 고요하거나 치유력과 정화력이 있는 것도 아니다. 환경단체들이 불쌍한 은이나 우라늄

이 토착 서식지에서 사라지지 않게 보호하자고 호소하는 것도 들어보지 못했다. 하지만 광물을 사용해 만든 물건들에 대해서 감정적인 애착을 보이는 사람들은 많다. 다른 사람의 결혼반지나 휴대전화기나 자동차를 빼앗거나 망가뜨리려고 해보라. 아마 당신은 매장될 것이다.

그렇다면 인상적이지도 않은 이들 무생물을 지구에서 좀 뽑아다가 우리가 가장 귀하게 여기는 물건들을 만들기로서니, 그게 뭐가 문제란 말인가? 음, 그런데 그게 문제다.

우선, 미래 세대가 이런 물질들을 사용할 수 있을 것인가 하는 문제가 있다. 이런 것들은 오늘 써서 없애면 내일 자라나지 않는다. 우리의 핵심적인 경제 모델이 광물처럼 재생 불가능한 자원의 소모에 기초를 두고 있다는 사실은 GDP가 진보의 척도가 되기 어려운 이유 중 하나다.

그리고 우리가 광물들을 얻는 방식, 즉 채굴 과정에도 문제가 있다. 아무리 살살 한다고 해도 채굴은 사람과 지구에 심각한 부담을 준다. 노천굴 open-pit이건 노천광 strip mine이건 갱내 채굴 방식이건, 지표 위에서건 아래에서건 마찬가지다. 어떤 방식이든지 채굴 과정은 물과 에너지를 많이 잡아먹고, 폐기물을 많이 뱉어내며, 오염을 많이 일으키는 더러운 과정이다. 채굴을 하느라 인근 마을에서 사람들이 퇴거당하고, 노동자들의 권리가 침해되며, 유독한 부산물 때문에 모두가 건강을 해친다. 탄광이 문을 닫는다고 해서 끝나는 문제도 아니다. 문제는 그 후로도 오랫동안 계속된다.

지구 깊숙이 갱도를 파는 방식은 지하에 있는 광물을 채굴할 때 쓰인다. 아마 많은 사람이 광산이라고 하면 카나리아, 전조등과 함께 갱도를 떠올릴 것이다. 하지만 오늘날의 광업은 대부분 거대한 노천굴에서 이루어진다. 미국에서도 상당량의 광물이 노천굴에서 채굴되며, 전세계적으로는 모든 금속의 3분의 2가 그렇다.[70] 다이아몬드, 철, 구리, 금, 석탄 등이 일반적으로 노천굴에서 채굴되는 광물이다. 노천굴은 굉장히 거대한 것도 있다. 유타주의 빙엄캐니언 구리광산은 면적이 약 7.7제곱킬로미터에 달하며, 칠레 북부의 추키카마타 구리광산은 약 12제곱킬로미터나 된다.[71] 또 산꼭대기를 폭발물로 날려버리는 '정상 제거mountaintop removal' 방식의 광산도 있는데, 이는 주로 산속 깊숙이 매장돼 있는 석탄에 접근하기 위해 쓰인다(석탄 채굴에 대해서는 82쪽 참조). 그리고 특히 개발도상국들에서는 기초적인 도구만 가지고 손으로 광물을 캐는 '수작업 채굴'도 여전히 이루어지고 있다.

노천굴을 만든다는 것은 더 많은 나무를 베고 그 땅에 거주하는 생명들(다리가 두 개건 네 개건)을 몰아내야 함을 의미한다. 인도의 광산업을 다룬 어느 보고서에 따르면, 광산지도와 삼림지도를 비교해본 결과 인도 대부분의 지역에서 석탄, 보크사이트(알루미늄의 원광), 철이 많이 매장되어 있는 곳은 생물종 다양성이 풍부하고 토착 지역민이 살고 있는 삼림 지역과 겹치는 것으로 나타났다.[72]

땅 위에 사는 생명체들은 광산 때문에 쓸려 없어지는 것 중 첫 번째일 뿐이다. 광맥을 덮고 있는 돌과 흙(광산업계에서는 이를 '피복 토양overburden(영어로는 과다한 부담이라는 의미다―옮긴이)'이라고 부른다)도 불도저, 드릴, 폭약, 트럭 등의 중장비(물론 이런 것을 만들고 운영하는 데도 역시 많은 자원이 든다)로 쓸어없애야 한다. 그렇게 쓸어낸 것들이 매우 높이 쌓인다. 실제로 노천굴 광산에서는 지하 채굴 광산에서보다 파편 폐기물이 8~10배나 많이 생긴다.[73]

광맥까지 접근하는 과정에서 발생하는 문제점은 시작에 불과하다. 아무리 품질 좋은 원석이라고 해도, 추출하고자 하는 금속이나 광물을 아주 조금밖에 함유하고 있지 않기 때문에 가공 공정이 필요한데, 여기에는 물과 화학물질과 더 많은 기계가 필요하다. 가공하고 나면 원석의 대부분은 폐기물이 된다. 그리고 품질 등급이 높은 원석은 점점 고갈되고 있기 때문에, 원석 중 폐기물이 되는 부분이 점점 많아지고 있다.

어스워크Earthworks와 옥스팜아메리카Oxfam America가 작성한 보고서 〈더러운 금속Dirty Metals〉에 따르면, 미국에서 "20세기 초에 채굴된 구리 원석은 사용 가능한 금속의 양이 (무게 기준으로) 2.5퍼센트였다. 그런데 오늘날에는 0.51퍼센트밖에 안 된다. 그리고 금의 경우에는 얻을 수 있는 양이 원석의 0.00001퍼센트(1퍼센트의 10만분의 1)에 불과한 것으로 추산"된다.[74] 가공 과정에서 쓰이는 화학물질은 세계적으로 매년 적어도 900억 톤의 원석 폐기물을 오염시킨다. 900억 톤이면 미국의 모든 도시에서 나오는 연간 폐기물의 거의 9배(무게 기준)에 달한다.[75]

말할 것도 없이, 탄광 노동자들은 독성물질 때문에 누구보다도 심각한 피해를 입고 있으며, 위험한 중장비를 사용하다가 혹은 화재·폭발·사태 등의 사고 때문에 다치는 경우도 많다. 국제노동기구ILO에 따르면, 광산업은 종사자 수로는 세계 노동인구의 0.4퍼센트밖에 안 되지만 치명적인 산업재해 건수로는 3퍼센트(매년 11,000건, 매일 30건)를 차지한다.[76]

예를 들면, 인도의 라자스탄 광부들(대부분은 여성과 어린이다)은 고급 부엌과 거실을 장식할 대리석과 사암을 캐기 위해 장시간의 노동에 시달린다. 그라비스GRAVIS(간디에 감화받아 설립된 비정부기구로, 라자스탄 광부들이 겪는 문제에 대해 활동하고 있다)는 이곳 광산 노동자의 절반 이상이 규폐증과 같은 폐병을 앓고 있다고 밝혔다. "이들이 일하는 노천굴은 건식 드릴 작업에서 발생하는 먼지 때문에 공기 중 먼지 밀도가 높으며, 안전장비도 없다. 노동자들에게는 식수도, 쉴 장소도, 화장실도, 구급약품도 제공되지 않는다. 또 사고에 대해 어떤 보상도 없다. 하지만 사고는 자주 일어나는 데, 광산 노동자들 대부분은 치료에 쓸 수 있는 여윳돈이 없다."[77]

물, 공기, 토양의 오염 문제부터 노동자들의 건강 문제에 이르는 모든 비용을 생각해본다면, '광산업체는 이윤을 아주 많이 내지 않으면 안 되겠구나' 하는 생각이 들지도 모르겠다. 하지만 진정한 비용 중 광산업체가 부담하는 것은 극히 일부분이다. 이들의 장부에서 수질이나 대기질 같은 항목은 찾아볼 수 없다.

사실 미국의 연방정부 소유지에서 채굴을 하는 것은 거의 공짜다. 1872년에 제정된 광업법General Mining Act에 따르면, 18세 이상의 미국 시민이면 누구나 연방정부 소유지에서 금, 은, 플래티늄, 구리, 납, 아연 등의 광물을 시굴 및 채굴할 권리가 있다. 공짜로 말이다. 광산업자들과 시굴자들이 상업 촉진과 새로운 변경, 특히 서부에서의 인구 정착을 도움으로써 사회에 기여한다는 것이 법이 제정될 당시의 논리였다.[78]

이 법이 통과된 이래로 연방정부가 퍼준 광물의 가치는 총 2,450억 달러에 달하는 것으로 추정된다.[79] 이는 정부 수입을 갉아먹은 것은 물론이고, 기업들에게 광물을 재활용하기보다는 새 광물을 채굴하도록 권장하는 결과를 낳았다. 연구 결과에 따르면, 미국에서는 해마다 열다섯 가지의 연방보조금(각각 평균 26억 달러)이 추출 산업에 지원되는데,[80] 이는 추출 기업들이 재활용을 하기보다는 새 원석에서 광물을 추출하게끔 유도하는 효과를 낳고 있다. 광물이 기본적으로 공짜이므로, 기업들이 금·은·납 등의 금속을 보존하거나 폐전자제품에서 회수해 재활용하려는 노력을 할 유인이 거의 없는 것이다.

다행히도 구닥다리 광업법을 개정하려는 노력이 계속 이루어지고 있다. 2009년 초에 '견암 채굴 및 재이용 법안Hardrock Mining and Reclamation Act이 재상정되었다(2007년에 제출된 안은 상원에서 통과되지 못했다). 새 법안은 소유권

자가 없는 현존 광산으로부터 채굴을 할 때는 총수입의 4퍼센트, 새로운 광산을 개발할 때는 8퍼센트를 로열티로 지불해야 하며, 로열티 수입의 70퍼센트는 버려진 폐광산을 청소하는 자금으로, 30퍼센트는 광산업으로 피해를 본 마을을 지원하는 자금으로 사용하도록 되어 있다.[81] 바람직한 방향으로의 진전이지만, 이 법안이 다루는 것은 미국 정부 소유지에서의 채굴뿐이다. 재사용보다는 새 원석의 사용을 촉진하는 보조금들은 여전히 존재한다. 이것들은 사라져야 한다!

우리의 물건을 만들기 위해 추출되는 모든 금속과 광물을 살펴보려면 여러 권의 책을 써야 할 것이다. 그래서 그중 몇 가지에 대해서만 알아보려고 한다. 여기에서 설명하는 내용은 다른 광물에도 대체로 해당된다.

금과 다이아몬드

금은 치과의 금니부터 유리공예에 이르기까지 많은 곳에 쓰이고, 부를 저장하는 기능으로도 사용된다. 또 휴대전화기, 텔레비전, GPS 시스템, MP3 플레이어 등 대부분의 전자제품에도 조금씩 들어가 있다. 하지만 금의 가장 큰 사용처는 장신구다. 다른 데 쓰이는 것은 이에 비하면 적은 양에 불과하다. 현재 장신구는 전체 금 소비량의 75퍼센트를 차지한다.[82]

아마 당신도 귀중하게 여기는 금붙이가 있을 것이다. 나도 그렇다. 장신구가 많진 않지만, 오래전 남자친구가 준 작은 금반지가 하나 있다.

그가 반지를 사주고 싶다고 했을 때, 나는 새것이 아니어야 하고 작은 것이어야 한다고 주장했다. 나는 남아프리카공화국에서 금광을 본 적이 있었다. 금광이 끔찍한 오염을 유발하고 일상적으로 인권을 침해하며, 그렇게 해서 채굴되는 금의 4분의 3 이상이 장신구에 쓰인다는 것을 알고 있었다. 할머니의 서랍장에도, 엄청나게 쌓여가는 전자제품 폐기물에도 금이 아주 많은데, 왜 나까지 새로운 금을 더 채굴하게 만든단 말인가? 그래서 그는 워싱턴에 있는 '타이니 주얼 박스' 매장에서 골동품 반지를 샀다. 그 반지에는 '1896년 5월 16일(16 Mai 1896)'이라고 씌어 있었고, 연필로 찍은 점만 한 진주알갱이들로 둘레가 장식된 자그마한 사파이어가 붙어 있었다.

내 반지가 나에게 오기 전 오랜 역사를 가지고 있다는 점이 마음에 든다. '5월'의 철자를 보건대 반지 주인은 프랑스나 독일 사람이었을 것이다(영어로는 May임—옮긴이). 그리고 크기가 작은 걸 보니 약혼반지는 아니었을 것이다. 아마도 '스위트 식스틴 파티'(열여섯 번째 생일을 기념하는 파티—옮긴이)의 반지가 아니었을까? 나는 종종 이 반지를 바라보면서 젊은 유럽 여인의 손가락에서 보냈을 반지의 지난 생을 상상하고, 누가 그녀에게 반지를 주었을지 생각해본다. 물론 이 금은 그녀에게 가기 전에도 과거가 있었을 것이다. 반지로 만들어지기 전에도 말이다.

내 작고 사랑스러운 반지에 들어간 금은 어디에서 채굴되었을까? 아마도 남아프리카공화국? 이 나라는 오랫동안 전세계 금의 상당량을 공급해왔으며, 지금도 세계 수요의 4분의 1 이상을 공급하고 있다. 나는 1990년대 중반에 남아프리카공화국에 가본 적이 있다. 차창 너머로 밖을 내다보면서, 어떤 지질학적 작용이 시골 곳곳에 작은 구릉들을 이렇게 많이 만들었을까, 궁금하고 놀라워서 탄성을 질렀다. 그러자 나를 안내하는 사람이 이렇게 설명했다. "구릉이 아니에요. 광산 폐기물이 쌓인 거예요."

평균적인 결혼반지용 금반지 하나에 들어가는 금을 채굴하는 과정에서 20톤의 유독한 광산 폐기물이 발생한다.[83] 때로는 강이나 바다에 투기되고, 때로는 채굴된 곳에 그냥 방치된다. 내가 본 언덕이 바로 그렇게 방치된 폐기물이었다.

금광 폐기물이 유독한 이유는 원석에서 금을 추출하기 위해 금광업체들이 사용하는 '퇴적 침출법heap leaching'이라는 공정 때문이다. 금을 함유한 원석을 쌓아놓고 그 위에 시안화물을 부어 그것이 서서히 아래로 내려가면서 금이 추출되도록 하는 방식이다. 그런데 시안화물은 금과 함께 카드뮴, 납, 수은 같은 유독한 금속도 녹여낸다. 시안화물과 유독한 금속이 들어 있는 용액은 큰 수영장 같은 저장소로 들어간다. 이곳에서 금을 추출하고 나면, 중금속과 시안화물로 오염된 원석 부산물 더미 옆에 이제는 중금속과 시안화물로 오염된 연못까지 생긴다. 아시다시피 시안화물은 치명적이다. 쌀 한 톨만큼으로도 사람 한 명을 죽일 수 있고, 물 1리터에 100만분의 1그램이 들어가면 물고기를 죽일 수 있다.[84] 광산 폐기물이 대부분 강이나 호수로 들어가기 때문에, 이는 정말이지 큰 문제다.

'그렇지만 내 반지는 아주 작다고요!' 내 반지가 내놓은 폐기물은 일반적인 반지 하나에서 배출되는 양의 절반밖에 안 될 거라고 나는 스스로에게 되뇌었다. 절반이라고 해도 10톤이나 된다는 사실을 곧 깨달았지만.

나는 내 반지가 원석더미에 시안화물을 부어서 만든 것이 아니길 바란다. 시안화물은 1887년까지만 해도 금광에 널리 사용되지 않았다.[85] 그리고 내 반지에 쓰인 금은 어쩌면 미국산, 아마도 나와 마찬가지로 캘리포니아산일지도 모른다. 캘리포니아의 초기 금광업자들은 시안화물을 사용하지 않았으므로, 내 반지가 캘리포니아산이라면 위에서 말한 유독한 흔적을 남기지 않았을 것이다. 하지만 불행히도 캘리포니아 금에는 시안화물과 비슷한 정도로 심각한 또 다른 문제가 있다.

내 반지에 글자가 새겨지기 48년 전, 북부 캘리포니아에서 금이 발견됐다. 1848년 제임스 마셜James Marshall이라는 사람이 북부 캘리포니아의 제재소에서 일하다가 콜로마강에서 반짝이는 금속을 발견한 것이다. 마셜의 발견은 1849년의 골드러시로 이어졌다. 수십만 명이 부를 거머쥐기 위해 몰려들었다.[86] 그 결과 13,000명이던 캘리포니아의 백인 인구가 1854년에는 30만 명으로 늘었다. 그동안 원주민 인구는 골드러시 이전의 15만 명에서 1870년경에는 3만 명으로 크게 줄었다. 숨진 사람들 중 60퍼센트는 금을 캐러 몰려든 사람들에게 묻어온 질병으로 숨졌고, 다른 사람들은 보호구역으로 강제 이주당해 사는 와중에 숨지거나 대량 학살당했다.[87]

그 시절에는 강둑과 산에서 채취한 원석을 수은에 담가서 금을 추출했다. '생산'을 다룰 2장에서 더 자세히 살펴보겠지만 수은은 뇌, 척수, 신장, 간에 해를 끼치는 강한 신경독이다. '매드 해터mad hatter'라는 말은 펠트로 만들어진 모자를 세척하던 사람들이 겪던 신경손상에서 유래되었는데, 예상하시겠지만, 세척에는 수은이 쓰였다.[88] (매드 해터는《이상한 나라의 앨리스》에 나오는 미친 모자장수를 일컫는데, 과학적으로는 모자장수가 미친 원인이 수은중독일 거라고 보는 견해가 많다. 수은중독 공해병인 미나마타병을 '매드해터병mad hatter's disease'이라고 부르기도 한다.—옮긴이) 골드러시 기간 동안 시에라네바다 중부의 강에 버려진 수은만 해도 약 7,600톤에 달하는 것으로 추정된다.[89] 그 수은은 캘리포니아의 자연에, 강에, 침전물에 아직도 남아 있으며, 그중 상당부분이 사람들이 수영하고 고기를 잡는 샌프란시스코베이로 계속 흘러들고 있다.

불행한 일은, 내 작은 반지에 쓰인 금이 어디에서 왔는지, 그것을 만드는 과정에서 누가 해를 입었는지 확실히 알 수 없다는 점이다. 내가 아는 것이라고는 내가 반지를 구매한 시점과, 그게 중고였다는 사실뿐이다. 물론 중고인 것은 좋은 점이다. 대부분의 금이 장신구에 들어가고, 사용되는 금의 3분의 2가 새로 추출한 원석에서 나오므로, 금이 사랑을 맹세하는 최고의 상징이라는 생각을 버릴 수 없다면 중고를 사는 것이 좋겠다.

중고 장신구나 재활용된 금으로 만든 장신구를 사는 것, 혹은 금을 아예 사지 않는 것은 우리가 금광업이 야기하는 문제들을 심화시키지 않을 수 있는 좋은 방법이다. 하지만 그래도 굳이 새 원석에서 추출한 금으로 만든 새 제품이 좋다면, 이런 경우에도 피해를 줄일 수 있는 방법이 있다. 지역 공동체와 노동자의 권리와 환경에 해를 끼쳐가며 생산한 원료를 사용하지 않고 장신구를 만드는 보석업자들이 있다. '노 더티 골드No Dirty Gold' 운동은 일종의 가이드라인인 '황금률'을 만들었는데, 보석 소매업자들이 친환경적이고, 광산 노동자들에게 해를 덜 끼치고, 채굴 지역 공동체의 권리를 보호하기 위해 자발적으로 서명하고 참여할 수 있다. 이 운동에 참여하고 있는 보석 소매업자는 www.nodirtygold.org에서 확인할 수 있다.[90]

분쟁 광물

불행히도, 금 채굴이 야기하는 문제들을, 우리의 물건을 만드는 데 쓰이는 거의 모든 금속과 광물도 가지고 있다. 더 불행히도, 금보다 문제가 심각한 것들도 있다.

'분쟁 광물conflict minerals'은 귀한 광물이 폭력적인 분쟁을 야기하고, 그 광물에 대한 통제, 판매, 세금 부과, 보호에서 발생하는 이윤이 범죄적인 집단이나 잔인한 정권에 돈을 대거나 무기 구입 자금으로 사용되는 경우를 일컫는다. 이런 광물과 금속은 보통 억압적인 상황에서 채굴되며, 노동자들은 보수를 거의 또는 전혀 받지 못한다. 분쟁 다이아몬드 관련 운동을 하고 있는 비정부기구 글로벌위트니스Global Witness는 이런 광물들이 "아프리카에서 수백만 명의 목숨과 삶의 터전을 앗아간 잔인한 분쟁에 자금을 댔으며, 다이아몬드는 알카에다 같은 테러 조직이 자금을 조달하고 돈세탁을 하는 데도 쓰여왔다"고 밝혔다.[91]

'분쟁 다이아몬드' 혹은 '블러드 다이아몬드'가 시에라리온 내전에서 어떤 역할을 했는지는 1998년 글로벌위트니스가 추진한 '분쟁 다이아몬드와 싸우기Combating Conflict Diamonds' 운동 덕분에 세계적으로 많은 관심을 끌었다. 시에라리온의 상황은 2006년에 제작된 영화 〈블러드 다이아몬드〉를 통해서도 많이 알려졌다. 이 영화는 저항세력의 잔인함과 정부군의 잔인함을 모두 잘 드러내고 있다. 다이아몬드 광산을 운영하는 저항세력은 마을 사람들을 납치해서 광산에서 일하게 하고, 소년들을 납치해서 군인으로 나가게 했으며, 정부군은 저항세력뿐 아니라 마을 사람들까지도 무차별적으로 학살했다.

1991~2002년 11년에 걸친 시에라리온 내전 기간 동안, 혁명연합전선Revolutionary United Front, RUF이라 불리는 극악한 무장 저항세력이 강간, 체계적인 사지 절단, 대량 살상 등의 폭력과 테러를 저질렀다. 시에라리온 사람 수만 명이 숨졌다.[92] 2009년 초, RUF 고위 지휘부 세 명이 전쟁범죄와 반인도적 범죄로 기소되었다. 내전 당시 그들은 다이아몬드 광산을 장악하고 시민들을 납치해서 다이아몬드를 캐게 한 뒤, 군대 유지 자금을 대고 수익을 얻기 위해 다이아몬드를 거래했다.[93]

글로벌위트니스의 마이크 데이비스Mike Davis는 "지난 20년간 다이아몬드를 비롯한 자연자원 거래가 세계에서 가장 심각한 전쟁범죄에 이용되어왔다"면서, "하지만 시에라리온 같은 경우들이 있었는데도 아직도 이 문제에 대해 국제적으로 완전한 접근이 이루어지지 않고 있다"고 지적했다. "자연자원은 오늘날에도 계속해서 분쟁을 지원하는 데 쓰이고 있으며, 특히 콩고 동부에서는 무장세력이 광물 거래를 통해 자금을 얻으면서 민간인을 살해하고 있다."[94]

2000년 남아프리카공화국 정부는 킴벌리에서 주요 다이아몬드 거래국, 생산국, 업계 대표자, NGO들이 모인 회의를 주관했다. 국제적으로 다이아몬드를 추적해서 인증하는 프로그램을 만들기 위해서였다. 2003년 1월에 공식적으로 시작된 이 프로그램은, 거래되는 다이아몬드가 분쟁이나 폭력과 관련이 없는 '깨끗한' 원천에서 나왔음을 보장하려는 목적으로 만들어졌다. '킴벌리 프로세스Kimberley Process'라고 불리게 된 이 프로그램에 참여하고자 하는 국가는 모든 다이아몬드가 무장 저항세력에, 혹은 유엔이 인정한 정부를 전복할 목적을 가진 집단에 자금을 대는 데 전혀 쓰이지 않았음을 확인해서 공식적으로 인증해야 하며, 회원국이 아닌 나라와는 다이아몬드 수출 및 수입 등 일체의 거래를 해서는 안 된다.[95] 유엔 전문가 패널 시에라리온위원회 위원장인 마틴 청공 아야포르Martin Chungong Ayafor가 말했듯이, "다이아몬드는 영원하다지만 삶은 그렇지 않다. 우리는 분쟁 다이아몬드 때문에 사람들이 전쟁, 사지 절단, 죽음 등의 고통을 겪는 일을 막아야" 한다.[96]

안타깝게도, 킴벌리 프로세스는 기대만큼의 역할을 다하지 못하고 있다. 다이아몬드 산업에는 여전히 인권 침해가 난무하며, 다이아몬드 생산과 거래는 여전히 분쟁과 관련돼 있다. 글로벌위트니스는, 킴벌리 프로세스가 시작된 지 5년이 지난 후에도 "분쟁과 관련된 불법적인 광물 밀거래는 예외라기보다는 위험한 관례인 것 같다"고 평가했다.[97]

우리가 분쟁과 내전에 돈줄 역할을 하게 되는 불상사를 피하는 가장 좋은 방법은 다이아몬드를 사지 않는 것이다. 끝! 다이아몬드업계는 이 광석 조각을 사랑과 맹세와 부와 지위의 상징으로 끌어올리는 마케팅을 기가 막히게 잘 한다. 하지만 우리가 거기에 속아넘어갈 필요는 없다. 사랑을 표현하는 데는 더 좋은 방법이 얼마든지 있다. 그래도 광석 조각에 한 달치 월급을 굳이 써야겠다면, 글로벌위트니스와 국제사면위원회Emnesty International가 만든 다이아몬드 구매 가이드를 참고하라. 여기에는 보석업자에게 확인해봐야 할 중요한 질문들이 담겨 있다.

콜탄

휴대전화기, MP3 플레이어, 리모컨, 플레이스테이션 등에 들어가는 분쟁 광물이 또 있다. 광업계 용어로 '콜탄coltan'이라고 하는 원석에서 추출되는 탄탈이 그 주인공이다. 탄탈은 열에 잘 견디며, 산에 담가도 될 정도로 산성 부식에 강한 것으로 알려져 있다.[98]

콜탄은 호주·브라질·캐나다 등이 주요 수출국이지만, 세계 매장량의 80퍼센트가 있는 곳은 정치적으로 불안정하고 폭력이 난무하는 콩고 동부다.[99] 콩고의 콜탄 광산은 잔인한 게릴라 집단과 인근 르완다, 부룬디, 우간다에 있는 후원세력들의 자금줄 노릇을 해왔다.

콜탄은 간단한 방식으로 채굴할 수 있다. 골드러시 시절 캘리포니아의 포티나이너(1849년 골드러시에 금광을 찾아 미국 서부로 몰려든 사람들을 일컫는 말—옮긴이)들이 그랬듯이, 파내서 사금냄비 같은 것으로 일면 그만이다. 그래서 2000년에 콜탄 가격이 정제 광물 1파운드당 300달러로 치솟았을 때(부분적으로는 소니가 PS2 게임기를 출시했기 때문이었다), 콩고 사람 수천 명이 콜탄을 얻으려고 짙푸른 숲으로 몰려가서 국립공원과 주위 지역을 파괴하고, 고릴라를 잡아먹고 서식지를 헤집어놓았다.[100]

정부군이나 반란군 할 것 없이 각종 군대가 콜탄 거래를 장악하기 위해 뛰어들어서는 종종 어린이와 전쟁포로들에게 일을 시켰고, 매춘과 불법

무기 거래를 야기했으며, 지역 여성들을 잔인하게 강간했다. 유엔은 2005년에만도 45,000건의 강간이 발생한 것으로 추정한다.[101] 당시 영국 의원이었던 오나 킹Oona King은 이 상황에 대해 이렇게 언급했다. "유럽과 미국 어린이들이 거실에 앉아 가상의 외계인을 죽일 수 있도록 하기 위해서 콩고 어린이들은 탄광에 끌려가 죽는다."[102]

콜탄 채굴은 콩고와 인근 국가들에서 반란세력과 정부군 모두에게 매우 수익성 있는 사업 노릇을 해왔다. 일부의 예측에 따르면, 르완다 군대는 (지난 10년간 르완다 군대는 콩고 일부 지역을 점령했다 물러나기를 반복했다) 2007년 4월에서 2008년 10월 사이 콩고 콜탄으로 5억 달러를 벌었다.[103] 콜탄이 들어간 물건을 만드는 기업들도 물론 어마어마한 이윤을 남긴다. 이 이윤은 콜탄을 흔히 따라다니는 폭력의 끈을 끊는 데 투자되기보다는 최신 기기를 광고하는 데 훨씬 많이 쓰인다.

콩고의 인권 운동가 베르트랑 비심와Bertrand Bisimwa는 외국 사람들이 콩고를 어떻게 인식하고 있는지를 이렇게 요약했다. "19세기 이래로, 세계는 콩고를 엄청난 부가 쌓여 있는데 불편하게도 그 위에 몇몇 흑인이 있는 곳으로 여겨왔다. 그들은 자원을 채굴해 가져가려고 콩고 사람들을 무참히 쓸어버린다. 그들은 우리가 있는 게 편리하지 않다는 이유로 우리를 파괴한다."[104]

몇몇 전자제품 업체들은 아프리카에서 채굴된 탄탈을 전혀 사용하지 않겠다고 공개적으로 선언했다. 하지만 영화 〈블러드 다이아몬드〉에도 나오듯이, 너무나 많은 거래 당사자와 중개인이 있기 때문에 자원이 거쳐가는 과정을 추적하기가 말처럼 쉽지 않다. 이보다 전망 있는 해결책은, 과학자들이 추진하고 있는 '콜탄 지문' 데이터베이스화 작업이다. 각각의 채굴 장소에는 고유한 지리적 특성이 있어서 금속이 지역에 따라 독특한 구성을 갖게 되기 때문에, 지문 데이터베이스화는 콜탄을 추적하는 더 현실성 있는 방법이 될 수 있다.[105] 이 데이터베이스는 콜탄에 대해서도 킴벌리 프로세스 같은 국제 인증 시스템을 마련하는 데 도움이 될 것이고, 그러면 전자제품 업체들은 필요한 콜탄을 적절한 노동 조건과 환경 기준을 갖춘 탄광에서 생산된 것으로만 조달할 수 있을 것이다.

하지만 무엇보다도 좋은 해결책은 전자제품의 내구성을 향상시키고 수명을 늘려서, 요즘처럼 빨리 버리고 새로 살 필요가 없도록 만드는 것이다. 콜탄뿐만이 아니라 오늘날 전자제품에 들어가는 다른 광물들에 대해서도 마찬가지다.

또한 다 쓴 전자제품은 제조업체가 수거해가도록 해야 한다. 회수 프로그램Take-Back Program은 제조업체들이 탄탈 등의 원료를 회수해 다시 사용할 수 있게 해준다. 따라서 전자제품 폐기물이 매립장에 들어가는 것을 막고, 새 광물을 더 채굴할 필요성도 줄여준다. 유럽연합에서는 최근 몇몇 회수 프로그램이 의무화되었다.

광산업 관련 환경단체 어스워크는 1억 3,000만 대의 전화기가 재활용된다면 202,000온스의 금을 회수할 수 있을 것으로 추산했다. 물론 다른 금속들도 회수할 수 있다. 그런데 미국에서는 매년 1억 5,000만 대의 휴대전화기가 버려지고, 다른 전자제품도 매년 3억 대가 버려진다. 게다가 서랍 구석에서 잠자고 있는 휴대전화기도 약 5억 대는 되는 것으로 추정된다.[106] 우리가 얻을 수 있는, 혹은 '다시' 얻을 수 있는 멀쩡한 광물이 이렇게나 많은 것이다.

석유, 그것이 우리를 남겨놓고 사라지기 전에

석유를 빼놓고는 자연자원이 유발한 전쟁을 논할 수 없을 것이다. 오늘날의 시스템에서, 석유는 물건을 만드는 과정 중 상당히 많은 부분에 전력을 공급한다. 매년 석유 소비량의 84퍼센트가 기계와 운송수단에 전력을 대고 건물을 난방하는 데 쓰인다.[107] 또한 석유는 그 자체로 많은 물건의 재료가 되기도 한다. 전력용으로 쓰이는 84퍼센트를 제외한 나머지 16퍼센트는 플라스틱, 약품, 비료, 크레용, 풍선껌, 잉크, 식기세척액, 탈취제, 타이어, 암모니아 등을 만드는 데 쓰인다.[108]

석유를 굴착해서 뽑아올리고 가공하고 태우는 것은, 지구에는 말할 것도 없고 모든 지역에서 사람들의 건강에 해를 끼치는 더러운 일이다. 석유의 또 다른 심각한 문제는 고갈되고 있다는 점이다. '피크 오일$_{peak\ oil}$'은 석유 생산이 정점에 이르는 시점을 말하는데, 일단 피크 오일에 도달하면 그 후로 석유 생산은 감소한다. 기술적·지리적 한계 등으로 석유 생산이 계속 증가할 수는 없기 때문이다. 전세계 에너지 공급량을 지속적으로 모니터하는 국제에너지기구$_{International\ Energy\ Agency,\ IEA}$에 따르면, 세계적으로 2020년경 피크 오일에 도달할 것으로 보이는데, 수요가 공급보다 많고 석유 추출 비용은 증가하고 있으므로 피크 오일에 도달하기 전에도 '석유 위기'를 겪을 가능성이 크다.[109]

2009년 8월, IEA의 수석 경제학자인 파티 비롤Fatih Birol은 "앞으로 10년이면 전세계 석유 생산이 정점에 달할 것으로 보인다"면서, "이는 대부분의 정부가 예측하는 것보다 적어도 10년은 빠른 것"이라고 언급했다.[110] 세계의 800개 주요 유전(전세계 매장량의 4분의 3)을 조사한 결과, IEA는 1~2년 전에 예측했던 것보다 빠른 속도로 석유가 고갈되고 있으며 현재의 에너지 사용 패턴은 "지속 가능하지 않음이 분명하다"고 밝혔다. 비롤 박사에 따르면, 석유 수요가 현재 수준으로 유지될 경우 세계적으로 생산량을 맞추려면 사우디아라비아가 4개 더 있어야 하고, 2030년까지 증가할 것으로 예상되는 석유 수요를 충족시키려면 사우디아라비아가 6개 더 있어야 한다고 설명했다.[111]

비롤 박사는 이렇게 지적했다. "석유가 우리를 남겨놓고 사라지기 전에 우리가 석유를 남겨놓아야 한다. 그리고 그날을 위한 대비도 해야 한다…… 일찍 시작할수록 좋다. 우리의 모든 경제·사회 시스템이 석유에 기반하고 있어서, 다른 시스템으로 전환하려면 시간과 돈이 많이 들 것이기 때문이다."[112] 그런데도 많은 정부가 석유를 대신할 대안에 대한 투자에는 매우 더디게 움직이고 있다. 미국 같은 나라들은 오히려 석유의 대안에 투자하는 대신 석유에 대한 접근을 유지하기 위해 막대한 비용을 전쟁에 투자한다.

석유 매장량과 미국의 중동 군사개입의 관련성에 대해서는 비교적 많이 들어보았을 것이다. 하지만 그동안 에콰도르나 나이지리아 등지에서의 석유 추출은 사람들의 이목을 별로 끌지 못했는데, 사실 이런 곳들도 상황이 중동만큼이나 절망적이었다.

텍사코(지금은 셰브런에 합병됐다)는 에콰도르에서 1964~1992년의 거의 30년 동안 맨해튼 면적의 3배가량 되는 아마존 우림의 생명과 환경을 막대하게 파괴해가며 석유를 추출했다. 환경 기준을 무시하고 독성 폐수와 벤젠, 카드뮴, 수은 등 발암물질이 가득한 폐기물을 인근 강에 버렸다. 또한 바닥을 대지도 덮개를 덮지도 않은 폐기물 구덩이를 600개 이상 남겨놓았는데, 여기에서 육가크롬화합물(에린 브로코비치를 기억하는가?)과 같은 화학물질이 스며나와, 3만 명 이상이 식수·목욕·고기잡이 등에 사용하는 물로 흘러들어간다. 인근 주민들 사이에서 암 발병률이 급격히 증가하고 있으며, 이들은 심각한 불임과 선천성 기형 등의 문제도 겪고 있다.[113] 현지 주민들은 셰브런이 폐기물을 다 치우고 그것이 야기한 파괴에 대해 보상하라고 요구하며 법정싸움에 나섰다. 다윗과 골리앗의 싸움과 같은 이 지난한 법정싸움은 아직도 진행 중이다.

미래는 이보다 약간 희망적이다. 2007년 에콰도르 대통령 라파엘 코레아 Rafael Correa 는 야수니 Yasuni 우림 지역의 유전을 보호할 계획이라고 발표했다. 놀라울 정도로 풍성한 야수니에는 100만 헥타르의 훼손되지 않은 원시림, 토착 부족들, 그리고 상당수는 멸종위기에 처한 다양한 야생 동식물이 있다. 또한 세계에서 가장 큰 규모의 미개발 석유 매장지(약 10억 배럴로 추정)가 있는데, 이 석유를 파내지 않으면 대기 중에 약 4억 톤의 탄소(추정치)가 방출되는 것을 막을 수 있다.[114]

에콰도르의 수입 중 70퍼센트가 석유에서 난다는 사실을 생각하면, 야수니 유전을 보호하겠다는 선언은 매우 용기 있는 일이다.[115] 그렇다면 이 선언을 어떻게 실현시킬 수 있을까? 에콰도르는 매장된 석유를 채굴할 경우 얻게 될 예상 수입의 절반에 해당하는 액수를 국제사회가 지불하라고 요구했다. 이는 10년간 매년 3억 5,000만 달러에 해당한다.[116] 대단한 아이디어다! 정말 혁신적인 생각이다. 다른 개발도상국들도 자국의 자원을 보호하고 기후변화와 싸우기 위해 도입해볼 만하다. 하지만 불행히도, 스페인·노르웨이·이탈리아 정부가 코레아의 계획을 지지하긴 했지만, 아무도 현금을 지불하겠다는 약속은 하지 않았다. 2009년 6월에야 독일이 매년 5,000만 달러를 지급하기로 약속했을 뿐이다.[117] 야수니가 앞으로 어떻게 될지는 더 두고 봐야 할 것 같다.

나이지리아에서는 악당의 이름은 다르지만(쉘석유), 그가 한 짓은 비슷하다. 1958년부터 쉘은 나이지리아에서 가장 비옥한 축에 드는 오고니랜드에 들어갔다. 이곳에 사는 약 50만 명의 사람들은 소수인종이고 기본적으로 나이지리아 헌법의 보호를 받지 못한다. 자신들의 땅에 있는 광물에 대한 권리도 인정받지 못한다. 모든 광물 채굴권은 국가에 속하기 때문이다.[118] 에콰도르에서와 마찬가지로, 오고니 사람들의 땅은 폐수, 폐기물 등 유전 개발 결과 생긴 쓰레기로 뒤덮여 있다.

쉘이 오고니랜드에서 수백만 달러어치의 석유를 뽑아낸 수십 년간, 오고니 사람들은 가난과 공공위생의 위기와 환경파괴 등으로 고통받아왔다. 이들은 자신의 권리와 땅을 지키기 위해 투쟁하려고 뭉치기 시작해, 1990년 '오고니 주민 생존을 위한 운동Movement for the Survival of the Ogini People, MOSOP'을 결성했다. 비폭력 저항조직인 MOSOP는 유명한 저자이자 기업인이며 TV 프로그램 제작자이자 환경 운동가인 켄 사로 위와Ken Saro-Wiwa가 이끌었다.[119]

뛰어난 대중연설가인 켄은 세계를 돌아다니면서 석유 굴착이 자신의 고향땅에 미친, 그때까지 잘 알려지지 않았던 건강과 환경상의 재앙을 널리 알렸다. 켄의 노력 덕분에, 쉘이 굴착 공정을 개선하고, 과거에 일으킨 환경폐해를 해결하고, 인권을 존중하고, 석유에서 얻은 이윤을 지역 공동체와 공정하게 나누도록 만들기 위해 압력을 행사하고자 하는 사람들이 국제적인 네트워크를 만들 수 있었다.

세계 각지의 학생들이 쉘 주유소에서 항의를 하기 시작했다. 영화 제작자들은 켄을 인터뷰하고 오고니랜드를 취재해 더 많은 사람에게 켄이 이야기한 재앙이 사실임을 알려주었다. 종교단체와 기업 책임성 향상을 위한 단체들도 이 문제를 제기했고, 쉘의 연례 주주총회에서 결의안을 내놓기도 했다. 또한 그린피스, 프로젝트언더그라운드, 이센셜액션 등 여러 단체가 오고니를 지원하는 운동을 벌였다.[120]

당시 나이지리아는 악명 높은 사니 아바차Sani Abacha의 군부 독재 치하였다. 쉘은 경제의 석유 의존도가 높은 나이지리아에서 가장 큰 석유회사였으며 아바차 정부와 가까운, 심지어는 공생하는 관계를 유지하고 있었다. 켄이 국내외에서 하고 있는 일에 대해 아바차 정부도, 쉘도 달가워하지 않았다. 쉘은 1993년 오고니랜드에서 철수했는데, 부분적으로는 MOSOP 때문이었다. 하지만 쉘은, 그리고 수입의 85퍼센트 이상을 석유에서 얻고 있는 나이지리아 정부도 이 골치 아픈 단체가 입을 다물고 있기를 여전히 원했다. 쉘과 나이지리아 정부가 주고받은 서신을 보면, 쉘이 MOSOP의 활동을 중단시키고 싶어 했다는 사실이 잘 드러나 있다.[121] 점점 심해지는 위협과 정부의 압박 속에서도 켄은 환경정의와 인권을 위한 투쟁을 포기하지 않았다. 너무 일찍 애석한 죽음을 맞기 전까지는 말이다.

"풍부한 자원을 가진 땅에 사는 우리 오고니 사람들이 극도의 빈곤에 시달리는 것에 경악을 금치 못해서, 이들이 정치적으로 주변화되고 경제적으로 질식사당하는 것에 충격을 받아서, 이들의 궁극적인 유산인 땅이 황폐화되는 것에 분노해서, 삶과 존엄성에 대한 권리를 너무나도 지키고 싶어서, 이 나라의 모든 인종과 모든 사람을 보호하고 모두에게 합당한 인간의 문명생활을 공정하게 제공할 정의로운 민주주의 시스템을 주장하기 위해서, 나의 지적·물질적 자원을, 내 삶life 자체를 내가 전적으로 믿고 있는 대의를 위해 바쳐왔다."[122]

이것은 켄과 오고니 사람 15명이 가짜 혐의를 뒤집어쓰고 체포되어 군사정권이 임명한 특별 법정에서 재판을 받을 때, 켄이 말한 최후진술의 일부다. 켄은 살인사건의 범인으로 지목되었는데, 살인사건이 발생한 지역은 당시 군대가 봉쇄하고 있었고 켄은 그 지역으로 들어가지도 않았었다. 그리고 정말로 자신의 '생명life 자체'를 대의에 바쳤다. 켄은 1995년 11월 10일 교수형으로 생을 마쳤다.

이 억울한 처형에 대해 국제적으로 비난이 빗발쳤다. 이 소식을 들었을 때 내가 어디에 있었는지 정확하게 기억이 난다. 나는 뉴욕의 리버사이드 교회에서 국제 환경·인권 운동가들이 경제 세계화에 대해 논의하는 모임에 참석하고 있었다. 그곳에 있던 사람 중 상당수가 오고니 사례를 알고 있었으며 관심을 갖고 추이를 지켜보고 있었다. 추출 산업이 너무나 자주 환경과 인권과 경제적 피해를 일으킨다는 것을 보여주는 극적인 사례였기 때문이다.

나는 켄이 거의 신뢰성이 없는 비공개 법정에서 살인 혐의를 받고 있다는 사실을 알고 있었다. 하지만 솔직히 그가 교수형을 당할 거라고는 생각하지 않았다. 교수형을 당하기에는 켄은 국제사회에 친구가 너무나 많았다. 국제사면위원회가 그를 위한 운동에 발벗고 나섰으며, 세계 각지에서 정부, 인권단체, 유명한 저자들이 켄과 켄의 동료들을 살려주라고 나이지리아 정부에 요구하고 있었다. 켄은 아프리카에서 가장 널리 방송된 드라마를 쓴 작가이기도 했다. 그는 매력적이고 교육을 많이 받았고 국제적으로 잘 알려진 사람이었다. 그날 뉴욕의 교회에 모여 있던 사람들 중 많은 수가 켄을 만나서 직접 이야기해본 적이 있었으며 그를 친구라고 생각했다. 한 마디로 켄은 쥐도 새도 모르게 슬그머니 죽여 없앨 수 있는 사람이 아니었다.

그랬는데도 이런 일이 일어났다. 켄의 처형 소식을 들었을 때, 말 그대로 수백 명이 교회 밖 거리로 나가서 맨해튼 미드타운에 있는 쉘석유 사무실로 행진했다. 어떤 사람들은 울었다. 어떤 이들은 너무 화가 나서 경찰이 와 끌어낼 때까지 길에 누워 입구를 막고 쉘의 영업을 방해했다.

나는 그저 너무나 큰 충격을 받았다. 나는 국제사회가 나이지리아 정부를 충분히 압박할 수 있을 거라고 과대평가했고, 나이지리아 정부가 얼마나 켄을 침묵시키고 싶어 하는지를 과소평가했던 것이다.

하지만 그들은 켄을 정말로 침묵하게 만들지는 못했다. 켄은 사람들의 기억 속에 남아서 파괴적인 석유 프로젝트에 반대하도록 계속 북돋워주고 있다. 켄이 남긴 마지막 말은 "하느님, 제 영혼을 거두소서. 하지만 투쟁은 계속된다"였다고 한다.[123]

정말로 투쟁은 계속됐다. 거리에서뿐 아니라 법정에서도. '위와 대 쉘 Wiwa v. Shell' 소송에서 원고들은 쉘이 오고니 사람들의 저항을 탄압할 수 있도록 나이지리아 군대에 물류와 무기를 지원하고 협력했다고 소를 제기했다. 이 소송의 원고에는 켄을 비롯해 켄과 함께 처형된 사람들('오고니 9인'으로 알려져 있다)의 유가족과, 쉘에 저항하고 MOSOP에 협력하다 고문을 당하거나 숨진 또 다른 사람들이 포함되었다.[124]

2009년 6월 뉴욕에서, 연방법원 재판이 시작되기 며칠 전에 쉘은 재판까지 가지 않고 합의하기로 동의했다. 쉘은 켄의 유가족과 다른 희생자들에게 1,550만 달러를 지불하기로 했다. 하지만 그들의 죽음에 대해 책임이나 잘못이 있다는 사실은 부인하면서, 합의금은 유가족의 상심과 소송 비용의 부담을 덜어주려는 '인도적인 조치'라고 말했다. 합의금의 일부는 오고니 사람들에게 혜택을 줄 기금을 만드는 데 쓰일 예정이다.[125]

이 합의금은 쉘이 한 짓에 비하면 미미하지만, 그래도 모든 기업이 다른 나라에서 저지르는 범죄에 대해 책임을 지는 시스템을 만드는 방향으로 한 걸음을 내디딘 것으로 볼 수 있다.

쉘은 오고니랜드에 다시 들어가지는 않았지만 아직도 나이지리아에서 하루에 25만 배럴이 넘는 석유를 퍼내고 있다.[126] 그리고 2008년 6월, 나이지리아 정부는 오고니랜드의 굴착권을 나이지리아 석유개발공사로 넘겨 굴착을 재개하겠다고 발표했다.[127]

운영 방식을 개혁하라고 쉘에 압력을 넣는다 해도, 굴착 현장에서 사람과 환경을 모두 무시하는 행위는 여전히 업계의 표준이다. 켄이 처형된 지 3년도 채 안 된 1998년 5월 나이지리아의 다른 마을(일라제Ilaje)에서 사람들이 총에 맞아 두 명이 숨졌다. 이들은 나이지리아 해안의 셰브런 석유 굴착 시설에서 비폭력적으로 항의하던 중이었다.[128] '위와 대 쉘' 소송을 자문했으며 굴착 시설에서 벌어진 또 다른 살상사건에서도 자문을 맡고 있는 어스라이츠인터내셔널EarthRights International에 따르면, 셰브런은 나이지리아 군대와 경찰의 개입을 요청했고, 헬기를 계약해 군대와 경찰을 실어 왔으며, 군대와 경찰이 저항하는 사람들을 공격하는 것을 감독했다.[129]

어이없는 사실은, 에너지원 측면에서도, 제품에 들어가는 원료의 측면에서도, 완벽하게 훌륭한 석유 대체재들이 있다는 점이다. 에너지를 얻겠다고 이렇게 광범위한 환경파괴와 폭력을 계속할 이유가 없다. 많은 과학자와 기업인의 의견이 일치하듯이, 태양열과 풍력으로도 우리가 필요로 하는 에너지량을 상당부분

충당할 수 있다. 재생 가능한 에너지를 사용하고, 무엇보다도 에너지 수요량을 줄이면 우리는 석유를 땅 밑에 그냥 둬도 될 만큼 충분한 에너지를 얻을 수 있을 것이다. 에너지 효율성을 개선하고 토지 사용, 교통 시스템, 소비 등의 패턴을 변화시키면 에너지 수요량을 줄일 수 있다.

또 플라스틱 등의 제품에 들어가는 석유도 친환경적이고 분해 가능한 다른 물질들로 대체할 수 있다. 지역자립연구소Institute for Local Self-Reliance의 데이비드 모리스David Morris는, 석유 기반 경제를 탄수화물 소재 기반 경제로 바꾸는 것이 기술적으로 가능하며 환경상으로 막대한 이득이 있음을 지난 10여 년간 설득력 있게 주장해왔다.[130] 또한 녹색화학자들, 지속 가능한 농업 운동가들, 환경보건 운동가들은 '지속 가능한 바이오물질 연합Sustainable Biomaterials Collaborative'을 결성했다. 이들은 석유 기반 물질을 식물성 물질로 대체해가는 과정이 환경보건에, 건강한 농촌을 만드는 데, 농촌에 좋은 일자리를 창출하는 데 도움이 되는 방식으로, 그리고 안전하고 건강하고 공정한 지구를 만드는 방식으로 이루어질 수 있도록 하는 기준을 마련하고 있다.[131]

자원 채굴을 다시 생각하기

몇몇 사람이 주장하듯이, 환경과 인권을 많이 침해하지 않으면서도 금속이나 석탄, 석유를 추출하는 것이 가능할지도 모른다. 하지만 나는 아직 그런 것을 보지 못했다. 추출 산업의 방향을 돌리려면 많은 노력과 투자가 필요하다. 그리고 납·수은 등 독성 중금속과 석유의 경우, 땅에서 추출하는 것은 문제의 시작일 뿐이다. 이런 원료를 사용하면 막대한 2차적인 문제가 수반된다. 많은 중금속이 신경독이고, 암을 유발한다. 또한 임신 및 출산 관련 문제를 일으켜, 당신이 건강한 아이를 낳을 수 있는 능력과, 당신의 아이가 커서 건강한 아이를 낳을 수 있는 능력을 감퇴시킨다.

추출 산업에서 상황이 나아지는 부분도 있다. 황금률이나 킴벌리 프로세스는 바람직한 방향으로 나아가는 발걸음의 좋은 사례들이다. 하지만 어떤 문제들은 고치려고 시도해봤자 소용이 없다. 그 자체로 환경과 건강상의 문제가 되는 자원을, 안전하고 지속 가능하게 추출한다는 것은 말이 안 되기 때문이다.

납이나 수은 같은 독성 금속은 땅속에 그냥 놔두고, 그것들이 쓰이지 않도록 공정과 제품을 다시 디자인해야 한다. 한 세기 전만 해도 납과 수은이 일반적으로 들어 있던 여러 제품에서 이제는 납과 수은이 많이 사라졌다. 납이 들어간 페인트와 가솔린, 수은이 들어간 온도계를 기억하는가?

이렇게 하는 것이 쉬울 거라는 말이 아니다. 소비재부터 지속 가능한 에너지 시스템까지, 그리고 다이아몬드 박힌 금반지를 사랑의 궁극적 표현으로 여기는 문화적 규범까지 모조리 바꾸는 것은 정말 엄청난 일이다. 하지만 여기에는 너무나 많은 것이 걸려 있다. 우리의 지구, 그리고 우리가 하기에 달려 있는 지구상의 생명들…… 따라서 우리는 해낼 수 있다!

===== ★ 석탄 ★ =====

앞의 광석 목록에 석탄은 넣지 않았다. 소비재에 직접적인 원료로 쓰이는 경우가 적기 때문이다. 하지만 물이나 석유와 마찬가지로 석탄도 물건 생산에 필요한 전력을 공급한다. 따라서 언급하고 넘어갈 필요가 있겠다.

석탄보다 더 더러운 자원은 상상하기도 힘들지만, 어쨌든 석탄은 전력을 생산하는 데 매우 많이 쓰인다. 세계 전력 생산의 40퍼센트, 미국에서는 약 49퍼센트가 석탄을 이용한다.[132] 석탄이 풍부하고 쉽게 접근할 수 있었던 시절에도 사람들은 석탄이 얼마나 해로운지 잘 알지 못했다. 광부들이 공기가 유독한지 알아보기 위해 불쌍한 카나리아를 갱도로 들여보냈던 것을 보면 그들이 석탄 채굴의 나쁜 점을 알고 있지 않았겠느냐고? 혹은 갱도 천장이 무너지거나 심각한 화재와 폭발사고가 일어나고 탄폐증이 광부들의 수명을 갉아먹을 때, 그들이 석탄 채굴이 좋지 않다는 사실을 알 수 있지 않았겠느냐고? 그렇지 못했다. 지금 우리가 훨씬 많이 알고 있다.

석탄광산을 만들고 운영하면 식물생태계, 흙, 지표수가 망가지고 야생생물과 그 서식지가 파괴되며, 재와 먼지 때문에 공기가 나빠진다. 또 자연경관에 영구적인 흉터를 남긴다. 특히 정상 제거 방식의 광산은 더욱 그렇다. 탄광은 수은, 우라늄, 비소 등의 중금속이 들어 있는 부산물과 재 폐기물을 어마어마하게 많이 남긴다. 2008년 12월, 약 400억 리터의 독성 찌꺼기가 저장소에서 넘쳐 테네시주 로언 카운티의 강과 마을과 땅으로 흘러들어간 비극적인 사건은, 석탄 채굴과 관련된 재앙 목록 중 최근의 한 사례에 불과하다.[133]

그뿐인가? 석탄을 때는 것은 인간이 일으키는 이산화탄소 배출의 가장 큰 주범이며 메탄의 주요 원천이다. 이산화탄소와 메탄 모두, 기후변화와 지구온난화를 유발하는 것으로 알려졌다. 제프 구델Jeff Goodell은 저서 《빅콜 Big Coal》에서 "1975~2001년, 석탄공장에서 나오는 유독한 금속이 연간 350톤에서 700톤으로 거의 두 배가 되었다"고 지적했다. 구델에 따르면 "석탄을 때는 화력발전소에서 방출되는 독성물질은 미국 환경보호청EPA에 보고된 대기 중 독성물질의 40퍼센트를 차지"한다.[134] 지면이 모자라 여기서 줄이지만, 석탄을 때는 것이 유발하는 환경피해는 이밖에도 많다. 석탄 채굴의 모든 피해 중에서도 산의 정상을 폭파하는 정상 제거 방식(애팔래치아 산맥에서 널리 쓰인다)의 피해는 단연 최고라 할 만하다. 광산업체들은 지표에 더 이상 채굴할 광맥이 없고, 갱도를 이용하는 것도 비용이 너무 많이 들자 정상 제거 방식을 사용하기 시작했다. 깊은 산속이라고 석탄이 그렇게 많이 매장돼 있는 것도 아닌데 이렇게 한다니 정말 어이없는 일이다. 여기서 캐내는 석탄으로 광산업체는 겨우 사업을 유지할 정도의 이윤을 얻는다. 그만큼이나마 이윤을 낼 수 있는 이유는 자신이 유발하는 환경피해에 대해 비용을 물지 않기 때문이다.

사실 더 접근성이 높은 석탄이 몬태나주나 와이오밍주에 있다.[135] 그런데 왜 애팔래치아에서 석탄을 캐는가? 그곳의 광산업체들은 탄광 일자리가 없으면 인근 마을들이 붕괴할 것이라고 주장한다. 주민들은 이 말에 설득당한다. 하지만 진실은 다르다. 예를 들면, 웨스트버지니아주에서는 지난 150년간 130억 톤의 석탄을 캐냈지만 이 주의 가구당 소득 중앙값은 전국에서 가장 낮으며, 남부 석탄 생산 지역 주민들의 식자율은 아프가니스탄과 비슷한 수준이다.[136]

나는 내 방에서 전구를 켜는 것과 애팔래치아산 정상을 뚫는 것 사이에 어떤 관련이 있는지 궁금해서 www.ilovemountains.org에 가보았다. 미국인 누구라도 우편번호를 입력하면 당신에게 전력을 공급하기 위해 어느 산이 파괴되고 있는지 알 수 있다. 찾아보니 내가 사는 지역에 있는 발전소 두 곳이 애팔래치아의 정상 제거 방식 채굴회사에서 석탄을 구매하고 있었다. 그 홈페이지에는 '전국 산 추모관'이 마련되어 있는데, 파괴된 470여 개의 산을 보여준다.[137] 정상 제거와 대규모 환경파괴에 대한 정보를 보고 공포를 느낀 나는, 적어도 내 집에서 쓰는 전력을 생산하기 위해서는 산이 파괴되지 않는다고 안심할 수 있도록, 집에 태양열전지판을 설치했다.

하지만 불행히도 모든 가정에 태양열전지판을 설치하기에는 시간이 없고, 시간이 있다 하더라도 산업적으로 사용되는 어마어마한 양의 석탄은 여전히 줄지 않는다. 석탄을 추출하고 태우는 것은 너무나 끔찍할 정도로 파괴적이어서, 해결책은 하나뿐이다. 석탄을 있는 곳에 그냥 두는 것이다. 산에 그냥 두자. 점점 많은 사람의 의견이 일치하고 있듯이, 지구의 기후는 석탄을 때는 화력발전을 감당하지 못할 것이다.

불균등하게 돌아가는 이득

마다가스카르의 페리윙클부터 시에라리온의 다이아몬드, 콩고의 콜탄, 나이지리아의 석유, 애팔래치아의 석탄에 이르기까지 모든 이야기를 꿰는 공통분모가 있음을 알아차렸을 것이다. 귀중한 자연자원이 풍부하게 존재하는 지역에서 정작 현지 주민들은 경제적으로나 환경적으로 불리한 입장에 처해 있다는 점이다. 숲, 금속, 광물 등 가치 있고 재생 불가능한 자원이 많은 지역들은 세계에서 가장 가난하고 국제경제에 가장 참여하지 못하는 곳들이며, 이곳의 사람들은 굶주리고 병에 시달린다. 이 역설을 '자원의 저주resource curse'라고 부른다.

경제학자들과 사회과학자들에 따르면, 어떤 국가나 지역이 귀중한 자원은 많지만 그에 대한 의존도가 너무 높고 유능한 사람들이 대부분 그 자원의 채굴과 관련된 일에 종사해서 다른 경제 영역은 경쟁력을 가질 수 없을 때, 자원의 저주가 발생한다. 게다가 천연자원의 가격은 세계경제의 변덕에 따라 변동이 심해서 이런 국가들에 치명적인 불안정성을 야기한다.

분쟁 광물이 이들 지역의 정치적 혼란과 그에 따른 경제적 혼란을 지속시킨다고 지적하는 학자들도 있다. 아메리칸 대학의 데버러 브로이티감 Deborah Bräutigam 교수는, 경제가 자연자원에 기반한 국가는 정부가 국민들의 세금에 의존하지 않는다고 지적했다. 즉, 정부와 국민 사이의 계약관계가 약하다는 것이다. 따라서 국민들은 지도자가 국민에 대해 책임감을 갖도록 만들 수 없다. 국민들이 정부에 대해 불평하면, 지도자는 자연자원에서 얻은 돈으로 군대를 동원해 불평을 누를 수 있다.[138] 그리고 초국적기업들이 자신이 파내는 땅의 환경을 오염시키면서 그에 대해 금전적인 책임은 지지 않는 '비용 외부화' 때문에, 이런 지역은 더 황폐해진다.

불행한 사실은, 어느 한 나라가 겪는 자원의 저주는 불공정과 불평등으로 점철된 복잡한 세계적 상황이 빚어낸 여러 측면 중 하나일 뿐이라는 점이다. 국제적인 자원 추출의 비용과 편익은 균등하게 분배되지 않는다. 다음 장에서 다루겠지만, 여기에는 종종 초국적기업, 정부기관, 국제개발은행 등을 포함한 탐욕스럽고 부패한 행위자들의 복잡한 연결망이 개입되어 있다. 그리고 정작 자원이 추출되는 땅에서 살고 일하는 사람들은 고려 대상에서 대체로 제외된다.

특히 해당 지역의 토착 공동체는 추출 산업의 피해를 부당하게 많이 뒤집어쓴다. 전세계에서 수많은 토착 공동체가 벌목, 광산, 석유와 가스 굴착 등 여러 자원 추출 산업의 대상이 되는 지역에 살고 있다. 토착민들의 생존과 문화는 땅과 자연자원에 대한 접근에 달려 있는 경우가 많다. 그들은 적어도 수백 년 동안 지속 가능한 관계를 맺으며 땅과 자연자원을 보호하고 존중해왔다. 하지만 그들은 자신들의 자원과 공동체에 영향을 미치는 프로젝트에 대한 의사결정에서 흔히 배제되고 차별받는다.

다행히도, 토착 공동체들이 환경계획 과정에 참여할 권리를 확보하려는 운동이 진전을 보이기 시작했다. 이들이 여전히 그 권리를 위해 투쟁해야만 한다는 사실은 불행한 일이지만 말이다. 2007년 9월 13일, 20년이 넘는 협상과 운동 끝에 유엔은 '토착민 권리 선언Declaration on the Rights of Indigenous Peoples'을 채택했다. 이는 토착민 개인과 공동체의 환경적·경제적, 그리고 그밖의 권리를 지키려는 큰 발걸음이다. 이 선언은 절대다수인 143표의 찬성으로 채택되었고, 반대는 캐나다·호주·뉴질랜드·미국 등 4표뿐이었다.[139]

국제기구가 이렇게 공식적으로 인정을 해준 것이 물론 도움이 되긴 하지만, 아직은 갈 길이 멀다. '국제 토착민 문제 실무 그룹International Working Group for Indigenous Affairs'은 "이런 정치적 인식을 토착 공동체 현지에서, 각 국가에서, 그리고 국제적 차원에서 실질적인 진보로 일구어내는 일은 아직 토착민들에게 큰 도전으로 남아 있다"고 언급했다.[140] 토착 공동체들은 여전히 파괴적인 자원 추출 프로젝트의 대상이 되고 있으며, 이들이 의사결정 과정에 의미 있게 참여할 기회는 거의 혹은 전혀 없는 경우가 흔하다.

점점 더 세계화되는 우리의 경제에서는 더 많은 추출 프로젝트가 초국적기업에 의해 이루어지고 국제 금융조직(세계은행이나 국제통화기금 등. 이에 대해서는 3장 참조)이 이에 자금을 댄다. 그런데 이들이 의사결정을 내리는 본부는 프로젝트의 피해를 입는 공동체에서 아주 멀리 떨어져 있다. 추출 프로젝트를 이끄는 의사결정자들이 멀리 떨어져 있고 지역민의 목소리에는 반응을 하지 않기 때문에, 지역 공동체들이 유의미한 목소리를 내기는 더욱 어렵다. 너무나 많은 경우에, 가장 심하게 영향을 받는 공동체들은 프로젝트에서 가장 작은 목소리밖에 내지 못하고, 자원 사용에서 파생되는 이득의 가장 적은 부분만을 얻는다.

추출 프로젝트를 뒷받침하는 공적·사적 자금이 더 높은 환경 기준, 사회적 기준, 인권 기준을 충족하도록 만들기 위해 세계 각지에서 많은 단체가 활동하고 있다. 성과도 있었다. 이들의 활동으로 일부 공공자금과 민간자금 제공자들이 환경과 사회적 여건을 향상시키고 보호하는 정책을 채택한 것이다. 하지만 이런 성과는 제한적이다.

예를 들면, 자원 추출과 인프라 건설, 정책 프로젝트에 대해 가장 큰 자금 제공자에 속하는 세계은행 그룹은 개발도상국 정부에 연간 200억~250억 달러를 대출한다. 여기에는 추출 산업에 특별히 할당되는 자금 10억 달러도 포함돼 있다.[141] 그런데 1987년까지만 해도 이 기구는 의무적인 환경 검토 과정조차 적절하게 갖추고 있지 않았다.[142] 그러다가 세계은행에 자금을 대거나 빌려가는 나라들의 환경단체와 인권단체의 오래고 열띤 운동 끝에, 환경 검토 과정을 도입해 현재도 적용하고 있다. 하지만 이 검토 과정에는 부적절한 요소도 많다.

2003년 6월에 세계은행은 '자원 추출 산업 투명성 이니셔티브Extractive Industries Transparency Initiative, EITI를 승인했다. 이는 자원이 풍부한 국가에서 그 자원을 추출하는 기업들이 투명성을 높이고 의사결정에 시민의 참여를 높이기 위해 자발적으로 참여할 수 있게 한 프로그램이다.[143] 하지만 이런 정책들이 있어도 세계은행은 계속해서 자연파괴적인 추출 산업 프로젝트에 돈을 대고 있으며, 개발도상국에서 공동체와 기업의 참여를 유도해 투명성을 촉진하는 지렛대 역할은 제대로 해내지 못하고 있다.

거대 금융기구에게 그들의 방식을 바꿔달라고 호소하는 것은 지난한 과정이며, 현재까지 드러난 바로는 변화의 속도와 규모 두 측면에서 모두 부적절한 방식이다. 그래서 많은 운동단체가 거대 금융기구를 개혁하려는 노력을 포기했다. 세계은행과 그 사촌격인 국제통화기금의 구조와 프로그램에 근본적인 오류가 있다고 생각하기 때문이다. 이런 단체들은 대신 국제 금융기구의 영향력과 범위를 제한하는 데 노력을 집중한다.

"국제통화기금과 세계은행이 보여주는 것은 실패이며, 그것도 완화되지 않는 실패다. 그들의…… 실패한 거대 프로젝트들을 보면, 앞으로의 개발에서 그들이 어떤 역할이든 할 자격이 있다고는 생각되지 않는다. 이제 이들 기구를 축소할 때다." 10년 이상 세계은행과 국제통화기금에 초점을 맞춰 활동해온 케냐 운동가 은조키 은조로게 은제후-Njoki Njoroge Njehu 의 설명이다.¹⁴⁴

자연파괴적인 세계은행의 프로젝트가 아시아와 아프리카에서 수없이 벌어지는 것을 직접 보고, 또 워싱턴의 본부로 최근 자료와 우려되는 사항들을 들고 찾아갔을 때마다 세계은행 관계자들의 부적절한 반응을 본 나로서는, 가장 좋은 접근방법은 이들 조직이 영향력을 미치는 범위를 제한하는 것이라는 데에 동의할 수밖에 없다. '세계은행 채권 불매 운동World Bank Bond Boycott, WBBB'이라는 국제 운동을 통해 많은 개인이 자신의 연금기금, 노조, 교회, 도시 행정당국, 대학 등이 세계은행 채권을 사지 않도록 압력을 넣고 있다. 세계은행 채권에 자금을 대지 않음으로써, 세계은행이 석유·가스·탄광·댐 등에서 환경파괴적인 프로젝트들을 시행하지 못하도록 하는 것이다.¹⁴⁵

자원 추출 프로젝트의 위험과 악영향이 균등하게 부담되지 않고 있다는 점은 명확하다. 그런데 이익도 마찬가지다. 자원에서 발생하는 이윤도 그렇고, 자원 자체도 그렇다. 어떤 사람들은 마땅한 양보다 훨씬 많이 사용하고, 어떤 사람들은 너무 덜 사용한다. 《문명의 붕괴Collapse》의 저자 재레드 다이아몬드Jared Diamond는 "평균적인 석유나 금속 소비량과 플라스틱이나 온실가스 등의 폐기물 배출량은 북아메리카, 서유럽, 일본, 호주가 개발도상국보다 32배나 많다"고 언급했다.[146] 이중 미국이 가장 심한데, 세계 인구의 5퍼센트밖에 안 되는 미국이 전세계 자원 소비의 30퍼센트를 차지한다. 세계적으로는 산업화된 국가에 살고 있는 25퍼센트가량이 전세계 자원의 75퍼센트를 사용한다.[147]

사실 지구상에 사는 우리 모두는 지구가 매년 생산하는 것보다 더 많은 자원을 소비한다. 우리는 지구가 연간 생산하는 '생명 수용 가능 자원'의 1.4배를 사용하고 있다.[148] 지구가 생산해내는 전체 자원보다 더 많은 양을 소비하는 것이 어떻게 가능하냐고? 그건 지구가 우리보다 오래 살아서, 생산한 것을 쌓아놓을 만한 시간이 있었기 때문이다. 그런데 지금 그것이 고갈되고 있다. 어느 가정이 몇 년 동안 소득을 저축했다가 한꺼번에 와르르 써버리는 것과 같다. 얼마간은 저축해놓은 것을 축내면서 소득보다 많은 소비를 감당할 수 있겠지만, 곧 저축이 동나고 말 것이다. 지금 지구에 이런 일이 닥치고 있다.

만약 모든 나라가 미국이 현재 써대는 속도로 자원을 사용한다면 우리에게는 지구 5개가 필요하다.[149] 정말 큰 문제다. 지구는 하나뿐이니 말이다. 바이오리저널BioRegional과 세계야생생물기금World Wildlife Fund은, 전체적인 자원 사용을 줄이고 생태계와 공동체의 건강을 지키며 자원이 공평하게 분배되어 쓰이도록 하기 위해 '하나뿐인 지구 공동체 생활 프로그램One Planet Living Program'을 시작했다. 이 프로그램은 물질경제의 규모를 줄이는 것과 더불어 우리가 보유한 자원의 양과 균형을 이룰 수 있는 새로운 문화적 규범을 촉진하는 활동을 펼치고 있다.[150]

여기서 '공평한 분배'는 단순히 모두가 자원 사용을 줄인다고 문제가 해결되는 것이 아님을 의미한다. 모두가 자원 사용을 줄이자고 하면, 이는 매우 불공평한 일이 되기 때문이다. 미국이나 유럽 등 세계의 일부 지역은 자원을 덜 써야 하지만, 어떤 지역은 기본적인 필요를 충족시키려면 소비를 늘려야 한다. 그리고 양측의 소비수준은 그 사이의 어느 지점에선가 비슷하게 만나야 하고, 그때의 자원 추출 총량은 지구의 환경적 제약을 넘지 않는 수준이어야 한다.

추출 방식과 과정 바꾸기

현재의 방식을 바꾸려면, 자원의 추출을 줄이고, 그 과정을 환경과 지역 공동체와 노동자들의 후생에 도움이 되는 방식으로 진행해야 한다. 또 추출한 자원은 더 효율적으로, 더 현명하게, 가치를 더 존중하면서 사용해야 한다. 그리고 자원 추출로 인해 발생하는 피해와 이익 모두를 더 공평하게 분배해야 한다.

삼림관리협의회FSC 인증 등의 지속 가능성 인증 프로그램을 확대하고, 공동체 삼림 관리 운동처럼 노동자와 현지 공동체의 목소리를 추출 프로젝트 관련 의사결정에 반영하는 움직임은 개별 프로젝트의 피해를 줄이는 데 물론 도움이 된다. 하지만 추출이 야기하는 건강과 환경상의 피해뿐 아니라 전지구적인 자원 고갈 위기에 대해서도 진지한 조치를 취하려면, 더 근본적인 변화가 필요하다.

우리는 추출할 자원의 양을 근본적으로 줄여야 한다. 그러기 위해 사용하는 자원의 효율성과 생산성을 증가시켜야 한다. 재활용과 재사용 프로그램을 확대해야 한다. 마지막으로, 우리의 필요를 충족하는 대안적인 방법들을 추구해야 한다. 이는 '새로운 물건을 계속 만들고 유통시키는 것'에 덜 초점을 맞추는 시스템을 추구해야 한다는 뜻이다.

다른 길은 분명히 있다. 자연자원을 덜 쓰도록 시스템을 변화시킬 수 있는 지점이 세 군데 있다. 앞과 뒤, 그리고 우리의 마음이다.

1 ★ 앞에서

디자인 단계에서 애당초 생산에 더 적은 자원이 들어가도록 생산 시스템을 다시 설계해야 한다. 자원 추출의 필요성을 줄일 수 있도록 말이다.

물질과 에너지 사용의 관점에서 보면, 현재 우리의 경제와 산업 모델은 매우 비효율적이다. 우리는 지금부터 당장 덜 쓰고 덜 낭비할 수 있다. 미국에서는 매일 한 사람당 몸무게의 20배가 넘는 자원을 산업 생산에 들인다. 미국인 1인당 매년 약 45만 킬로그램의 자원을 쓰는 것과 같다.[151]

점점 많은 과학자, 활동가, 경제학자, 정부 당국자, 기업인들이 자원 생산성을 상당히 많이 높여야 한다고, 즉 소비되는 물질과 에너지 한 단위당 더 많은 것을 얻어야 한다고 촉구한다.

독일의 싱크탱크인 '부퍼탈 기후 환경 에너지 연구소Wuppertal Institute for Climate, Environment and Energy'는 디자이너, 경제학자, 개발 전문가, 물질 전문가 등을 모아 10배클럽Factor 10 Club을 설립했다. 1994년 이들은 자원 생산성을 50년 이내에 10배로 높일 것을 요구하는 선언을 했다. 이들은 "새로운 제품과 서비스, 그리고 새로운 제조기법을 만들어내는 우리의 노하우를 모으면 (10배 향상이) 기술적으로 실현 가능하다"고 말한다.[152]

자원 효율성을 크게 높이는 것을 디자인의 목표로 삼는 사례로는 여러 가지가 있을 수 있다. 포장을 줄이거나 자원을 적게 들여 제품을 만들 수 있도록 재디자인하는 '경량화light-weighting' 등이 이에 해당한다. 또 물건을 다음과 같이 만드는 것도 자원 효율성을 높이는 디자인 전략이다.

- **튼튼하게** : 물건이 더 오래가서 지금처럼 그렇게 빨리 버리고 새로 살 필요가 없어진다.
- **수선 가능하게** : 일자리를 창출하는 추가적인 이점도 가져다준다.
- **재활용 가능하게** : 재활용했을 때도 가치가 유지되는 물질을 사용해야 한다. 어떤 물질은 한 번 쓰고 나면 질이 심하게 떨어지는 반면, 어떤 것들은 여러 번 재활용해도 된다.
- **유연하게 변경 및 적용할 수 있게** : 새로운 기능이 나왔다고 해서 휴대전화기나 노트북을 버리고 새로 사지 않아도 되도록, 업데이트 가능한 부품들로 갈아 끼울 수 있게 만드는 것이다. 카메라의 렌즈처럼 말이다. 이를 시스템으로 정착시키려면 처음에 투자가 필요하겠지만, 자원 추출 비용을 절감하는 것으로 상쇄되고도 남을 것이다.

우리의 지혜를 잘 모으면, 첨단 산업 디자인은 속도와 스타일만 향상시키는 것이 아니라, 사용하는 물질자원의 양을 줄이는 효율성 면에서도 향상을 가져올 수 있으며, 그렇게 되어야만 한다. 예를 들면, 디지털 음악은 많은 비닐 레코드와 플라스틱 카세트와 CD 케이스를 없앴다. 평면 스크린과 평면 모니터는 세탁기만 하던 크기를 줄였다. 포장도 얇고 가벼워졌다. 많은 영역에서 제품 단위당 자원 사용이 줄어들고 있다. 하지만 불행히도, 전체적인 소비량이 줄지 않는다면 이런 개선의 효과는 상쇄돼버리고 말 것이다.

2 ★ 뒤에서

매년 낭비되는 어마어마한 양의 금속, 종이, 목재, 물 등은 재활용 또는 재사용될 수 있다. 자원을 이미 추출해 가공했다면, 계속해서 사용하는 것이 그것을 버리고 또 다른 정상 제거 탄광이나 개벌지를 만드는 것보다 낫다. 다만 유해한 물질이 포함된 부품의 경우에는 그렇지 않다. PVC 플라스틱이나 납, 수은 등의 중금속이 그런 예다. 이런 것은 재활용하면 안 된다. 사용을 중지하고 대신 독성이 없는 환경친화적 물질을 사용해야 한다.

3 ★ 우리의 마음에서

우리는 다음과 같은 질문을 항상 할 수 있으며, 해야만 한다. 우리의 필요를 비물질적인 방식으로 충족시킬 수는 없을까? 이를테면, 금반지에 박힌 다이아몬드는 사랑의 등가물이 아니다. 사랑의 등가물은 사랑이다! 이야기를 잘 들어주고, 존중하고, 도움을 주고, 따뜻하고 친밀하게 대하는 것이다. 돈과 물자를 더 많이 쓰지 않으면서도 애정을 표현하고, 자녀와 좋은 관계를 맺고, 스스로를 즐겁게 할 수 있는 방법은 무엇일까? 입고 있는 옷이나 몰고 다니는 자동차나 살고 있는 집의 크기로 사회적 지위가 가늠되지 않고, 친절이나 경험이나 지혜로 가늠되는 사회를 만드는 방법은 무엇일까? 우리, 창의적으로 한번 생각해봅시다!

또한 우리는 핵심적인 사회활동인 '나눔'을 되살려야 한다. 집카Zipcar와 같은 자동차 공유 프로그램이나 버클리에서 제공하는 도구 대여 도서관, 그리고 이웃끼리 서로 빌려주는 행위는 우리의 필요를 덜 자원 집약적인 방식으로 충족시킬 수 있는 좋은 전략이다. 나눔은 공동체를 강화하고 사람 사이의 관계를 돈독하게 해주는 추가적인 이점도 주는데, 심리학자와 사회과학자들에 따르면 이는 정신건강과 행복에 매우 중요한 요소다.

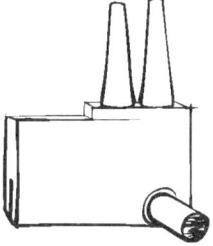

2
chapter

생산

PRODUCTION

면티셔츠의 저렴한 가격에 숨겨진 진짜 비용 | 나무가 한 권의 책으로 만들어지기까지
컴퓨터가 좋아지는 만큼 환경은…… | 화를 돋우는 물건들 | 생산과 관련된 핵심 질문들
생산 현장의 노동자들 | 공장 입지 지역 공동체 | 우리를 지켜주(지 못하)는 것들
늘 이랬던 것은 아니다 | 맨 처음에서 시작하기

 숲에서, 강에서, 산에서 자연재료들을 모으는 것이 얼마나 복잡한지에 놀라셨다면, 추출 산업이 생각도 못해본 영향(내전!)을 미치는 것에 놀라셨다면, 잠깐 기다려보라. 다음 단계인 '생산'을 보면 머리가 어질어질해질 것이다. '생산production'이란 개별적인 재료들을 모두 모아, 많은 에너지가 들어가는 공정을 통해 한데 섞어서, 우리가 쓰는 물건으로 바꾸는 과정을 말한다.

 1장에서 생산에 필요한 대부분의 물질과 에너지를 어떻게 얻는지에 대해 설명했다. 하지만 지표에서도 지하에서도 발견할 수 없는 종류의 물질이 있는데, 바로 인공 화합물이다. 화학자들은 분자를 결합해 중합체를 만드는데, 이 중합체들은 물건들이 더 단단하거나, 더 잘 늘어나거나, 더 유연하거나, 더 점성이 있거나, 더 광택이 나거나, 더 흡수를 잘 하거나, 더 오래가거나, 방염이나 방충 또는 방수 기능을 갖게 해준다. 또 특정한 성

생산 | 97

질을 갖도록 하기 위해 금속들을 섞어 합금을 만들기도 한다. 예를 들어, 스테인리스스틸은 철의 강함과 크롬의 부식되지 않는 특성을 결합한 것이다. 그밖에 일반적으로 쓰이는 합성물질에는 플라스틱, 폴리에스테르, 세라믹 등이 있다.

오늘날 산업 생산에 쓰이는 화합물은 약 10만 종류나 된다.[1] 화합물은 도처에 쓰이고 있어서, 그게 없이는 일상에서 쓰는 물건들을 만들 수 없거나 현재와 같은 성능 또는 기능을 기대할 수 없다. 광택이 덜 나거나 잘 늘어나지 않는 식이 되는 것이다. 화합물 그 자체로는 좋지도 나쁘지도 않다. 어떤 것은 전적으로 실험실에서 만들어지지만 어떤 것은 자연 성분으로 만들어지기도 한다. 지구상에 저절로는 존재하지 않는 새로운 합성물은 모두 화합물이라고 할 수 있다.

문제는, 대부분의 화합물이 우리와 지구의 건강에 어떤 영향을 미치는지 우리가 거의 모르고 있다는 점이다. 50년 이상 영향이 검증된 것은 거의 없고, 대부분은 만들어진 지가 50년이 채 안 되었기 때문에,[2] 우리는 그것들을 사용하면서 모르는 사이에 위험에 노출되고 있는지도 모른다.

예전에는 화학물질에 노출되는 정도가 충분히 낮으면 건강에 대한 위험을 막을 수 있다고 생각했다. 하지만 환경과학자이자 1996년 출간된 《도둑맞은 미래Our Stolen Future》의 공저자인 테오 콜본Theo Colborn 박사와 존 피터슨 마이어스John Peterson Myers 박사의 (다이앤 듀마노스키Dianne Dumanoski도 공저자임) 획기적인 연구에 따르면, 적은 양이라도 지속적으로 노출되면 끔찍한 결과를 낳을 수 있다.

예기치 못한 피해 중 최악의 경우는, 아주 미량의 화학오염에서 생긴 피해가 다음 세대, 혹은 다음의 여러 세대에까지 지능 저하, 면역 저하, 주의력결핍장애ADD, 불임, 암, 그리고 아직 알려지지 않은 피해를 야기할지도 모른다는 것이다.[3] 피해가 알려져 있는 일부 화합물에 대해서는 이 장의 뒷부분에서 더 상세히 다룰 것이다.

하지만 그에 앞서 알아볼 것이 있다. 이제 나무, 물, 금속, 석유, 석탄, 합성섬유, 화합물 등 필요한 재료들의 목록을 알았으니 공장을 들여다보면서 우리가 일상적으로 사용하는 물건들이 어떻게 만들어지는지 살펴보자.

물론 생산 공정은 물건마다 다르다. 하지만 비슷한 점들도 있다. 예를 들면, 모든 생산 공정에는 에너지가 필요하고, 현재 이 에너지는 거의 언제나 석탄이나 석유를 때서 얻는다. 생산 공정의 종류는 너무나 많지만, 여기서는 내가 좋아하는 몇 가지 물건과 내가 싫어하는 몇 가지 물건을 중심으로 알아보겠다.

면티셔츠의 저렴한 가격에 숨겨진 진짜 비용

이 얼마나 위대한 발명품인가? 편안하고, 통기성 좋고, 물빨래 가능하고, 땀도 잘 흡수하고, 용도도 다양하다. 중요한 회의에 참석할 때 블레이저코트 안에 받쳐입을 수도 있고, 해변에서 수영복 위에 걸쳐입을 수도 있고, 어느 계절이든 청바지와 코디할 수도 있다. 그 위에 스웨터를 걸쳐도 좋고, 그냥 티셔츠만 입어도 좋다. 그리고 거의 어디서든 살 수 있다. 심지어 슈퍼마켓이나 편의점에도 있다. 돈은 6.99달러나 4.99달러, 간혹 멀티팩 상품이거나 할인행사 중이면 1.99달러만 지불해도 된다. 그러니 티셔츠를 좋아하는 것이 왜 문제란 말인가? 음…… 이제 그것을 한번 살펴보자.

나는 〈물건 이야기〉에 농산물이나 식품에 대한 이야기는 되도록 담지 않았다. 그런 문제는 이미 많은 사람이 책과 영화로 다뤄왔기 때문이다. 하지만 티셔츠 이야기를 하려면 농장에서 시작해야 한다. 티셔츠는 직물 산업 전체를 볼 수 있는 창문이 되어준다. 면화에 광고문구를 붙인다면 '보풀 날림, 갈증 남, 유독함'이라고 적어야 할 것이다. 면화는 원래 열대 지방의 토착 관목이지만 요즘에는 미국, 우즈베키스탄, 호주, 중국, 인도, 그리고 베냉과 부르키나파소 등의 작은 아프리카 국가들에서도 재배된다. 세계 생산량은 연간 2,500만 톤이 넘으며, 이는 지구상의 모든 사람에게 각각 티셔츠 15장씩을 만들어줄 수 있는 양이다.[4]

면화작물은 물을 좋아한다. 면화는 세계에서 가장 많이 관개되는 작물에 속한다.[5] 그리고 관개 과정에서는 누수와 증발로 물이 많이 낭비된다. 점적관개drip irrigation는 그렇지 않지만, 현재 전세계 관개 시스템에서 점적관개는 겨우 0.7퍼센트밖에 안 된다.[6]

면화와 물의 문제는 앞장에서 살펴본 가상수와 물 발자국 개념으로 생각해보면 더 잘 이해할 수 있다. 면화 수입국은 자신의 국경 밖에서 엄청난 물을 소비하고 있다. 이를테면, 미국에서 매년 1인당 소비되는 면화에는 물 135세제곱미터가 들어가는데, 이중 절반가량이 미국 밖에 있는 물이다.[7] 유럽의 경우에는 면화와 관련된 물 발자국 중 84퍼센트가 다른 나라의 물이다.[8] 미국과 유럽 소비자들은 이런 식으로 다른 나라의 물을 빨아들여서 없애버리고는, 그 나라 사람들의 물 부족 문제는 알아서 해결하라고 방치하고 있다. 물 발자국에는 면화 재배뿐 아니라 가공에 들어가는 물도 포함되며, 재배와 가공 과정에서 발생하는 물의 오염도 포함된다.

세계적으로 물 부족 현상이 심화되고 있으며 그에 따른 보건상의 피해도 커지고 있다는 점을 생각한다면, 이런 시나리오는 매우 불공정하다. 이는 우리가 티셔츠로 이미 가득 찬 서랍장에 티셔츠 한 장을 더 사서 넣기 전에 잠시 멈춰서 다시 생각해봐야 할 충분한 이유가 된다.

구소련 국가인 우즈베키스탄은 물 고갈의 비극적인 사례를 보여준다. 국영 면화농장이 세계에서 네 번째로 큰 내해인 아랄해로 들어가는 강물을 너무 많이 사용해서 1960~2000년에 수량이 80퍼센트나 줄었고, 한때는 비옥하고 푸른 땅이었던 곳이 거의 사막이 되었다.[9] 그리고 아랄해의 수량이 줄어들면서 그 지역의 기후도 달라졌다. 여름은 더 짧고 덥고, 겨울은 더 추워졌으며, 강수량이 줄고, 엄청난 먼지폭풍이 발생했다. 이 먼지에는 소금기와 DDT 같은 농약성분이 들어 있어서 공중보건상의 심각한 문제를 야기한다. 면화 재배는 물의 양만 줄인 것이 아니라 남아 있는 물의 질도 저하시킨다. 즉, 물은 더 적어지고 그나마 남은 물은 화학농약으로 점점 더 오염되고 있는 것이다.[10] 어마어마한 양의 농약으로 말이다.

면화는 재배지 면적으로는 세계 경작지 중 2.5퍼센트밖에 안 되지만, 세계 화학비료 사용량의 10퍼센트, 살충제 사용량의 25퍼센트를 차지한다.[11] 농업기업들은 매년 26억 달러어치의 농약을 면화에 뿌린다.[12] 미국에서 면화 재배농은 수확하는 면화 1킬로그램당 3분의 1킬로그램에 해당하는 화학비료와 농약을 쓴다.[13] 알디카브·포레이트·메타미도포스·엔도설판 등 농약의 상당수가 현존하는 것 중 가장 위험한 화학물질이자 발암물질에 속하며, 원래 살충제와 전쟁용 독성 신경작용제 용도를 겸하기 위해 개발되었다.[14]

면화농장에서는 보통 면화를 심기 전에 화학약품을 살포해 땅을 소독한다. 면화씨도 곰팡이를 제거하기 위해 제균제에 담가 사용하는 경우가 많다. 그리고 면화가 자라는 동안 또 여러 차례 농약을 뿌린다.[15]

이 화학물질들은 무차별적이다. 즉, 면화를 먹는 해충뿐 아니라 땅에 있는 유용한 곤충과 미생물도 죽인다. 좋은 벌레를 죽인다는 말은 나쁜 벌레의 천적이 없어진다는 의미가 되는데, 그러면 농약을 더 많이 뿌려야 한다. 게다가 500종 이상의 곤충, 180종 이상의 잡초, 150종 이상의 균류가 그동안 농약에 내성이 생겨버렸다.[16] 그래서 화학회사들은 농약을 더 개발하느라 바쁘고, 농민들은 '농약의 쳇바퀴'에 갇혀 허우적거린다. 그리고 산업형 농업이 수백 가지의 다양한 면화종을 없애고 소수의 품종만 남겼기 때문에 문제는 더 심각하다. 오늘날 대부분을 차지하는 이런 '단일작물 재배monocropping' 방식의 농장은 해충에 더 취약하다. 해충은 한 가지 먹이가 일관되게 펼쳐진 큰 밭을 좋아하기 때문이다.

사용설명서대로 정확하게 사용한다 해도 농약은 인근 마을로 흘러들어 가고, 지표수와 지하수를 오염시키며, 물고기와 새와 사람, 그리고 가장 심각하게는 면화농장 노동자들에게 축적된다. 면화 노동자들은 흔히 신경질환과 시각장애에 시달린다. 캘리포니아주의 농약 관련 질환에 대한 연구에 따르면, 면화는 농약이 유발한 노동자 질병 사례 건수에서 3위였다.[17]

환경 규제가 덜 엄격한 개발도상국들에서는 농약을 더 많이 사용하고 그 독성으로 인한 피해도 더 심각하다. 그런데도 노동자들이 제공받는 안전에 대한 주의와 지침은 더 적다. 유엔 식량농업기구Food and Agriculture Organization는 많은 개발도상국 농민들이 노후하고 위험한 장비를 사용하고 있으며, 이 때문에 농약이 흘러넘치는 사고나 독성물질 오염 사고가 일어날 가능성이 더 높다고 지적했다.[18] 농약행동네트워크Pesticide Action Network의 〈유기농 면섬유 보고서Organic Cotton Briefing Kit〉는 다음과 같이 보고했다. "인도에서는 하루에 8시간 이상 농약에 노출된 남성 면화 노동자의 91퍼센트가 염색체이상, 세포사, 세포주기 지연 등 몇 가지 유형의 건강장애를 겪고 있다. …… 농업 분야의 직업성 재해 중 14퍼센트와 모든 치명적인 부상 중 10퍼센트가 농약 때문에 발생하는 개발도상국에서는 농약중독이 여전히 일상적인 현실이다."[19]

그리고 수확기에는 이 모든 것을 능가하는 심각한 문제가 발생한다. 수확할 때가 되면, 잎 때문에 흰 면화솜에 얼룩이 생기는 것을 막고 수확기계(스트리퍼)가 면화를 더 잘 딸 수 있도록 잎을 모조리 떼어버리기 위해 독성 화학물질인 고엽제를 살포한다.[20]

이제 우리는 면화농장을 떠난다. 하지만 생산 단계의 결과물인 내 티셔츠까지 오려면 아직 멀었다. 면화솜을 직물로 만드는 데는 기나긴 생산 공정이 필요하고, 에너지를 많이 잡아먹는 기계들이 쓰인다. 조면기로 면화의 씨앗과 줄기와 잎에서 솜을 분리해내면, 이것을 다른 기계가 곤포 단위로 묶는다. 분리해 묶은 솜은 어디론가로 이동하는데, 그곳에서 더 많은 기계가 뭉치를 풀고, 보풀을 세우고, 솜을 눌러서 '랩lap'이라고 불리는 얇은 종잇장처럼 만든다. 그러고 나면 빗질을 하고 실을 뽑아내는 소면기, 신선기, 방적기 등의 기계가 면사를 만든다.

마지막으로 방직기가 면사를 면직물로 만든다. 하지만 아직 내 티셔츠 같은 부드럽고 밝은 직물이 아니다. 그래서 '마무리 공정'이 필요한데, 여기에는 수산화나트륨 같은 알칼리 용액에 직물을 넣고 끓여서 불순물을 제거하는 '정련' 과정 등이 포함된다.[21]

그 다음은 색상이다. 내 티셔츠는 흰색이기 때문에 특히 강한 표백제가 사용되었을 것이다. 하지만 색이 있는 티셔츠도 염색하기 전에 먼저 표백을 한다. 보통 염색 과정에는 벤젠, 중금속, 포름알데히드 염료 고착제 등의 화학약품이 많이 사용된다. 그리고 면은 원래 염색이 잘 안 먹기 때문에 염료의 3분의 1은 폐수로 들어간다. 내 흰 티셔츠로 다시 돌아가보자.

그나마 표백에 과산화수소만 사용했으면 좋으련만, 미국과 유럽 이외의 지역에 있는 많은 기업이 여전히 염소를 사용한다.[22] 그런데 대부분의 의류는 미국과 유럽 이외의 지역에서 제조된다. 염소는 그 자체로도 유독하지만 탄소를 함유한 유기물질과 섞이면 발암물질과 신경독이 되는데, 염소가 공장을 빠져나와 폐수로 흘러들어가면 유기물질과 섞이게 된다.

직물이 재봉틀에 가기 전 거치는 마지막 단계는(때로는 재봉이 끝난 뒤일 수도 있다) '손질하기 쉽게' 만드는 처리 과정이다. 즉 부드럽고, 구김이 가지 않고, 얼룩이 잘 생기지 않으며, 냄새도 잘 배지 않고, 방염이 되고, 좀이 슬지 않고, 정전기가 나지 않도록 만드는 것이다. 1950년대 이래로 삶을 '간편하게' 해준다고 우리가 열광했던 과학의 역량 중 하나를 여기서 볼 수 있다. 과학자들이 찾아낸, 직물을 이렇게나 손질하기 쉽게 해주는 마법의 약은 무엇일까? 바로 포름알데히드다.[23] 보통은 플라스틱이나 합성수지의 기초 물질로 쓰이는 이 위험한 화학물질은 호흡기질환, 눈 쓰라림, 암, 그리고 피부에 닿으면 알레르기도 일으킨다. 여러분은 어떤지 모르지만, 내 피부는 항상 옷에 닿아 있다.[24]

그밖에 이 단계에서 흔히 쓰이는 물질로는 가성소다, 황산, 브롬, 요소수지, 술폰아미드, 할로겐 등이 있다.[25] 이 물질들은 수면장애, 집중장애, 기억장애…… 그리고 암을 유발한다.

두말하면 잔소리지만, 면의류를 입는 소비자만 건강상의 위험에 노출되는 것이 아니다. 직물공장 노동자들은 특히나 심한 피해를 입으며, 오염된 폐수는 궁극적으로 지구의 전체 먹이사슬에도 해를 끼친다. 세계 면 소비와 관련된 발자국 중 5분의 1이 면화농장과 공장에서 나오는 폐수가 유발한 오염과 관련이 있다.[26]

드디어 내 티셔츠가 태어날 준비가 됐다. 마무리 공정을 거친 면직물이 내 티셔츠가 탄생할 공장으로 운송됐다. 티셔츠를 만드는 단계는 우리가 가장 많이 들어본 단계다. 노동 착취 공장을 고발하는 내용은 각종 언론에서 많이 다뤄졌다. 하지만 이렇게 관심을 촉구하는 노력들이 있었는데도 대부분의 의류 노동자들은 여전히 끔찍한 상태에서 벗어나지 못하고 있다. 거대 브랜드 의류회사들 중 상당수는 인건비가 절대적으로 적게 드는 곳에 공장을 두려 한다. 이는 중국의 경제특구나 수출가공구, 혹은 방글라데시 같은 곳의 노동자들이, 조명과 환기 시설이 미비하고 귀청이 터질 듯한 소음이 나는 공장에 빽빽이 모여서, 정신이 멍해지는 반복적인 허드렛일을 심하게는 하루에 11시간씩 하면서, 적게는 시간당 10~13센트밖에 못 받는다는 것을 의미한다.[27]

언론의 자유와 노조 결성의 자유는 늘 억압된다. 아동 노동은 공식적으로야 거의 모든 지역에서 불법화되었지만, 아직도 은밀히 이루어지고 있다. 특히 납기일이 임박했을 때 아동 노동이 자주 이용된다.

나는 1990년에 아이티의 포르토프랭스에서 디즈니 옷을 만드는 노동 착취 공장의 여성 노동자들을 만났다. 뉴욕의 인권단체인 전국노동위원회National Labor Committee가 1996년 아이티의 디즈니 의류 공장 노동자들이 처한 고난을 다룬 영화 〈미키마우스, 아이티에 가다Mickey Mouse Goes to Hait〉를 만들기 6년 전이었다. 하지만 의류 노동자들의 곤경은 이미 국제적인 관심을 끌고 있었기 때문에 몇몇 여성 노동자는 이야기하는 것을 매우 조심스러워했다.

그러나 주저하지 않고 자신의 이야기를, 디즈니가 경영 방식을 바꾸도록 압력을 넣을 수 있을 것 같은 사람들에게 전달하고 싶어 하는 노동자들도 있었다. 가장 적극적인 사람은 야니크 에티엔Yannick Etienne이었는데, 바타이 우브리예Batay Ouvriey('노동자들의 투쟁'이라는 뜻이다)의 열정적인 조직가였다. 그날의 만남을 추진하고 의류 노동자들의 이야기를 통역해준 사람도 에티엔이었다.

뜨거운 열기가 내리쬐는 아이티에서 우리는 콘크리트 블록으로 만든 작은 집의 좁은 방에 가득 모여앉았다. 우리에게 이야기하는 것을 누가 볼까 봐 창은 계속 덧문을 닫아두어야 했다. 이 여성 노동자들은, 자신들은 절대로 살 수 없는 가격의 디즈니 옷을 날마다 재봉한다. 법정 최저임금을 받는 운 좋은 사람들은 1주일에 엿새, 하루 8시간씩 일하고 주당 15달러를 받는다. 그런데 공장 감독관 중에는 하루 근무시간마다 정해진 수량을 만들어내지 못하면 규정된 최저임금을 주지 않는 사람들이 있다.

그날 나와 만난 여성 노동자들은 일터에서의 끔찍한 억압, 일상적인 성폭력 등 비참한 여러 상황에 대해 이야기했다. 그들은 디즈니의 CEO 마이클 아이스너Michael Eisner가 수백만 달러의 소득을 올린다는 사실을 노동자 권리 운동을 하는 국제 운동단체에게 들어서 알고 있었다. 영화 〈미키마우스, 아이티에 가다〉가 제작된 1996년에 아이스너는 봉급으로 870만 달러, 스톡옵션으로 1억 8,100만 달러를 벌었다. 이는 시간당 101,000달러에 해당한다.[28] 반면 이 여성 노동자들은 이 공장에서 만들어진 옷이 미국 소매매장에서 팔리는 가격의 1퍼센트의 절반을 받고 있었다.

하지만 이렇게 끔찍한 노동환경 속에서 굶주림을 벗어날 수 없는 임금을 받으면서도, 이들은 일자리를 잃을까 봐 걱정했다. 다른 소득원을 찾을 기회가 없기 때문이었다. 한 여성은 그래도 디즈니에서 일하면 적어도 천천히 굶어죽을 수 있고, 그게 빨리 굶어죽는 것보다는 낫다고 말했다.

또 우리가 미국의 소비자이자 시민으로서 목소리를 내서 노동자들의 임금과 생활 여건을 개선시키도록 디즈니에 압력을 넣어주기를 바랐다. 건강하고 존엄한 삶을 살 수 있도록 말이다. 이들은 정당한 하루치 노동에 걸맞은 정당한 하루치 임금을 받고 싶어 했다. 그들은 안전을 원했고, 더울 때 물을 마실 수 있기를 원했고, 성폭력이 없기를 원했다. 엄마들은 아이들이 잠들기 전에 퇴근할 수 있기를 바랐고, 아이들이 깨어 있을 때 밥다운 밥을 먹일 수 있을 만큼의 먹을 것을 가질 수 있기를 원했다. 아이티를 다녀온 후로, 나는 디즈니 제품을 볼 때마다 포르토프랭스의 여성 노동자들이 생각난다.

2009년 8월, 에티엔은 나에게 이메일로 이렇게 알려왔다. "포르토프랭스 산업단지에서 노동 여건은 그리 많이 달라지지 않았어요. 우리는 아직도 같은 목적을 위해 싸우고 있어요. 지금은 최저임금 인상을 위한 싸움이 격렬하게 이루어지고 있지요."[29] 당시는 내가 이 결연한 운동가를 처음 본 지 19년이 지난 때였는데, 그녀는 아직도 아이티의 노동자 권리를 위해 싸우고 있었다.

2009년 8월, 아이티 정부가 드디어 최저임금을 인상하긴 했지만 많은 노동자가 요구하는 하루 5달러에는 크게 못 미친다. 인상된 최저임금은 하루 3달러 75센트다.[30] 하루에 말이다! 하루종일 우리의 티셔츠와 청바지와 파자마를 꿰매고 3달러 75센트를 받는 것이다.

다시 내 티셔츠 이야기로 돌아와보자. 마지막으로 고려할 문제는 이산화탄소 발자국, 즉 기후변화에 미치는 영향이다. 내 티셔츠 한 장에 필요한 면화를 재배하는 과정에서 이산화탄소 0.9킬로그램이 생성된다. 석유화학 기반의 비료와 농약을 만들고 관개용수를 끌어올릴 전력을 공급하는 과정 등에서 발생한 것이다. 그리고 세척, 방직, 방적, 마무리 공정에서 추가로 1.4킬로그램이 생성된다. 내 작은 티셔츠 한 장이 2.3킬로그램의 이산화탄소를 배출한 것이다. 이는 상점까지 운송하느라, 그리고 사용 기간 내내 세탁하고 건조하느라 발생시키는 이산화탄소는 포함하지 않은

것인데, 그것까지 감안하면 이산화탄소 발자국은 적어도 2배가 된다.[31]

최근에 나는 의류업체 파타고니아Patagonia의 홈페이지에 들어가봤다. 여기서는 이 회사 제품 몇 가지의 이산화탄소 발자국을 계산해볼 수 있다. 그중에는 유기농 면티셔츠도 있었다.

이 홈페이지에 따르면, 그 티셔츠에 들어간 면화의 '거의 절반'은 터키에서 온다. 아주 먼 곳이다. 면화는 로스앤젤레스의 한 공장으로 와서 직조되고, 마름질되고, 재봉된다. 그리고 다른 공장에서 염색된다. 화학염료들이 사용되는데 '무PVC' 염료가 아닌 것들도 있다. 파타고니아는 이렇게 설명한다. "식물성 염료가 더 친환경적으로 보이겠지만, 상업적 용도로 쓰이기에 충분한 양을 수확하기가 어려울 수 있다. 그리고 식물성 염료는 한두 번만 빨아도 색이 바랜다."

그 다음에 이 티셔츠는 트럭을 타고 네바다주 리노에 있는 물류창고로 간다. 홈페이지에 제시된 계산에 따르면, 파타고니아 티셔츠 한 장은 소매매장까지 가기도 전에 약 12,600킬로미터를 이동하고, 약 1.6킬로그램의 이산화탄소를 배출한다.[32]

유기농 의류 제품이 조금 더 비싼 값을 지불할 만한 가치가 없다고 말하려는 것이 아니다. 유기농 면화는 농약과 화학비료를 사용하지 않기 때문에 화학물질을 만들 때 발생하는 탄소를 줄일 수 있고, 지하수와 토양을 오염시키지 않으며, 동물과 사람(농민, 지역 주민, 소비자)의 건강을 지킬 수 있다. 유기농 재배자들에 따르면, 토양이 더 건강하게 유지되기 때문에, 이를테면 화학물질이 지렁이를 죽이지 않아서 지렁이가 토양의 통기성을 높여주기 때문에, 물이 그냥 흘러내려가버리는 것도 막아준다. 바이오테크 옹호자들은 자신들이 만드는 유전자조작 작물이 물을 덜 사용한다고 주장하지만 말이다.

또한 파타고니아가 방직, 방적, 재봉 과정에 이용하는 공장들은 에너지 절약의 전위에 있으며 유독물질을 최소한으로만 배출한다. 그리고 제품에 공정무역 로고가 있으면, 그것은 면화 농민들이 더 공정한 가격을 받고, 직물 노동자들이 노동 착취 공장에서보다 나은 대우를 받으며, 내가 아이티에서 만난 여성들보다 더 공정한 보상을 받는다는 뜻이다.

이 모든 이유 때문에, 유기농과 공정무역 면제품은 더 나은 선택이라고 할 수 있다. 하지만 가장 좋은 선택은? 지금 가지고 있는 티셔츠를 소중히 여기는 것이다. 지금 가진 것을 입고 잘 보살피고 보석처럼 아끼는 것이다. 최신 유행 색상이나 디자인이 나왔다고 해서 있는 것을 버리고 새로 사지 않는 것이다. 나는 체육관에도 입고 가지 못할 만큼 낡을 때까지 티셔츠를 입는다. 그리고 그렇게 낡은 것은 넝마주머니에 넣는다. 우리 할아버지가 하던 방식인데, 나에게도 충분히 좋은 방식이다. 가격표는 4.99달러라고 말하지만(파타고니아의 경우 12.99달러), 그것은 흰 면티셔츠에 숨겨진 비용, 즉 진정한 비용에는 근처에도 가지 못한다.

나무가 한 권의 책으로 만들어지기까지

나는 책장 가득 책이 있다. 내 방 한쪽 벽면 전체가 책이다. 부엌 조리대에도 책이 있고, 내 딸의 책장에도 책이 넘쳐난다. 쓰지 않는 난로에도 책이 쌓여 있다. 책은 내가 사물과 맺는 관계에서 희한한 위치를 차지한다. 새 옷이나 전자제품을 사는 건 마음이 불편한데도 최근 추천도서를 집어들 때는 전혀 주저하지 않는다. 친구들에게도 물어봤는데, '너무나 많은 물건'이라는 말이 갖는 부정적인 함의에서 책은 면제된다는 느낌을 갖고 있는 사람은 나뿐만이 아니었다.

  우리는 책에 들어 있는 창조성과 지식의 가치가 책의 발자국을 정당화한다고 생각하는 것일까? 아니면 책의 발자국은 아예 생각도 하지 않는 것일까? 이 책을 쓰면서 나는 책이 노트북, 휴대전화기, 티셔츠보다 훨씬 많으면서도, 책이 환경과 건강에 미치는 위험보다 노트북, 휴대전화기, 티셔츠가 미치는 위험을 훨씬 더 많이 알고 있다는 사실을 깨달았다. 그래서 책들이 어떻게 만들어지는지 궁금해졌다.

  오늘날 우리는 종이가 으레 나무로 만들어진다고 생각한다. 하지만 종이가 나무로 만들어진 것은 1850년대부터다.[33] 그 전에는 대마나 대나무 등의 농업 부산물과 넝마 같은 낡은 직물로 종이를 만들었다. 요즘도 어느 정도는 그렇다. '페이퍼(종이)'라는 명칭은 파피루스에 해당하는 그리스어 '파피로스 $papyros$'에서 유래되었는데, 파피루스 식물을 두들겨서 그 위에 글씨를 쓸 수 있게 만든 것을 의미했다.

  종이는 중국의 환관 채륜蔡倫이 거의 2,000년 전에 오디덤불의 섬유질과 낡은 고기잡이 그물, 대마, 풀을 사용해 처음 만들었다고 알려져 있다. 15세기에는 양피지에 인쇄된 책들이 있었는데, 양피지는 특수하게 처리한 양이나 염소의 가죽 또는 송아지 피지로 만들었다. 당시 성경 한 권을 인쇄하려면 양을 300마리 잡아야 했다. 이어 16세기에는 헝겊 넝마와 리넨이 종이를 만드는 섬유질의 원료로 흔히 쓰였다.[34]

  목재로 펄프를 만드는 대규모 공정이 개발된 것은 한참 후인 19세기 중반이었다. 이때서야 나무가 종이를 만드는 섬유질(그리고 책)의 주원료가 될 수 있었다. 또한 전에 사용된 폐지를 가지고도 종이를 만들 수 있다. 이것이 재활용이다. (오늘날 모든 책이 식물섬유로 만들어지는 것은 아니다. 예를 들어 빌 맥도너Bill McDonough의 책 《요람에서 요람으로Cradle to Cradle》는 플라스틱에 인쇄됐다. 그리고 물론 전자책은 아예 인쇄되지 않는다.)

이 수백 년 동안, 종이를 만드는 과정은 기본적으로 달라지지 않았다. 섬유질을 두들겨 납작하게 만들어서 말리면, 짜잔~ 종이가 된다. 내 딸과 미술시간에 종종 하는, 낡은 종이와 꽃잎, 포장지 쪼가리를 물과 함께 믹서로 갈아서 방충망에 올려놓고 납작하게 누른 뒤 햇빛에 말리는 실습 과정과 비슷하다. 네 종류의 재료만 있으면 된다. 섬유질, 에너지, 화학물질, 물.

하지만 목록을 이렇게 간단하게 적으면 다소 오도하는 측면이 있다. 우선 벌목의 문제가 있다(1장 참조). 여기에는 눈에 덜 띄는 형태의 벌목도 포함되는데, 자연 삼림이 플랜테이션으로 바뀌는 것이다. 오늘날 북아메리카에서 잘라낸 나무의 거의 절반이 신문부터 포장재, 문구류에 이르는 종이를 만드는 데 쓰인다.[35] 매년 미국에서 판매되는 책에 나무 3,000만 그루가 들어간다.[36] 뉴욕 센트럴파크에 있는 나무가 26,000그루다.[37] 그러니까 미국에서 책을 만들기 위해 센트럴파크에 있는 나무의 1,150배를 쓰는 것이다. 게다가 종이를 만드는 데는 어마어마한 양의 에너지가 들어간다. 종이 제조업은 모든 제조업 가운데 온실가스 배출 5위 안에 든다.[38] 또 많은 양의 물과 독성 화학물질도 들어가는데, 이것들은 섞여서 환경으로 방출된다.

자연림 나무, 인공조림 나무, 농작물, 재활용 폐지 등 어느 재료를 쓰든, 재료 중 일부는 쓸 수 있고 일부는 쓸 수 없다. 사용되는 부분은 섬유질이다. 사용되지 않는 부분은 목질소, 당류, 그리고 목재와 기타 식물에 들어있는 화합물이다. 폐지를 재활용해 만드는 경우라면 목질소는 대부분 이미 제거된 상태지만 잉크, 스테이플러심, 향료 등의 오염물질을 제거해야 한다.[39] 안타깝게도 종이가 이런 공정을 거칠 때마다 섬유는 닳고 짧아진다. 그래서 재활용을 몇 차례 이상 할 수 없는 것이다.

유용한 섬유를 불필요한 부분들에서 분리해내는 것을 '펄프화 공정'이라고 부른다. 펄프를 만드는 기술은 크게 두 가지가 있는데, 하나는 기계적인 방식이고 다른 하나는 화학적인 방식이다. 기계적 펄프화 공정은 원료물질을 자르고 갈고 두들겨서 섬유소를 분리해낸다. 화학적 펄프화보다 두 배나 효율적이지만 섬유의 길이가 짧고 뻣뻣해서 신문이나 전화번호부(이거 마지막으로 보신 게 언제인가요?), 포장지 같은 저급 종이로만 사용된다.[40]

더 널리 쓰이는 화학적 펄프화 공정은 화학물질과 열과 압력을 가해서 섬유를 분리해낸다. 그리고 나중에 염색, 잉크, 표백, 도사, 코팅 등에 더 많은 화학물질이 쓰인다. 한 화학 저널리스트는 이렇게 말했다. "오늘날 제지 기술의 핵심은, 사용되는 화학물질들이 각기 갖고 있는 고유한 특성에 달려 있다. 음식에 들어가는 양념처럼, 화학물질은 각각 종이에 특정한 성질을 부여한다."[41] 종이 사용이 많아질수록 생산에 들어가는 화학물질에 대한 수요도 증가한다. 미국에서 펄프와 종이 생산에 필요한 화학물질 수요량은 2011년에 200억 톤, 가격으로는 88억 달러어치에 달할 것으로 추정된다.[42]

종이를 만드는 데 쓰이는 화학물질 중 가장 악명 높고 논쟁적인 것은 염소다. 염소는 펄프화 공정에도 들어가고 표백에도 사용된다. 그 자체로도 염소는 강력한 독성물질이다. 어찌나 유독한지, 제1차 세계대전 당시 무기로도 쓰였다. 그런 염소가 탄소를 포함한 다른 유기물질과 섞이면, 그것과 결합해서 거의 1,000가지의 유기염소를 만들어낸다. 원료를 두들기는 공장에서 나오는 찌꺼기에서 이런 일이 많이 생긴다. 현존하는 잔류성 오염물질 중 가장 유독한 다이옥신도 유기염소다.[43] 미국 환경보호청과 국제암연구소는 다이옥신이 암을 유발한다고 밝힌 바 있다.[44] 또한 다이옥신은 내분비계, 생식계, 신경계, 면역체계의 손상과도 관련이 있다.[45] 내게는 새하얀 종이가 그렇게 꼭 가질 만한 가치가 있어 보이지 않는다. 나라면 발암종이보다는 약간 갈색이나 나무색이 나는 종이를 고르겠다.

 유럽에서는 화장실 휴지부터 책의 종이까지, 완전히 흰색이 아닌 것을 쓰는 경우가 많다. 또 많은 종이공장이 염소를 전혀 사용하지 않는 '완전 무염소 표백totally chlorine free, TCF' 방식으로 공정을 바꿔서 염소 대신 산소, 오존, 과산화수소 등으로 종이를 표백한다.[46] 한편 미국과 캐나다에서는 많은 공장이 '무염소가스 표백elemental chlorine free, ECF' 공정을 활용한다. 염소가스 대신 이산화염소 같은 염소 유도체를 사용하는 것이다. 물론 이것이 염소로 종이를 적시는 것보다 낫고 다이옥신 형성도 절반가량 줄어든다. 하지만 다이옥신은 아무리 적은 양이라도 너무 많다. 따라서 TCF가 틀림없이 더 낫다.

염소 제거 전선에는 또 하나의 방법이 있다. '재활용 시 완전 무염소 표백processed chlorine free, PCF'인데, PCF 종이는 폐지를 재활용해 만든 종이에서, 재료인 폐지가 애초에 만들어질 때 염소가 사용되지 않았는지는 보장하지 못하지만 재활용 공정에서는 사용하지 않았다는 뜻이다.

종이 제조 공정에서 염소를 제거하려면 투자가 필요하다. 하지만 이는 환경과 사람들에게 부과되는 외부화된 비용에 비하면 충분히 감당할 만한 수준이다. 강물이 다이옥신에 오염되어 어업 환경과 생명과 공동체의 건강을 해치는 경우에 비하면 말이다.

종이 제조와 관련된 또 다른 독성물질로 수은이 있다. 수은은 강력한 신경독으로 신경계와 뇌, 특히 태아와 어린이에게 영향을 미친다. 수은은 가성소다와 염소를 생산하는 염소-알칼리 공장에서 쓰인다. 펄프와 종이 산업은 세계 최대의 가성소다 소비처다.[47] 수은을 사용하지 않고도 비용 효율적으로 경쟁력 있게 염소와 가성소다를 만들 수 있는 대안적인 방법들이 있는데도, 미국을 포함해 세계 여러 지역에 수은을 사용하는 염소-알칼리 공장이 아직도 많다. 수은은 일단 환경에 방출되고 나면 사라지지 않는다.

그러나 개선되고 있는 점도 있다. 수은에 대해 사람들이 많이 우려하고 있기 때문에(이 장의 뒷부분에 나오는 '위험한 물질들' 참조), 수은을 사용하는 공장은 점점 과거의 유물이 되어가고 있으며 수은을 사용하지 않는 공장으로 바뀌고 있다.

그럼, 다시 종이공장으로 돌아가보자. 펄프화 공정이 끝나면 펄프를 물에 섞어서 촘촘한 망에 뿌린다. 진공상태에서 이 망에 열과 압력을 가해 건조시키면 균일한 종이가 만들어지는데, 이 모든 공정에서 에너지가 소비된다. 자, 이제 종이에 인쇄할 준비가 되었다.

인쇄소에서도 또 다른 일군의 독성 석유화학 물질이 들어간다. 잉크를 만들고, 인쇄기를 청소하고, 블랭킷(인쇄용 판)을 세척하는 데 사용되는 것들이다. 가장 많이 쓰이는 것은 톨루엔으로, 인쇄 과정에서 쓰이는 독성 화학물질 중 75퍼센트를 차지한다.[48] 톨루엔은 굉장히 높은 수치로 환경에 방출된다. 상당부분은 휘발성 유기화합물volatile organic compounds, VOC의 형태로 증발하는데, 이는 공기를 오염시킬 뿐 아니라 호흡기질환·알레르기·면역계질환 등을 일으키며, 가라앉아 토양과 지하수로도 들어간다.

석유화학 제품 대신 잉크와 세제용으로 쓸 수 있는 대체재가 있다. 식물성인 바이오케미컬 물질들이다. 아직 대부분 석유를 원료의 일부로 사용

 하지만, 그래도 굉장한 향상이다. 원유를 추출해 화학물질로 정제하는 단계에서 오염을 줄일 수 있게 해준다. 또한 인쇄공장 노동자들이 일하고 숨쉬기가 더 안전해지고, 따라서 안전 교육과 보호장비에 들어가는 비용도 줄일 수 있다. 화염을 일으킬 가능성도 훨씬 적다. 또 독성 고형 폐기물과 기체도 훨씬 조금 방출한다. 석유 기반의 잉크가 30~35퍼센트의 VOC를 함유하는 데 비해, 대두유 잉크는 2~5퍼센트에 불과하다.[49]

식물성 잉크 중 가장 널리 쓰이는 것은 대두유 잉크로, 미국에서 상업적으로 제작되는 인쇄물의 3분의 1을 담당한다.[50] 가격은 약간 비싸지만 성능이 더 좋고 더 밝은 색을 내며, 같은 면적을 더 적은 양으로 인쇄할 수 있다. 그래서 결과적으로 비용 면에서도 보통의 화학 잉크보다 효율적이다. 폐지에서 분리하기도 쉽기 때문에 재활용도 더 용이하다.

인쇄가 끝나면, 제본을 하고 하드 커버(판지)나 소프트 페이퍼 커버로 표지를 씌운다. 책이 유발하는 발자국의 마지막 단계는 운송 및 판매와 관련이 있는데, 이는 다음 장에서 다룰 것이다.

 친환경종이네트워크Environmental Paper Network나 녹색인쇄이니셔티브Green Press Initiative 같은 환경단체들, 그리고 잉크워크스 프레스Inkworks Press, 에코프린트EcoPrint, 뉴리프페이퍼New Leaf Paper 등 지속 가능성을 추구하는 선도적인 기업들 덕분에, 제지업계와 출판업계 모두 더욱 친환경적으로 바뀌고 있다. 점점 많은 책이 재활용 종이로 제작되고 있으며 석유 기반 잉크를 덜 사용하고 있다.

더 가벼운 발자국을 남기는 공정으로 만들어진 책에는 흔히 원료를 설명하는 페이지가 있다. 재활용 종이를 사용했는지, 새 펄프 원료를 사용했

는지, 지속 가능 인증을 받은 숲에서 나온 펄프를 사용했는지, 어떤 공정으로 표백했는지, 어떤 잉크가 사용됐는지 등이 표기되어 있어서 독자들은 그 책이 만들어진 과정에 대해 어느 정도 감을 잡을 수 있다.

나는 이 글을 쓰면서 내 침대맡 스탠드 옆에 있는 다섯 권의 책을 살펴보았다. 두 권은 펄프 원료가 어떻게 조달되었는지에 대한 정보를 전혀 기재하지 않은 걸 보니 아마 최악의 공정을 거친 것 같다. 한 권은 "재활용 종이를 사용했다"고 씌어 있지만 더 구체적인 설명은 없다. 재활용 종이를 몇 퍼센트 사용했는가? 소비자의 손을 거친 폐지가 아니라 종이공장에서 절단하고 다듬는 과정에서 나온 프리컨수머 폐지인가, 소비자의 손을 거친 뒤 재활용된 포스트컨수머 폐지인가?

한 권은 FSC 인증 표시가 있다. "잘 관리된 숲에서 통제된 원료와 재활용 목재 및 섬유"를 사용했다고 한다. 마지막 한 권은 포스트컨수머 폐지를 사용했다고 적혀 있다. 이것은 프리컨수머 폐지를 사용하는 것보다 더 좋다. 도시 생활 쓰레기가 되었을지도 모르는 물질이 유용한 제품의 원료가 되었으니 말이다. 내 침대맡 책 중에 염소 표백에 대해 언급한 책은 한 권뿐인데, 표지에는 TCF 로고가, 내지에는 PCF 로고가 자랑스럽게 붙어 있다.

나는 20분짜리 영화 〈물건 이야기〉를 책으로 펴내는 것에 대해 처음에는 좀 주저했다. 책 만드는 데 들어갈 자원을 생각했기 때문이다. 하지만 수천 명이 영화 〈물건 이야기〉에서 다룬 내용에 대해 더 많은 정보를 요청해왔다. 그들은 토론그룹을 열고, 학교에서 교재로 사용하고, 현재의 시스템에 대한 긍정적인 대안에 관해 알고 싶어 하고, 자신들이 무엇을 할 수 있는지에 대한 정보를 얻고 싶어 했다. 그리고 세계를 돌아다녀보니, 세상에는 영화나 온라인이나 DVD 등 상세한 정보를 얻을 수 있는 테크놀로지에 접할 수 없는 사람이 아주 많았다. 그래서 이 책을 내기로 동의했다. 하지만 나는 책의 생산 과정에서 자원과 독성물질의 사용이 최소화되어야 한다고 출판사에 주장했다.

컴퓨터가 좋아지는 만큼 환경은……

다 합하면 미국인은 컴퓨터 2억 대 이상, TV 2억 대, 휴대전화기 약 2억 대를 가지고 있다.[51] 나도 노트북 컴퓨터와 휴대전화기를 갖고 있긴 하지만, 나는 사실 새로운 전자기기들에 별로 매력을 못 느끼는 사람이다. 계속 울려대는 소리도 짜증이 나고, 한번 잘못 날리면 내가 가진 모든 연락처와 문서를 다 잃을지도 모른다고 생각하면 현기증이 난다.

나는 15년째 쓰고 있는, 속지를 갈아끼울 수 있는 메모장에 굳세게 의존한다. 적어도 30개국을 이 메모장과 함께 다녔다. 해가 갈수록 갈아끼울 속지를 찾기가 어렵기는 하지만 말이다. 사실 속지는 대부분 멸종위기다. 나는 많이 닳고 유행에 뒤떨어진 이 메모장을 너무나 좋아해서, 한번은 메모장 제조 업체가 주관한 수기경연대회에도 참가했다. 그때 내가 지은 시의 첫 소절은 이렇다. "켜지 않는다. 전원을 꽂지 않는다. 배터리가 필요없다. 비밀번호도 없다." 이런 이유들 때문에 나는 메모 기능을 제공하는 하이테크 제품들보다 내 메모장을 더 좋아한다.

그렇다고 나를 기계혐오주의자로 생각하지는 마시길. 나는 전자기기와 컴퓨터 테크놀로지의 긍정적인 공헌을 높이 평가하는 사람이다. 휴대전화가 없다면 나는 일정을 맞추는 데 곤란을 겪을 것이다. 전자기기들이 미아를 찾거나 조난당한 등산객을 수색하는 데 도움이 된다는 것도 알고 있다. 또 전세계의 운동가들이 손에 들고 다니는 휴대용 기기들은 인권 침해의 현장을 기록하고 경고 메시지를 전세계에 전파한다. 문자메시지와 트위터는 사람들이 부당하게 감금되거나 해를 입을 때 이를 언론과 단체들에 알린다. 그리고 컴퓨터가 없었다면 나는 매우 어설프고 불행한 사람이었을 것이다. 컴퓨터 덕에 정보를 찾고, 친구나 동료들과 연락을 하고, 이 책을 쓸 수 있으니 말이다.

하지만 전자제품 이야기는 여간 복잡하지 않다. 애플컴퓨터 광고는 애플 제품이 매우 깨끗하고 단순하고 우아하다고 말한다. 하이테크의 발전은 연기를 뿜어내는 공장보다 향상된 산업 형태로 흔히 묘사된다. 하지만 실제로는, 눈에 보이는 오염을 덜 보이는 오염으로 바꾼 것에 불과하다.

전자제품 생산 시설은 환경을 더럽히며 노동자와 주변 공동체에 유해한 화합물을 사용하고 또 방출한다. 버클리의 내 집에서 남쪽으로 80킬로미터도 채 안 떨어져 있는 실리콘밸리는 예전의 하이테크 개발 때문에 독성물질로 오염된 곳이 너무 많아서, 미국 전역에서 슈퍼펀드 대상 오염 지역이 가장 많이 집중된 축에 속한다.[52] 슈퍼펀드 지역은 미국 정부가 독성물질 오염이 너무 심해서 우선순위로 청정화 프로그램이 필요하다고 지정한 곳이다. 현재는 하이테크 생산 시설의 상당부분이 실리콘밸리를 떠나 인건비가 더 낮고 노동자 안전 및 환경 규제가 덜 엄격한 아시아와 라틴아메리카로 갔지만, 유독한 흔적들은 여전히 남아 있다.

명성이 자자한 하이테크 꿈나라 실리콘밸리는 사회의 극단적인 모습들을 보여주는 장소이기도 하다. 이를테면 인터넷 갑부들이 사는 호화 주택이, 공장에서 실제로 전자 부품들을 만드는, 혹은 공장이 외국으로 옮겨가기 전에 전자 부품들을 만들던 노동자들이 사는 초라한 동네를 배경으로 들어서 있다. 컴퓨터회사들은 엄청난 이윤은 유지하되 소비자들에게는 낮은 가격을 제시하기 위해, 공급망 체계의 모든 결절점마다 비용을 절감하려고 기를 쓴다. 유명 브랜드 컴퓨터회사들은 납품업체들이 대금을 낮추고 장시간 노동을 하도록 압박하는 것으로 악명이 높다. 그렇게 해서 부품들을 싸게 납품받으려는 것이다. 델컴퓨터의 마이클 델Michael Dell은 언젠가 이렇게 말했다. "우리가 할 일은 비용 절감 면에서 절대적인 세계 최고가 되는 것이다."[53]

그리고 사용 후에 발생하는 전자제품 폐기물, 즉 e폐기물의 문제가 있다. 5장에서 상세히 다루겠지만 e폐기물은 전지구적인 악몽이다. 매년 500만~700만 톤의 전자제품이 구닥다리가 되는데, 이것들이 폐기되면서 내놓는 유독한 요소들이 땅, 공기, 물, 그리고 지구에 사는 모든 생명체를 독성물질로 오염시키고 있다.[54]

내 컴퓨터가 구체적으로 어떤 물질들로 어떤 과정을 거쳐 만들어졌는지에 대한 정보를 모아보고 싶었던 나는 큰 장벽에 부닥쳤다. 전자제품회수연합Electronics TakeBack Coalition의 테드 스미스Ted Smith는, 내가 컴퓨터에 대한 정보를 티셔츠와 책에 대한 정보를 모은 것과 같은 방식으로 조사하려 한다고 하자 고개를 절레절레 흔들었다. "컴퓨터는 그런 물건들보다 몇 배나 복잡해요." 지렁이의 생물학적 구조와 지구 전체의 생물학적 구조만큼이나 차이가 있다는 것이었다. 스미스는 마이크로칩만 해도 2,000가지 이상의 물질이 들어간다고 알려주었다. 그리고 마이크로칩은 컴퓨터에 들어가는 수많은 부품 중 하나일 뿐이다!

게다가 업계가 너무나 빨리 변하기 때문에 새로운 물질과 공정이 계속 도입되고 있어서 규제 당국이나 시민 감시단체가 따라잡을 수가 없다. 스미스가 활동하는 단체도 마찬가지다. 전자제품이 환경과 건강에 미치는 영향에 대한 분석을 몇 년 전에 시작했지만 아직 끝내지 못했는데, 그 와중에 새로운 전자제품들이 계속 도입되고 있다.[55] 그리고 무엇보다도, 업계의 기밀 유지 정책 때문에 완전한 정보를 얻기가 불가능하다. 기업들은 자신이 사용하는 공정과 물질에 대해 전유권專有權이 있다고 주장한다. 이런 개념은 인텔의 CEO 앤디 그로브Andy Grove가 쓴 책 제목에서 잘 드러난다. 《편집광만이 살아남는다Only the Paranoid Survive》[56]

노트북컴퓨터의 모든 부품이 각각 어디에서 채굴되고 제조되었는지 정확히 알기란 불가능하다. 공급망이 점점 복잡해지고 있기 때문이다. 유엔 보고서에 따르면, 전자업계는 가장 세계화된 공급망을 가지고 있다.[57] 그래도 어쨌든 1장에서 소개한, 문제 있는 추출 공정을 거치는 원료들이 다 포함돼 있다는 것은 알고 있다. 금, 탄탈, 구리, 알루미늄, 납, 아연, 니켈, 주석, 은, 철, 수은, 코발트, 비소, 카드뮴, 크롬……. 델, HP, IBM, 애플 등 유명 브랜드 업체들은 아마 원료가 어떻게 추출되는지 또는 부품이 어떻게 만들어지는지에 대해 직접적인 정보를 거의 갖고 있지 않을 것이고, 직접 관리하지도 않을 것이다. 이런 회사들은 전세계 수백 개의 다른 업체에 외주를 주어 부품을 만들고 조립하기 때문이다. 하지만 그렇다고 해서 거대 브랜드 회사들이 자사 제품이 유발하는 환경오염, 건강 피해, 인권 침해 등에 대한 책임에서 자유로운 것은 아니다.

다행히 마이크로칩 제조에 대해서는 꽤 많은 정보가 나와 있어서, 적어도 마이크로칩이 어떻게 만들어지는지는 알아볼 수 있다. 컴퓨터의 뇌에 해당하는 마이크로칩은 매우 복잡하다. 칩은 얇은 기판인데 보통 실리콘으로 만든다. 여기에 세밀하고 복잡한 금속 회로를 새겨넣어서 전류가 흐르고 디지털 정보로 전환되게 한다. 마이크로칩 중에는 크기가 새끼손톱보다 작은 것도 있는데, 칩 크기는 점점 더 작아지고 있다.[58]

기판에 들어가는 실리콘은 지구상의 어느 곳에서나 추출할 수 있다. 실리콘은 일종의 모래인데, 매우 흔하고 그 자체로는 유독하지 않다. 다행히도 기판 제조에는 실리콘이 많이 필요하지 않다. 이건 좋은 일이다. 광산이나 공장에서 실리콘에 많이 노출되면 호흡기질환과 규폐증에 걸리기 쉽기 때문이다. 규폐증은 치료가 불가능한 폐병이다. 세계보건기구에 따르면, 매년 수천 명이 규폐증으로 숨진다.[59] 그리고 칩 제조의 후반 공정들에서는 실리콘에 전기가 흐르도록 하기 위해 안티몬, 비소, 붕소, 인 등 독성물질들이 들어간다.[60]

기판을 만들려면, 실리콘을 갈아서 가연성·부식성·독성이 높은 액체에 넣어 녹인다. 칩이 완성되기까지 250가지가 넘는 단계를 밟아야 한다. 이 에너지 집약적인 수많은 과정을 통해, 증발될 때까지 이 액체에 열을 가하고, 남은 것들이 결정화되도록 두었다가, 다시 열을 가해 굳혀서 원통형으로 만든다. 이 원통은 일련의 산성·부식성 용액들을 거치며 세척되고 광택이 나게 된다. 마지막으로 원통을 얇게 썰어 기판을 만든다. 엘리자베스 그로스먼Elizabeth Grossman은 저서 《디지털 쓰레기High-tech Trash》에서 "냉동 쿠키 반죽처럼 생긴 초순수 하이테크 크리스털 롤을 생각하면 된다"고 설명했다.[61]

이렇게 만든 기판 위에 회로를 새기는데, 이 공정에도 일군의 유독한 금속과 기체와 용매와 '식각액echant'이 필요하다. 그로스먼에 따르면, 다 합하면 반도체공장 한 곳에서 많게는 500~1,000종류의 화학물질을 사용한다. "플루오르화수소산, 질산, 인산, 황산 같은 산뿐 아니라 암모니아, 플루오르화물, 수산화나트륨, 이소프로필알코올, 메틸-3-메톡시프로피오네이트, 수산화 테트라메틸암모늄, 히드록시 모노에탄올아민, 그리고 아세톤, 삼산화크롬, 메틸에틸케톤, 메틸알코올, 크실렌 등이 포함되는데,[62]

이것은 목록의 일부일 뿐이다.

이 모든 일은 소위 '청정실clean room'에서 이루어지는데, 이곳에서는 막대한 양의 독성 용매를 써서 현미경으로나 보이는 미세먼지도 칩에 내려앉지 않도록 한다. '청정clean'이라는 말은 제품을 보호한다는 의미이지 노동자를 보호한다는 의미가 아니다. 사실, 청정실 노동자들은 하이테크 산업 노동자들 중에서도 가장 심하게 오염에 노출되는 축에 속한다. 이들이 늘상 노출되는 물질들은 호흡기질환, 신장과 간 손상, 암, 유산, 그리고 맹안·척추갈림증·손발 결손이나 이상 등 선천성 기형을 유발하는 것으로 드러났다.[63] 이런 건강 피해 중 상당부분은 노동자뿐 아니라 반도체공장 주변의 마을 사람들도 겪는다. 지하수, 토양, 공기가 오염되기 때문이다.

그뿐만이 아니다. 이런 독성물질은 컴퓨터 앞에 앉아서 일하는 우리도 위협한다. 전자제품 분야에서 안전한 물질의 사용을 촉진하는 두 개의 비영리조직, 청정생산행동Clean Production Action과 컴퓨터회수운동Computer TakeBack Campaign은 2004년 컴퓨터에서 먼지 샘플을 추출해 유독한 난연제가 있는지 조사했다. 난연제는 강력한 신경독인데, 조사 결과 테스트한 모든 표본에서 이것이 검출됐다.[64] 폴리브롬화디페닐에테르PBDE 등의 난연제는 발화 시점에 도달하는 것을 늦추기 위해 첨가하는 화학물질이다. 하지만 난연 효과가 정말 있는지조차 제대로 검증되지 않았다. 불붙는 것을 늦추는 데에조차 별로 도움이 안 될 수도 있는 것이다.

PBDE 처리한 플라스틱으로 만든 전자제품에 열을 가하면, PBDE는 먼지나 기체의 형태로 기계에서 떨어져나와 환경으로 방출된다.[65] 이를테면 컴퓨터를 몇 시간만 사용해도 열이 가해지는데, 그러면 우리의 책상으로 PBDE가 방출되는 것이다. 컴퓨터에 쓰이는 특정한 유형의 PBDE는 우리 몸에 오랫동안 머무는데, 여러 연구에 따르면 신경독일 뿐 아니라 면역과 생식계에 영향을 주고 암과도 관련이 있다. 그래서 PBDE는 유럽에서 사용이 금지되었고, 잔류성 유기 오염물질POPs에 대한 스톡홀름 협약에서 정한 목록에도 올랐으며, 각지에서 많은 사람이 컴퓨터업체에 PBDE를 사용하지 말라고 압력을 넣고 있는 것이다.[66]

전자제품이 환경에 미치는 영향 또한 건강에 미치는 영향 못지않다. 완성된 기판 하나의 무게는 0.16그램이다.[67] 《컴퓨터와 환경Computers and the Environment》의 공저자인 유엔 대학의 에릭 윌리엄스Eric Williams에 따르면, 기판 하나를 생산하는 데 물 20리터와 화학물질 45그램(완성된 기판 무게의 250배다), 100와트짜리 전구를 18시간 동안 켤 수 있는(즉 1.8kwh의) 에너지가 들어간다.[68] 그리고 가열, 냉각, 청정실 환기 등에 추가적인 에너지가 투입된다. 반도체공장 하나는 1년에 1만 가구에서 쓰는 만큼의 전기를 사용하고 하루에 약 1,140만 리터의 물을 쓴다.[69] 연간 유틸리티 비용이 많게는 2,000만~2,500만 달러나 나온다.[70] 그리고 칩 하나를 만드는 과정에서 17킬로그램의 폐수와 7.8그램의 고형 폐기물이 나온다.[71] 폐수에는 질산염이 많이 들어 있는데, 이는 물속에 수중식물이 폭발적으로 늘어나게 해서 생태계의 균형을 파괴한다. 암모니아, 염산, 플루오르화수소, 질산 등을 공기 중에 방출해서 대기도 오염시킨다. 모조리 독성물질이다.[72] 마이크로칩만 따졌는데도 이미 이 정도다.

그 다음에는 모니터와 본체가 있다. 유리로 되어 있는 모니터, 특히 구형 모델은 흔히 납을 함유하고 있으며, 평면 패널 디스플레이는 뒤에서 나오는 빛이 수은을 함유한 경우가 많다. 본체는 석유 기반의 플라스틱으로 만드는데, 난연제 처리가 되어 있고 색상과 질감 등을 내기 위한 화학처리도 되어 있다. 또 전선을 절연하는 데는 유해한 PVC(이에 대해서는 이후에 상세히 다룰 것이다)가 사용된다. 그리고 보통 노트북컴퓨터에는 리튬 배터

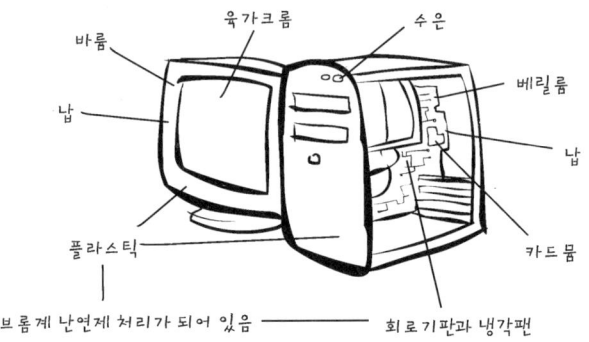

출처 : 실리콘밸리유해물질연합/전자제품회수연합, 2008

리가 쓰이는데, 여기에는 리튬을 포함해 몇 가지 유해한 물질이 들어 있다. 상당수가 유독성인 이런 수백 가지의 물질이 섞이고 합쳐지기 때문에, 컴퓨터는 버려진 뒤에 부품이나 물질을 재활용하기가 어렵다.

지금 이 글을 쓰고 있는 내 노트북은 델 제품이다. 2006년 새 컴퓨터를 사야 했을 때, 그린피스가 주기적으로 업데이트하는 〈녹색 전자제품 가이드Guide to Green Electronics〉에서 높은 순위에 있었기 때문에 델을 선택했다. 그린피스는 독성 화학물질, 재활용, 기후변화 및 에너지 소비 등 세 가지 측면에서 전자업체들을 평가해 이 가이드를 작성한다. 그런데 그 후로 델은 독성 PVC, 브롬계 난연제 사용과 관련해 후퇴해서 2010년에는 순위가 많이 떨어졌다.

또 노동자 안전 문제에 대해서도 델에는 몇 가지 심각한 문제가 있다.

델은 직영 공장과 외주를 주는 공장 모두에서 안전한 노동조건을 유지하는 것이 자사의 정책이라고 말한다. 하지만 불행히도, 노동단체와 인권단체들이 조사해본 결과, 델 제품을 생산하는 공장들에서 지속적으로 노동인권 침해가 발생하고 있었다. 네덜란드의 비영리 연구자문 단체인 다국적기업연구센터Centre for Research on Multinational Corporations, SOMO는 중국, 멕시코, 필리핀, 태국에 있는 8개의 델 공급업체를 조사했는데, "위험하고 인권 침해적인 노동조건, 과다한 노동시간과 추가근무 강요, 불법적인 저임금, 수당을 지불하지 않는 초과근무, 파업권 불인정, 고용 차별, 계약직과 '훈련생' 고용, 계약 없이 노동자 고용, 노조 결성과 결사의 자유 부족" 등이 벌어지고 있다고 지적했다.[73]

아차! 그린피스의 〈녹색 전자제품 가이드〉는 노동조건에 대해서는 조사하지 않는다. 그리고 나 같은 물질광이 아니고서야 누가 이 모든 연구와 각종 자료들을 조사하고 앉았겠는가? 다행히 버클리 소재 캘리포니아 대학 환경노동정책 교수이자 내 동료인 다라 오루크Dara O'Rourke가 수천 가지 소비재에 대해 환경영향, 사회적 영향, 건강영향 등 광범위한 정보를 하나의 사이트에서 제공하는 온라인 도구 '굿가이드GoodGuide'를 개발하는 중이다. 굿가이드의 전자제품란은 지금 내가 이 글을 쓰는 시점에는 아직 열리지 않았다. 오루크의 팀도 내가 컴퓨터에 대해 조사할 때 부닥쳤던 기업의 장벽에 직면해 있다.[74]

델을 비롯한 전자제품회사들이 전적으로 변화를 거부하고 있다고 말하려는 것은 아니다. 일부 전자업체들은 수은·PVC·일부 유독한 난연제 등 환경적으로 민감한 몇 가지 물질을 제거하고, 공장 가동에 재생 가능한 에너지 사용을 늘리고, 포장을 줄이고 재활용 포장재를 더 많이 사용하면서 자신들의 생태 발자국을 줄이려고 노력하고 있다.[75] 이런 노력에 박수를 보낸다. 다만 내가 우려하는 바는, 그들이 충분히 멀리 나가지는 않는다는 점이다.

전자제품이란 원래 이런 방식으로밖에 못 만든다고 말한다면 어처구니가 없을 것이다. 전자제품을 만드는 디자이너와 제조업자들은 똑똑한 사람들이다. 이들이 속도, 크기, 용량 등의 면에서 얼마나 빨리 더 나은 제품을 선보이는지를 보면 어질어질할 정도다. 자주 인용되는 '무어의 법칙 Moore's law'은 반도체 집적 회로의 성능이 24개월마다 두 배가 된다고 예측한다. 노래 수천 곡을 종이성냥만 한 크기에 담는 방법을 알아낸 사람들이 가장 유해한 플라스틱인 PVC를 그들의 경이로운 하이테크에서 없애지 못하고, 포장 쓰레기를 10퍼센트 이상 줄이지 못한단 말인가? 제발 좀! 이 천재적인 사람들은 독성물질을 없애고 폐기물을 최소화하는 방법, 제품의 수명을 연장하고 내구성을 높이는 방법도 알아낼 수 있어야 한다.

전자업계를 예의주시하고 있는 환경 운동가들은, 하이테크 업체들이 무어의 법칙에서 말하는 기술적 성능과 비슷한 속도로 환경적 건전성도 향상시키는 것을 목표로 삼아야 한다고 주장한다. 10년도 더 전인 1999년 5월, '청정 생산을 위한 범대서양 네트워크Trans-Atlantic Network for Clean Production'는 업계가 기술적 혁신 외에 환경, 보건, 사회적 사안에서도 혁신을 이룰 것을 추구한다는 '수스테르베르흐 원칙Soesterberg Principles'을 선언했다. 이 원칙에서 천명된 '전자제품 지속 가능성 서약Electronics Sustainability Commitment'은 다음과 같다.

매번 기술적으로 향상된 새 전자제품을 선보일 때마다 환경, 보건, 안전, 사회정의 부분에서도 동일한 비율만큼의 향상이 포함되어야 한다.[76]

어떤 제품의 반도체 성능이 2년에 두 배가 된다면, 거기 들어가는 독성 화학물질도 2년에 반으로 줄이고, 수명은 2년에 두 배로 늘리는 것이 어떤가? 불행히도, 이 원칙이 만들어진 지 10년이 지났건만 환경이나 보건 향상보다는 기술적인 면에 훨씬 많은 노력이 집중되고 있으며, 진전도 기술적인 면이 훨씬 빠르게 이루어지고 있다. 그리고 전자업체들이 환경이나 보건상의 진전을 이루는 경우는 대부분 비정부기구들이 오랫동안 끈질기게 운동을 한 결과다. 실리콘밸리유해물질연합, 청정생산행동, 전자제품회수연합, 굿일렉트로닉스, 그린피스, 바젤행동네트워크 등 비정부기구들은 전자업계가 환경 및 보건상의 진전을 이루도록 계속해서 노력을 기울일 것이다. 하지만 전자업체들 모두가 지속 가능성과 사회적인 목적들을 기술적·경제적 목적들만큼 추구하게 된다면, 그런 향상을 이루기가 훨씬 쉬울 것이다.

그렇게 될 때까지 내가 할 수 있는 일은, 낡은 전자제품을 번쩍이는 최신 제품으로 바꾸고 싶은 충동을 누르는 것이다. 내 메모장과 2006년산 노트북도 여전히 쓸 만하다.

화를 돋우는 물건들

소비재 중에 어떤 것들은 그 자체가 독성이 너무 강하고 낭비적이며 에너지를 많이 잡아먹기 때문에, 생산 공정을 개선해서 될 일이 아니라 아예 만들지도 소비하지도 않는 것이 가장 낫다. 만약 내가 사람들의 건강과 지구의 후생에 막대한 플러스 효과를 줄 수 있도록 마술지팡이로 일상생활 속의 물건 중 두 가지를 없앨 수 있다면, 알루미늄캔과 PVC를 없애겠다.

당신이 환경에 미치는 피해를 줄이기 위해 곧바로 할 수 있는 쉬운 일을 찾고 있다면, 이 유독하고 완전히 불필요한 두 물질을 생활에서 제거하는 것에서 시작하시길.

플래티늄, 아니 알루미늄캔

며칠 전 샌프란시스코 시내를 걸어가는데, 두 명의 열정적인 판매원이 새로 나온 카페인음료 샘플을 열심히 나눠주고 있었다. "맛보세요! 공정무역 제품이에요! 유기농 재료로 만들었어요! 여러분에게도 지구에도 좋은 제품이에요!" 나는 공짜 샘플을 거절했다. 하지만 공정무역 유기농 음료를 지구상에서 가장 에너지 집약적이고, 이산화탄소를 많이 배출하며, 쓰레기를 많이 만드는 물건인 1회용 알루미늄캔에 담아 파는 것이 얼마나 어처구니없는 일인지를 굳이 말해서 그들의 뿌듯한 퍼레이드에 찬물을 끼얹지는 않기로 했다.

미국에서 매년 소비되는 알루미늄캔은 1,000억 개이고, 이는 1인당 340개다. 한 사람이 하루에 거의 한 개씩 쓰는 꼴이다. 평균적인 유럽인의 10배이고 평균적인 캐나다인, 호주인, 일본인의 2배다. 물론 사회적 계급에 따라 큰 격차가 있지만, 중국과 인도에서의 1인당 연간 소비량은 겨우 10개다.[77] 경제가 급격히 성장하면서 중국과 인도의 캔 소비량도 늘어날 것으로 보이긴 한다.

사람들은 가볍고, 깨지지 않고, 금방 차게 식힐 수 있고, 재활용이 많이 된다는 평판도 있기 때문에 알루미늄캔을 좋아한다. 하지만 진실이 널리 알려진다면 알루미늄캔을 이렇게 마구 쓰지는 않을 것이다.

알루미늄캔의 일생은 '보크사이트'라고 불리는 불그스레한 광물에서 시작된다. 보크사이트는 호주, 브라질, 자메이카, 그리고 몇몇 열대지역의 노천광에서 채굴된다.[78] 채굴 과정에서 토착 주민과 동물들이 오랜 세월 살아온 터전을 잃고, 지구온난화에 맞서 열심히 싸우는 전사들, 즉 나무들이 베어져나간다.

채굴한 보크사이트는 다른 곳으로 운송해 세척하고, 분쇄하고, 가성소다와 섞고, 가열하고, 결정을 가라앉혀서 거른다. 그러면 산화알루미늄 결정이 남는데, 이는 원석 무게의 절반 정도 된다. 그것 말고 또 남겨지는 것이 있다. 바로 '붉은 진흙'이라고 불리는 폐기물로, 알칼리도가 높은 가성소다와 보크사이트에서 나온 철이 섞여 있다. 붉은 진흙은 수영장같이 생긴 개방된 저장소에 그냥 쌓아놓는 경우가 흔하다.[79] 큰 폭풍우가 닥치면 흘러넘쳐서 인근 지역에 치명적인 환경 문제를 일으킬 수 있다. 어쩌다 그 안에 있는 철을 사용할 수 있을지도 모르지만, 붉은 진흙에서 철을 뽑아내는 경제성 있는 방법을 알아낸 사람은 아직 없다.

산화알루미늄 결정은 제련소로 이동하는데, 이곳은 알루미늄 생산 과정에서 가장 더러운 일들이 벌어지는 곳이다. 과학자들이 알루미늄을 '에너지의 응결체'라고 부르는 데는 이유가 있다. 알루미늄캔 하나를 만드는 데 필요한 에너지를 생산하려면 캔이 담을 수 있는 용량의 4분의 1만큼 휘발유가 필요하다.[80] 알루미늄 제련에는 지구상의 다른 어떤 금속 가공 공정보다도 에너지가 많이 든다.[81]

제련소에서는 산화알루미늄 결정을 빙정석(플루오르화나트륨 알루미늄)이라는 용매로 녹인 뒤 매우 강한 전기충격(10만~15만 amps)을 가해 산소와 알루미늄을 분리한다. 이때 빙정석에서 플루오르도 분리되는데, 이것은 과플루오르화탄소 PFCs의 형태로 제련소를 빠져나온다. 과플루오르화탄소는 가장 큰 피해를 야기할 수 있는 온실가스로, 이산화탄소보다 수천 배나 많은 열을 가둔다.

자, 이제 남은 것은 순수한 알루미늄이다. 이것을 주물에 부은 후 식혀서 막대 모양으로 만든다. 그 다음에 이 막대들을 어디론가 실어가서 아주 얇은 판이 되도록 밀고, 또 다른 공장으로 옮겨 캔 모양을 만든다. 이것을 세척하고, 말리고, 밑칠을 하고, 겉에 브랜드명과 제품 설명을 페인트로 찍고, 광택제를 뿌리고, 내부에 부식 방지용 물질을 뿌리고, 마지막으로 음료를 넣는다.[82]

이 온갖 과정을 다 거치고 나서는, 단 몇 분 만에 캔에 들어 있는 음료를 마시고 단 몇 초 만에 빈 캔을 버린다. 푸에르토리코의 운동가 후안 로사리오 Juan Rosario는, 푸에르토리코가 탄산음료 소비율은 높고 캔 재활용률은 낮은 것을 애석해하며 이렇게 말했다. "우리나라 사람들을 이해할 수가 없어요. 이 제품을 수입해서는 쓰레기를 마시고 귀한 자원을 버린다니까요."[83]

전세계적으로 알루미늄 제련소의 3분의 1이 석탄을 때서 전력을 얻는다. 이산화탄소 배출도 문제지만 일산화탄소, 이산화황, 이산화질소로도 공기를 오염시킨다.[84] 일산화탄소는 밀폐된 공간에서 자동차에 시동을 건 채로 있으면 당신을 죽일 수도 있는 바로 그 기체다.

미국을 비롯한 선진국에서는 대부분의 제련소가 문을 닫았고, 남아 있는 곳들도 곧 폐쇄될 것으로 보인다. 알루미늄 생산에 들어가는 총비용의 20~30퍼센트를 전기료가 차지하는 반면, 광산에서 제련소로 원료를 옮기는 운송비는 1퍼센트도 안 된다.[85] 따라서 세계 각지의 원자재를 전력이 가장 싼 곳으로 옮겨서 제련하는 일이 흔하다. 호주의 거대 채굴기업인 리오 틴토 Rio Tinto는 아부다비에 새 제련소를 지을 계획이다.[86] 왜 아부다비냐고? 호주는 교토의정서의 후속인 '국제 탄소 배출 정책'에 참여할 예정이므로 석탄을 때는 구식 공장을 운영하려면 비용이 너무 많이 들 텐데, 아부다비에서는 탄소를 자유롭게 배출할 수 있을 것으로 여겨지기 때문이다.

에너지가 점점 비싸지고 있는 부유한 나라에서는 제련소가 폐쇄되고, 대신 모잠비크, 칠레, 아이슬란드, 브라질의 아마존 연안 같은 먼 곳에 새 공장과 그 공장을 돌릴 새 발전소(보통은 댐)가 지어지는 추세다.[87] 댐이나 도로 등 공장 운영에 필요한 인프라 건설은, 그리고 공장이 지어지고 난 후 운영에 들어가는 물과 공장에서 나오는 폐기물은 그 지역의 사람과 동물, 식물과 기후를 위협한다. 예를 들어, 아이슬란드의 한 공장 입지 예정지는 100개도 넘는 진귀한 폭포가 있고 멸종 우려가 있는 여러 야생동물이 사는 지역인데, 여기에 댐을 건설하면 침수될지도 모른다.[88]

전세계에서 강 보호 운동을 펼치는 인터내셔널리버스International Rivers의 아마존 프로그램 소장 글렌 스위트케스Glenn Switkes는, 브라질 정부가 아마존의 주요 강에 댐 공사를 하려는 주요 원인이 알루미늄회사 때문이라고 설명했다. "알루미늄회사들은 열대지방으로 공장을 옮기려 한다. 개발도상국 정부들이 알루미늄회사들에게 수력발전에서 생산되는 전력 사용에 대한 보조금을 제공하기 때문이다. 이런 댐들은 생물종 다양성에 돌이킬 수 없는 해를 끼치고 강변에 사는 수많은 생물과 토착민을 오랜 터전에서 쫓아낸다."[89]

알루미늄은 재활용이 되지 않느냐고 항변하고 싶은가? 사실을 말하자면, 지난 수십 년간 재활용에 쏠린 많은 관심 때문에 미국인들은 재활용되는 알루미늄의 양을 과장해서 생각하게 되었다. 여기에는 알루미늄업계의 영리한 숫자놀음도 한몫했다.*

캔이 100퍼센트 재활용 가능한 것은 사실이지만, 미국에서 알루미늄 재활용률은 수십 년간 내리막이었다. 미국인은 현재 캔의 약 45퍼센트를 재활용하는데, 2000년의 54.5퍼센트보다도 낮고 가장 높았던 1992년의 65퍼센트보다는 훨씬 낮다.[90] 부분적인 이유는, 미국인들이 등하교나 출퇴근에 들이는 시간이 많아져서 음료를 오가며 마시는 경우가 늘었기 때문이다. 쇼핑몰이나 영화관, 공항 등 집에서 먼 곳에서는 재활용통을 찾기가 더 어려운 것이다. 그리고 병이나 캔 하나당 2.5~10센트의 보증금을 내는 제도가 시행되는 주가 10개뿐인 것도 재활용률이 낮은 한 가지 이유다.[91]

반면, 브라질은 놀랍게도 87퍼센트라는 음료용기 회수율을 보이고 있는데, 빈 병이나 캔을 팔아 살아가는 사람이 많기 때문이다.[92] 실업률이 증가하고 있는 추세를 볼 때, 미국도 브라질의 예를 따라갈지 모른다.

용기재활용연구소Container Recycling Institute는 새로 채굴된 알루미늄에 보조를 해주는 것도 재활용을 가로막는 요인이라고 지적한다. "장기간의 특가 할인 에너지 계약, 시장가격보다 낮은 물 사용 비용, 채굴을 위해 정부의 땅을 쉽게 취득할 수 있는 여건, 그리고 다양한 조세 감면과 인프라 보조 등의 혜택으로, 알루미늄업계는 아마도 다른 1차산업보다 세계경제의 변동에 덜 취약할 것이다. 이 때문에 세계의 알루미늄 산업은 수요를 앞질러 가동 용량을 확장한다. 시장에서 생산이 수요를 초과하는 한, 그리고 새 원석에서 알루미늄을 만드는 비용이 낮게 유지되는 한, 알루미늄 폐품 가격은 계속해서 하향 압력을 받을 것이다."[93]

---

* '재활용' 원료로 만들어지는 알루미늄 양 추산치는 들쭉날쭉하다. 미국지질조사소US Geological Survey는 소비자가 사용한 후의 '낡은' 재활용품과 소비자가 사용하기 전의 '새' 재활용품, 즉 생산 과정에서 나오는 자투리 알루미늄으로 공장을 떠난 적이 없는 재활용품을 구분한다. 하지만 알루미늄업협회Aluminum Association는 이것들을 모두 합해서 계산하는데, 그러면 알루미늄 재활용량, 혹은 회수량이 더 많아 보인다. 협회 방식대로라면 알루미늄의 약 3분의 1이 재활용 원료를 활용해 만들어진 것으로 계산되는데, 소비자가 사용한 후에 재활용된 원료로만 따지면 이 수치는 채 5분의 1도 되지 않는다. 출처 : Jennifer Gitliz, *The Role of Consumer in Reducing Primary Aluminum Demand*, a report by the Container Recycling Institute for the International Strategic Roundtable on the Aluminum Industry, São Luís, Brazil, October 16-18, 2003, p. 9.

통계자료가 존재하는 1972년 이래로, 1조 개 이상의 알루미늄캔이 매립지에 버려진 것으로 추정된다. 오늘날의 고철 가격으로 210억 달러어치다.[94] 2004년 한 해에만도 미국에서 80만 톤 이상의 캔이 매립지에 버려졌다. 미국을 제외한 세계의 나머지 지역에서는 30만 톤이었다.[95] 월드워치 Worldwatch가 보고서에서 지적한 대로, 이는 "제련소 다섯 곳이 연간 생산량 전체(100만 톤)를 구덩이에 파묻은 꼴"이며, "이 캔들이 재활용되었다면 아낄 수 있었을 160억 킬로와트시의 전력은 유럽의 약 200만 가정에 1년간 전력을 공급할 수 있는 양"이다.[96]

알루미늄 음료수 캔이 얼마나 불합리한지를 아주 잘 보여주는 이야기를 본 적이 있다. 2007년 부다페스트에서 쓰레기 문제와 관련해 일하고 있을 때였다. 부다페스트의 쓰레기 문제 관련 환경단체 후무즈 HuMuSz는 헝가리의 영화관에서 영화 상영 전에 내보내는 짧고 재미있는 영상물 시리즈를 만들었다. 그중 내가 가장 좋아하는 영상물은 완전히 엉망이 된 미래의 지구가 배경인데(영화 〈월-E〉에서처럼), 외계인들이 이곳에 연구조사를 하러 온다. 외계인들은 단 한 명 남은 인간을 찾아내, 너무나 귀한 알루미늄 조각들이 지구 이곳저곳에 널리 흩어져 있는 이유를 알아내려 한다. 외계인은들 이 알루미늄들이 아마 통신이나 군사, 혹은 의료 목적으로 쓰였을 거라고 확신한다. 그래서 한 명 남은 인간이 이 알루미늄들은 설탕이 많이 들어간 탄산음료의 1회용 용기로 쓰였다고 말하자, 외계인들은 거짓말이라며 그를 비난한다. "이렇게 가치 있고 에너지 집약적인 금속을 단순히 음료수나 담는 데 쓰는 어리석고 불합리한 존재는 없다!" 나도 외계인의 말에 동의한다.

이번만은 해결책이 믿을 수 없게 뻔하다. 알루미늄에 음료수를 담는 불합리하고 사소한 일을 그만두면, 이미 유통되고 있는 수톤의 알루미늄을

더 합리적인 곳에 쓸 수 있다. 이를테면 교통수단에 강철 대신 알루미늄을 사용해 무게를 줄일 수 있다. 특히 이산화탄소를 뿜어내는 화석연료를 태우는 교통수단은 무게를 줄이면 큰 도움이 된다. 또 우리는 캔을 버리지 않아도 되도록 리필 가능한 병에 음료를 담아 마실 수도 있다. 그러려면 집을 나서기 전에 미리 준비를 해야 하는 번거로움이 있겠지만, 공기와 물의 오염을 줄이고 에너지 사용을 줄이고 이산화탄소와 폐기물의 생산을 줄일 수 있는 일이다.

PVC 혹은 악성 독성 화합물 pernicious vile compound

플라스틱이 문제 있는 물질이라는 인식은 요즘 꽤 널리 퍼져 있다. 플라스틱 생산에 들어가는 석유 문제부터, 플라스틱은 거의 분해되지 않고 대양을 떠돌아다닌다는 이야기까지 말이다. 하지만 모든 플라스틱이 동등하게 창조된 것은 아니다. 어떤 것은 다른 것보다 더 문제가 많다. 흔히 '비닐'이라고 부르는 PVC(폴리염화비닐) 플라스틱은 공장에서의 생산 단계, 집과 학교와 병원과 사무실 등에서의 사용 단계, 그리고 매립지나 소각로(이게 최악이다)에 버려지는 폐기 단계 모두에서 가장 해로운 플라스틱이다. PVC는 값이 싸고 용도가 다양해서, 환경과 건강에 온갖 해로운 영향을 미치는데도 계속 사용되고 있다.

PVC는 다양한 재질과 형태를 하고 모든 장소에 나타난다. 가짜 가죽 신발과 지갑, 방수 비옷과 장화, 광택 나는 턱받이와 앞치마와 식탁보와 샤워커튼, 정원용 가구와 호스, 음식용기와 포장재, 플라스틱으로 코팅된 식기건조대, 벽널과 창문과 파이프 등 모든 곳에 말이다. 뿐만 아니라 튜빙 같은 의료장비에도 쓰이고 바인더 같은 사무용품에도 쓰이며 아이들의 옷과 장난감에도 쓰인다.

많은 물건에 들어 있는 유독한 물질 염소를 여기서도 다시 보게 된다. 염소 기체는 복잡다단한 PVC 생산 과정 중에서 이염화에틸렌$_{EDC}$을 만드는 데 사용된다. EDC는 염화비닐단량체$_{VCM}$로 바뀌고, 이것이 다시 PVC로 바뀐다.[97] 모두 끔찍한 독성물질이다. 염화비닐공장 노동자들에게 간암, 뇌종양, 폐암, 림프종, 백혈병, 간경화 등의 발병률이 높다는 연구 결과가 많이 나와 있다.[98]

또 PVC 생산 공정은 다이옥신을 포함해 많은 오염물질을 환경에 방출한다. 앞서 언급했듯이, 다이옥신은 사라지지 않고 환경에 잔류하는 물질이다. 상당한 거리를 이동하며 먹이사슬에 들어가 암을 유발하고 면역과 생식 시스템에 해를 끼친다.

PVC는 순수한 형태에서는 사실상 쓸모가 많지 않은, 부서지기 쉬운 플라스틱이다. 그래서 추가적인 화학물질과 첨가제를 섞어서 유연하게 만들어야 용도를 확장할 수 있다. 여기에는 신경독인 납·수은 등의 중금속과 프탈레이트 같은 인공 화합물 등이 포함된다.[99] 프탈레이트는 생식계 장애를 일으킨다고 알려져 있으며, 암 유발물질일 가능성도 제기되고 있다. 대부분의 첨가물이 분자 수준에서는 PVC에 고착되지 않으므로, PVC에서 서서히 새어나온다. 이를 '기체 방출$_{off\text{-}gassing}$' 현상이라고 한다. 어떤 때는 빠르게, 어떨 때는 느리게 이런 첨가물들이 PVC에서 떨어져나와 장난감에서 아이들에게, 용기에서 음식으로, 샤워커튼에서 우리가 숨쉬는 공기로 옮겨온다.

2008년, 보건환경정의센터$_{\text{Center for Health, Environment and Justice, CHEJ}}$는 새 PVC 샤워커튼에서 기체 방출 현상으로 유독 화학물질이 새어나오는지를 조사했다. 그 결과, 조사한 샤워커튼에서 28일 동안 108종의 휘발성 화합물이 나온 것으로 확인됐다. 이 독성물질들의 수치는 녹색건물위원회$_{\text{U. S.}}$

Green Building Council가 권고하는 '실내공기 품질 기준'의 허용치를 16배나 초과한 수준이었다.[100]

하지만 우리는 주위의 PVC 물건들을 내버리기 전에, PVC의 마지막 단계인 폐기에서 벌어지는 끔찍한 일을 생각해봐야 한다. 미국인들은 매년 약 32억 킬로그램의 PVC를 내다버린다. 이중 약 9억~18억 킬로그램은 매립장으로 간다.[101] PVC가 매립장으로 가면 땅으로, 물로, 공기로 독성물질이 스며든다.

PVC를 매립하는 것은 나쁘다. 하지만 태우는 것은 더 나쁘다. PVC를 태우면 초강력 독성물질인 다이옥신이 생성된다.[102] 그런데도 PVC를 태우는 행위의 상당부분이 어쩌다 일어나는 사고가 아니다. PVC는 일반적으로 네 군데 중 한 곳에서 소각된다. 뒤뜰이나 개방형 아궁이, 의료 폐기물 소각로, 도시 생활 쓰레기 소각로, 그리고 구리 제련소다. 폐전선은 PVC로 코팅되어 있는 경우가 많기 때문에, 구리를 재활용하려면 불가피하게 PVC를 태워야 한다.[103] 또 PVC가 건설자재로 사용되는 일이 점점 많아지면서, 요즘에는 건물의 화재도 다이옥신 등의 독성물질이 방출되는 주요 원인이 되고 있다. PVC 건설자재에 열이 가해지면 독성이 있는 염화수소 기체나 염산이 나오는데, 소방관이나 안에 갇힌 사람들이 들이마시면 치명적이다.[104]

재활용을 하면 어떨까? PVC 재활용은 너무나 많은 물건을 쓰고 버리는 데 대해 불편한 마음을 달래려는, 한마디로 '눈 가리고 아웅하기'에 불과하다. PVC로 말하자면, 재활용은 전혀 답이 아니다. 재활용은 오히려 문제를 더 키운다. 독성 있는 물질을 재활용하면 피해가 영구화되고 또 다른 노동자와 미래의 소비자들을 해로운 것에 노출시키게 되기 때문이다. 유일한 해답은 PVC를 새로 만들지 말고, 이미 존재하는 PVC는 유통되지 않게 하는 것이다.

그러면 지금 갖고 있는 PVC는 어떻게 할 것인가? 우선, 여러분과 가족 주위에 PVC가 있다고 해서 너무 자책하지 마시라. 내가 그렇게 눈에 불을 켜고 막으려 했지만, PVC는 우리집에도 스며들어 있다. 어떤 때는 딸아이가 생일파티에서 가져오는 가방 속 작은 장난감의 형태로 들어온다. 어떤 때는 내가 들여오기도 한다. 내가 방금 구입한 전선 연장 코드가 그런 경우인데, 포장을 열고 불쾌한 냄새가 차고에 가득 퍼지기 전에는 그게 PVC인 줄 몰랐다. 한번은 딸아이의 비옷을 주문했는데, 이번에도 온라인의 상품 설명에는 PVC라고 씌어 있지 않았지만 냄새가 분명 PVC였다.

자, 그럼 어떻게 할 것인가? 이런 일이 생기면 나는 해당 제품을 다시 포장해 제조업체에 되돌려보내면서, 이 물건을 내가 왜 받을 수 없는지와 PVC의 문제점이 무엇인지에 대해 설명하고 환불을 요구하는 편지를 함께 보낸다. 책 뒤의 〈부록3〉에 내가 보낸 편지의 예가 있다. 원한다면 사용하셔도 좋다. 제조업체를 알 수 없는 경우에는, 그 불쾌한 물건을 차고의 상자에 넣어두었다가 상자가 가득 차면 워싱턴에 있는 업계 협회 비닐 인스티튜트Vinyl Institute로 보낸다. 이들은 PVC 생산자를 옹호하면서 돈을 많이 벌고 있으니, 이 물건들을 어떻게 다뤄야 하는지도 알고 있을 것이다. 당신의 물건을 보낼 때 동네 사람들 것까지 함께 보내는 것도 좋은 방법이다. 많은 사람이 참여하게 되면 지역 TV나 라디오나 신문의 기자들에게도 알리기 바란다. PVC는 절대 용납할 수 없는 물건이라는 인식은 널리 알릴수록 좋다.

PVC로 만들어진 물건을 더 이상 구매하지 않으려면 어떻게 해야 하는가? PVC가 들어 있는지 아닌지는 그리 어렵지 않게 알 수 있다. 가장 알기 쉬운 두 가지 표시는 라벨과 냄새다. 플라스틱 용기를 뒤집어 보아, 작은 화살표가 꼬리를 물고 있는 모양의 재활용 로고 안에 '3'이라고 씌어 있으면, 사지 말고 매장 선반에 도로 올려놓으시길. 그리고 그 용기에 씌어 있는 고객서비스센터로 바로 전화를 하거나, 집에 돌아온 후 이메일이나 편지를 써서, 지구상에서 가장 유독한 플라스틱으로 포장되는 한 그들의 물건을 사지 않겠다는 의사를 전달하라. 어떤 PVC 용기들은 숫자로 표기하지 않고 '비닐'이나 'PVC'라고 씌어 있다. 그냥 작은 V자 표시만 있는 것도 있다. 잘 살펴보시길. PVC를 집에 들여놓지 않기 위해 시간을 몇 분 더 쓰는 것은 충분히 그럴 만한 가치가 있는 일이다.

PVC를 알아내는, 종종 꽤 먼 곳에서도 알 수 있는 또 다른 방법은 냄새다. 새 샤워커튼이나 자동차, 혹은 신발 매장에서 어떤 냄새가 나는지 잘 아실 것이다. 그게 PVC다. 더 정확하게는, 거기서 기체 방출로 새나오고 있는 화학첨가물이다.

내 딸아이는 얼마 전 할로윈 무렵 어느 생일파티에 갔다. 그 파티장에서 아이들에게 플라스틱으로 된 흡혈귀 이빨을 선물로 나눠줬는데, 딸아이는 그것을 입에 한번 끼워보더니, "이거 입에 넣지 마!"라고 소리지르며 다른 아이들 것을 빼앗기 시작했다. 그러니까 어린아이도 PVC를 막을 수 있다는 말이다. 아이들이 이런 역할을 하는 게 슬프다고 생각하신다면, 맞는 말이다. 역겹다. PVC의 냄새도 역겹고, 다른 안전한 대안이 있는데도 이런 맹독성 물질을 사용하는 의사결정자들도 역겹다.

PVC로 된 파이프들을 집에서 모조리 없애기는 힘들지만 포장재, 병, 용기, 그리고 플라스틱 가방이나 어린이 물놀이 풀장 등 PVC가 주로 사용되는 싸구려 물건들은 비교적 쉽게 없앨 수 있다. 이런 PVC 잡동사니에 대해서는 안전하고 비용 면

에서도 효율적인 대안이 존재한다! 내 욕실에는 빨아서 쓸 수 있는 면 샤워커튼이 있다. 내 부엌에서는 재사용할 수 있는 튼튼한 용기를 쓴다. 또 나는 내 가족이 먹을 음식이 그 역한 플라스틱랩에 닿지 않게 한다.

안타깝게도, 다른 PVC 물건들은 없애기로 결정을 내리기가 쉽지 않다. 예를 들어, 우리집의 낡은 창문 세 개를 에너지 절약형으로 바꾸고 싶어서 알아봤더니, PVC 창틀이 나무 창틀의 절반 가격이었다. 하지만 PVC의 라이프사이클을 아는 나는, PVC 창문을 만드는 데 들어가는 진정한 비용이 어마어마한 건강과 안전상의 피해라는 것을 알고 있다. 반면, 나무 창틀은 지속 가능한 숲에서 거둔 나무나 재활용 나무를 사용하고 중금속이나 다른 독성물질이 없는 페인트로 칠한 것이 있다. PVC 창틀은 누군가 다른 사람(노동자, 공동체, 환경)이 비용을 지불하고 있기 때문에 나에게 싸게 느껴지는 것이다. 결국 나는 그리 근사해 보이지는 않지만 덜 비싼 절연 커튼을 사용하면서 낡은 창틀로 조금 더 버티기로 했다.

PVC의 위험을 인식하고 이를 구매하지 않으려는 사람이 많아지자, 일부 기업은 제품 관련 정책을 바꾸기 시작했다. 조직된 소비자 시민들은 배스앤드보디워크, 혼다, 이케아, 존슨앤드존슨, 마이크로소프트, 나이키, 도요타, 빅토리아 시크릿, 그리고 심지어 월마트에까지 각기 수준은 다르지만 PVC를 없애라고 압력을 넣고 있다. 이들이 승리의 목록에 새로운 매장을 올릴 때마다 나는 매우 기쁘다. 하지만 매장 하나씩하나씩 PVC를 사용하지 않도록 하는 것으로는 문제를 해결할 수 없다고 생각한다. 우리는 시간이 없다. PVC를 근원적으로 없애려면 기업계 내부의 노력, 강력한 시민단체, 정부의 조치 모두가 필요하다.

스웨덴, 스페인, 독일은 일부 지역 혹은 일부 용도에서 PVC의 사용을 금지하고 있다. 스페인에서는 60개 이상의 도시가 '무PVC'를 선언했다. 그리고 독일의 274개 마을도 PVC 사용을 금지하는 규제를 도입했다.[105] 또한 많은 국가가 내분비교란을 일으키는, PVC 장난감 속의 프탈레이트에 대해 규제조치를 취하고 있다. 유럽연합, 일본, 멕시코 등을 포함한 여러 지역에서 장난감에 프탈레이트 사용을 부분적으로 규제하거나 금지한다.[106] 그러나 미국은 전국적인 금지는 고려도 하지 않고 딸랑이, 입에 물고 노는 장난감, 고무젖꼭지, 젖병 꼭지 등에서 두 종류의 프탈레이트를 제거한다는 제조업체들의 '자발적인' 협약에만 의지하고 있다.[107]

이런 접근의 문제점이 무엇인지 아시겠는가? 부모라면 누구나 알고 있듯이, 아이들은 '장난감'만 장난감으로 여기지 않는다. 그리고 어린이들만 위험한 것이 아니다. 어린이들에게만 규제의 초점을 맞추면 다른 많은 사람은 여전히 프탈레이트와 그밖의 독성물질에 노출된 채 살게 된다. 유일한 해결책은 PVC를 100퍼센트 없애는 것이다. 가능한 빨리 말이다.

생산과 관련된 핵심 질문들

겨우 다섯 가지 물건만 조사했는데도, 생산 과정에 대해 감이 잡히기 시작했다. 간단해 보이는 물건에도 정신을 쏙 빼놓을 만큼 많은 재료·기계·부산물이 있으며, 그 생산 과정은 환경과 인간의 건강에 해를 끼친다. 그러니 집이나 자동차를 만들 때는 어떻겠는가?

그래서 나는 무언가를 사기 전에 스스로에게 질문해보는 습관을 들였다. 이 물건에 필요한 자원을 추출하고 물건을 생산하는 데 들어간 모든 노력, 그리고 물건값을 버느라 내가 일해야 하는 시간, 이것들을 다 들일

만큼 그 물건이 가치가 있는가? 사지 않고 친구에게 빌릴 수는 없는가? 지난 추수감사절 저녁 준비를 할 때 나는 데버러에게 빵 굽는 팬을 빌렸다. 가구를 나를 때는 안드레아에게 픽업트럭을 빌렸고, 사다리는 닉에게 빌렸다. 그리고 나는 제인이 지난 1월 동부로 돌아갈 때 무지 따뜻한 오리털코트를 빌려줬다. 빌려주고 빌리는 것에는 환경적인 이점뿐 아니라 사회적인 이점도 있다. 일단 재미있고, 공동체도 탄탄해진다.

물론 나도 새것이 필요하거나 사고 싶을 때가 있다. 그런 경우에는 생산과정상의 몇 가지 핵심적인 문제를 따져본다. 그것을 만드는 데 독성 있는 재료가 사용되었는가? 그 공장 노동자들의 삶은 어떠했을까? 생산 과정의 어느 한 부분이라도 선진국 기준에서는 대번에 거부될 만큼 꺼려지는 부분이 있는가?

이런 질문을 통해 나는 다음과 같은 몇 가지를 알아냈다.

위험한 물질들

오늘날 산업 생산 시설은 엄청난 양의 독성 화학물질을 사용한다. 어떤 것은 다른 화합물을 희석시키는 용매로 쓰이거나 기계를 세척하고 건조하는 데 쓰이는 등 생산 공정에 들어간다. 어떤 것은 납이나 프탈레이트처럼 특정한 질감이나 색상을 내기 위해 제품에 직접 투입된다.

화학자, 산업 디자이너, 활동가들은 온갖 복잡한 시스템으로 물질들을 분류한다. 하지만 나는 개인에게 정말 중요한 분류 기준은 '물건에 위험한 물질이 하나라도 쓰였는지 아닌지'라고 생각한다. 엄밀히 말하면 과학적인 방식은 아니지만, 나는 모든 유독물질을 하나의 범주로 분류하고자 한다. 즉, 지구에서 자연적으로 나오는 납·카드뮴·비소·크롬·수은 등의 중금속과, 다이옥신이나 DDT 같은 유기염소·방수용으로 쓰이는 과플루오로옥탄산PFOA·난연제로 쓰이는 폴리브롬화디페닐에테르PBDE 등 인공으로 만든 유기화합물을 모두 '유독물질' 범주에 넣으려고 한다.

많이 쓰이는 용어 가운데 하나로 POPs, 즉 잔류성 유기 오염물질persistent organic pollutants이라는 것이 있다. 무슨 뜻인지 하나하나 살펴보자. 우선 '잔류성'은 분해되지 않는다는 뜻이다. 생명체의 조직 안에 계속 머물며, 흔히 '생체축적bioaccumulating'된다. 지방세포에 쌓여 있다가 먹이사슬을 따라 상위 동물로 점점 누적되는 것이다. '유기'는 탄소를 포함했다는 뜻이다. 탄소를 포함한 물질은 역시 탄소를 포함하고 있는 살아 있는 세포와 여러 가지 해로운 방식으로 상호 작용할 수 있다. '오염물질'은 유독하다는 의미다. 내분비계, 생식계, 면역체계를 교란하고 신경장애도 일으킨다.*

먼저, 자연적으로 생기는 중금속을 살펴보자. 모두 자연적으로 생기긴 하지만, 오늘날 이것들이 추출되고 소비재에 들어가서 전세계에 유통되는 규모는 자연스럽지 않고 파괴적이다. 한 예로, 산업의 납 방출은 자연적으로 발생하는 납 방출보다 27배나 많다.[108] 자연이 이런 중금속들을 생물계에 순환시키지 않고 지하 깊숙이 숨겨두고 있는 데는 다 이유가 있다.

* POPs는 너무나 유해하기 때문에 이에 대한 유엔협약이 제정돼 일부를 불법화하고 일부는 취급을 강하게 제한하고 있다. 먼저 스톡홀름협약은 12가지의 최우선순위 POPs를 지정했다(2001년 5월 채택, 2004년 5월 발효). 8가지의 농약(알드린, 클로르데인, DDT, 디엘드린, 엔드린, 헵타클로르, 미렉스, 톡사펜), 2가지의 산업 화학물질(헥사클로로벤젠, 폴리염화비페닐), 그리고 2가지의 산업 부산물(다이옥신, 퓨란) 등이다. 2009년 5월에는 다음과 같은 화학물질이 추가되었다. 클로르데콘Chlordecone, 알파 헥사클로로시클로헥산α-HCH, 베타 헥사클로로시클로헥산β-HCH, 헥사브로모비페닐HBB, 헥사브로모디페닐에테르Hexa-BDE 및 헵타브로모디페닐에테르Hepta-BDE, 펜타클로로벤젠PeCB, 과플루오로옥탄술폰산PFOS, 테트라브로모디페닐에테르Tetra-BDE 및 펜타브로모디페닐에테르Penta-BDE, 린덴Lindane. 출처 : 잔류성 유기 오염물질에 대한 스톡홀름협약. http//chm.pops.int

중금속은 어떤 생명에게건 맹독성이 있기 때문이다.

여러 과학연구 결과들에 따르면, 중금속에는 낮은 수준으로 노출되더라도 광범위한 신경장애, 발달장애, 생식장애를 일으킬 수 있다. 많은 중금속이 생체잔류biopersistent한다. 즉, 일단 유기체에 들어오면 매우 오랫동안 (수십 년) 머물다가 빠져나간다. 또 많은 중금속이 생체축적된다.

예를 들어, 납은 뇌와 신경계를 손상시키는 신경독이며 학습장애, 생식기장애와 관련이 있는 것으로 알려져 있다. 과학환경보건네트워크의 테드 셰틀러Ted Schettler는 이렇게 설명했다. "납은 노출되는 정도가 어떠하건 간에 신경발달 장애를 초래하는 것으로 나타났다. 일단 미량에라도 노출되면 피해가 생기며, 심하게 노출되면 문제가 더 심각하다. 우리 중 누구라도 납에 노출되면 피해를 입는다. 낮은 수준이라도 노출되면 (심각하지는 않더라도) 피해가 있다."[109]

이런 사실에도 불구하고 납은 자동차 배터리, PVC 플라스틱, 립스틱, 장난감 등에 여전히 많이 쓰인다. 워싱턴유해물질연합Washington Toxic Coalition은 2007년에 수행한 한 연구에서 어린이용 장난감 1,200개를 테스트했는데, 그중 35퍼센트에서 납이 검출됐다. 또 테스트한 제품의 17퍼센트는 납 수치가 연방정부에서 납 페인트에 대해 리콜을 요구하는 수준인 600ppm 이상이었다.[110] 어린이들의 장남감에 뇌를 손상시키는 독성물질이 있다니, 끔찍한 공포영화가 따로 없다. 영화가 아니라 현실이라는 점만 빼면 말이다.

수은도 우리를 둘러싸고 있는 악명 높은 독성물질 중 하나다. 깨진 유리 체온계에서 새나오는, 너무나 만져보고 싶은 은색 액체를 엄마가 만지지 말라고 한 데는 다 이유가 있었다. 수은은 인지장애를 일으킨다. 많이 노출되면 폐와 눈에 쌓여서 경련, 정신착란, 정신장애를 일으킬 수 있다. 암,

세포사, 당뇨와도 관련이 있다.¹¹¹ 어린이나 아기들이 특히 위험한데, 신경 시스템이 아직 다 발달하지 않았기 때문이다. 자궁에서 수은에 노출된 아기는 신경장애나 물리적인 장애, 뇌성마비를 안고 태어날 위험이 있다. 미국 정부는 미국에서 태어나는 아기의 15퍼센트 이상이 태내에서 노출된 수은 때문에 뇌 손상과 학습장애의 위험 소지가 있다고 추정한다.¹¹² 2005년의 한 연구에 따르면, 매년 316,000~637,000명의 어린이가 수은 노출 때문에 IQ가 낮아지는 것으로 추정된다.¹¹³

요즘에는 생선을 통한 수은 오염이 많이 이야기되고 있다. 내 딸의 유치원에서도 어린이들이 당연하다는 듯, 이번 주에 이미 참치샌드위치를 한 개 먹었으니 더 안 먹겠다고 말한다. 생선 안에 든 수은이 그렇게 큰 문제인 이유는 공장에서, 그 공장에 전력을 제공하는 석탄 때는 발전소에서, 그리고 그 공장에서 만든 물건들을 태우는 소각장에서 수은이 방출되면 호수·강·바다 등의 바닥에 가라앉는데, 그러면 혐기성 세균이 그것을 메틸수은으로 변화시키기 때문이다.¹¹⁴ 메틸수은은 원래의 수은보다도 훨씬 강한 독성을 가지고 있다. 그리고 생체축적된다. 즉, 더 큰 물고기에게 먹히고, 다시 더 큰 물고기에게 먹히고…… 인간에게까지 오는 먹이사슬의 과정에서 농축도가 점점 높아진다.

신진대사를 통해 수은이 몸 밖으로 배출되는 것은 사실이지만, 수은은 도처에 있기 때문에 우리는 금방 다시 수은에 노출되고 날마다 더 많은 양을 몸으로 들여온다. 또 수은이 배출되는 속도는 개인차가 크다. 어떤 사람은 30~70일 걸리지만 190일 가까이 걸리는 사람도 있다!¹¹⁵ 수은에서 정화되는 데 걸리는 기간의 차이는 유전이다. 따라서 환경유전학이 더 발전하기 전에는, 당신의 몸 안에 있는 수은 시각표가 어떻게 되는지 알 수가 없다. 환경유전학은 유전자와 환경, 즉 식생활이나 독성물질 노출 상황 등의 상호 작용을 연구하는 학문인데, 이제 막 떠오르기 시작한 분야다.

그러는 동안 정부의 경고와 수은중독 물고기에 대한 통계자료는 너무나 일상화되어서 우리의 주목을 거의 끌지 못한다. 여기서 하나만 물어보자. 왜 이런 경고는 산업이 수은을 환경에 덜 방출하게 만드는 쪽으로가 아니라 사람들이 물고기를 먹지 않게 하는 쪽으로 영향을 미쳐왔는가? 2009년 2월, 드디어 거의 전세계를 망라한 합의가 이루어졌다. 140개 이상의 국가가 유엔환경계획UNEP에 모여서 만장일치로 수은에 대한 국제적인 조약을 만들기로 합의한 것이다. 또 이 회의는 조약이 완성되기 전에도 자발적인 '세계 수은 파트너십Global Mercury Partnership'을 통해 즉각적인 조치를 취해야 한다고 촉구했다.[116] 수은을 생산 공정에서 제거하기는 틀림없이 어려울 것이고 돈도 많이 들 것이다. 하지만 수은을 제거하는 데 드는 돈은 좋은 투자다. 유엔환경계획은 환경에서 수은을 1킬로그램 없앨 때마다 12,500달러어치의 사회적·환경적·건강적 이점이 발생한다고 추산했다.[117]

지금이 바로 행동에 나서야 할 때다. 매년 6,000톤의 수은이 우리의 환경에 방출되고 있다.[118] 이중 일부는 1차 과정에서 부산물로 나온다. 이를테면 석탄-화력 발전소, 종이 만들기와 관련된 염소-알칼리 공장, 그리고 도시 생활 쓰레기를 소각하는 특히 멍청한 행위 등에서 말이다. 하지만 상당부분은 알면서도 방출된다. 1장에서 언급한 금 채굴과 같은 1차산업에서뿐 아니라 의료장비의 제조·사용·폐기에서도, 형광등과 네온사인에서도, 치과의 아말감에서도, 백신 및 기타 의료 제품에서도, 그리고 마스카라에서도 말이다. 그렇다, 마스카라!

===== ★ 화장품을 구성하고 있는 물질들 ★ =====

나는 화장품, 향수, 미용용품을 많이 사용하지 않는다. 당신은 어떨지 모르지만 적어도 비누, 샴푸, 린스, 로션은 쓸 것이다. 나도 그렇다. 이것들을 통칭 보디 '케어' 상품이라고 부른다. 하지만 나는 케어에 따옴표를 붙였는데, 이것이 얼마나 많이 우리를 '케어'해주는지 적잖이 의심스럽기 때문이다.

우리는 이 제품들을 우리의 땀구멍에, 때로는 입술과 눈에도 문질러 넣는다. 그 안에는 무엇이 있을까? 역겹고 놀랄 만한 사실과 산업 비밀들이 숨어 있다. 샴푸나 선크림을 뒤집어서 성분표를 읽어본 적이 있는가? 돋보기를 꺼내들고 살펴보면, 클링곤어(영화 〈스타트렉〉에 나오는 외계 종족의 언어―옮긴이)로 쓰여 있을 것이다. 그렇지 않은가?

평균적인 미국 여성은 매일 12가지의 제품을 사용하는데, 여기에는 168가지의 화학성분이 들어 있다. 평균적인 남성은 6가지 제품을 사용하는데, 여기에는 85가지의 화학물질이 들어 있다. 남성들의 '케어' 제품 사용은 점점 증가하는 추세다.[119] 편의점에서 샀건, 고급 화장품 가게에서 샀건, 지역 건강식품점에서 '내추럴'이나 '유기농' 제품을 샀건, 유해한 화학물질이 들어 있으리라는 것은 거의 확실하다.

수천 가지의 보디 케어 제품을 조사한 2005년의 어느 연구는 다음과 같은 것들을 밝혀냈다.

- 3분의 1은 암과 관련 있는 성분을 적어도 하나 가지고 있었다.
- 거의 절반가량이 생식 기능과 아기의 발달에 해가 되는 성분을 가지고 있었다.
- 60퍼센트가 에스트로겐을 모방하는 성분이나 호르몬을 교란하는 성분

을 가지고 있었다.

- 절반 이상이 '흡수를 촉진하는' 화학물질을 가지고 있었다. 다른 화학 물질이 피부 속으로 더 깊이, 더 빨리 들어가도록 도와주는 것이다.[120]

법적으로 기업은 자사 제품의 향을 비밀로 유지하는 것이 허용된다. 성분 목록에는 '향료fragrance'라는 알쏭달쏭한 말로 표기되어 있다. 이 말이 암시하는 물질 중 하나는 프탈레이트인데, 이는 테스토스테론 생산을 교란한다. 이것에 오염된 엄마의 아기들이 기형이거나 기능을 하지 않는 고환이나 성기를 가지고 태어날 위험이 있는 것으로 알려져 있다.[121] 이런 화학물질의 유해성이 이미 많이 알려져 있는데도, 2002년에 수행한 한 연구 결과, 무작위로 추출한 72개의 표본(헤어스프레이, 탈취제, 헤어젤, 보디로션, 향수 등) 중 4분의 3에서 라벨에 표시되지 않은 프탈레이트가 여전히 검출됐다.[122]

놀라운 소식이 또 있다. '안전한 화장품 운동Campaign for Safe Cosmetics'이 2010년 2월 나에게 보내준 카드에 씌어 있는 말을 빌리자면, "장미는 레드red(붉은)고, 립스틱에는 레드Lead(납)가 있다". 2006년에 립스틱을 무작위로 표본 검사한 결과, 모든 가격대의 제품에서 FDA가 사탕과자에 허용한 것보다 2~4배 높은 수준의 납이 검출됐다.[123] 발라서 먹고 다시 바르고 하는 제품에 납 같은 신경독을 넣어야만 하는 이유는 절대적으로 없다! 한편, 아기용 샴푸에는 '1,4-디옥산'이라는 발암물질이 흔히 들어 있는데(어른용 샴푸에도 대체로 들어 있다), 성분표에는 종종 '로릴 에테르 황산 나트륨'이라고 씌어 있다.[124]

어떤 물질들은 특정한 인구집단에게 더 위험하다. 손톱을 손질해주는 네일숍은 맹독물질로 뒤덮여 있는데, 거기서 일하는 여성은 대부분 백인이 아니다. 주로 아시아인인 이들의 평균 연령은 서른여덟인데, 이는 이들 중 많은 수가 가임기라는 뜻이다.[125] 또 미백 제품들은 아시아에서 매우 인기가 있는데, 크롬이나 수은 등의 중금속은 물론이고 발암물질인 히드로퀴논도 종종 들어 있다.[126] 그리고 흑인 여성들에게 적극적으로 판촉되는 머리카락 펴는 약도 독성이 매우 강하다. 머리카락의 모양이나 색을 바꾸는 제품은 가장 유독한 제품 목록에서 상위에 든다.[127]

그렇다면 이런 물질들을 규제하는 곳이 없단 말인가? 2005년 연구에 따르면, 87퍼센트의 성분은 화장품성분검토위원회Cosmetic Ingredients Review Panel, CIR에서 안전성 검사를 받지 않았다.[128] 그런데 CIR은 이런 제품들의 안전성을 검사하는 유일한 기구다. FDA는 기업에 안전성 테스트를 요구할 권한이 없다. 문제가 있을 때 제품 리콜을 요구할 권한도 없다! 그리고 CIR에는 화장품업계가 화장품·화장실용품·향수업 협회를 통해 자금을 지원하는 것으로 알려졌다. 게다가 CIR이 진행하는 검사는 즉각적인 부작용, 즉 발진이나 붓기 등에만 초점을 맞추고 있다. 하지만 불행히도, 정작 필요한 것은 장기적인 부작용에 대한 검사와 여러 화학물질이 서로, 그리고 신체의 유전자와 어떻게 상호 작용하는지에 대한 검사다.

다행히 화장품 유해물질 정보는 매우 빠르게 확산되고 있다. 몇몇 활동가가 정보를 제공하는 효과적인 도구를 만들어서 우리가 정보를 얻고 변화를 위한 압력을 넣을 수 있도록 도와주고 있다. 환경실무그룹Environmental Working Group은 스킨딥Skin Deep이라는 데이터베이스를 만들고 운영한다. 여기에는 4만 개가 넘는 제품의 성분이 밝혀져 있다.[129] 화장품과 보디 케어 제품의 이름을 입력하면 그 안에 무엇이 들어 있는지 알아볼 수 있다. cosmeticsdatabase.com에 들어가 보면 가능한 한 많은 화학물질을 피할 수 있을 것이다. 특히 임신 중이거나 임신을 계획하고 있을 때 피해야 할 것들을 알 수 있다.

또한 '안전한 화장품 서약'에 서명한 회사들이 어디인지도 찾아볼 수 있다. 이 서약은 암, 기형아 출산, 호르몬 교란 등과 관련 있는 성분을 다른 것으로 대체하겠다는 서약인데, 현재까지 1,000개 이상의 기업이 서명했다.

===== ★ 개인의 몸으로 들어오는 독성물질 ★ =====

2009년 여름에 나는 나 자신의 '체내 축적 유해물질량 Body Burden'을 검사해, 내가 몇 년 동안 조사해온 화학물질이 내 몸 속에 얼마나 있는지 확인해보았다. 검사는 '코먼윌 생체오염감시 자원 센터 Commonweal Biomonitoring Resource Center'에서 진행했고, 결과는 과학환경보건네트워크의 테드 셰틀러 박사가 분석했다. 체내 축적 유해물질량 혹은 생체오염감시에 대해 자세히 알려면 www.commonweal.org/programs/brc/index.html을 참고하라.

놀랄 일도 아니지만, 이 검사에서 수십 가지의 독성 화학물질이 나왔는데 중금속, 농약, 그리고 일상적인 물건들을 생산하는 데 사용된 화학물질들이었다. 코팅된 프라이팬을 쓰지 않고 유기농 식품을 먹는 등의 생활습관 덕분에 일부 화합물에 대해서는 노출이 줄어든 것 같지만, 그래도 내 몸에는 놀랄 정도로 높은 수준의 독성물질이 있었다. 더 불안한 것은, 이 물질들이 어떻게 해서 들어왔는지 아무도 나에게 정확히 알려줄 수 없다는 사실이다. 오염물질을 특정한 노출 경로에 연결시키기가 불가능하기 때문이다. 예를 들어, 나는 비닐 비옷과 같은 독성물질은 피했지만 공기, 물, 식품 등을 통해서도 비닐 비옷에 들어 있는 화학물질, 혹은 거기에서 방출되는 화학물질에 노출되었을 수 있다.

다음은 내 몸에서 나온 몇 가지 화학물질에 대한 간략한 설명이다. 가장 널리 알려진 방출원도 함께 밝혀놓았다.

- **비스페놀A** : BPA는 내분비계를 교란하는 물질이다. 즉, 몸의 호르몬을 방해한다. 다양한 건강상의 문제를 일으키는데, 특히 생식계 관련 문제가 많다. BPA는 우리가 일상에서 사용하는 많은 물건에 들어간다. 아기우유병부터 플라스틱 물병, 그리고 대부분의 통조림 용기의 속을 대는 용도 등으로 쓰인다. 물통을 살 때, '무BPA' 제품이라는 표시가 있는지 확인하라.
- **납 : (143쪽 참조)** 한때는 휘발유와 페인트에 널리 쓰이던 신경독으로, 지금도 립스틱과 전자제품, 어린이 장난감에 이르기까지 많은 소비재에 사용된다.
- **과플루오르화물** : PFCs는 간과 신장 장애, 생식기 장애와 암을 유발하는 물질로 의심되고 있다. 끈적끈적하게 달라붙거나 얼룩이 지는 것을 막기 위해 많이 쓰인다. 전자레인지에 넣을 수 있는 팝콘 봉지, '테플론' 프라이팬, 일부 방수 의류와 카펫 등에 들어 있다. 자세한 정보는 www.pollutionpeople.org/toxics/pfcs를 참고하라.
- **트리클로산** : 동물 연구 결과 내분비 문제, 천식, 알레르기와 관련이 있는 것으로 드러났다. 미국 환경보호청은 트리클로산이 다이옥신에 오염되었을 "가능성이 있으며" "오염이 의심된다"고 언급했다(US EPA, 1994. Estimating exposure to dioxin-like compounds, Vol. II: Properties, sources, occurrence, and background exposures. Office of Research and Development, Review draft. Washington DC, June pp. 3-54). 트리클로산은 여러 항박테리아 제품에 쓰인다. 비누, 화장품, 세제, 그리고 '세균을 잡는다'고 광고

하는 양말, 장난감, 담요 등의 제품에도 점점 많이 사용되고 있다. 질병을 일으키는 미생물과 굳이 싸울 필요가 없는 경우에까지도, 그리고 어쩌면 파괴하려는 미생물을 더 강하게 만들지도 모르는데 말이다.

- **유기염소계 농약** : 내 몸은 유기염소계 농약도 가지고 있었다. DDT, 클로르데인, 미렉스 등 몇 가지는 아마 이름을 들어보셨을 것이다. 그리고 이보다 낯선 것들도 내 몸에 있었다. 헥사클로로벤젠, 베타 헥사클로로시클로헥산, 옥시클로르데인, t-노나클로르, 헵타클로르 에폭시드 등. 이것들은 신경독이고 발암물질이며 다양한 만성질환과 관련이 있다. 유기염소 중 많은 것이 수십 년 전에 사용 금지되었다. 하지만 이것들은 너무 느리게 분해되기 때문에 환경에, 먹이사슬에, 우리의 몸에 잔류하고 있다.

  내 몸에 있는 유기염소계 독성물질들의 수치는 사실 비교적 낮은 편이었다. 나는 셰틀러 박사에게 왜 그런지 물었다. 그랬더니 고기를 별로 안 먹지 않느냐고 물었다. 지용성 농약은 고기를 타고 들어오는 경우가 많기 때문이다. 그의 추측이 맞았다. 나는 열네 살 때부터 24년 동안 고기를 안 먹었다. 요즘도 닭고기나 생선은 가끔 먹지만 붉은고기는 먹지 않는다.

- **수은** : (143~145쪽 참조) 수은은 뇌와 신경계에 해롭다. 그래서 내 몸의 수은 수치가 평균보다 한참 높다는 것은 안 좋은 소식이다. 나는 질병통제센터 Center for Disease Control가 연구한 사람 중 체내 수은 수치 상위 10퍼센트에 속했다. 가능성 있는 유입 경로에 대해 이것저것 묻더니, 셰틀러 박사는 내가 가끔씩 탐닉하는 참치초밥 때문일 거라고 추측했다. 검사 결과를 보고 나는 큰 생선은 먹지 않기로 다시 다짐했다. 우리 몸은 수은을 다른 잔류성 독성물질보다 빨리 내보내므로 나는 이 수치를

낮출 수 있을 것이다.

- **데카-BDE** : 내 몸에서 가장 많이 나온 것은 데카-BDE(데카 브로모디페닐 에테르)였는데, 이는 현재 환경 건강을 지키기 위해 싸우는 사람들이 주요 목표로 삼고 있는 난연제다. 데카-BDE에 대해 더 알고 싶다면 cleanproduction.org/Flame.Scientific.php와 environmentalheal fund.org/documents/Deca%20Claims-Facts.pdf를 참고하라.

데카-BDE는 맹독성 물질로 간, 신장, 갑상선에 해를 끼치며, 역시 암을 유발할 가능성이 있는 것으로 의심된다. 경사났군! 내 수치는 독성 물질이 가득한 전자제품을 안전장구를 거의 혹은 전혀 사용하지 않은 채 손으로 부수는, 개발도상국의 전자제품 재활용 공장 노동자와 비슷한 수준이었다.

나의 데카-BDE 수치가 왜 이렇게 높은지 의문이다. 생각해볼 수 있는 이유 중 하나는 내가 캘리포니아에 산다는 것이다. 캘리포니아 법은 현재 화재 안전을 위해 필요한 것보다 훨씬 높은 수준의 난연제를 쓰도록 규정하고 있다. 난연제업계의 강력한 이해관계 때문이다. 따라서 다른 지역에 있는 생산자들까지도 캘리포니아에서 제품을 더 많이 판매하기 위해 난연제를 과다하게 사용할 유인이 생긴다. 데카-BDE 사용 금지를 검토하는 모든 주는 우리의 도움이 필요하다.

건강상의 심각한 영향을 보여주는 증거가 많고, 화재 방지를 위해 유독한 난연제 대신 쓸 수 있는 다른 방법이 많은데도(이를테면 스스로 불이 꺼지는 담배 등), 데카-BDE 같은 난연제를 만드는 업계는 이것이 계속 사용되도록 하기 위해 갖은 애를 쓰고 있다(Environmental Health Fund, "Claims and Facts about Deca-PBE Flame Retardant," http://environmentalhealthfund.org/documents/Deca%20Claims-Facts.pdf).

내 몸의 독성물질 함유량을 검사해보니 '물건 이야기'가 들려주는 교훈 중 하나를 분명히 알 수 있었다. 지금은 화학물질 사용에 대해 사전 예방에 초점을 맞추도록 전면적인 개혁을 해야 할 때다. 개인적인 수준에서 아무리 경각심을 갖는다 해도, 공장과 물건에 여전히 독성물질들이 사용되는 한 우리의 환경에서 독성물질들을 추방할 수는 없다.

유독한 인공 화합물질들

자연적으로 발생하는 중금속 외에 인공 화합물 중에도 위험한 물질이 많다. 인공 화합물은 동굴에 사는 원시인이 물질들을 으깨 섞으며 실험하던 시절부터 존재했지만, 화합물의 대규모 발전과 폭발적인 사용 증가는 20세기 중반 이후의 일이다. 어떤 경우에는 제품에 필요한 사항 때문에 새로운 화합물이 개발됐다. 이를테면 빗물에 씻겨내려가지 않는 페인트를 만들기 위해서 말이다. 어떤 경우에는 다른 화학반응 과정이나 산업 공정, 흔히 석유나 천연가스 정제 과정에서 나온 부산물의 활용처를 찾기 위해 개발되기도 했다. 이런 것을 흔히 싱크$_{sink}$라고 하는데, 원치 않은 것을 쏟아버릴 곳이라는 의미에서다.

예를 들어, 플라스틱 제품인 폴리에틸렌을 만드는 데 쓰이는 에틸렌을 생산하는 과정에서는 프로필렌이 부산물로 생성된다. 이 부산물이 싱크(다른 무언가의 원료)로 쓰일 수 있다면 에틸렌 생산비용이 낮아질 수 있다. 그래서 발명가들은 프로필렌으로 무엇을 할 수 있을지 찾다가, 그것을 '아크릴로니트릴'로 변화시킬 수 있다는 것을 알게 되었다. 아크릴로니트릴을 가지고는 실외용 아크릴 카펫을 만들 수 있다. 이렇게 해서 실외 아크릴 카펫 산업이 생겨나 자연적으로 땅을 덮어주는 이끼나 풀을 몰아냈다.¹³⁰ 이끼나 풀을 다른 것으로 바꿀 필요가 있어서 머리를 짜내 연구한 게 아니라, 이윤에 추동된 역개발 과정이 작동한 것이다.

기업 입장에서는 인공 화합물을 쓰는 쪽이 비용이 덜 드는 경우가 많다. 하지만 이는 기업이 이런 물질을 만들고 사용하고, 나중에 세척하고 버리는 비용을 다 부담하지 않아도 되기 때문이다. 다른 말로, 궁극적인 환경과 건강 피해에 대한 비용을 기업들이 물지 않는 것이다. 또다시 외부화된 비용이다!

사용되고 있는 수만 종의 인공 화합물 중에 건강과 환경 안전성 검사를 통과한 것은 한 줌밖에 안 된다. 그리고 건강에 미치는 복합 영향, 즉 우리 몸이 여러 가지 물질에 한꺼번에 노출되었을 때 발생할 수 있는 영향에 대해서는 전혀 조사가 이루어지지 않았다.¹³¹ 오늘날 산업화된 국가에 살고 있는 우리는 계속해서 화합물에 복합적으로 노출되고 있는데도 말이다.

끔찍한 사실은, 인공 화합물들은 일단 만들고 나면(중금속의 경우에는 일단 추출해서 퍼뜨리고 나면) 없애기가 매우 어렵거나 종종 불가능하다는 것이다. 이 물질들은 바람과 물과 동물들의 몸에 실려 긴 거리를 이동한다. 상당수는 생체축적되거나 생체잔류한다. 우리는 이 독성물질 입자를 직접 폐로 흡입하고, 물과 함께 마신다. 그리고 사용하는 물건에서 흡수하기도 한다. 자외선 차단 크림, 가구, 코팅된 프라이팬, 난연처리된 폼foam 쿠션, 방수처리된 직물, 그밖에도 많은 물건이 독성물질을 방출한다.

이제 독성물질은 없는 곳이 없다. 과학자들이 독성물질에 노출되지 않은 인구를 찾으려고 캐나다 북극에서 원주민을 테스트했는데, 산업 시설에서 멀리 떨어져 있는 이들의 경우에도 체내 화합물의 수치가 높게 나타났다.¹³² 또 미국과 유럽의 비정부기구들은 집 안의 먼지를 진공청소기로 빨아들여서 검사했는데, 독성물질로 가득했다.¹³³ 애완동물과 아직 기어다

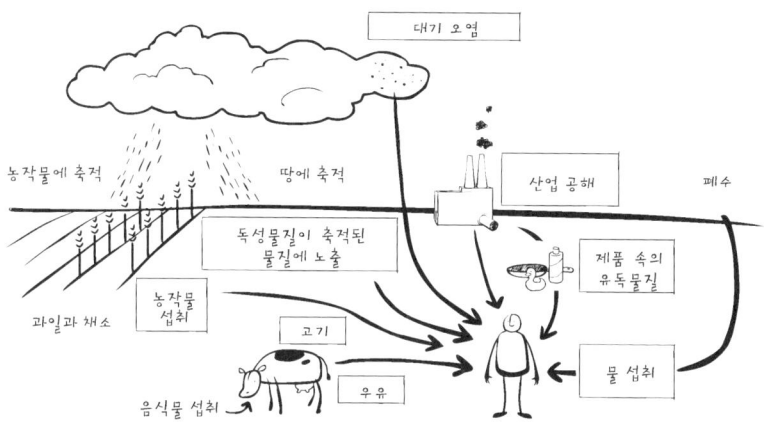

니는 아기들이 높은 체내 독성물질 수치를 보이는 것은 이제 놀랄 일이 아니다. 독성물질원에 오래 접하지도 않았고, 화학업계 대변인들이 '라이프 스타일' 탓을 할 만큼 오래 살지도 않았는데 말이다. 환경실무그룹은 탯줄에 평균적으로 287개의 농업 및 산업 화학물질이 포함되어 있다고 밝혔다.[134] 그리고 먹이사슬의 맨 꼭대기인 모유마저도 이제 높은 독성물질 수치를 보이고 있다. 이는 그야말로 인간 생명의 존엄성에 대한 충격적인 침해다.[135]

═══════════ ★ 아기들의 입 속으로 ★ ═══════════

모유에 독성물질이 있다고? 여러 가지 이유로 이야기하기가 껄끄러운 논쟁적인 사안 하나를 여기서 살펴보려고 한다. 막 엄마가 된 여성이 소중한 기쁨의 포대기를 안고서 절대로 생각하고 싶지 않은 일이다. 무서운 일이다. 어마어마한 일이다. 많은 엄마가 모유 수유를 포기하게 될 수도 있다. 그나마 모유가 아기들에게 가장 나은데도 말이다.

그래도 우리는 이야기해야 한다. 우리가 침묵하면, 모유의 독성물질에 대해 아무도 언급하지 않아야 좋아할(틀림없이 그럴 것이다) 오염의 주범들에게만 좋은 일이다. 그러니 이야기를 하자. 자주, 그리고 크게!

앞에서도 언급했듯이, 오늘날 살아 있는 사람은 누구나 몸에 다양한 독성 화학물질을 담고 산다. 대부분은 현대의 산업 생산 과정과 제품 때문이다. 임신이나 수유 중인 여성들도, 그리고 사회의 가장 약하고 작은 구성원이며 뇌와 몸이 빠르게 자라는 태아와 신생아들도 예외가 아니다.

의학 전문가, 정부 보건기관, 환경단체 등 많은 전문가가 모유의 독성물질을 알아보는 연구를 했다. 이를테면, 환경실무그룹은 미국 전역에서 초산 산모 20명의 모유에 독성 난연제 성분이 있는지 검사했다.[136] 이런 난연제는 학습장애·주의력장애·기억장애 등의 신경장애와 관련이 있는데, 조사 결과 일부 난연제 성분이 세계에서 발견된 어떤 것보다 높은 수치로 검출됐다. 평균적으로는 일부 난연제들이 법으로 금지된 유럽보다 75배나 높았다.[137]

이렇게 무섭고 고통스러운 사실을 대할 때, 우리는 다음의 몇 가지를 기억해야 한다.

■ 문제는 엄마가 아니라 더 광범위한 산업 시스템이다. 우리의 공동체에

독성물질이 스며들게 하는 산업 모델을 개발하지 않았더라면, 그리고 화학물질이 어디서 어떻게 작용하는지 아무것도 파악하지 못하는 규제 모델이 아니었더라면, 모유에 이런 독성물질이 들어 있지 않았을 것이다.

- 그래도 여전히 모유가 가장 낫다. 모유 수유는 아기에게 영양분, 미네랄, 항체, 그리고 강력한 감정적인 유대감을 준다. 산모들이 임신에서 회복되는 데에도 도움을 주며, 모유 수유를 하는 산모가 그렇지 않은 산모보다 나중에 자궁암과 유방암에 걸릴 확률도 낮다. 모유를 먹고 자란 딸들도 유방암 발병 확률이 낮을 수 있다.[138] 독성물질이 들어 있다는 무서운 조사 결과가 있긴 하지만, 그래도 환경 및 의료 전문가들은 모유 수유를 권장한다.

되돌릴 가망이 없는 것은 아니다. 장기간의 검사 결과, 일단 독성 화학물질 사용이 금지되고 나면 모유에서 발견되는 수치가 낮아지는 것으로 나타났다. 미국과 유럽을 비교한 자료를 보면, 화학물질 사용이 효과적으로 제한된 곳에서는 모유의 오염 정도가 더 낮았다.[139] 유럽에서는 2004년에 일부 난연제가 금지되었다.

이 모든 위험한 물질에 대한 근본적인 진실은 한 구절로 간단하게 말할 수 있다. "독을 집어넣으면 독이 나온다." 우리가 계속 독성물질이 제품 생산 과정에 들어가게 두는 한, 독성물질은 계속해서 나올 것이다. 제품 안에 들어가서, 그리고 오염을 통해서 말이다.

2006년, 유럽연합이 '신화학물질 관리 제도(화학물질에 대한 등록, 평가, 승인, 제한 제도Registration, Evaluation, Authorization, and Restriction of Chemicals, REACH)'를 통과시킨 것은 경고등이 켜진 것과 마찬가지다. 본질적으로 REACH는 기업들이 화학물질을 사용하기 전에 그것이 안전하다는 것을 먼저 증명해야 한다는 개념을 담고 있다.[140] 이는 현재 미국이 적용하고 있는 "유독함이 증명될 때까지는 책임지지 않아도 괜찮다"는 방식과 반대된다.

미국의 방식은 낡고 악명이 높고 효과도 미약한 독성물질통제법Toxic Substances Control Act, TSCA에서 잘 드러나는데, 이 법은 1976년에 도입된 이래로 개정된 적이 없다. TSCA는 당시 사용되던 62,000종의 화학물질을 검사 없이 계속 사용하도록 허용했다. 그리고 그 후로 또 다른 화학물질 2만여 종이 시장에 유통되도록 허용했다. 그 결과, 위험성을 경고하는 증거가 점점 늘고 있는데도, 수만 종의 화학물질이 오늘날 널리 쓰이게 되었다.[141]

이 상황을 바로잡기 위해 의원들은 2008년 5월에 '어린이 화학물질 안전법안Kid-Safe Chemicals Act, KSCA'을 상정했다. KSCA는 유럽의 REACH가 택한 접근방식을 따랐는데, 업체들이 화학물질을 상업적으로 사용하기 전에 먼저 안전성을 밝히도록 해서, 안전성 증명의 책임을 화학물질회사에 지우고 있다.[142]

환경실무그룹 대표인 켄 쿡Ken Cook은 "아기가 혈액 내에 수백 가지 위험한 산업 화학물질을 가진 상태로 태어난다면, 이는 틀림없이 규제 시스템이 깨졌다는 의미"라고 말했다. "어린이 화학물질 안전법안은, 일단 화학물질이 안전하다고 먼저 가정하는 엉성하고 오래된 시스템을, 독성 화학물질을 만드는 사람들이 그것을 시장에 내놓기 전에 먼저 안전성을 증명해야 하는 시스템으로 바꾸게 될 것이다. 이 법안은 화학업계의 이윤보

다 공공의 건강을 우선시하는 조치로, 진작 도입되었어야 했다."¹⁴³

화학업계는 홍보인력과 로비스트를 총동원해 이 법안이 통과되지 못하도록 전력을 기울이고 있다. 따라서 이 '법안'을 '법'으로 바꿀 수 있도록, 화학물질과 관련한 업계의 관행을 개혁할 법안들의 통과를 위해 노력하는 '더 안전한 화학물질, 건강한 가족 운동Safer Chemicals, Healthy Families Campaign'에 연락을 하자. 좀더 자세한 내용은 www.saferchemicals.org와 saferstates.org를 참고하라.

가장 간단한 해결책은, 특정한 인구집단(가령 어린이)이 화학물질에 노출되는 것을 줄이는 데 집중하기보다는 전면적으로 독성물질 사용을 중단하고 더 안전한 물질로 바꾸는 것이다. 이런 접근법이 훨씬 더 효과적이다. 하나의 화학물질에 있는 독성 수준은 통제할 수 있지만, 그것에 노출되는 것은 통제할 수 없기 때문이다. 특히 화학물질이 잔류하고, 확산되고, 생태계 전역에 걸쳐 쌓여 있음을 생각하면 더욱 그렇다.

바로 이런 취지에서 '녹색화학'이 이루어지고 있다. 녹색화학자들은 우리가 필요로 하는 모든 특성, 즉 탄력 있고, 강하고, 화려한 색상에 난연 기능 등 다양한 특성을 모두 가지면서도 환경과 인간의 건강에 잘 부합하는 물질들을 분자 수준에서부터 새로 디자인하고 있다. 녹색화학에 대한 더 자세한 정보는 청정생산행동의 홈페이지 www.cleanproduction.org를 참고하라.

생산 현장의 노동자들

지금까지는 소비자가 어떻게 해서 가게에 있는, 그리고 일상에서 쓰이는 물건들을 통해 독성물질에 노출되는지를 살펴봤다. 하지만 사실 소비자들은 생산 과정에 들어간 독성물질의 영향을 받는 집단 중 마지막인 세 번째 집단이다. 첫 번째로 영향을 받는 집단은 그 물건들을 만들고 조립하는 노동자들이다.

내가 아주 좋아하는 노래 가운데 아카펠라그룹인 '스위트 허니 인 더 록Sweet Honey In The Rock'이 부르는 〈월급봉투만이 아니야More Than a Paycheck〉라는 노래가 있는데, 가사는 이렇다. "우리는 사랑하는 사람과 가족에게 월급봉투만 가져오는 게 아니야…… 석면증, 규폐증, 면폐증, 탄폐증, 그리고 아직 생기지도 않은 아기에게 영향을 미칠 방사능을 집으로 가지고 오지."144

정말 그렇다. 노동자들은 최전선에서 일상적으로 그것들을 만지고 흡입하면서 독성 화학물질에 노출되며, 때로는 옷에 묻힌 채 돌아와 가족들도 노출시킨다. 이들은 가장 심각하고 걸러지지 않은 독성물질에, 그리고 위험한 공정과 제품에 노출된다. 일리노이대 의학센터 환경직업의학장인 피터 오리스Peter Orris 박사는 "이런 질병과 그로 인한 죽음은 완전히 예방 가능하다"고 한탄하면서, "문명사회라면 일터나 지역사회 공동체에서 이렇게 불필요한 생명의 손실이 발생하는 것을 용인해서는 안 된다"고 경고했다.145

'국립 직업 안전 및 보건 연구원NIOSH'은 일터에서의 안전 및 건강과 관련된 연구를 하는 정부기구다. NIOSH는 미국에서 수백만 명의 노동자가, 동물 연구 결과 발암물질로 밝혀진 물질들에 일상적으로 노출되어 있으며, 수백만 명의 또 다른 노동자가 아직 밝혀지지 않은 발암물질에 노출되어 있을 가능성이 있다고 예상한다. 우리의 공장에서 사용되고 있는 물질의 98퍼센트, 그러니까 거의 전부가 아직 발암 여부 테스트를 받지 않았다.¹⁴⁶ NIOSH는 일터에서 발암물질에 노출되는 것이 매년 4만 건의 암 발병과 2만 건의 암으로 인한 사망을 야기하는 것으로 추정한다.¹⁴⁷

암은 일터에서의 독성물질 노출과 관련된 수많은 질병 중 하나일 뿐이다. 그밖에도 심장 혈관계 장애, 천식 등의 호흡기 장애, 생식기 장애, 신경계 장애, 피부 장애 등 많은 질병이 있다. 스위트 허니는 노랫말을 이렇게 고쳐야 할지도 모르겠다. "우리는 사랑하는 사람과 가족에게 월급봉투만 가져오는 게 아니야. 하지만 나는 내가 집으로 다른 어떤 것들을 더 가져오는지 말할 수 없어. 아무도 내가 일터에서 하루종일 들이마시고 만지는 화학물질들에 대해 연구하는 수고를 하지 않았으니까."

하지만 적어도 오늘날 미국에서는 노동자들이 직면하는 위험에 대한 의식이 높아지고 있으며, 노동 현장의 안전 규제도 강화되고 있다. 환경보건 운동가들이 공업 화학물질에 대해 처음 문제를 제기하기 시작했을 때, 많은 기업이 그런 우려를 일축해버리고는, 환경 운동가들이 공장을 닫게 하고 일자리를 위협한다는 식으로 몰아 노동자들의 관심을 돌리려고 했다.

경영자들은 흔히 "일자리냐, 환경이냐"의 구도로 사안을 몰고 갔다. 한동안 이런 접근은 두 집단, 즉 노동계와 환경운동계를 분열시켰다. 하지만 '건강한 환경'과 '노동자들의 건강을 보호하는 좋은 일자리'는 상호 의존적이며 통합된 문제라는 사실이 점차 명백해졌다.

이렇게 인식이 달라진 것은 상당부분 나의 영웅 중 한 명인 고故 토니 마조치Tony Mazzochi 덕분이다. 그는 석유화학원자력노조의 간부였는데, 많은 사람이 '노동운동계의 레이첼 카슨Rachel Carson'이라고 부른다. 1960년대에 마조치는 노동자들에게 유독물질의 위험성에 대해 알렸고, 일터에서의 위험을 대중과 정책 당국자들에게 알렸으며, 매우 중요하게도 노동운동과 환경운동 사이에 연합을 형성했다. 이 강력한 두 집단을 분열시키려는 업계의 노력에 맞서 싸우면서 말이다. 오늘날 벌어지고 있는 녹색일자리, 즉 노동자에게도 지구에도 좋은 존엄한 노동을 위한 운동은 마조치의 지칠 줄 모르던 노력에 빚을 지고 있다.

미국의 공장들을 완전히 친환경적으로 만들고 독성물질 사용을 없애기 위해 아직도 할 일이 많지만, 미국 내에서 청정한 환경을 이루려는 노력의 비극적인 부작용으로 이런 공장들이 가난한 나라들로 옮겨가고 있는 것은 심각한 문제다. 나는 거의 모든 대륙에서 끔찍한 공장을 많이 보았는데, 그중에서도 더 끔찍한 것을 인도의 구자라트에서 보았다. 이곳은 국제투자자금이 유입되어서 인도 정부가 '황금지구'라고 부르는 곳이다. 하지만 내가 아는 사람들은 이곳을 '암지구cancer corridor'라고 부른다. 생명에 치명적인 화학제품 공장이 가득하기 때문인데, 이중에는 서유럽 국가들의 환경 기준이 엄격해지면서 이곳으로 옮겨온 공장도 많다.

1995년에 나는 동료들과 함께 활기찬 도시 델리에서 기차를 타고 뜨겁고 건조하며 먼지가 많은 안클레슈와르 마을로 갔다. 이곳은 구자라트에 있는 200개 '산업지구' 중 하나다. 시야에 보이는 것만 해도 수백 개의 공장이 모여 있는데, 이 공장들은 도로망, 발전소, 그리고 지금 생각해보니 부적절하기 짝이 없는 폐수 방출 지역을 공유하고 있었다. 이곳에서 제조하는 플라스틱, 석유화학 물질, 농약, 의약품 등에서 나오는 유독물질이 대기 중에 가득했다. 노동자들은 공장 사이의 모든 빈터에 폐금속이나 판자로 임시 가옥을 짓고 살고 있었다. 나는 매년 장마철이면 이 집들이 어떻게 될 것인지에 대해 생각하지 않으려고 애썼다.

판잣집과 도로 바로 옆으로 작은 도랑들이 흘렀는데, 냄새나는 적갈색 폐수가 가득 차 있었다. 눈으로 보고 냄새만 맡아도 유독물질인 것이 분명했다. 나중에 내 동료들이 테스트해본 결과, 이 폐수에는 수은과 납, 그리고 생식기 장애와 간·뇌·신장 손상을 초래할 수 있는 화학물질이 들어 있었다. 이런 도랑들 주위에서 어떤 경고나 주의사항도 없이 삶은 계속되고 있었다. 나는 맨발의 아이들이 그 위를 뛰어서 건너다니며 노는 것을 보았다. 밝은색 사리를 입은 여성들이 도랑 근처에 쭈그리고 앉아 밥을 하는 것도 보았다.

우리는 이 도랑들을 따라가보았는데, 거대한 저장못으로 이어져 있었다. 설비실로 쓰이는 작은 건물에서 이 저장못의 펌프를 관리하는 젊은 남성이 나와 우리를 맞았다. 그는 호기심 어린 한 무리의 외국인에게 자신의 일을 설명하게 된 것을 자랑스러워했다.

그는 실제로 그 펌프와 함께 살면서 밤낮으로 쉬지 않고 저장못에 담긴 폐수의 수위를 점검했다. 용량의 한계까지 차오르면 펌프를 가동시키는 것이 그의 일이었다. 그러면 폐수의 일부가 저장못에서 인근의 도랑으로 방출되어 근처의 강으로 나간다. 그 다음에는 신성한 나르마다Narmada 강으로, 그리고 나중에는 캠베이만(지금은 캄바트Khambhat만이라고 부른다)으로 흘러들어가는데, 이곳은 지역의 어부들이 고기를 잡는 곳이다.

펌프 관리인의 티셔츠, 얇은 면으로 된 이부자리, 가로세로 1.5미터에 1.8미터인 작은 설비실 벽 등 모든 곳에 폐수가 튀어 있었다. 또 벽에는 물이 흐른 자국이 짙게 남아 있었는데, 폐수가 흘러넘쳐 무릎 높이까지 올라온 적이 적어도 한 번은 있었음을 알 수 있었다. 그는 이 좁은 설비실에서 귀가 멍멍하도록 시끄러운 소리를 내는 펌프기계와 함께 살고 있었다. 그리고 바로 내 눈앞에서 그는 펌프기계를 가동시켰는데, 잘 돌아가지 않자 호스 안에 맨손을 넣어 호스를 막고 있던, 유독한 폐수에 절어 있는 찌꺼기를 한 움큼 끄집어냈다. 그러자 펌프는 푸푸 소리를 내더니 돌아가기 시작했다. 기계를 잘 고쳤다고 뿌듯해하며 그가 웃을 때, 나와 동료들은 문제가 폐수와 오염 문제를 한참 넘어서 있다는 것을 깨달았다. 이것은 인권 침해이고, 건강에 대한 위협이며, 가난의 비극이고, 분노할 수밖에 없는 불공정함이었다. 수천 킬로미터 떨어진 월마트나 타깃의 매장에서 물건을 고르는 소비자 중 누구도 상상해보지 않은 광경이었다.

공장 입지 지역 공동체

물건을 사는 사람(소비자)이나 만드는 사람(노동자) 외에도, 생산 과정에서 큰 피해를 입는 사람들이 있다. 공장 주변에서 살고 일하고 노는 사람들과 어린이들이다. 이곳의 아이들은 거대한 공장 굴뚝 그늘에서 자란다. 이런 공동체를 '공장 입지 지역 공동체' 혹은 '울타리 라인 공동체'라고 부른다. 멀리 떨어진 곳에서 의사결정을 하는 CEO들은 어디에 오염 시설을 둘지, 어떤 방식으로 운영할지 등에 대해 이들에게 의견을 구하거나 정보를 제공하지 않는다. 지구상 어디에 있든 이런 지역들은 암·선천성 기형·호흡기질환 등의 높은 발병률, 낮은 집중력과 IQ, 극히 짧은 수명 등의 문제를 겪고 있다. 이 공동체들의 공통점이 하나 더 있다. 주민들은 보통 가난하며, 백인이 아니다.

이런 현상을 환경인종주의라고 한다. 즉, 가장 유독한 시설들은 유색인종이 사는 곳에 모이고, 그 시설의 운영은 이들에게 부당하게 많은 부담을 지우는 방향으로 이루어지며, 환경 계획이나 의사결정 과정에서는 이들을 배제하는 것이다. 미국에서는 1980년대에 환경정의 운동이 일어나, 근본적으로 불공정한 기업활동에 대해 문제를 제기하면서 모든 사람에게 환경적 건강, 경제적 평등, 그리고 권리와 정의를 주는 대안적인 비전을 제시하기 시작했다.[148]

1987년에 독성 폐수를 배출하는 시설의 입지 여부를 설명하는 가장 유의한 변수가 해당 지역의 인종 구성임을 보여주는 첫 연구 결과가 나오면서, 환경정의 운동은 더욱 탄력을 받았다. 이 놀라운 보고서, 즉 '연합 그리스도의 교회UCC'가 출판한 《미국의 독성 폐기물과 인종Toxic Waste and Race in the United States》에 따르면, 흑인과 히스패닉은 5명 중 3명꼴로 독성 폐수가 통제되지 않는 지역에 거주하는 것으로 나타났다.[149]

나는 UCC가 이 결과를 발표했을 때를 기억한다. 내가 그린피스의 워싱턴 사무실에서 일하기 시작한 해였다. 이 보고서는 기존의 환경단체에 큰 충격파를 던졌다. 그들은 산업환경과 인종정의의 문제는 다루지 않고 있었다. 주요 환경단체들이 이야기하는 고래, 새끼 바다표범, 삼림 같은 사안들의 상당부분이 거대한 오염을 만드는 공장과 폐기물 처리 장소의 그늘에 사는 수천 명의 사람을 완전히 무시하고 있었다는 점을 부정할 수 없었다. 슬프게도 일부 전통적인 환경단체들은 이 보고서를 대수롭지 않게 여기거나 자신들을 변명하는 식으로 반응했다. 하지만 다른 단체들은 진지한 자기성찰을 통해, 자신들의 이사진이나 스태프, 회원들이 대체로 백인이라는 사실에 대해 각성하고, 이제까지 미국 인구의 상당부분을 전략 논의와 활동에서 제외해왔음을 인정했다. 이런 간과는 정말 꽤 심각한 부주의였다.

UCC의 보고서는 환경의 지속 가능성과 사회정의의 문제는 뗄 수 없는 사안임을 염두에 둔 다양한 운동에 영향을 주었다. 민권 운동가이자 환경정의 운동가인 코라 터커Cora Tucker는 이렇게 말했다. "환경운동 단체가 저기 있다, 민권운동 단체는 저기 있다, 여성운동 단체는 저기 있다, 또 다른 어떤 단체는 저기 있다…… 이런 식으로 말하면 사람들은 이 모든 것의 관련성을 이해할 수 없다. 실제로는 이 모든 단체가 하나의 단체이고, 우리가 싸우는 사안들은 우리에게 깨끗한 마실 물이 없고 깨끗한 숨쉴 공기가 없고 먹을 것이 없다면 아무것도 아니다."150

운동이 전세계적인 추동력을 얻으면서, '전국 유색인종 환경 리더십 회담National People of Color Environmental Leadership Summit'이 1991년 워싱턴에서 처음으로 열렸다. 얼마 후인 1993년에 클린턴 대통령은 환경보호청에 '국가 환경정의 자문위원회National Environmental Justice Advisory Council'를 신설하는 대통령령에 서명했다.151 그러니까 이 무렵에는 유독하고 유해한 시설들의 입지가 인종적으로 불균등하게 분포되어 있음을 보여주는 확실한 증거들도 있었고, 환경정의 운동도 광범위하게 성장하고 있었으며, 대통령령에 의거해 환경보호청에 이 일을 다루기 위해 특별히 설립된 자문위원회까지 있었다. 하지만, 이 모든 것이 환경인종주의 문제를 해결하고자 생겨났는데도, 적어도 미국에서는 이 문제가 아직 해결되지 않았다.

첫 번째 보고서를 발표한 지 20년 뒤, UCC는 《독성 폐기물과 인종 20년, 1987~2007》을 펴냈다. 이 보고서에 따르면, 문제가 여전히 해결되지 않고 있으며 어떤 지역들에서는 오히려 심해졌다. "여전히 인종은 독성 폐기물 시설의 입지를 설명하는 유의한 독립 변수이며, 소득이나 교육 등 다른 사회·경제 지표보다 더 예측력이 뛰어난 변수다. 상업적인 독성 폐기물 시설 주변 지역은 거주자의 대부분이 유색인종이다."[152]

비영리 환경보건연구소인 '코먼윌Commonweal'의 리서치 책임자이자 저자인 스티브 러너Steve Lerner는 "미국이 비교적 환경이 깨끗한 '살 만한 지역'과, 산업 과정에서 나오는 독성 부산물에 거주자들이 노출되는 '희생양 지역'으로 나뉘는 것을 막으려면 아직 할 일이 많다"고 언급했다. 이런 분리를 일으키는 산업 과정은 인위적인 물건 가격의 하락과 기업 이윤의 증가를 추구하는 과정이다. 미국의 많은 소비자는 자신이 물건을 이렇게나 싸게 살 수 있는 이유 중 하나가 바로 여기에 있다는 점을 깨닫지 못하고 있다.[153]

문제가 제기되고 20년 후에도 환경인종주의가 여전하며 사실 더 악화되었다는 사실은 우리 모두를 부끄럽게 한다. 이런 상황이 계속되어서는 안 된다. 물론 환경인종주의에 대한 답은 독성물질의 부담을 공평하게 나눠 갖자는 '공평한 오염'이 아니다. 올바른 답은 우리의 생산 과정을 깨끗하게 하고 환경 규제를 정비해서, 누구도 독성 화학물질이 가득한 물건의 생산이 유발하는 비용을 자신의 건강과 후생을 희생해가며 뒤집어쓰지 않는 것이어야 한다. 나이·인종·소득에 상관없이, 그리고 현재 세대와 미래 세대를 불문하고.

우리는 모든 사람을 위한, 더 강력한 환경 및 건강 법률을 요구해야 한다. 그리고 피부색이 더 희고 더 부자인 동네가 유리한 대우를 받는 이중 기준을 없애자고 요구해야 한다. 내가 '모든 사람을 위해서'라고 말할 때, 이는 미국인만을 의미하는 것이 아니다. 세계화의 매우 안 좋은 경향 중 하나는, 부유한 국가(대체로 백인 국가)들이 가장 더럽고 유독한 공장과 시설을 다른 나라들로 옮기고 있다는 사실이다. 그런 나라들은 환경, 건강, 노동자 보호 관련법이 더 취약하고, 존재하는 법마저 제대로 집행할 역량이 부족하며, 매우 중요하게도 사람들이 정보에 잘 접근하지 못하고 의사결정 과정에 제대로 참여하지 못한다.

유해 산업은 가장 저항이 적은 경로를 따라간다. 즉, 유해 산업에 저항할 정치적·경제적·교육적 자원이 덜한 것으로 여겨지는 지역으로 가는 경향이 있다. 금속 제련, 전자제품 생산, PVC 생산 등의 산업이 미국에서는 점점 문을 닫는 반면, 개도국에 점점 많이 들어서고 있다. 우리는 신나게 물건을 구매하면서도 그로 인해 생기는 더러운 것들은 겪지 않으려고 한다. 이것이 지금 벌어지고 있는 일이다. 이것은 이래도 되는 일이 결코 아니다.

어떤 산업 공정이 미국의 동네에, 미국 어린이들에게 너무 유독하다면, 그건 어느 동네에도, 어떤 어린이에게도 너무 유독한 것이다. 책임과 정의는 전지구적으로 실현해야 한다는 생각, 오염을 수출하면 공기·음식·제품 등을 통해 다시 우리에게 되돌아온다는 인식에 영향을 받아서, 님비 NIMBY(내 뒤뜰에서는 안 된다)를 넘어 노프 NOPE, not on planet Earth(지구 위에서는 안 된다)로 방침을 바꾸는 공동체가 많아지고 있다. 나도 이들과 같은 생각이다.

울타리 반대편의 유니온카바이드

뉴올리언스의 대규모 화학공장, 브롱크스의 디젤 매연이 가득한 지역, 포르토프랭스의 슬럼, 더반의 불꽃 이는 정련소 등을 돌아다니면서, 나는 가난하고 지식이 없고 백인이 아닌 사람들이 사는 지역이 어떻게 소모품으로 취급받는지를 봐왔다. 하지만 이를 지구상에서 가장 극적으로 보여주는 증거는 인도의 보팔Bhopal 참사일 것이다. 호수와 모스크의 도시인 보팔이 요즘은 세계에서 가장 큰 화학산업 재앙 지역으로 유명해졌다. 이 무슨 영예란 말인가.

1984년 12월 3일 늦은 밤, 미국계 초국적기업 유니온카바이드의 공장에서 유독가스인 메틸이소시아네이트MIC가 새어나왔다. 이 가스는 즉각적으로 8,000명 이상의 목숨을 앗아갔고, 현재까지 사망자 수는 2만 명이 넘는다. 사람들이 이후에도 계속해서 참사와 관련된 피해로 숨졌기 때문에, 피해 사망자 수는 계속 증가하고 있다. 지난 20년간, 날마다 평균 한 사람씩 사망자가 늘어났다.[154]

생존자가 전해준 '그날 밤' 이야기를 나는 잊을 수가 없다. 깜깜한 밤에 비명소리를 듣고 사람들이 잠에서 깼다. 눈에 보이지 않는 가스가 눈, 코, 입을 태우듯이 찔렀다. 처음에 어떤 사람들은 이웃집에서 고추를 너무 많이 태우는 모양이라고 생각했다. 또 어떤 사람들은 최후의 심판일이 왔다고 생각했다. 많은 사람이 구토와 기침을 하고, 거품과 피를 토하기 시작했다. 가스가 어디서 오는지 모르는 채로 사람들은 그냥 뛰었다. 마을 사람 전체가 공포에 질려 도망을 가면서, 가족들은 헤어졌고, 넘어진 사람들 중 많은 수가 밟혀 숨졌으며, 또 다른 사람들은 경련을 일으키다 쓰러져 죽었다. 몇 시간 만에 수천 구의 시체가 거리를 뒤덮었다. 많은 이가 잃어버린 가족을 찾지 못했으며, 거대한 무덤에 급히 던져넣은 시체 중에 가족이 있었을 거라고 추측만 하고 있다.

어떤 사람들은 그날 밤의 일을 어쩌다 발생한 '사고'라고 부르지만, 나는 그것이 '불가피한 결과'였다고 말한다. 비용 절감 조치와 엉성한 공장 관리 때문에 안전교육을 담당하는 직원이 줄었고, 위험한 화학물질의 저장에 관한 안전 경고들이 무시됐으며, 마을 사람들에게 위험을 알리는 시스템도 운영되지 않았다. 그날 밤, 이런 종류의 가스 누출 사고에서 사람들을 보호하기 위해 고안되었던 6개의 안전 시스템은 하나도 작동되지 않았다. 하나도 말이다! 독성 화학물질을 그렇게 많이 쌓아두고서 나쁜 일이 전혀 일어나지 않을 거라고 기대했다면, 그게 오히려 이상한 일이다. 더구나 운영자가 안전에 전혀 관심을 기울이지 않았다면 더더욱 그렇다.

그 공장은 인구 밀도가 높은 지역에 위치해 있었다. 공장 벽에서 불과 몇 미터 떨어진 곳에 온 가족이 빼곡히 모여 잠을 자는 판잣집이 다닥다닥 붙어 있었다. 가스가 누출되기 시작했을 때, 유니온카바이드 직원은 경찰에 알리거나 주민들에게 경고를 하지 않았다. 사실 그들은 매우 중요한 처음 몇 시간 동안 자기네 공장에서 가스가 누출되고 있다는 사실을 인정하지 않았다. 유니온카바이드가 그렇게 잡아떼는 동안, 마을 사람들은 숨 막히는 가스에서 벗어나기 위해 정신없이 도망쳤고 당국자들은 무슨 일인지 파악하기 위해 우왕좌왕했다. 많은 사람이, 그때 회사가 누출을 인정하고, 젖은 수건으로 얼굴을 가리라는 등의 기본적인 정보를 공유했더라면, 그렇게 많은 죽음은 피할 수 있었을 거라고 생각한다.

믿을 수 없겠지만, 참사가 일어난 지 25년이 지난 오늘날에도 유니온카바이드는 MIC가 건강에 미치는 영향에 대한 정보를 공유하지 않으려 한다. 그것이 '기업 기밀'이라며, 가스에 노출된 피해자들에게 적절한 의료를 제공하고자 하는 사람들의 노력에 찬물을 끼얹는다.[155]

현재는 다우케미컬이 소유하고 있는, 유니온카바이드의 버려진 공장은 재앙이 지나간 자리에 아직도 독성물질을 내뿜고 있다. 상처에 이어 모욕까지 더하는 격이다. 공장 정문에는 현지 주민이 페인트로 그려놓은, 두 눈 자리에 달러 표시가 그려진 해골 그림이 있다. 그리고 '살인자 카바이드', '세계화의 진짜 얼굴'이라고 씌어 있다. 그린피스가 참사 15년 후에 공장 주변에서 채취한 토양과 물을 검사해보니, 중금속과 그밖의 독성물질이 가득했다.[156] 또 2002년 2월의 한 연구에 따르면, 현지 주민의 모유에서 수은, 납, 유기염소가 검출됐다.[157] 가스 피해를 입은 여성이 낳은 자녀도 지체장애, 선천성 기형, 생식계 장애 등 여러 가지 끔찍한 장애와 질병에 시달릴 위험이 있다.[158]

'그날 밤'에 대해 많은 자료를 읽어서 내용을 잘 알고 있었지만, 1992년 처음으로 보팔에 도착했을 때 나는 그곳을 뒤덮었던 공포를 내가 과소평가하고 있었음을 깨달았다. 그리고 나는 살아남은 사람들의 강한 생존력과 희망도 과소평가하고 있었다. 그들은 스스로를 희생자라고 부르지 않는다. 그저 앉아서 당하고만 있지는 않기 때문이다. 그들은 힘차게 맞서 싸운다.

보팔인인 내 친구 사티나트 사랑기와 나는 이 도시를 "반격과 저항의 세계수도"라고 부른다. 생존자 중 참파 데비 슈클라와 라시다 비는, 보팔에서의 정의를 위한 굴하지 않는 투쟁과 놀라운 용기로 영예로운 골드먼 환경상을 수상했다. 수상소감에서 비는 자랑스럽게 말했다. "우리는 소모품이 아닙니다. 우리는 이윤과 권력의 제단에 바쳐진 꽃이 아닙니다. 우리는 어둠을 정복하겠다고 맹세한 춤추는 불꽃이고, 지구와 삶의 신비를 위협하는 자들에 맞서 싸우겠다고 맹세한 불꽃입니다."[159]

매년 참사 기념일이 되면 생존자들은 참사를 기억하는 시위와 저항행사를 연다. 참사 10주년 행사를 보러 1994년에 나는 보팔을 또 방문했다. 시인들은 사랑하는 이를 잃은 슬픔과 정의를 위한 투쟁을 노래했다. 색색가지 배너는 정의를 요구하면서, 지구상 어디에도 "더 이상의 보팔은 없어야 한다"고 주장했다.

참사 다음 날 아침의 모습을 담은 흑백사진들이 마음을 후벼팠다. 많은 수가 어린이인 시신들이 거리에 줄줄이 눕혀져서 신원 확인을 기다리고 있었다. 나는 한 어린 소녀가 묻히는 장면을 찍은 사진을 잊을 수가 없다. 아버지가 마지막으로 딸의 얼굴을 보려고 얼굴에 덮이는 흙을 치우고 있었다. 나도 아이를 키우는 부모로서, 그 사진을 차마 볼 수가 없었다. 그리고 그 아버지가 어떤 심정일지 생각해보지 않을 수가 없었다. 우리가 '독을 넣어서 독을 내놓는' 생산 모델에 계속 의지하는 한, 이런 참사는 피할 수 없을 것이다.

매년 이 행사의 절정은 거대한 워런 앤더슨Warren Anderson 인형을 만드는 것이다. 앤더슨은 당시 유니온카바이드의 CEO였다. 생존자들은 그가 보팔에 와서 참사를 유발한 경영상의 의사결정에 대해 법적 책임을 지기를 원한다. 인도 법정은 체포영장을 발부했지만, 앤더슨은 코네티컷의 편안한 집에 머물면서 소환에 응하지 않고 있다. 내가 참가한 참사 기념일 행사에서, 2층 건물 높이의 앤더슨 인형은 회색 정장에 모자를 쓰고 사악해 보이는 수염을 기른, 옛날 영화에 나오는 악당과 닮은 모습이었다.

저녁이 되자 수천 명이 거리에서 경을 읊고 소리를 지르면서 카바이드 공장 정문까지 행진했다. 그곳에서 사람들은 앤더슨 인형 화형식을 거행

했다. 소리 지르는 수많은 사람과, 불붙은 거대한 인형 조각들이 다닥다닥 붙어 있어 불에 타기 쉬운 슬럼가로 떨어지는 것을 보면서, 나는 혼란에 빠져 방향감각을 잃었다. 그리고 사람들이 그날 겪었을 어둡고, 혼돈스럽고, 공포스러운 느낌이 상상되기 시작했다.

지역 공동체와 국제단체가 연합한 '보팔에서의 정의를 위한 국제운동 International Campaign for Justice in Bhopal'은, 피해자들에게 의료를 제공하고 보팔에서 정의를 이루기 위해 참사 이후 지금까지 꾸준히 싸워오고 있다. 생존자들의 요구사항에는 다음과 같은 것들이 포함되어 있다. 유독가스를 누출하는 폐공장을 깨끗이 치울 것, 식수가 오염되었으므로 깨끗한 식수를 제공할 것, 장기적인 의료 서비스를 제공하고 유가족과 가스 피해로 일을 할 수 없게 된 사람들에게 경제적·사회적 지원을 할 것, 공장 운영을 엉성하게 한 책임자들이 응분의 책임을 지도록 할 것⋯⋯.[160]

당시 보팔 관련 뉴스는 세계 모든 곳에서 머리기사를 장식했고, 다른 화학회사의 경영자들부터 화학공장 근처에 사는 주민들까지 많은 사람이 새로운 사고의 가능성을 우려했다. 유니온카바이드는 웨스트버지니아의 인스티튜트에도 공장을 가지고 있었는데, 전에 회사 측은 이 공장이 보팔 공장과 거의 동일하다고 언급했었다.[161] 보팔 참사 후, 인스티튜트의 노동자와 거주자들, 그리고 화학 산업이 입지한 다른 지역의 주민들은 질문을 쏟아내기 시작했다. 어떤 독성 화학물질이 공장에서 사용되고 있는가? 독성물질이 공장에서 방출되고 있는가? 그렇다면 얼마나 방출되고 있는가? 보팔에서와 같은 참사가 다른 곳에서도 발생할 가능성이 있는가?

1985년 헨리 왁스먼Henry Waxman 하원 보건환경소위원회 위원장이 유니온카바이드의 내부 메모를 공개했는데, 이렇게 씌어 있었다. 웨스트버지니아 공장에서 "폭주 반응은 독성가스가 있는 저장탱크에 참사로 이어질 수 있는 고장이나 오작동을 유발할 수 있음".[162] 환경보호청은 인스티튜트 공장에서 1980~1984년 소규모의 누출사고 28건이 발생했음을 확인했다.[163] 사람들은 당연히 분노했다.

이에 대해 화학제조업협회Chemical Manufacturers Association(현재는 '미국 화학협회'라고 불린다)는 '책임 관리' 프로그램이라는 것을 내놓고는, 회원사들이 자발적으로 세계적인 안전 프로그램을 운영해 스스로 점검하면서 "지속적으로 건강, 안전, 환경적 역량을 향상시키겠다"고 발표했다.[164] 협회는, 따라서 자신들의 공장과 시설에 대해 더 엄격한 규제를 할 필요는 없다고 주장했다. 대중의 정보 접근 확대를 위해 일하는 어느 비정부기구의 말을 빌리자면, 기본적으로 이 프로그램에는 독성 화학물질 감축에 대해 측정 가능한 목표가 하나도 없고, 구체적인 일정도 없으며, 외부 검사기관으로부터의 인증 계획도 없다. 그러니까 사람들에게 '우리를 믿고 그냥 좀 내버려두라'고 말하는 프로그램인 것이다.[165]

대조적으로, 미국 연방정부는 놀라울 정도로 유용한 반응을 보여주었다. 공장 인근 거주자들이 그 공장에서 어떤 화학물질이 사용되고 누출되었는지에 대한 정보를 얻을 수 있도록 돕기 위해 '독성물질 방출 목록Toxics Release Inventory, TRI'을 만든 것이다. 이는 독성 화학물질 유출에 대한 정보 데이터베이스로, 공기와 폐기물을 통한 누출을 모두 다루고 있다.

TRI는 1986년의 '비상 계획 및 지역사회의 알 권리에 관한 법Emergency Planning and Community Right-to-Know Act'에 의거해 만들어졌는데,[166] 이 법은 사고 발생 시 안전대원들이 더 잘 대처할 수 있게 기업들이 자사가 사용하는 독성 화학물질의 양과 장소를 보고하도록 요구하고 있다. 또한 독성 화학물질을 기준량 이상 생산하거나 사용하는 기업들은 공기 중으로, 그리고 폐기물로 방출되는 독성 화학물질에 대한 정보를 제공해야 한다. 현재 약 22,000곳의 산업 시설과 정부 시설이 이 데이터베이스에 들어 있다. 2007년에 이 시설들은 해당 지역과 다른 지역에서 방출되는 것을 모두 포함해서 650종의 독성물질 41억 파운드가 환경에 방출된다고 보고했다.[167]

TRI 데이터는 정부 웹사이트와 비정부기구 웹사이트 모두에서 볼 수 있다. 내가 가장 즐겨 이용하는 곳은 '스코어카드www.scorecard.org'인데, 우편번호를 입력하면 해당 지역의 주요 오염원과 화학물질을 찾아볼 수 있다. 또 건강에 미치는 영향과 공장에 대한 개괄적인 정보도 제공하며, 지역의 오염물질 생산자들에게 메시지를 보낼 수 있는 기능도 있다.

나는 우리 동네의 독성물질 상황을 알아보려고 스코어카드에 자주 들어간다. 이것은 정신이 번쩍 드는 경험이다. 버클리는 환경 문제에 대한 의식수준이 높다고 자랑하는 곳이다. 이곳의 공립학교들은 유기농 식품으로 급식을 한다. 전지로 가동되는 자동차에는 시내에 공짜 주차공간을 제공한다. 하지만 내가 사는 카운티는 미국 내 모든 카운티 중 가장 더러운 곳 상위 20퍼센트에 올랐다![168] 내 우편번호를 입력해보니, 가장 심한 오염원에 우리집에서 바로 길 아래쪽에 있는 제련소, 기계공장, 플라스틱공장들이 포함돼 있었다.

우리 동네에서 상위 20개의 오염물질은 다음과 같았다. 글리콜에테르, 크실렌, n-부틸알코올, 톨루엔, 1,2,4-트리메틸벤젠, 메탄올, 암모니아, 메틸이소부틸케톤, 에틸렌글리콜, 메틸에틸케톤, 스티렌, 바륨 화합물, m-크실렌, N,N-디메틸포름아미드, 납, 아연 화합물, 에틸벤젠, 쿠멘, n-헥산, 포름알데히드.[169] 우왝!

TRI는 해당 지역의 오염원과 여러 산업 분야의 추세를 파악하는 데 좋은 정보다. 하지만 우리는 더 강력한 정보가 필요하다. 스코어카드는 TRI

에 다섯 가지 한계가 있다고 지적한다. 첫째, 외부 기관이 감시를 하는 것이 아니라 오염시키는 사람들이 스스로 보고하는 데에 의존한다. 둘째, 독성 화학물질을 모두 다루지는 않는다. 셋째, 몇몇 중요한 오염원이 포함되지 않았다. 넷째, 기업들이 제품에 들어가는 독성 화학물질의 양을 보고하도록 요구하지 않고 있다. 다섯째, 유출로 인해 사람들이 노출될 가능성에 대한 정보를 제공하지 않는다.[170] 이런 단점들이 해결되고 나면, TRI는 기업들이 현재 사용하고 있는 독성물질 대신 다른 대안을 찾도록 압력을 넣는 데 사용할 수 있는, 더 강력한 도구가 되어줄 것이다.

우리를 지켜주(지 못하)는 것들

TRI는 이 모든 일에 대해 정부가 하는 역할이 무엇인지 생각해보게 한다. 우리는 위험한 화학물질로부터 우리의 안전을 보장하라고 당국자들을 선출하고 임명하는 것이 아니던가? 식품의약국FDA은? 환경보호청EPA은? 직업 안전 및 보건국OSHA은? 음, 정말 슬프고 무서운 사실이지만, 화학물질에 대한 미국 정부의 규제에는 구멍이 많다.

우선, 현재 미국 정부의 규제는 분절적으로 접근한다. 소비재, 공기, 물, 땅, 음식, 공장의 화학물질을 따로따로 규제한다. 이렇게 역할을 분담하는 경우의 근본적인 문제는, 환경을 상호 연관되어 있는 복잡한 시스템이 아니라 분절적인 단위들의 집합으로 여긴다는 것이다. 물, 대기, 제품, 일터 등 각 분야에서 동일한 화학물질을 담당하는 사람들이 서로 논의를 하지 않는 경우가 흔하고, 어쩌다 논의를 하는 경우에는 의견이 심각하게 상충되기도 한다.

생선을 예로 들어보자. 환경보호청은 당신이 개울에서 잡는 물고기의 오염을 감시하는 당국이고, 식품의약국은 누군가가 잡아서 당신이 상점에서 구매하는 물고기에 대해 관리하는 당국이다. 이 두 기관은 공조를 하게 되어 있고, 가끔 그렇게 하기도 한다. 이를테면, 2004년에 이들은 임신·가임·수유 중인 여성과 어린이들의 수은 흡수를 줄이기 위해 1주일에 12온스(340그램) 이상의 물고기를 먹지 말도록 하는 권고안을 공동으로 제시했다.[171]

그런데 2008년 말, 식품의약국은 이제 여성들이 1주일에 12온스 이상의 생선을 먹어도 된다는 새로운 권고안을 내놨다.[172] 〈워싱턴포스트〉에 따르면, FDA는 보고서가 거의 완성될 때까지 EPA와 상의하지 않았다. 그리고 EPA의 내부 메모는 FDA의 새 권고사항이 "과학적으로 오류가 있고 부적절하다"면서, "환경보호청의 통상적인 기준보다 과학적 엄밀성이 부족하다"고 지적했다.[173] 비영리단체인 환경실무그룹은 한 발 더 나아가, FDA의 보고서가 "경악스럽고 무책임하다"고 지적했다. "이는 식품의약국이 정부기관으로서 얼마나 후퇴했는지를 보여준다. 한때는 미국인의 건강을 열성적으로 지키는 기관이었지만, 이제는 오염을 일으키는 자들의 봉에 불과하다."[174]

신경독을 우리의 저녁식탁에서 없애는 것처럼 아주 중요하고 기초적인 것에 대해 두 기관이 의견을 달리한다면, 우리는 정부의 조치 전체에 대해 무엇을 기대할 수 있을 것인가? 우리가 의존하고 있는 다양한 기관, 위원회, 법률들을 한번 살펴보자.

━━━━━━━━━━━━━ ★ 미국 정부의 법률과 기관들 ★ ━━━━━━━━━━━━━

집행기관

- **국가 환경정책법** National Environmental Policy Act, NEPA, 1969 : 정부의 모든 기관이 환경에 대해 적절한 고려를 해야 한다는 점을 밝힌 광범위한 틀거리.

- **백악관 환경의 질 위원회** Council on Environmental Quality, CEQ, 1969 : NEPA에 의거해 환경 쾌적성, 환경 기능, 환경 가치가 의사결정에서 고려되도록 조율하는 기구. '환경의 질 사무국'이 운영한다.

- **식품의약국** Food and Drug Administration, FDA : 1938년의 '연방 식품 의약품 화장품법Federal Food, Drug and Cosmetic Act'에 따라 설치된, 보건복지부 산하 기관이다. 식품, 의약품, 화장품의 안전성과 효능에 대한 기준을 마련해 공중보건을 지키는 것을 목적으로 한다. 2002년에 '식품 잔류 농약 최대치'를 설정하는 권한을 환경보호청에 이관하도록 개정됐다.

- **직업 안전 및 보건국** Occupational Safety and Health Administration, OSHA / **국립 직업 안전 및 보건 연구원** National Institute for Occupational Safety and Health, NIOSH, 1970 : 1970년의 '직업 안전 및 보건법Occupational Safety and Health Act'에 의해 노동부 산하 기관으로 설립되었다. 노동자들에게 안전하고 건강한 환경을 보장하는 것을 목적으로 한다. OSHA는 집행기관이며, 지금은 보건복지부의 질병예방통제센터에 속한 NIOSH는 산업 유해물질에 대한 연구·교육·훈련을 담당한다.

- **해양대기관리처** National Oceanic and Atmospheric Administration, NOAA, 1970 : 상무부 산하로, 대기와 해양 환경과 해양 생물자원의 변화를 과학적으로 예측하는 기구다. NOAA의 산하 기관으로는 환경위성자료정보청, 수산청, 해양청, 기상청, 해양대기연구소 등이 있다. 수산청은 해양 생

물자원의 보호·보전·관리를 담당하고, 해양청은 안전하고 건강하고 생산적인 해양과 연안을 유지한다. 예를 들어, 안전하고 효율적인 해양 운송이 이루어지도록 관리하는 업무 등을 관장한다. 해양대기연구소는 NOAA를 위한 연구를 수행한다.

- **소비자 제품 안전위원회** Consumer Product Safety Commission, CPSC : 1972년의 '소비자 제품 안전법Consumer Product Safety Act'에 의거해 설립되었다. 소비재 사용과 관련한 전자적·화학적·기계적 위험으로부터 소비자를 보호하는 것을 목적으로 한다.
- **소비자 제품 안전 개선법** Consumer Product Safety Improvement Act, 2008 : 소비자 제품의 안전기준을 세우고, 어린이 제품의 안전과 관련한 그밖의 요구사항을 정한다. 기존의 법을 현대화한 것이다.
- **환경보호청** Environmental Protection Agency, EPA, 1970 : 인간의 건강을 보호하고 인간이 의존하고 있는 물·공기·땅 등 자연환경을 지키는 것을 목적으로 한다. 환경보호를 위한 연구, 감시, 기준 설정, 집행 등의 활동을 조정한다.

EPA가 집행하는 법

- **연방 살충제·살균제·쥐약법** Federal Insecticide, Fungicide, and Rodenticide Act, FIFRA, 1947 : 농작물, 동물, 인간을 위협하는 해충들을 통제하기 위해 항균제를 포함한 농약의 사용, 판매, 등록(허가), 등록 면제 등을 관리한다.
- **식품품질보호법** Food Quality Protection Act, 1996 : 식품 내 농약 유해성분의 수용 가능 기준, 특히 어린이와 영유아에 대한 위험 기준을 마련한다.
- **독성물질통제법** Toxic Substances Control Act, TSCA, 1976 : 폴리염화비페닐

PCB, 석면, 라돈, 납성분 함량 페인트 등 특정한 화학물질의 생산, 수입, 사용, 폐기를 관리한다.

- 청정대기법 Clean Air Act, CAA (1963년 제정 / 1970년, 1977년, 1990년 개정) : 화학 공장, 전기나 가스 설비, 제철소 등으로부터 나오는 공기 오염물질 제한. 개별 주나 지역은 이보다 엄격한 대기오염방지법은 둘 수 있지만, 연방 기준보다 약한 제한을 둘 수는 없다. 1990년의 개정은 오염물질 배출 거래와 청정연료 기준을 포함하고 있다.

- 청정수질법 Clean Water Act, CWA, 1972 : 미국 내에서 물에 오염물질을 버리는 것을 규제하고, 지표수의 수질 기준을 관리한다.

- 안전음용수법 Safe Drinking Water Act (1974년 제정 / 1986년과 1996년 개정) : 실제 식수로 사용되고 있거나 잠재적으로 식수로 사용될 수 있는 지하수와 지표수원의 수질을 보호한다. 그리고 공공 물 공급 시스템이 이런 1차적인 건강 관련 기준을 충족시키도록 요구한다.

- 종합 환경 대응 보상 및 책임법 Comprehensive Environmental Response, Compensation and Liability Act, CERCLA, 1980 (슈퍼펀드법이라고도 알려져 있음) : 특별자금을 조성해(처음에는 160만 달러) 관리되지 않거나 버려진 독성 폐기물 지역을 정화하고 사고, 누수, 기타 긴급하게 오염물질이 배출되는 것을 정화하는 데 쓰도록 한다. 누수와 관련된 책임자를 찾고 그들이 청정화 작업에 참여하도록 한다.

- 슈퍼펀드 개정 및 재승인법 Superfund Amendments and Reauthorization Act, 1986 : CERCLA를 업데이트해 주와 시민 참여를 증진하고 인간의 건강에 대한 영향에 더 초점을 맞추며, 유해물질 순위 시스템을 재검토하고, 펀드의 규모를 85억 달러로 늘린다.

- 비상 계획 및 지역사회의 알 권리에 관한 법 Emergency Planning and Community

Right-to-Know Act, 1986 : 지역사회가 유해 화학물질로부터 공공의 건강, 안전, 환경을 보호할 수 있도록 고안되었다. 지역사회의 알 권리 조항은 개별 시설의 화학물질과 화학물질의 사용 및 환경에의 방출에 대한 정보에 공공 대중의 접근을 증가시키고자 한다.

- **유류오염법** Oil Pollution Act, 1990 : 석유 유출 청정화 작업을 위한 자원과 자금을 제공한다. 오염원에게 오염 감소를 위한 요구사항을 제시한다.
- **자원 보전 및 복원법** Resource Conservation and Recovery Act, RCRA(1976년/1986년/1984년의 유해 고형 폐기물법 수정안) : EPA에 유해물질 폐기물을 '요람에서 무덤까지' 통제할 권한을 준다. 생성, 운반, 처리, 보관, 폐기를 모두 포함하는 것이다. 수정안은 폐기물 최소화와 유해 폐기물에 대한 기준 강화에 초점을 두었다.
- **오염방지법** Pollution Prevention Act, 1990 : 산업 오염을 원천적으로 줄이는 것에 초점을 두었다. 오염 예방 차원에서 자원 효율성과 자원 보전에 대해서도 관심을 갖는다.
- **멸종위기 동식물 보호법** Endangered Species Act, ESA, 1973 : 멸종위기의 동식물과 서식 지역을 보호한다.
- **해양 보호 연구 및 보호구역법** Marine Protection, Research, and Sanctuaries Act, 1972 : 해양투기법Ocean Dumping Act이라고도 하며, 바다에 폐기물을 투기하는 것을 금지한다.[175]

이 모든 것의 공통점을 알아채셨는가? 상당수가 휴대전화나 인터넷 시대가 도래하기 전에 만들어졌다. 어떤 것은 팩스도 없던 시절의 법이다. 레이철 카슨의 《침묵의 봄Silent Spring》이 나오기 전에, 보팔 참사가 있기 전

에, 기후변화가 일상적인 대화 주제가 되기 전에 만들어진 것이 많다. 이런 법과 집행기관들이 도입되었을 당시의 취지는 좋았겠지만, 많은 부분이 이제는 시대에 너무 뒤떨어졌다. 가장 최근의 수정안조차 낡은 경우가 많다.

환경과 건강을 위협하는 요인은 바뀌어왔고, 계속해서 바뀌고 있으며, 그런 위협들에 대한 우리의 인식도 크게 높아졌지만, 법과 규제 당국은 이를 따라가지 못하고 있다. 이 법률 중 많은 것이 "희석시키면 오염이 해결된다(딜루션이 폴루션의 솔루션이다Dilution is the solution to pollution)"고 믿던 시절에 만들어졌다. 그때는 사람들이 굴뚝을 높게 만들거나 폐기용 파이프를 연장하면 문제가 해결된다고 생각했다. 하지만 더 이상은 아니다.

게다가 연방 규제를 실행하려면 주정부 수준에서의 책임 있는 실행이 요구되는데, 이 때문에 문제는 더 복잡해진다. 법을 얼마나 잘 따르고 집행하는지는 해당 주의 우선순위나 이해관계 집단에 따라 매우 다르다. 로웰 소재 매사추세츠 주립대학의 켄 가이저 교수는 "화학, 광업, 몇몇 제조업 등 특정한 산업 분야가 많은 주는 법을 잘 따르지 않고 버티는 것을 용인하는 경향이 더 강하고, 다양한 산업이 섞여 있는 주는 그런 경향이 덜하다"고 설명한다.[176] 법은 지켜지는 한에서만 힘을 발휘하기 때문에, 이는 법률의 효과가 지역에 따라 매우 다를 수 있음을 의미한다.

또 하나의 심각한 문제는, 정부에 정책 권고나 과학적 자문을 하는 소위 '독립 자문위원회'가 그들이 조언을 하고 있는 바로 그 활동에 금전적인 이해관계를 가지고 있는 사람들로 구성되어 있다는 점이다. "여우더러 닭장 지키게 한다"는 말이 있던가? 미국에는 과학연구에 대해 전문적인 평가를 하고, 정책을 제안하고, 연구자금 지원 기획안을 평가하는 등 정부가 좋은 행정을 펴도록 돕는 900여 개의 자문위원회가 있다.[177] 이런 위원회들은 의회, 연방정부, 그리고 대통령에게 매우 활발하게 자문을 하기 때문에 '정부의 다섯 번째 기구'라고 불리기도 한다.

연방 법은 이런 독립 위원회가 견해의 다양성이 균형 있게 대표되고 이해관계가 상충되지 않는 사람들로 구성돼야 한다고 요구한다. 이것이 바로 '독립'의 의미다. 하지만 이런 의무적 요구사항과 상관없이, 업계의 영향력이 독립 위원회들을 지배하고 있어서 '편향되지 않고 독립적인' 전문가집단으로서의 가치와 신뢰성을 갉아먹고 있다.

예를 들어, 2008년에 FDA는 식품 포장이나 생수병 등에 쓰이는 가소제인 비스페놀A 즉, BPA가 안전하다는 보고서를 냈다.[178] 이 보고서는 BPA가 어린이들의 신경장애, 발달장애, 생식기능 장애와 관련이 있다는 우려가 커짐에 따라 수행한 연구의 결과물이었다. 그런데 비영리단체인 공익과학센터Center for Science in the Public Interest, CSPI 산하 '과학 연구의 충실성Integrity of Science Project'은 FDA가 보고서의 기초로 삼은 두 개의 주요 연구가 화학업계 협회인 미국 화학협회의 자금지원을 받아 이루어졌음을 밝혀냈다. 미국 화학협회에는 BPA를 만들거나 사용하는 기업들이 포함돼 있다.[179]

이 사건은 자문위원회의 의심스러운 정보 원천과 미심쩍은 자문위원 임명을 보여주는 긴 목록 중 하나일 뿐이다. 그리고 아직도 BPA에 대한 연방정부 차원의 사용 금지 조치는 이루어지지 않고 있다. 동물 실험에서 생식기능 손상을 야기한다는 사실이 밝혀졌는데도 말이다. 음식 포장재에서 BPA를 없애려면 www.saferstates.com/2009/06/safer-cans.html을 참고하라.

CSPI는 과학 기반의 공공정책에 미치는 기업의 영향을 차단하기 위해 연구와 운동을 하는 곳이다. CSPI는 200개 이상의 연방 과학자문위원회를 조사해 이해관계의 상충이 있는지 알아보고, 그 결과를 온라인 데이터베이스www.cspinet.org/integrity에 올린다. 2009년 초, CSPI는 새로운 보고서 《뒤틀린 자문, 제기능 못하는 연방 자문위원회들Twisted Advice》을 내놓았는데, 여기에 따르면 정부 자문패널은 여전히 산업계를 대변하는 쪽으로 쏠려 있었다. 대부분의 경우 위원회가 하는 일의 결과에 직접적인 금전적 이해가 걸려 있는 산업계 사람들의 목소리가 너무 많이 반영되는 것이 그런 편향의 이유였다.[180]

 현재의 접근은 독성 화학물질, 노동자의 안전, 광범위한 환경 관련 사안 등을 규제해 우리를 보호하는 기능을 하지 못하고 있다. 어떤 경우에는 자문기구들을 장악한 화학업계처럼 의도 자체가 나쁘다. 어떤 경우에는 법과 기관들의 관할 영역이 복잡하게 얽혀 있는 문제에서와 같이 구조가 나쁘다. 어느 경우든 우리는 다른 방법이 필요하다. 규제 당국과 과학자들이 특정한 산업을 위해서가 아니라 사람들의 후생을 위해 일하게 해야 한다. 그리고 법과 관계기관이 지구환경의 복잡성을 이해하고 그것을 반영하도록 해야 한다. 자연환경, 인간이 만든 환경, 공동체와 지역사회, 노동자, 어린이, 엄마들 모두를

통합된 전체로 파악하는 접근방식이 필요하다.

'지속 가능한 생산을 위한 로웰 센터Lowell Center for Sustainable Production' 소장이기도 한 켄 가이저 교수는 2008년에 펴낸 논문 〈미래를 위한 종합 화학 정책Comprehensive Chemicals Policies for the Future〉에서 화학물질에 대한 대안적인 접근방식을 제시했다. 가이저에 따르면, 대안적인 화학물질 정책은 화학물질을 개별적인 개체로서가 아니라 그것들이 사용되는 광범위한 생산 시스템의 한 요소로 파악한다. 화학물질들이 개별적으로 등장하는 일은 없기 때문이다. 대안적인 화학물질 정책은 모든 화학물질에 대한 정보를 완전하게 연구해서 공공대중에게 제공하고, 독성이 덜한 대체재의 개발을 촉진하고, 산업 공정을 유해물질을 많이 사용하는 방식에서 유해성이 적은 물질을 사용하는 쪽으로 하나씩 옮겨가게 할 것이다. 통합적인 시스템 관점으로 접근하면 전자제품, 운송, 의료 등 여러 산업 분야가 독성물질에 덜 의존하게 만드는 정책들을 펼 수 있을 것이다. 가이저가 언급했듯이 "우리는 '제한'보다는 '전환'을 더 많이 생각해야" 한다.[181]

늘 이랬던 것은 아니다

물건의 생산과 관련된 문제들은 거의 손을 댈 수 없는 것처럼 보인다. 당신이 최근 60년 이내에 태어난 사람이라면, 물건들이 이렇지 않을 수도 있다는 것은 상상도 하기 어려울 것이다. 하지만 늘 이렇지는 않았다. 오늘날의 생산 과정에서 가장 독성이 있는 부분들은 생긴 지 100년도 안 됐다. 이는 우리가 희망을 가져도 좋을 이유가 된다.

오랫동안 모든 물건의 생산 과정은 환경적으로 훨씬 덜 해로운 방식이었다. 예전에도 물론 생산 과정에서 부정적인 영향은 있었다. 수은이나 납 같은 중금속을 위험한지 모르고 사용한 경우처럼 말이다. 하지만 전지구적으로 환경파괴가 일어나고 독성물질이 야생에 가까운 지역까지 퍼져서 지구상 모든 사람의 세포조직에서 발견되는 오늘날의 상황에 비하면 미미한 것이었다.

역사를 돌아보면, 우리는 생산 과정을 근본적으로 전환시킨, 그래서 가히 파괴적인 영향을 가져온 두 시기를 발견할 수 있다. 산업혁명 이전에는 생산에 필요한 거의 모든 에너지를 육체적인 힘, 이를테면 사람의 힘과 사람이 동원할 수 있는 동물의 힘으로 충당했다. 즉, 우리가 모을 수 있는 자원과 만들 수 있는 물건의 양에 제약이 있었다. 그러나 18세기 말과 19세기 초에 증기기관이 발명되고, 곧이어 기계들이 수많은 노동자를 대신해 힘들고 긴 노동을 하게 되었다. 안전한 노동조건이라든가 식사와 휴식 시간 등을 요구하지 않으면서 말이다.

만들 수 있는 물건과 추출할 수 있는 자원의 양에 갑자기 한계가 사라졌다. "더 많이, 더 빠르게, 더 좋게"라는 모토 아래 이런 일이 이루어졌다. 늘 더 많고 늘 더 빠르기는 했는데, 늘 더 좋은 것은 아니었다. 이 시스템에서 이동하는 자원의 양은 전력 공급을 위해 사용되는 것과 제조 과정에 들어가는 것 모두 극적으로 늘었다. 이를테면, 1850년에 미국의 석탄 생산은 채 850만 톤이 되지 않았다. 그런데 1900년에는 2억 7,000만 톤으로 증가했고, 1918년에는 6억 8,000만 톤이 되었다.[182] 그 시대를 지배하는 것은 변경 개척 정신이었다. 예전에는 항상 더 베어낼 수 있는 삼림과 쓰레기를 더 버릴 수 있는 계곡이 저 밖에 있었다. 그때는 한계라는 것을 생각할 필요도 없어 보였다.

더 많은 천연자원을 사용하고 더 많은 물건을 더 빨리 만들면서도, 인간의 노동은 덜 필요했다. 여기서 딜레마가 생긴다. 공장들이 노동자를 모두 유지하면서 새로운 기계들을 도입하면, 사람들이 필요로 하는 것보다 더 많은 것을 생산하게 된다. 경제학자들은 이것을 '생산 과잉'이라고 부르는데, 여기에는 두 가지 해결책이 있다. 소비를 증가시키거나('더 많은 물건'), 생산을 줄이거나('더 많은 여가'). 소비를 다룬 4장에서 더 자세히 설명하겠지만, 그 갈림길에서 미국의 기업과 정치 지도자들은 '더 많은 물건'을 선택했다.

두 번째 변화의 물결은 20세기 초중반에 밀려왔다. 이 혁명은 물질 영역에서 도래했는데, 과학자들이 전에는 존재하지 않았던, 완전히 새로운 종류의 합성 화학물질을 개발한 것이다. 자연적으로 생성되는 많은 물질이 인조 석유화학 물질로 대체되었다. 생산에 쓰이는 인공 화합물의 양과 독성이 크게 증가했다.

물론 산업혁명과 현대의 화학은 우리에게 도움도 주었다. 나는 내 삶에 없어서는 안 될 많은 것에 감사한다. 냉장고, 난방이 되는 집, 의약품, 인터넷, 어디나 음악을 지니고 갈 수 있게 해주는 작은 기기⋯⋯ 나는 이런 것들 없이 살고 싶지 않고, 다른 사람들더러 이런 것들 없이 살라고 말하고 싶지 않다. 하지만 지금은 또 다른 종류의 진보와 또 다른 혁명을 이야기해야 할 때다.

오늘날 자원은 고갈되고, 인구는 계속 늘고 있다. 하지만 우리의 생산 테크놀로지는 이런 현실을 따라가지 못한다. 우리는 여전히 막대한 에너지와 물질을 낭비하고 소비하는 공정을 사용한다. 자원을 공급하고 폐기물을 처리하는 지구의 역량이 무한하기라도 한 것처럼 말이다. 우리는 생명을 지탱할 수 있는 지구의 능력을 훼손하는 경제활동을 여전히 찬양한다. 이제 우리는 생산 시스템을 다시 한 번 바꿀 방법을 알아내야 한다. 훨썬 적은 물건을 훨씬 좋게 만드는 방식으로 말이다.

맨 처음에서 시작하기

생산의 가장 첫 단계는 물리적인 생산이 시작되기 한참 전 단계로, 가장 중요하지만 가장 눈에 덜 띄는 과정, 즉 디자인이다. 디자인은 다음과 같은 것들을 결정한다.

- 어떤 재료를 추출하거나 만들 것인가?
- 그 제품을 만들고 사용하는 데 얼마만큼의 에너지를 사용할 것인가?
- 유독한 화학물질을 사용할 것인가?
- 제품은 어느 정도 오래가게 만들 것인가?
- 수리나 수선을 어느 정도 용이하게 할 것인가?
- 재활용이 가능하게 만들 것인가?
- 재활용이 안 될 경우, 매립이나 소각을 할 때 어느 정도의 유해성이 발생할 것인가?

지속 가능성과 관련해 국제적으로 널리 알려진 건축가 빌 맥도너Bill McDonough는 디자인을 "인간의 의도를 보여주는 첫 번째 신호"라고 부른다.[183] 우리의 의도가 소비자가 가장 최근에 빠져든 열광을 만족시키는 전자제품을 가장 싸게 만드는 것인가? 아니면 독성이 없고 친환경적인 재료를 사용해서 우리의 필요를 충족시키면서 사회의 후생을 증진하고, 더 쉽게 업그레이드하거나 수리할 수 있으며, 궁극적으로 재활용되거나 분해

돼 거름으로 쓰일 수 있는 물건들을 만드는 것인가?

디자인 단계에서의 변화에는 하나의 제품군에서 특정한 독성물질을 없애는 것처럼 점진적인 개선도 있을 수 있고, 우리의 생각을 제한하는 오랜 가정들, 즉 패러다임을 깨뜨리고 다시 생각한 결과로 발생하는 혁신적인 변화도 있을 수 있다. "오염은 진보를 위해 치러야 할 대가다"라든가 "우리는 일자리와 환경 사이에서 선택해야 한다"는 구태의연한 생각 때문에 우리는 오랫동안 환경과 노동자와 건강한 경제에 모두 이로운 혁신적이고 창조적인 아이디어를 내지 못했다. 사고방식을 바꾸지 않으면 물건들의 시스템 또한 바꿀 수 없다.

물론, 작고 점진적인 변화도 많은 소비재에서 되풀이된다면 변화를 가져올 수 있다. 예를 들어, 휘발유에서 납을 없애 공공건강, 특히 자라나는 어린이들의 뇌를 보호하는 데 큰 성과를 올렸으며, 이 하나의 변화는 세계적으로 수백만 명의 IQ를 구했다.

2009년 2월에는, 일군의 휴대전화 제조 및 운영 업체가 제조사나 모델에 관계없이 휴대전화 배터리를 호환해 사용할 수 있고, 배터리 효율성이 더 높아지도록 디자인하겠다고 발표했다.[184] 나는 이 소식을 워싱턴에 가려고 준비하는 동안 들었다. 마침 여행 준비로 서두르느라 휴대전화 충전기를 집에 두고 떠났다. 회의 일정은 빡빡했고 이동을 원활하게 하려면 휴대전화가 필요했다. 1주일 쓰자고 새 충전기를 사고 싶지는 않아서, 호텔에 혹시 예전에 묵은 손님 중 깜빡하고 내 전화기에 맞는 충전기를 놓고 간 사람이 없는지 물었다. 데스크 직원은 코드가 깔끔하게 돌돌 말려 있는 수십 개의 휴대전화 충전기가 들어 있는 상자를 가지고 왔다. 23개를 시도해보고서야 내 전화기에 맞는 것을 찾을 수 있었다!

충전기 연결 부분의 모양을 바꾸는 것은 작은 일이지만, 휴대전화업계는 이 작은 디자인 변화로 충전기 생산을 절반으로 줄일 수 있을 것이라고 예상한다. 그러면 교체용 충전기를 만들고 운송하는 데서 발생하는 온실가스를 매년 1,000만~2,000만 톤씩 줄일 수 있다고 한다.[185] 휴대전화회사의 보도자료를 보면, 호환 가능한 충전기가 혁명적인 변화인 것 같아 보인다. 하지만 휴대전화가 처음 고안되고 개발되었을 때, 애초에 충전기를 이렇게 디자인할 수도 있었을 것이다.

정말로 혁명적인 디자인 사례를 꼽자면 '생체 모방'을 들 수 있다. 이것은 자연에서 영감을 얻은 디자인 해결책이다. 생체모방연구소Biomimicry Institute는 이렇게 설명한다. "자연은 필요에 의해 상상력이 풍부해서, 우리가 고전하는 많은 문제를 이미 해결했다. 동물, 식물, 미생물은 완성된 엔지니어다. 그들은 어떤 것이 잘 작동되는지, 어떤 것이 적절한지, 그리고 가장 중요하게는, 무엇이 지구에서 지속될 수 있는지를 이미 알아냈다. 생체 모방이 알려주는 진짜 뉴스는 다음과 같다. 38억 년 동안의 연구개발 결과, 실패작은 화석이 되었고 생존 비결을 가지고 있는 것들은 살아남아 지금 우리 주위에 있다."[186]

생체 모방 전문가들의 분석에 따르면, 자연이 기능하는 핵심 원칙은 다음과 같다.

- 자연은 태양을 에너지 삼아 돌아가고, 필요한 만큼만 에너지를 쓴다.
- 자연은 물을 기반으로 한 화학을 사용한다.
- 자연은 형태가 기능에 부합한다.
- 자연은 모든 것을 재활용한다.
- 자연은 협동에 대해 보상한다.
- 자연은 다양성을 유지한다.

- 자연은 지역적 전문성을 요구한다.
- 자연은 내부로부터 과다함을 제거한다.
- 자연은 한계가 만들어내는 조화의 힘을 발휘한다.

생체 모방 디자인은 이런 원칙들을 인간의 기술과 인프라와 제품에 적용한다.[187] 현실에서는 어떤 형태로 나타나게 될까? 생체모방연구소 설립자 재닌 베뉴스Janine Benyus는 수많은 사례를 제시했다. 독성 잉크와 프탈레이트 색소를 사용한 물건 대신, 층층이 되어 있어서 빛이 반사될 때 우리 눈에는 화려한 색상으로 인식되는 공작새의 깃털을 모방하는 것이 어떨까? 하이테크 세라믹을 만들기 위해 가마에 화석연료를 때는 대신, 열을 사용하지 않고 바닷물에서 세라믹보다 두 배나 단단한 물질을 스스로 합성해내는 진주조개를 모방하는 것은? 홍합을 바위에 붙어 있게 해주는 섬유는 2년 후에 분해된다. 우리의 포장재도 필요하지 않거나 원치 않을 때 이렇게 분해되도록 디자인하는 것이 어떨까? 천연광물을 캐내는 대신, 물에서 금속을 끄집어내는 미생물들을 모방하는 것은?[188] 엔지니어들과 녹색화학자들은 이미 이 모든 대안을 성공적으로 실험하고 있다. 그들에게 필요한 것은 연구개발을 지속할 수 있는 자금과 그들 편에 서줄 정부의 규제다.

물건 생산 과정에서 또 한 번의 혁명은 필요하고, 가능하다. 현재 개발된 그리고 개발되고 있는 접근방법으로 10년 안에 우리는 오늘날의 모든 파괴적인 공정을 바꾸고 독성이 있는 재료들을 공장과 제품에서 제거할 수 있을 것이다. 정부 규제가 이런 수준의 변화를 의무화하고, 기업인들이 돈을 그들의 영혼과 손자손녀들에게 투자하고, 디자이너들과 과학자들이 그들이 가장 잘하는 것 즉 혁신과 개선을 도모한다면, 우리는 바로 거기에 도달할 수 있을 것이다.

3
chapter

유통

DISTRIBUTION

공급망에서의 감량핑 | 트럭, 화물선, 비행기······ 오, 맙소사!
H&M의 티셔츠가 내 손에 들어오기까지 | 아마존 대 동네 서점
월마트와 '언제나 낮은 가격'의 진실 | 슈퍼스토어, 슈퍼악덕 | 규칙을 만드는 사람들
아이티에서 얻은 깨달음 | 지역적인 대안

옛날 옛적에는 단순했다. 구할 수 있는 물건은 동네와 인근 지역에서 생산된 것뿐이었다. 물건은 장터에 나가서 사오거나 마차로 배달을 받았는데, 판매자는 보통 그 물건을 만든 사람이었다. 실크나 향신료같이 아주 먼 곳에서 가끔씩 오는 희귀한 물건은 세 가지 방식을 통해 들어왔다. 약탈한 전리품을 가지고 원정에서 돌아오는 군대를 통해, 이국의 땅을 탐험하고 돌아오는 탐험대를 통해, 아니면 드물게 존재하던, 엄청난 비용과 위험을 무릅쓰고 해외를 오가는 국제 교역인들을 통해.

15세기경에는 유럽이 탐험의 시대에 들어서면서, 부자들은 광물(특히 금), 섬유, 향신료, 과일, 커피, 설탕과 같은 귀중한 물건들을 얻기 위해 모험에 돈을 댔다. 하지만 그때도 이런 것을 살 여력이 되는 귀족 소비자들은 배가 항해에서 돌아올 때까지 굉장한 인내심을 가지고 기다려야 했고, 물건이 도착하면 아주 많은 돈을 지불해야 했다.[1]

오늘날에는 세상의 거의 모든 사람이 지구 반대편에서 만들어진 물건들을 어렵지 않게 소비할 수 있다. 물건들은 빛의 속도로 세계를 다닌다. 우리는 손가락만 까딱하면 원하는 색상과 스타일의 물건을 구할 수 있는 것을 당연하게 여기며, 무엇이든 '빠르게' 정도가 아니라 '즉시' 구할 수 있다고 생각한다.

불과 한두 세대 동안, 인류는 물건의 유통을 너무나 빠르고 복잡하게 만들었다. 할아버지 세대가 둥그렇게 생긴 말을 앞이나 대각선으로 한두 칸만 이동할 수 있는 체커(서양 장기)를 두었다면, 아버지 세대는 비숍·나이트·룩·퀸 등으로 복잡해진 말들이 2차원 공간을 다양한 방식으로 다닐 수 있는 체스를 두었다. 그럼 우리 세대는? 〈스타트렉〉에 나오는 3차원 우주 체스를 두는 것 같다.

오늘날의 '물건 이야기'에서 유통 단계는 육상, 해상, 항공 등의 운송 방식이나 전세계로 물건이 오가는 운송 경로만 조사해서는 전체적인 맥락을 제대로 이해할 수 없다. 우선, 어마어마한 정보기술 시스템에 대한 이야기가 포함되어야 한다. 예를 들어, 월마트는 이동하는 물건들을 계속 추적하기 위해 국방부에 필적하는 컴퓨터 네트워크를 보유한 것으로 알려져 있다.

또 거대한 초국적 유통업체를 포함시켜야 하는데, 이들의 '규모의 경제'야말로 현대의 유통 시스템을 가능하게 한 핵심 요소다. 그리고 이 모든 유통활동은 경제의 세계화, 국제 무역정책, 국제 금융기구 등을 배경으로 이루어진다. 이런 국제 제도들은 물건이 지구 위를 이동하는 방식의 큰 틀을 설정한다.

공급망에서의 감량

물건이 우리에게까지 오는 경로를 이해하려면 우선 물건의 공급망에 대해 알아야 한다. 공급망은 '물건을 그것이 만들어진 A지점에서 우리가 구매하는 B지점으로 옮기는 것'이라고 간단히 말할 수 있는 것이 아니다. 여기에는 공급업체, 부품 생산업체, 노동자, 중간상인, 금융인, 창고, 적재 도크, 배, 기차, 트럭 등이 모두 필요하다. 즉, 기본적으로 자연자원에서부터 소매매장까지 오는 길 사이의 모든 정거장이 필요한 것이다.

세계화된 오늘날의 경제에서는 한 제품의 공급망이 여러 대륙과 수십 개의 기업을 포함할 수 있다. 이들 각자는 공급망 속의 해당 결절점에서 자신의 이윤을 극대화하려고 한다. 이 목적을 달성하기 위해, 이들은 아주 세세한 것까지 조정해 물건을 가능한 한 빠르고 싸게 만들어 운송하는 복잡한 공급망 관리 기법을 개발해왔다.

노트북컴퓨터의 공급망

공급망에 대해 가장 많은 지식을 가지고 있는 사람은 아마도 다라 오루크 교수일 것이다. 내가 세계의 오염 공장과 쓰레기 처리장을 돌아다니고 있을 때, 오루크 교수는 온두라스·인도네시아·베트남·중국 등지에서 의류와 신발을 만드는 노동 착취 공장들을 조사하고 있었다. 오루크 교수는, 탐험의 시대 이래로 많은 것이 달라지긴 했지만 그보다 더 근본적인 변화는 지난 10년 동안 벌어졌다고 설명한다. 그는 지난 10년간의 혁명을 두 가지로 정리한다. '날씬한lean 제조'와 '날씬한 유통'.²

오루크 교수는 도요타 자동차를 날씬한 제조의 전형으로 꼽는다. 도요타는 조립라인의 노동자들이 필요한 부품을 가져오기 위해 조금이라도 힘을 더 쓰거나 1초라도 낭비하지 않도록 작업장을 재조정한 것으로 유명하다. 조립라인을 순수화해서 각 단계에서 낭비되는 시간을 제거함으로써 공정이 한 치의 틈도 없이 밀도 있게 진행되도록 한 것이다. 이 모델에서 매우 중요한 혁신은, 개별 노동자가 제품에서 문제를 찾아내면 언제든지 '스톱 줄'을 당길 수 있게 한 것이다. 그러면 즉각적으로 고장난 기계나 아픈 노동자, 나쁜 디자인 등 문제의 원인을 조사해 시정한다. 이렇게 생산 과정 도중에 노동자가 오류를 잡아내는 것은, 공정의 마지막에서 검사관이 완제품의 결함을 찾아내는 방식보다 비용 면에서 훨씬 효율적이다. 또 노동자들에게 더 큰 직업 만족도와 책임감을 느끼게 해준다고도 알려져 있다. 하지만 일부 노동자들이 서로 '라인 스피드업(라인 작업 속도를 높이는 것)'을 일으킨다고 비난하고, 노동운동이 오랜 세월 동안 노동자들을 위해 싸워온 투쟁을 무력화시키는 측면도 있었다.³

지난 몇 년간 날씬한 제조는 모양이 더 추해졌다. 제조업체들은 생산 공정의 모든 활동을 분석해서, 완제품에 가치를 증가시키지 않는 '추가적인 지출'을 모조리 잡아냈다. 그것이 특정한 테크놀로지가 만들어내는 독성 폐기물을 말하는 것이라면, 그것을 잡아내 없애는 것은 좋은 일이다. 하지만 그 추가적인 지출이 안전장비라든가 노동자의 휴식시간을 말한다면, 이런 것들을 없애기 위해 운영 방식을 재구성하는 것은 끔찍한 일이다. 하지만 주로 벌어지는 일은 후자다.

이런 효율성지상주의는 공장을 넘어서 공급망 전체에 적용된다. 어떻게? 자, 핵심은 이것이다. 우리가 구입하는 물건의 '제조사' 대부분이 실제로는 아무것도 직접 만들지 않고, 다른 업체들이 만든 것을 사다가 자사 브랜드를 붙여 판다. 나이키는 운동화를 만들지 않는다. 애플은 컴퓨터를 만들지 않는다. 갭은 옷을 만들지 않는다. 이 회사들은 운동화와 컴퓨터와 옷을, 그리고 그것들을 조립할 부품을 전세계의 여러 공장에서 사온다. 경쟁관계에 있는 브랜드들의 제품이 같은 공장에서 제조되는 경우도 있는데, 이 물건들은 나중에 라벨이 붙고 나서야 서로 다른 브랜드의 제품으로 구별된다.[4]

나이키, 애플, 갭 같은 회사들이 만드는 것은 '브랜드'이며 쇼핑객들이 구매하는 것도 브랜드다. 나이키의 창업자인 필 나이트 Phil Knight는 이렇게 설명한다. "오랫동안 우리는 우리 회사가 제품 위주의 회사라고 생각하면서 디자인과 제조 과정에서의 강조점을 모조리 제품에 두었다. 하지만 이제 우리는 가장 중요한 것은 그 제품의 마케팅이라는 사실을 알고 있다."[5] 회사들은 브랜드 프로모션에 수십억 달러를 쓰는데, 실제 제품의 상세한 특징에 대해 광고하는 것이 아니라, 소비자들이 자사 브랜드와 동일시해주기를 바라는 이미지를 유지하기 위한 광고인 경우가 많다. 오루크가 말했듯이, "애플이 당신에게 아이팟을 한 대 팔았다면, 이는 MP3 플레이어 한 대를 판 것이 아니라 패션의 상징을 판 것"이다.[6]

초점을 물건 제조가 아니라 브랜드 개발에 두기 때문에, 물건이 만들어지는 장소가 어디인지는 점점 더 상관이 없어진다. 사실, 물건을 만드는 데 실제로 들어간 재료비·인건비·공장 운영비 등과 물건을 매장까지 운송하는 비용은, 그 제품의 가격에서 차지하는 비중이 작다. 제품 가격의 대부분은 브랜드 값이다. 따라서 공급망에서 비용이 절감될수록, 브랜드를 가진 기업은 더 많은 이윤을 얻는다.[7]

소비자들도 브랜드에 매우 높은 가치를 부여하면서 동조하기 때문에, 공급망에서의 권력은 물건을 실제로 만드는 기업을 떠나 브랜드를 가진 기업과 유통업체 쪽으로 옮겨간다. 브랜드 기업과 유통업체가 항상 같은 것은 아니다. 나이키 매장에서는 나이키가 브랜드이자 유통업체지만, 나이키 신발이 노드스트롬 백화점에서 팔리는 경우에는 브랜드와 유통업체가 다르다. 오늘날 공급망에서 명령하고 지휘하는 쪽은 이들이다. 실제로 물건을 만드는 업체들이 아니라, 유통업체와 브랜드 기업들이 무엇을 만들지, 얼마나 빨리 만들지, 가격을 얼마나 붙일지 결정한다. 한 제조업자가 그 수요를 다 감당할 수 없어도 상관없다. 아무런 불평 없이, 종종 더 싼 대금을 받고라도 그 물건의 납품을 따내려고 기다리는 다른 제조업자가 많이 있기 때문이다.[8]

《네이션》의 정치 담당 기자 윌리엄 그레이더William Greider는 이렇게 설명한다. "이는 개도국을 함정에 빠뜨리는 쳇바퀴다. 만약 임금을 올리거나 노조 결성을 허용하거나, 건강이나 환경 등 사회적 사안을 다루려고 하면, 이 시스템은 그들을 처벌한다. 이런 일들이 추가적인 생산비용을 유발하지 않는 다른 나라로 공장을 옮길 것이기 때문이다."[9] 데이비드 코튼David Korten도 저서 《기업이 세계를 지배할 때When Corporations Rule the World》에서 이렇게 언급했다. "어린이를 고용하거나, 노동자들에게 시간외수당을 지급하지 않거나, 끔찍하게 많은 할당량을 강제하거나, 안전하지 않은 시설을 가동하거나 하지 않으면, 거대 유통업체로부터 납품 계약을 따내기가 점점 어려워진다."[10]

생산이 이루어지는 실제 과정에서 쏙 빠져나온 거대 브랜드 기업들은 노동조건과 관련된 문제들을 거의 무시할 수 있다. 어깨 한번 으쓱 하고, "이봐요, 그건 우리 공장이 아니에요"라고 말할 수 있는 것이다. 이런 상황은, 공장을 실제로 운영하고 노동자들을 고용할 때 수반되는 비용과 문제와 책임에서 이들을 자유롭게 해준다.

이런 경향들 때문에 오루크는 이를 '비열하고 날씬한mean lean' 시스템이라고 부른다.

이것은 새로 등장한 날씬함의 절반에 불과하다. 또 다른 절반은 날씬한 유통이다. 날씬한 제조처럼, 날씬한 유통도 모든 단계에서 비용 절감을 추구한다. 이를 위해 매장 노동자들의 임금을 낮추고, 의료 혜택을 제공하지 않고, 노조 결성을 막고, 고객들이 대중교통으로 올 수 있는 도심에 매장을 짓기보다는 부동산이 싼 교외에 거대한 매장을 짓는 등, 생각할 수 있는 모든 수단을 동원한다.

하지만 유통비용을 가장 크게 절감하는 방법은 재고를 없애는 것이다. 날씬한 유통 모델에서 재고는 궁극적으로 낭비다. 예전에는, 재고가 있으면 저장 공간을 유지하는 지출이 발생한다는 점에서, 그리고 재고란 일시적으로 시장에 나오지 않는 물건들이라는 점에서, 재고가 비용으로 간주됐다. 하지만 유행이 빨리 변하고 구식화가 빠르게 진행되는 오늘날에는 재고가 또 다른 중요한 의미에서 비용으로 여겨지고 있다. 1주일 만에 새로운 유행이 나오는 것은 의류뿐만이 아니다. 이제는 전자제품, 장난감, 가구, 자동차도 그렇다.[11] 따라서 물건을 단 며칠이라도 창고에 묵혀두면, 엄청나게 많은 돈과 제품을 낭비하게 될 위험이 있는 것이다.

마이클 델은 언젠가 이런 유명한 말을 했다. "재고의 품질 수명은 상추와 비슷하다."¹² 델은 재고 기간을 줄이는 측면에서 업계의 선도적인 역할을 해왔다. 델은 대량으로 만들어놓고 팔릴 때까지 재고를 쌓아두는 과거의 유통 모델을 택하지 않았다. 고객이 구매 혹은 주문한 것의 정보를 복잡한 컴퓨터 시스템이 공장으로 전달하면, 준비된 부품으로 고객이 구매한 종류, 색상, 스타일에 맞게 제품을 조립해 고객에게 운송한다. 이제는 생산이 개별 소비자의 주문을 바탕으로 이루어지는 것이다. 경영용어로는 '저스트 인 타임JIT' 모델이라고 한다.¹³

더 정교하게 '조금'씩 생산함으로써 불필요한 생산을 줄이려는 노력도, '니치 마케팅niche marketing'이라는 말도, 그리고 그와 관련된 모든 유통 방식도 다 좋은 말처럼 들린다. 사실 비즈니스 관점으로 보면 좋은 일이다. 환경의 관점에서도 어쩌면 좋은 일일 수 있다. 하지만 노동자에게는 끔찍한 시스템이다. 스타일은 계속해서 변하고 소비자들은 즉각적인 배송을 바라는 상황에서, 노동자들은 안 그래도 심한 압박을 더 많이 받게 된다. 이런 상황에서는 점점 더 많은 노동인구가 안전하고 지속 가능하고 안정적인 일자리를 잃고 단기 계약직이 될 수밖에 없다. 즉, 정치경제학자들의 용어로는 '임시직화casualized'되는 것이다. 이는 노동자에 대한 부가급부가 줄거나 아예 없어지고, 임금이 낮아지고, 전반적인 직업 안정성이 떨어진다는 의미다.¹⁴

최악의 사례로 장난감업계를 꼽을 수 있다. 대부분의 장난감은 크리스마스 시즌에 팔린다. 모든 유통매장은 '최고 유행 장난감'의 재고를 많이 확보하고 싶어 한다. 하지만 그해의 최고 장난감이 무엇일지는 크리스마스 직전에야 알 수 있다. 따라서 제조업체들은 연중 일정하게 노동자들을 고용해서는 크리스마스 시즌을 제대로 준비할 수 없다. 무엇이 그해의 최고 장난감인지 알려질 때까지 기다려야 한다. 그리고 나서, 크리스마스 직전 몇 주 동안 장난감공장의 노동자들은 끔찍하게 긴 시간을 일해야 한다. 이렇게 시간 압박이 심할 때 노동자의 나이나 공장의 환경 등에 대한 고려는 뒷전으로 밀린다. 그리고 노동자들은 알아서 불평불만을 접게 된다. 괜히 불만을 표시했다가, 자칫 오프시즌에 해고되는 축에 낄까 봐 걱정이 되기 때문이다. 피크시즌 노동자 수의 절반 혹은 3분의 2가량은 오프시즌에 해고된다.[15]

오루크는 날씬한 시스템이 꼭 비열해야 하는 것은 아니라고 설명한다. '비열하고 날씬한' 시스템 대신 '녹색의 날씬한' 시스템도 있을 수 있다. 도요타의 노동자가 조립라인에서 스톱 줄을 당길 수 있는 권한을 갖듯이, 시스템 전역에서 관련된 사람은 누구라도 문제를 찾아내도록 권장되고 문제를 발견하면 해결될 때까지 생산을 멈출 수 있는, 전적으로 투명한 공급망 시스템을 만들 수도 있을 것이다.

여기서 '관련된 사람'에는 노동자뿐 아니라 공장 인근의 마을 사람들도 포함된다. 이런 시스템에서는 지역 주민이 찐득한 갈색 물질이 담수원으로 흘러가는 것을 보면 스톱 줄을 잡아당길 수 있다. 소비자도 포함된다. 소비자가 제품에 유해물질이 포함된 것을 발견하면 '파울'을 선언하고 이를 생산자에게 알릴 수 있다. 문제가 해결될 때까지 해당 제품의 공급망은 멈추게 되고, 그러면 브랜드를 소유한 업체들은 문제에 빠르게 대처할 유인을 갖게 된다. 오루크는 이렇게 설명한다. "기업들이 가장 싸게 생산해야 한다는 압력이 아니라 노동자, 사회, 환경의 이점을 최적화하는 방식으로 생산해야 한다는 압력을 받는 시스템을 상상해보세요."[16]

오루크는 이런 비전을 가지고, 버클리 교수직에서 안식년을 얻어 장기적인 꿈을 실현하는 일에 집중했다. 몇 년 동안 공장들을 방문하면서 소비자 제품의 건강과 안전에 대한 데이터를 분석했다. 그리고 구매 의사결정의 어느 시점에 제공되는 어떤 종류의 정보가 소비자의 행동에 변화를 일으킬 수 있는지, 또한 (가능하면 구매하는 시점에) 이런 정보에 사람들이 쉽게 접할 수 있는 방법이 무엇인지도 연구했다.

이런 연구를 바탕으로 오루크는 무료 온라인 데이터베이스인 '굿가이드GoodGuide'를 만들었는데, 75,000가지 이상의(점점 더 늘어나고 있다) 소비재 상품과 제조업체가 미치는 사회·환경·보건상의 영향을 검색할 수 있다.[17] 2009년 말에는 아이폰 앱도 선보였다. 소비자들이 폰카메라를 제품의 바코드에 갖다대기만 하면 즉시 그 제품에 대한 환경과 건강 정보를 얻을 수 있다. 여기서 제공되는 정보는 제품 라벨이 알려주는 정도를 훨씬 능가한다.

'녹색쇼핑 사이트가 하나 더 나왔나 보다'라고 생각할지 모르겠는데, 절대 그렇지 않다. 오루크의 목적은 "소비자들이 덜 유독한 샴푸를 사도록 돕는 것"이 아니다. 물론 이것도 좋긴 하지만, "그보다는 무엇을 사용해서 어떤 방식으로 제품을 만들지에 대해 의사결정을 하는 사람들에게 시장 신호를 보내는 것이 목적"이다.[18]

굿가이드는 각 업체의 노동정책, 기업정책, 에너지 사용, 환경영향, 오염 기록, 그리고 공급망 정책을 아우르는 정보를 주기적으로 업데이트한다. 또 제품에 어떤 재료가 들어 있는지 알려주고 덜 유독하거나 점수가 높은 다른 제품을 제안한다. 무엇보다 중요한 점은, 개개인이 해당 제품의 뒤에 있는 기업에 메시지를 보낼 수 있게 해준다는 점이다.

내가 굿가이드에서 처음으로 검색해본 제품은 '팬틴 프로-V 헤어컨디셔너'다. 지저분한 화학물질들이 들어 있는 것을 알게 된 후로는 사용하지 않고 있지만, 그때까지 오랫동안 써온 제품이었다. 굿가이드에서 나는 이 제품의 모기업P&G을 좋아해서는 안 되는 다른 이유들도 알게 되었다. 그래서 P&G에 메시지를 보냈다. "왜 내 헤어컨디셔너에 이렇게 많은 유독물질이 들어 있습니까? 왜 당신네 회사는 이렇게 형편없는 대기오염 점수를 받고 있습니까? 나는 이 제품을 더 이상 사지 않겠습니다!" 메시지 하나는 무시하기 쉽지만, 수천 개는 무시할 수 없다. 오루크에 따르면, 굿가이드에서 '제조업체에 메시지 보내기' 버튼은 두 번째로 많이 클릭되는 버튼이다. 그리고 소비자들이 이런 메시지를 많이 보냄에 따라 일부 기업은 이미 유독물질을 사용하지 않는 쪽으로 변화하고 있다.[19]

오루크의 프로젝트는 제품의 공급망에 대한 정보를 우리가 훨씬 더 잘 알 수 있게 해준다. 이를 통해 우리는 우리의 가족과, 물건을 만드는 노동자들과, 지구의 환경을 위해 더 좋은 선택을 할 수 있다. 어떤 사람들은 이를 "우리의 달러로 투표하는 것"이라고 말한다.

나는 굿가이드의 열성팬이고 독자 여러분도 모두 굿가이드 사이트를 열심히 살펴보라고 권하는 바지만, 정말로 우리에게 필요한 일은 달러만으로 투표하는 것이 아니라 진짜 '표'로 투표하는 것이라는 말을 덧붙여야겠다. 지구상의 모든 부모에게 굿가이드 사이트를 알려주면서 어린이샴푸에 독성물질이 얼마나 들어 있는지 알아보라고 설득하기는 불가능하지만, 일부의 부모들과 함께 어린이샴푸에 독성물질을 넣게 놔두는 법을 바꾸도록 정치적인 활동을 하는 것은 가능하다.

나는 굿가이드를 비롯한 공급망 투명성 제고 움직임들이 바로 이런 점에서 변화의 중요한 도구라고 생각한다. 이런 도구들은 우리에게 정보를 주고 힘을 준다. 건강하고 공정한 제품과 그런 제품을 만드는 기업들을 그렇지 않은 제품과 기업보다 북돋워준다. 공급망의 의사결정자들이 더 나은 방향으로 변화하도록 그들에게 메시지를 보낼 수 있게 해준다. 하지만 궁극적으로 우리가 기억해야 할 것이 있다. 앨리게니 대학 정치학·환경학 교수인 마이클 마니아테스가 말했듯이, 우리가 소비자로서 할 수 있는 선택에는 한계가 있으며, 쇼핑 장소 외부에 있는 요인들에 의해 미리 결정되어 있다. 그런 요인들은, 사회적이고 정치적인 행동을 통해서 더 잘 바꿀 수 있다.[20]

트럭, 화물선, 비행기…… 오, 맙소사!

이렇게 세계화된 공급망을 따라 물건들을 옮기려면 배, 트럭, 도로, 비행기, 기차가 필요하다. 운송 인프라는 어마어마한 양의 화석연료를 소비하고 폐기물을 내놓는다. 하지만 이런 비용은 소비재의 외부화된 비용 중 가장 많이 숨겨져 있는 부분이어서, 대부분의 사람들은 이에 대해 전혀 모르고 있다. 제품에 들어 있는 원료에 대해 잘 알고, 다이아몬드가 아프리카의 폭력에 기여하는지를 따져봐야 한다는 사실을 알고 있으며, 터키의 면화농장이 농약을 쓰는지 질문해야 한다는 것을 아는 사람이라고 해도, 물건들이 운송되는 방법에 대해서는 무엇을 질문해야 할지 모르는 경우가 허다하다.

아시아에서 미국으로 수입되는 물건 대부분은 거대한 바지선에 실려 대양을 건넌다. 해상운송은 미국의 해외무역 거래에서 무게 기준으로 99퍼센트를 차지한다.[21] 2004년 연간 해상 화물은 15억 톤으로 1조 달러어치에 육박했

으며, 해상 화물 운송은 향후 20년간 3배가 될 것으로 예측된다. 대부분은 중국, 인도 등의 아시아 국가들에서 올 것으로 보인다.[22] 국제 해상운송업계는 매년 1억 4,000만 톤이 넘는 연료를 사용하는데, 2005년 선진국의 화석연료를 통한 이산화탄소 배출의 30퍼센트를 차지했다. 개발도상국을 포함한 전세계를 기준으로 보면 23퍼센트다.[23]

"선박에서 배출되는 황, 세계적으로 해양과 연안 오염 일으켜…… 톤당 화석연료를 태워 발생시키는 오염으로 볼 때, 디젤화물선이 가장 심한 오염 배출원 축에 속하는 것으로 드러나……"[24] "해양 선박이 발생시키는 오염, 심장과 폐질환에 관련 있어…… 해양 선박은 전세계적으로 매년 약 6만 건의 심폐질환과 폐암으로 인한 사망을 유발하는 것으로 드러나……"[25] "세계적으로 상업 선박이 배출하는 입자상 오염물질이 전세계 자동차가 배출하는 양의 거의 절반에 해당……"[26] "대형 화물선이 기존에 추정되었던 수치보다 두 배의 매연을 내뿜는 것으로 밝혀져……"[27] 이상은 카네기멜론 등 저명한 연구소의 과학자들이 화물선이 유발하는 피해에 대해 연구한 결과를 보도한 기사 중 일부다.

그린피스에서 독성 폐기물 화물선을 추적하는 일을 할 때, 나는 뉴욕과 마닐라에서 두어 번 화물선에 타봤다. '배'라는 단어는 이 괴물의 실상을 거의 연상시키지 못한다. 거대한 아파트 건물이 그 옆에 누워 있다고 생각해보라. 처음으로 이런 배에 탔을 때가 기억난다. 우리 팀은 안전모를 쓰고, '독성물질 거래 순찰팀'이라고 씌어 있는, 제복처럼 보이는 검정 재킷을 입고 벨트에 수갑을 걸고 있었다. 수갑은 배에서 유해물질이 내려지려 할 때 우리 몸을 닻을 연결한 체인에 묶어서 막아내기 위한 것이었다. 우리가 이 거대한 배에 독성 폐기물이 숨겨져 있다고 주장하자, 승무원은 우리를 선장에게 데리고 갔다. 선장을 만나기 위해 우리는 11층까지 엘리베이터를 타고 가야 했다.

당시 배들은 거대했다. 그리고 지금 더 거대해지고 있다. 점점 증가하는 해상운송 화물 수요에 맞추기 위해 완전히 새로운 종류의 배인 점보화물선이 개발됐다. 이중 상당수는 축구장 세 개보다도 길고 수천 개의 컨테이너를 실을 만큼 큰데, 각 컨테이너는 방 세 개짜리 집 안에 있는 물건을 모두 싣기에 충분한 크기다.²⁸ 한 가지 사소한 문제는, 세계 대부분의 항구는 이런 초대형 배를 수용할 수 없기 때문에 물 밑바닥을 파고 항구를 확장해야 한다는 점이다. 이미 파나마운하를 점보화물선이 오갈 수 있게 확장하는 계획이 승인되었다.²⁹

화물 운송을 위한 물류 인프라를 확장하는 곳은 이쪽 대륙만이 아니다. 2005~2010년, 중국은 연간 700억 달러를 도로·다리·터널에, 180억 달러를 철도에, 64억 달러를 항구에 지출했다.³⁰ 이미 세계에서 처리 화물이 가장 많은 항구 네 개 중 세 개가 중국에 있다. 상하이가 1위인데, 2007년에 3억 5,000만 톤 이상을 처리했다.³¹ 또 중국에는 2001~2005년에 43개의 공항이 새로 건설되었으며, 이중 23개는 중국 서부의 산업단지에 위치해 있다.³² 이런 새 시설들의 주된 목적은 중국에서 생산된 물건을 국제시장으로 원활하게 유통시키는 것이다.

물건들이 도착하면, 미국 내에서는 일반적으로 트럭으로 이동한다. 2005년, 미국 국내 화물 전체 무게의 77퍼센트가 트럭으로 운송되었으며, 총 이동거리는 약 2,570억 킬로미터였는데 이는 향후 30년간 두 배가 될 것으로 예측되었다. 적어도 경제위기 전에는 그렇게들 내다봤다.³³ 고속도로 인터체인지 주변, 고속도로의 정체 구간, 항구 진출입로 같은 곳에서는 교통체증이

자주 발생해서 트럭들이 몇 시간이고 공회전을 하며 서 있기 일쑤다. 실제로 최근의 한 연구에 따르면, 미국의 화물트럭은 연간 2억 4,300만 시간을 교통체증 속에서 보낸다.³⁴ 이런 지연은 운송업체들에게 시간당 25~200달러의 추가적인 비용을 발생시킨다.³⁵

여기에 공기의 질, 기후, 천식이나 암 발병과 같은 공공건강상의 비용은 또 어찌할 것인가? 캘리포니아주 대기자원국은 천식과 폐병 치료에 들어가는 돈을 포함해 화물트럭이 발생시키는 공공건강상의 비용이 연간 200억 달러에 달할 것으로 추정했다.³⁶ 뉴저지주에서 환경단체들이 추산한 비용은 연간 50억 달러다.³⁷ 또한 낡은 브레이크와 타이어, 잦은 과부하 때문에 트럭들이 사고를 일으킬 확률이 높아지고, 그러면 고속도로 순찰, 구급차, 교통체증 등의 추가적인 비용이 발생한다.

마지막으로 항공운송이 있다. 소비재 운송 방법 중에서는 고급스러운 것이어서 고가의 물건이나 운송시간이 중요한 화물에 주로 적용된다. 디자이너 의류나 일부 전자제품 같은 것이 여기 해당한다. 국제항공운송협회International Air Transport Association 사무총장 겸 CEO인 조반니 비시냐니Giovanni Bisignani에 따르면, 무게에서 차지하는 비중은 얼마 안 되지만 금액으로는 국제거래 물건의 35퍼센트가 항공으로 운송된다.³⁸ 금액만 무게에 비해 많이 나가는 게 아니다. 유럽에서 이루어진 한 연구에 따르면, 항공 화물이 무게로는 유럽 화물의 3퍼센트밖에 안 되지만, 화물이 발생시키는 총 이산화탄소 배출에서는 80퍼센트를 차지했다.³⁹

이산화탄소 배출에 대한 규제가 강화되거나 배출에 세금이 붙을 것으로 보이는데다 최근 유가가 급등하면서, 일부 기업과 정부는 운송에 들어가는 에너지와 온실가스 배출 문제에 대해 대책을 마련하기 시작했다. 미국 환경보호청은 오염물질

배출을 줄이기 위해 화물업자들과 공동으로 노력하는 '스마트웨이 트랜스포트SmartWay Transport' 프로그램을 만들었다. 지속 가능성 면에서 더 나은 기차운송 방식을 트럭운송에 도입한 것인데, 이를테면 트럭의 총용량을 다 적재해서 빈 공간이 없게 하고, 트럭의 덮개천이 펄럭거리지 않도록 하고, 화물을 가능한 낮고 빽빽하게 적재해서 공기역학을 개선하고, 타이어의 공기압력을 점검하고, 폭이 넓은 타이어로 교체하고, 가능하면 내리막은 액셀러레이터를 밟지 않고 내려가고 공회전을 줄이도록 운전사들을 교육하고, 감속을 의무화하는 조치 등이 포함되어 있다.[40]

스스로 친환경적으로 변화하고자 노력하는 화물업체들도 있다. UPS는 유압식 하이브리드트럭을 도입했는데, 이 트럭은 "기존의 디젤트럭보다 온실가스 배출을 40퍼센트 줄일 수 있고, 도시에서 연료 효율성을 60~70퍼센트 향상시킬 것으로" 기대된다.[41] 이에 뒤질세라 페덱스도 하이브리드 전지 차량을 도입했다. 이것은 기존의 트럭보다 입자상 배출물을 96퍼센트 줄이고 같은 양의 연료로 57퍼센트의 거리를 더 갈 수 있으며, 연료비용을 3분의 1 이상 줄일 수 있다고 한다.[42] DHL도 탄소 배출을 상쇄하는 조치를 도입했는데, 고객들이 3퍼센트의 추가비용을 내면 "차량 기술, 태양열전지, 재조림 사업 등 친환경 프로젝트에 투자하겠다"고 약속했다.[43]

이런 노력들이 괜찮아 보이긴 하지만 문제의 핵심에는 닿지 못하고 있다. 문제의 핵심은, 몇몇 전문가에 따르면 길게는 약 16,000킬로미터에 달하는 거대한 글로벌 공급망,[44] 더 값싼 물건이 더 빠르게 배달될 것을 요구하는 소비자, 그리고 전체 경제의 틀을 잡는 제도와 규칙들 때문에, 물건을 집에서 가까운 데서 만드는 것보다 지구 반대편에서 만드는 것이 더 수익성 있게 되었다는 점이다.

이를 염두에 두면서, 2장에서 살펴본 세 가지 물건의 소매유통망을 살펴보자. 논의의 편의를 위해, 흰 티셔츠는 스웨덴 의류업체 H&M에서, 책은 아마존닷컴에서, 컴퓨터는 월마트에서 샀다고 치자. 실제로는 이곳들에서 사지 않았지만, 이들 세 거대 유통업체를 연구하면 글로벌 유통망에서 소매유통업체들이 맡고 있는 역할을 좀더 명확하게 파악하는 데 도움이 될 것이다.

H&M의 티셔츠가 내 손에 들어오기까지

스웨덴의 거대 의류업체 H&M은 흰색 면티셔츠 말고도 매년 5억 개 이상의 품목을 1,700개가 넘는 매장에서 판매한다.[45] H&M은 세계에서 세 번째로 큰 의류 소매업체이며(1위는 갭, 2위는 스페인의 인디텍스그룹이다), 시장 상황이 별로 안 좋았던 2008년에도 4억 4,000만 달러 이상의 수익을 올렸다.[46] H&M은 반응시간과 속도, 즉 '빠른 패션'으로 유명하다. 이곳의 의류는 디자인·생산·유통의 전과정이, 그러니까 디자이너의 화판에서부터 매장의 옷걸이까지 이르는 과정이 20일 만에 이루어질 수 있다.[47] 이 제품들은 오래 입을 목적으로 만들어지지 않는다. 트렌디하다는 점, 그리고 어처구니없이 저렴하다는 점이 H&M의 성공 비결이다.

여기에서도 '날씬한 제조'가 큰 역할을 한다. 다른 유명 유통업체와 마찬가지로, H&M도 가능한 가장 싼 공급업체와 계약을 한다. 주로 아시아와 동유럽의 공장과 계약을 하는데, H&M의 거대한 규모를 무기로 납품공장 노동자의 임금은 최대한 낮게, 납기는 최대한 짧게 밀어붙인다. 여러 개의 공급업체를 활용하므로, 한 공장이 납기를 못 지킨다 해도 흐름을 깨뜨리지 않고 쉽게 계약을 파기하고 더 좋은 조건에 납품받을 수 있는 다른 곳으로 옮겨갈 수 있다. H&M은 더 낮은 대금으로 치고 들어오는 다른 납품업체를 항상 기다리고 있다가, 기존에 거래해온 업체와의 관계에 대해서는 일말의 고려도 없이 더 싼 쪽으로 옮겨간다.[48] 산업보호법제, 관세, 물량 제한 등 각국의 제도도 H&M이 어느 곳의 납품업체를 선택할지 결정하는 데 영향을 미친다.

한편, H&M의 속도와 트렌디함은 체계적인 유통 시스템과 관련이 있다. 많은 의류유통업체가 '그레이지 구즈greige goods'를 수입함으로써 공급망에서 소요되는 시간을 단축한다. 전자제품이나 장난감 등 다른 업계에서도 그레이지 구즈를 이용하는 방식이 확산되고 있다. 그레이지 구즈는 완제품에 들어갈 부분부분을 인건비가 낮은 해외 공장들을 활용해 만들어둔 것이다. 이를테면 염색하지 않은 천을 소매나 상의용으로 재단만 해두고 재봉은 하지 않은 식으로 말이다. 그레이지 구즈는 그 상태로 소매매장 근처의 공장으로 운송된 뒤, 이곳에서 이번 주에 소비자들이 열광할 스타일에 맞게 목 둘레와 소매 길이를 처리하고 염색을 하는 등 마무리 공정을 거친다.[49]

미국의 경우, 보통 아시아에서 화물선으로 그레이지 구즈를 실어온 후, 항구에서 조립·유통센터까지는 트럭으로 이동하고, 여기서 소매매장까지 다시 트럭으로 옮긴다. 전체 공급망이 계속 돌아가도록 하기 위해 막대한 정보기술로 무장한 두뇌·신경 시스템이 다양한 공급업체, 재고, 주문, 운송수단과 경로, 날씨, 교통 상황, 선적과 취급 인력 상황 등을 확인한다. 정보기술 시스템은 점점 더 정교해지고 있다. 투자가 많이 필요한 일이긴 하지만, 이를 통해 유통을 날마다 더 빠르게 할 수 있기 때문에 투자비는 보상되고도 남는다.[50] 이런 규모의 정보기술 시스템이 발생시키는 진정한 비용에 대해 감을 잡고 싶다면, 앞에서 살펴본 내 컴퓨터 생산의 경우(117

~127쪽)를 참고하시길.

소비자들의 관심이 특정한 색상이나 커트에 쏠리면, H&M은 거의 즉시 반응해 그 수요에 맞는 물건들을 매장에 왕창 갖다놓는다. 이것이 날씬한 유통이다. 이 문제를 많이 연구한 자칭 '공급망광' 다라 오루크에 따르면, 전에는 트렌디한 의류매장들이 다섯 개의 패션 시즌을 중심으로 운영되었다. 봄, 여름, 가을, 겨울 네 개의 진짜 시즌과 휴가 시즌. 그런데 오늘날의 유통업체는 많게는 26개의 패션 '시즌'을 제시한다. 각 '시즌'은 2주밖에 안 된다.[51]

모든 H&M 매장에는 물건이 날마다 재입고된다. 규모가 큰 매장은 매일 트럭 세 대 분량의 물건을 받는다.[52] 매일 옷을 이만큼씩 뒷문으로 들여와서 앞문으로 내보내는 미친 질주가 계속되는 것이다. 물건이 팔릴 때마다 판매 데이터가 자동으로 공장에 전송되어 어떤 제품이 잘 팔리는지를 알려준다.

비즈니스의 속도에 대해 알아본 것만으로도 나는 몹시 걱정스러워졌다. 뭔가 비정상적이지 않은가? 이 모든 질주는 정말로 무엇을 위한 것일까? 위대한 책 한 권이나 친구들과 함께하는 좋은 식사에 돈을 쓰는 것이, 이번 주의 가장 잘나가는 옷에 돈을 쓰는 것보다 더 큰 즐거움을 주지 않는가? 지난달 아니면 지난해(헉!)의 티셔츠를 입는 것이 정말로 문제가 되나? H&M과 많은 소비자는 정말 문제가 된다고 믿고 있는 게 분명하다.

H&M은 오늘날 유통 시스템의 초고속 운영을 보여주는 극단적인 사례다. '빠른 패션'을 추구하는 소비자들이 영화나 TV나 쇼윈도의 광고에서 쉴 새 없이 보여주는 새로운 물건들에 중독이 되면서, H&M은 그런 물건들을 기꺼이 계속 공급한다. 다른 제품이나 다른 유통업체에서도 이와 같은 경제적 동인을 볼 수 있다.

아마존 대 동네 서점

인터넷 쇼핑이 막 등장했을 때, 많은 사람은 이런 온라인상의 발전이 환경에도 이롭고 소규모 독립사업자에게도 이로울 것이라고 생각했다. 물리적인 매장 없이도 소규모 사업을 꾸릴 수 있으니 말이다. 심지어 재고가 없어도 된다. 고객이 기대하는 합리적인 시간 안에 배송할 수 있으면 고객의 주문을 받은 다음에 물건을 만들거나 가져와도 되기 때문이다.

물론 모두 사실이다. 하지만 놀랍게도, 온라인 유통 역시 오프라인에서와 같은 거대하고 막무가내인 기업들이 장악하는 방향으로 흘러가고 있다. 온라인 유통은 소규모 업체가 잠재적 소비자에게 직접 닿을 수 있는 가능성을 주기는 하지만, 미국인이 2003년에 온라인에서 쓴 700억 달러(2006년에는 이미 1,000억 달러가 넘었다[53])의 3분의 1은 상위 20개 온라인 유통업체에서 소비됐으며, 이중 12개는 거대 체인업체였다.[54]

아마존닷컴은 온라인 유통 분야에서 반론의 여지 없는 황제다. 아마존은 세상에서 가장 많은 품목을, 다른 곳에 비해 저렴하거나 적어도 경쟁력 있는 가격으로 판매한다는 자부심을 가지고 있다. 취급 품목의 범위를 이보다도 더 넓히기 위해, 다른 업체들과 입점 계약을 해서 창고와 물류 서비스를 제공한다. '타깃' 같은 큰 업체도 아마존 온라인에 입점해 있다.

테크놀로지는 아마존의 최대 강점인데, H&M의 물류 시스템도 여기에 비하면 미미해 보일 정도다. 우선, 사용자에게 맞춤쇼핑 경험을 제공하고 사용자가 원할 법한 제품을 추천하는 '고객 인터페이스 테크놀로지'가 있다. CEO이자 창업자인 제프 베조스 Jeff Bezos는, 물건의 선택지가 이렇게 많을 때는 "고객이 물건을 찾아낼 수 있게 해야 할 뿐 아니라, 물건들이 고객을 찾아낼 수도 있게 해야 한다"고 말했다.[55] 그리고 판매를 '완료'하기 위한 물류 테크놀로지도 필요하다. 즉, 주문을 처리해서 그 물건을 고객에게까지 보내는 시스템이 필요한 것이다. 몇천 개가 아니라 100만 개 혹은 200만 개나 되는 다양한 물건들의 주문과 배송을 추적해야 한다고 생각해보라. 아마존은 자체적으로 '재고 최적화' 소프트웨어를 개발해야 했는데, 베조스는 이것을 항공사의 운항경로 시스템에 비유한다. 이 시스템은 복잡한 알고리즘으로 되어 있는데, 고객이 주문한 바로 그 물건을 수십만 제곱미터의 창고에서 기계가 찾아내 가져오는 최적경로를 계산해준다.[56] 아마존이 주장하는, '개별 고객들의 맞춤쇼핑' 뒤에는 이렇게 어마어마하게 다양한 취급 품목과 첨단 테크놀로지가 있는 것이다.

강철같은 의지가 있지 않고서야 아마존의 유혹에 저항하면서 동네 서점에 가기는 쉽지 않다. 동네 서점은 돈을 정가대로 다 받고, 현장에 재고가 없어서 새로 주문을 넣어야 하기 일쑤니 말이다. 그래서 동네의 독립서점들은 점점 사라지고 있다. 이는 우리에게 큰 손실이다.

그런데 사실 온라인 유통과 기존의 오프라인 유통 매장 중 어느 쪽의 환경 발자국이 더 가벼운지에 대해서는 아직 환경학자들 사이에서 결론이 나지 않았다. 오프라인 매장은 건물 유지·조명·냉난방 등에 자원을 소비하고, 소비자들은 일반적으로 자동차를 타고 매장까지 간다. 온라인 쇼핑업체는 포장재를 더 많이 쓰고, 배송의 일부는 항공운송을 이용한다.

한 연구는 책 판매의 두 가지 모델을 비교했다. 전통적인 오프라인 모델에서는 책이 인쇄소에서 중앙 물류창고까지 트럭으로 이동하고, 여기서 다시 지역 물류창고로, 그리고 소매매장으로 이동한다. 소비자들은 매장에 가서 책을 구매해 집으로 가지고 온다. 온라인 모델에서는 책이 인쇄소에서 중앙 물류창고로 오고, 소비자가 주문을 하면 이곳에서 포장되어 소비자가 있는 곳 근처의 물류 집결지까지 항공편으로 운송된 후, 다시 고객의 집까지 트럭으로 배송된다.

　이 연구에서 흥미로운 점은, 판매되지 않은 책들이 유발하는 비용에 대한 계산이다. 장르에 따라 다르지만, 인쇄된 책 중 25~55퍼센트는 판매되지 않는다.[57] 이런 책들은 버리거나 재활용하거나 할인매장에서 판매하는데, 이 모든 경우에는 적어도 운송비용이 든다. 온라인 모델에서는 재고가 있는 곳이 중앙 물류창고뿐이기 때문에 미판매 재고가 더 적다. 따라서 종이와 운송비용을 덜 낭비한다.

　이 연구는 비행기, 트럭, 자동차에 평균적인 연료 소비율을 적용하고, 평균적인 크기의 책을 평균적으로 포장하며 평균적인 미판매 재고가 있다고 간주하고 계산했다. 그 결과 에너지 효율성, 대기 오염물질 배출, 쓰레기 배출, 온실가스 배출 등의 면에서 온라인 모델 쪽이 더 효율적이며 지속 가능하다고 결론을 내렸다.[58] '프린트 온 디맨드(주문 시 인쇄)'가 확산되면 효율성은 더 높아질 수 있다. 독자층이 얇은 책들은 아예 미리 인쇄하지 않고 독자가 주문한 뒤에 그 독자와 가장 가까운 인쇄소에서 인쇄할 수도 있다. 일부 산업 분석가들은, 2010년이 되면 전세계에서 판매되는 책의 절반은 판매 장소에서 가장 가까운 곳에서 '주문 시 인쇄' 방식으로 인쇄될 것이라고 예상한다.[59]

　하지만 온라인 환경잡지 《트리허거TreeHugger》가 지적하듯이, 온라인 쇼핑과 오프라인 쇼핑의 환경영향을 비교할 때는 세부사항을 중요하게 고려해야 한다. 대중교통 또는 자전거를 이용하거나 걸어서 동네 서점에 간다면, 그건 틀림없이 온라인 서점보다 좋은 선택이다. 《트리허거》는 "교외에 살고, 초대형 마트에 둘러싸여 있고, 오프라인 매장에 가려면 편도로 10킬로미터 이상 운전해야 할 때, 그리고 온라인으로 주문한 여러 품목을 따로따로가 아니라 한꺼번에 배송받는 쪽을 선택하고 항공운송 대신 육

로운송을 선택할 경우에만" 온라인 쇼핑을 하도록 권고한다.[60]

책을 디지털화하는 것과 아마존 '킨들' 같은 기기의 등장이 환경에 미칠 영향도 생각해봐야 할 주제다. 종이 없는 책은 삼림파괴를 늦추기는 하겠지만, 새로운 전자기기를 시장에 내놓는다는 문제가 있다. 휴대전화든 컴퓨터든 카메라든 모든 종류의 전자제품이 그랬듯이, 새로운 전자책기기도 1~2년에 한 번씩 새 모델이 나오고, 광물을 더 채굴해야 하며, 생산과정에서는 독을 넣어 독을 내놓는 공정이 이용되고, 더 많은 e폐기물이 나오게 될 것이다.

나는 다음과 같은 방식을 좋아한다. 걷거나 자전거를 타고, 나에게 책을 추천해주는 친절한 책방 주인이 카운터에 앉아 있는 동네 서점에 간다. 책을 다 읽으면, 내가 아는 모든 사람에게 빌려준다. 물론 권할 만한 책일 경우에만.

그렇지 않으면 '프리사이클'한다. 프리사이클은 700만 명의 강력한 온라인 네트워크로, 낭비를 줄이기 위해 서로서로 물건들을 공짜로 올리고 공짜로 받는다.[61] 이렇게 하면 내가 다 읽은 책이 다른 누군가에게 가서 제2의 인생을 시작할 수 있다. 열 살인 내 딸은 책을 매우 빨리 읽기 때문에, 우리는 딸아이의 친구들을 불러서 '책 바꾸기 브런치'를 자주 연다. 우리집 책장을 비우고, 새로운 책들을 공짜로 얻고, 공동체를 강화하기 위해서다. 브런치에서 남은 것(와플 말고 책)들은 인근 학교에 기증한다.

그리고 도서관이 있다! 어디에 살든, 내가 책을 찾는 장소로 가장 좋아하는 곳은 도서관이다. 이웃을 만나고, 공개 세미나에 참석하고, 공동체의 이슈를 토론하는 자리에 끼어들고, 때로는 생음악을 듣기 위해서도 나는 도서관에 간다. 아마존은 빠르고 편리하고 놀라운 규모를 자랑하지만, 이런 종류의 삶의 질을 추가로 얹어주지는 못한다.

월마트와 '언제나 낮은 가격'의 진실

미국에서 구매되는 소비자 가전제품 중 거의 20퍼센트가 월마트에서 판매된다.[62] 그러므로 내가 이 소매유통의 고질라에서 컴퓨터를 샀다고 간주하고 이야기를 풀어나가는 것이 아주 불합리한 일은 아닐 것이다.

H&M의 힘이 속도와 트렌디함과 엄청난 저가에서 나왔다면, 아마존의 힘이 무한한 선택지와 정가보다 낮은 가격에서 나왔다면, 월마트의 힘은 접근성·상품 범위의 다양성·저렴한 가격을 합친 데서 나온다. 월마트는 진정으로 거대하다. 월마트에 비교한다면 꽤 많은 유통업체가 자그마해 보일 것이다. 갭, 타깃, 시어스, 코스트코, JC페니, 베스트바이, 스테이플스, 토이저러스, 노드스트롬, 블록버스터, 반스앤노블을 다 합해도 월마트의 범위를 벗어나지 못한다.[63] 월마트는 2008년 4,010억 달러의 수입을 올렸다.[64] 세계 수위를 다투는 경제권의 규모와 비슷하다. 오스트리아, 칠레, 이스라엘의 GDP보다 많으며, 중국의 상위 10대 교역 상대에 든다. 영국이나 독일보다 순위가 높다.[65]

월마트 매장은 전세계적으로 8,000개가 넘는데, 그중 4,000개 이상이 미국에 있다. 매장 한 개는 평균적으로 축구장 세 개만 한 크기다.[66] 《대형 할인점의 속임수Big Box Swindle》의 저자 스테이시 미첼Stacy Mitchell은 "월마트의 미국 내 매장 면적은 약 5,600만 제곱미터에 달하는데, 미국 전체 인구가 매장 안에 들어갈 수 있다"고 표현했다.[67] 월마트는 미국 도처에 들어서 있어서, 사실상 누구라도 가장 가까운 매장에서 100킬로미터 이상 떨어져 있지 않다. 그리고 월마트 체인은 계속 확장되고 있는데, 매년 약 460만 제곱미터씩 늘어난다.[68]

다음으로 다루는 상품 범위의 다양성을 생각해보자. 월마트에서 살 수

없는 것이 있던가? 요즘 월마트는 미국에서 식료품, 의류, 가정용 가구, 장난감, 음악 부문 판매 1위 업체다.[69] 미국인들은 DVD, 카메라, 가전제품뿐 아니라 치약, 샴푸, 기저귀까지 월마트에서 산다. 월마트에는 주유소도 있고, 건강 클리닉도 생겼으며, 은행업을 하지 못하게 막는 법을 개정하기 위해 애쓰고 있다.[70] 영화 〈월-E〉에 나오는 기업이 기본적으로 지구 전체를 장악해서 지구상의 모든 물건과 서비스를 판매하고, 심지어 지구를 넘어서까지도 그랬다는 것을 기억하는가? 이건 '너무' 과장된 이야기가 결코 아니다. 월마트는 바로 그 방향으로 가고 있는 것 같으니 말이다.

아마존과 달리 월마트는 제품군당 한두 종류만을 판매하며, 취급하는 상품 중 40퍼센트가량이 자사 상표, 즉 월마트를 위해 제조된 제품이다.[71] 하지만 아마존이 제공하는 만큼의 다양성이 없더라도, 거대한 원스톱 쇼핑 천국에서 '언제나 낮은 가격'을 약속하는 것만으로도 사람들이 계속 월마트를 찾게 만드는 데는 충분하다.

그런데 이 '언제나 낮은 가격'이라는 말에는 맹점이 있다. 실제로는 가격이 언제나 그렇게 낮지만은 않기 때문이다. 샘 월튼Sam Walton의 기막힌 자질은 1962년 아칸소주에 첫 매장을 열었을 때부터 발휘되었다. 이를테면 샴푸나 치약 등 인기 있는 물품을 매장의 앞쪽에 쌓아놓고 눈에 띄게 낮은 가격을 붙여놓는다. 이것이 밑지고 파는 특매품이다. 이런 특매품으로 유혹해 소비자가 경쟁사 매장이 아니라 월마트에 들어오게 만드는 것이다. 일단 매장 안에 들어오면, 사람들은 보통 다른 물건도 산다. 그런데 그 다른 물건들에는 월마트가 이윤을 남기기에 충분한 가격이 책정되어 있다.[72]

2005년《컨수머 리포트》는, 월마트 같은 대형 유통업체가 속임수 요소가 있는 가격 구조를 활용해 고객들이 월마트 가격이 낮다고 생각하도록 만들지만, 사실 늘 가격이 저렴하지만은 않다는 사실을 밝혔다.[73]

또 월마트는 새 상권에서 매장을 열 때 엄청난 할인으로 다른 가게들을 몰아낸 다음 가격을 올린다.[74] 이런 방식에 대해 전국의 활동가들은 이 거대 유통업체가 다양한 지역 경제와 공동체를 잠식한다고 비난하고 있다.

그리고 가격표에야 얼마라고 씌어 있든, 월마트 제품 하나하나의 진정한 비용은 그보다 훨씬, 훨씬 높다. 진정한 비용은 가난한 나라들에서 정부의 보조를 받으며 약탈이나 다름없는 낮은 비용으로 동물과 대기와 삼림과 사람들에게 끔찍한 결과를 남기면서 자원을 추출하는 과정에서 시작된다. 그 다음 뜨겁고 환기가 잘 안 되는 아시아의 여러 공장에서도 비용은 계속 발생한다. 이곳에서는 수천 명의 노동자가 하루에 5달러도 안 되는 보수를 받으면서 노예처럼 일하고, 적절한 보호나 의료혜택 없이 독성 화학물질에 노출되기 일쑤이며, 수당이 지급되지 않는 시간외근무를 강요받는다. 이들에게는 이 끔찍한 상황에서 벗어날 희망도 거의 없다.

그 다음 단계인 유통매장에서 외부화된 비용은 절정에 이른다. 이곳에서는 많은 노동자가 연방정부가 정한 빈곤선에 못 미칠 정도로 적은 소득으로 살아간다. 월마트가 운영 방식을 개선하도록 압력을 넣는 미국의 운동단체 웨이크업월마트닷컴WakeUpWalmart.com에 따르면, 2008년 월마트의 평균적인 풀타임 어소시에이트(월마트는 직원을 '어소시에이트'라고 부른다)는 시간당 10.84달러, 연봉으로는 19,165달러를 받았고 주당 34시간을 일했다. 이 연봉은 연방정부가 정한 빈곤선보다 2,000달러가 적다. 대조적으로, 2007년 월마트의 CEO 리 스코트Lee Scott는 2,970만 달러를 벌었는데, 이는 평균적인 월마트 풀타임 어소시에이트 연봉의 1,550배다.[75]

  시민단체들에 따르면, 월마트 매장은 종종 지출을 줄이기 위해 직원을 필요한 정도보다 덜 고용하고, 매니저들이 비밀리에 근무시간 카드에서, 특히 시간외에 직원들이 근무한 시간기록을 지워버리는 것으로 알려졌다.[76] 또 월마트 직원들은 임금이 너무 적어서 회사가 제공하는 의료보험 프로그램을 구매할 수 없기 때문에, 미국 내 월마트 140만 노동자 중 거의 절반이 회사 의료보험의 혜택을 받지 못하고 있다.[77] 흔히 월마트 경영진은 노동자들에게 주거 보조, 메디케이드, 푸드스탬프 등 연방보조를 찾아보라고 대놓고 권한다. 실제로 워싱턴에 있는 단체 굿잡스퍼스트Good Jobs First에 따르면, 데이터가 존재하는 23개 주 중 21개 주에서 월마트가 다른 기업보다 더 많은 노동자에게 납세자의 세금으로 운영되는 의료보험을 이용하도록 강요하고 있는 것으로 나타났다.[78]

  그러니까 월마트 직원들의 의료보험비를 월마트가 아니라 납세자가 부담하고 있는 셈이다. 납세자들의 월마트 보조는 여기에서 그치지 않는다. 미국 납세자들은 모르는 사이에 월마트의 성공에 엄청난 보조금을 내고 있다. 굿잡스퍼스트는 '월마트 보조금 감시'라는 프로젝트를 진행하고 있는데, 미국 납세자들의 돈이 어떻게 월마트의 운영을 지원하고 있는지를 추적해 드러낸다. 여기에는 "12억 달러 이상의 조세 감면, 무료 토지 사용, 인프라 보조, 낮은 비용의 자금 사용, 전국 각지의 주정부와 지방정부의 직접적인 보조금 등"이 포함된다.⁷⁹

월마트의 대형 매장 때문에 잠식되고 있는, 끈끈한 지역사회망의 가치도 생각해보아야 한다. 걸어다니기 좋은 도심과 동네, 지역에 기반을 둔 다양한 상품들, 우리의 이름을 알고 아이들에게 학교 잘 다니느냐고 물어봐주고 지갑을 잊고 왔으면 돈은 내일 내라고 하는 가게 주인 등의 가치를 생각해보라. 돈으로 매길 수 없을 만큼 큰 가치다.

습지, 농지, 삼림이 약 48,600제곱미터(평균 매장 크기와 의무적으로 확보해야 하는 주차공간)의 부지를 내기 위해 밀려나는 것은 말할 것도 없다.⁸⁰ 또한 월마트는 미국에 100개 이상의 물류센터를 운영하고 있다. 연중무휴로 정신없이 돌아가는 이 거대한 물류창고 각각에서는 8킬로미터 길이의 컨베이어벨트가 움직이면서 9,000개의 트랙에서 물건을 꺼내 트레일러로 보낸다.⁸¹ 각 물류센터는 약 37,000~93,000제곱미터의 면적을 차지한다.⁸² 93,000제곱미터는 축구장 20개에 해당한다. 미국 전역에서 월마트는 수천 개의 작은 마을과 자연환경을 쓸어내고 있다. 이런 손실도 '언제나 낮은 가격'이 유발하는 진짜 비용이다.

비용은 여기에서 그치지 않는다. 원재료와 공장과 물류센터와 매장의 사이사이에는 무엇이 있는가? 앞에서 설명한 트럭, 화물선, 비행기가 있다. 놀랄 일도 아니지만, 미국의 도로에 월마트보다 많은 트럭을 내놓는 곳은 없다. 매년 8,000명 이상의 트럭 운전사가 약 13억 7,000만 킬로미터를 달린다.⁸³ 대부분의 대형 유통업체가 그렇듯이, 월마트는 보통 트럭 서비스를 제공하는 독립 계약업체인 트럭 중개인들과 거래를 한다. 이 말은, 월마트가 직접 트럭을 구매하고, 유지하고, 연료비를 지불하고, 운전사들에게 의료보험·실업보험·노동자 재해보상·사회보장·연금·휴가·병가 등 부가급부를 제공할 필요가 없다는 의미다. 또 '연방 직업 안전 및 보건국'이 정한, 운전사에 대한 규정을 직접 신경 쓸 필요가 없다는 뜻이기도 하다.[84]

뉴저지주에서 진행된 한 연구에 따르면, 월마트뿐 아니라 뉴저지주 전체적으로 75퍼센트의 트럭 운송업자가 독립 계약업자이고, 평균 연봉이 28,000달러밖에 안 되며, 고용주가 지불하는 혜택은 전혀 받지 못하고 있는 것으로 나타났다.[85] 월마트 매장 직원들처럼 이들도 국가 의료보험에 의존해야 한다. 이런 식으로 납세자의 돈이 월마트 등 유통업체들의 운송 시스템에 보조금을 내고 있는 것이다.

이 모든 것을 고려할 때, 월마트가 지속 가능성을 위해 노력한다고 말하는 광고를 믿어주기는 어렵다. 월마트가 진짜 환경 개선을 위한 몇 가지 운영 방식을 도입하긴 했다. 나보다 더 내부 사정을 잘 아는 사람이 회사 지도층 사이에 환경 문제에 대한 관심이 진짜로 증가하고 있다고 장담했다. 월마트는 자동차를 하이브리드로 바꿨고, 포장재를 분해와 재활용이 가능한 것으로 만들었고, 태양열전지판을 몇몇 매장에 설치했고, PVC 샤워커튼을 없애고 유독한 프탈레이트가 포함된 장난감을 취급하지 않겠다고까지 했다.[86] 문제는, 큰 그림에서 볼 때 이런 조치가 과연 얼마만큼이나 중요한가 하는 것이다. 규모의 측면에서 월마트에는 여전히 큰 문제가 있다. 월마트는 독성물질이 가득하고 비내구적인 물건을 너무 많이, 너무 빨리, 너무 멀리 운반하기 때문에, 하이브리드 자동차나 태양열전지판도 그 거대한 발자국을 상쇄하지 못한다.

정말이다. 월마트가 "정원용품 세트의 포장을 줄여서 배달에 400개의 컨테이너를 덜 사용하게 되었다"고 자랑한 것을 생각해보자.[87] 포장을 줄이는 것만으로도 400개의 컨테이너가 줄어든다면 정원용품을 운반하는 데 대체 얼마나 많은 컨테이너가 이용되고 있었다는 말인가?

티셔츠부터 정원용 가구까지 모든 것을 계속해서 지구 반 바퀴를 돌아 운반해야 하는 유통 시스템에는 문제가 있다. 점점 더 자원이 희박해지고 기후변화가 심각해지는 시대에, 이 모델은 정말 말이 되지 않는다.

슈퍼스토어, 슈퍼악덕

월마트는 대형 할인점의 성장이라는 현상을 보여주는 정점이다. 대부분 기억하지 못하겠지만, 그리고 요즘 아이들은 상상도 못하겠지만, 타깃·코스트코·월마트가 골목마다 존재하지 않던 시절에 이들 대형 할인점은 비교적 새로운 현상이었으며, 1980년대가 되어서야 본격적으로 성장하기 시작했다. 19세기 말에 울워스 같은 체인매장이 생겼고, 시어스로벅과 몽고메리워드 등이 뒤를 이었다. 1929년 무렵 이런 체인매장은 소매시장의 22퍼센트를 차지했다. 하지만 그 후로 성장세가 멈춰, 1950년대 중반에도 체인매장의 비중은 24퍼센트 정도였다. 많은 사람이 불매운동을 한 것이 성장세가 멈춘 이유 중 하나였다. 특히 주식시장이 붕괴한 후에, 사람들은 이들 체인매장이 권력을 소수의 손에 집중시킴으로써 임금을 낮추고 민주주의를 훼손했다고 (정확하게) 생각해 불매운동을 했던 것이다.[88]

하지만 1950년대에 교외 주거지가 폭발적으로 늘어나면서, 그와 함께 교외의 쇼핑몰도 증가했다. 납세자들의 세금 수십억 달러가 주간州間 고속도로에 쓰임으로써 이런 라이프스타일이 가능해졌으며, 은행들은 대출을 할 때 기존의 도심 지역보다 새로운 교외 개발에 더 많은 혜택을 주었다.

그리고 1954년에 의회는 부동산 개발업자들이 예전보다 더 수익성 있게 쇼핑몰을 지을 수 있도록 조세 코드를 바꿨는데, 이는 사실상 쇼핑몰 건설에 세금 피난 수단을 마련해주었다.[89]

《대형 할인점의 속임수》에서 미첼이 설명한 바에 따르면, 1953년에는 약 56만 제곱미터의 쇼핑센터가 지어졌는데, 3년 후 이 수치는 500퍼센트 증가한다. 그리고 20년간 18,000개의 쇼핑센터가 미국에 지어졌다.[90] 쇼핑센터 소유자들은 독립 자영업자보다는 체인매장을 입점시키고 싶어 했다. 부동산 소유자로서는 이쪽이 더 수익이 좋을 것이라고 생각한 것이다. 독립 자영업자의 입점을 아예 금지한 곳도 있었다.[91]

오늘날 지방 행정당국마다 거대 쇼핑몰을 유치하려고 안달이 난 것을 이용해, 대형 할인점들은 도시와 주에서 보조금과 세금 혜택을 받는다. 지역 행정당국은 이런 매장이 있으면 지역경제 성장에 도움이 되고, 새로운 일자리가 생기고, 조세 수입이 증가할 것이라고 생각한다. 하지만 불행히도 항상 그렇게 되지는 않는다. 오히려 이런 매장은 지역경제에서 돈을 빨아먹는다. 그래서 월튼 가족같이 운 좋은 사람들이, 혹은 다른 체인매장의 소유주들이, 이미 많이 갖고 있는 개인 비행기에 하나를 더 추가할 수 있고, 핵 참사에 대비한 지하참호도 하나 더 지을 수 있는 것이다(진짜다!)[92]

일반적으로 대형 할인점이 직원들에게 지불하는 임금은 각 매장 운영에 들어가는 돈 1달러당 10센트도 되지 않는다.[93] 예를 들어, 2008년 월마트 직원의 임금은 평균적인 유통업체 종사자 임금보다 16퍼센트 낮았다.[94] 그리고 대형 할인점들의 낮은 임금은 도미노 효과를 일으켜서 다른 유통업체 직원들의 임금마저 내리누르는 압력으로 작용한다. 그러는 동안 대형 할인점들은 노조 결성 움직임이나 노동환경 개선을 위한 노력을 바로바로 억누르기 위해 막대한 예산을 들이고, 심지어 이 일을 맡은 전담팀을 운영하기까지 한다. 웨이크업월마트닷컴에 따르면, 월마트는 '노조 없는 업체로 계속 남기 위한 관리자 지침'까지 만들었다. 이 지침은 잠재적인 노조 조직 활동을 포착할 수 있는 징후, 이를테면 '노동자의 집에서 자주 모임을 갖는다'든가 '전에는 만나지 않던 직원들이 서로 이야기를 하거나 만나기 시작한다' 등의 목록을 담고 있다.[95]

대형 할인점들은 규모가 크기 때문에 지역의 독립 자영업자들을 몰아낼 때까지 가격을 인위적으로 낮게 유지할 수 있다. 몇 년이 걸려도 말이다. 그에 따라 지역경제의 다른 활동들도 사라진다. 예를 들어, 대형 할인점은 소규모 지역 상점들처럼 지역의 회계사나 그래픽디자이너를 고용하고 지역신문에 광고를 내기보다는, 본사에서 이런 일을 관리한다. 새로운 할인점이 들어선다는 계획이 발표되면 흔히 그 지역의 상업용 부동산 가격이 갑자기 떨어지기 시작한다. 지역의 매장들이 어려움에 처하고, 빈 매장들에 새로 투자할 사람을 찾기 어려울 것으로 예상되기 때문이다.[96]

제조업의 많은 부분이 환경 규제와 집행력이 약한 외국의 저임금 공장에 아웃소싱되기 때문에, 대형 할인점들은 미국 제조업에서 수백만 개는 아니라 해도 수천 개의 일자리를 없앨 수 있다. 이런 점을 두고, 1992년 대선에서 로스 페로Ross Perot는 북미자유무역협정NAFTA이 "거대한 빨아들이는 소리"를 일으켰다고 말했다. 수많은 일자리가 미국에서 빠져나가 멕시코로 간다는 의미였다.[97] 최근 〈뉴욕타임스〉의 칼럼니스트 토머스 프리드먼은 "이제는 멕시코 사람들이…… '거대한 빨아들이는 소리'를 스테레오로 듣고 있다"고 말했다. "중국에서 그리고 인도에서."[98]

이 모든 것이 미국의 물리적인 풍경을 근본적으로 바꿔놓았다. 1995~2000년 총 소매유통 공간은 1인당 약 1.7제곱미터에서 3.5제곱미터로 두 배가 되었고, 1제곱미터의 매장 공간이 새로 생길 때마다 자동차가 다닐 수 있도록 3~4제곱미터의 포장도로가 추가로 건설되었다.⁹⁹ 뿐만 아니라 사회경제적인 풍경도 근본적으로 바뀌었다. 제조업과 소규모 자영업으로 지탱되던 미국의 중산층은 하나씩 기회를 잃었고, 그동안 부자들은 전례 없는 이윤을 축적했다. 그래서 전국적으로는 경제가 성장하더라도 부자와 가난한 사람들의 격차는 계속 벌어지고 있다. CEO와 노동자의 보수 차이는 이를 알려주는 하나의 지표다. 1970년대에 대기업 CEO는 평균적인 노동자가 받는 임금의 30배를 벌었는데, 1997년에는 116배, 2007년에는 거의 300배로 격차가 벌어졌다.¹⁰⁰

이 자가영속적인 잔인한 사이클 안에서, 평범한 사람들은 소득이 점점 줄어서 할인점이 약속하는 싼 가격에 더 끌릴 수밖에 없다. 이렇게 해서 소비자들은 자신의 지역경제와 공동체에서 삶을 빨아내가고 있는 바로 그 기업들을 먹여살린다.

그래도 희망은 있다. 지역 공동체들이 대형 할인점의 파괴적인 운영과 속임수를 파악하면서, 더 안정적인 일자리를 제공하고 지역경제에 더 많은 돈이 돌게 하는 지역기업들을 지키기 위해 싸우고 있다. 널리 알려진 사례로, 월마트의 진입을 막아내는 데 성공한 캘리포니아주 잉글우드를 들 수 있다.

2003년, 월마트는 LA카운티 잉글우드 시내에 축구장 17개만 한 초대형 매장을 짓는다는 계획을 세웠다. 시의회가 이 기획안을 거부하자 월마트는 시의회를 건너뛰고 이 문제를 직접 유권자들에게 묻기로 했다. 유권자 투표에서 이기기 위해 월마트는 100만 달러나 썼는데, 인구가 11만여 명밖에 안 되는 곳에서 이것은 엄청난 액수의 돈이었다. 월마트는 주민들에게 공짜 식사까지 제공했다. 하지만, 월마트로서는 경악스럽게도, 2004년

4월 잉글우드 유권자들은 압도적 다수가 월마트의 계획에 반대하는 투표를 함으로써 초대형 월마트 매장이 지어지지 못하게 했다.[101] 할인매장에 접근성이 높아지기를 기대한 사람들도 물론 있었지만, 전반적으로 잉글우드 공동체는 환경·경제·공동체의 후생을 더 우선시한 것이다.

잉글우드를 비롯한 몇몇 공동체의 승리는, 미국이 독립을 달성할 수 있게 해준 '보스턴 차 사건'을 연상시킨다. 단호하고 용감한 미국의 선조들은 식민지의 지역기업을 지원하기 위해, 아마 당시 세계에서 가장 강력한 초국적기업이었을 동인도회사에서 오는 차에 대해 불매운동을 했다. 그리고 이어서 모든 영국산 물건에 대해 불매운동을 했다. 이렇게 하면 더 고생스러워지고, 구하지 못하게 될 물건이 있었을 텐데도 말이다. 이것은 미국의 독립으로 향하는 한 걸음이었다.

많은 사람이 오늘날의 거대 초국적기업을 식민주의자들에 빗댄다. 식민 권력과 마찬가지로 이들 기업도 핵심적인 목적은 지역경제의 발전과 행복과 번영을 촉진하는 것이 아니라, 자기 자신의 부를 확장하는 것이다. 이를테면, 식민주의자들은 아프리카에 철도를 지었는데, 이는 아프리카 지역 마을끼리의 교통을 원활하게 하기 위해서가 아니라, 자원과 노예를 내륙에서 연안 항구로 한 번에 효율적으로 빼내오기 위해서였다. 오늘날 주요 체인업체들이 국제 무역정책의 도움을 받아 하고 있는 일이 바로 이것이다. 각 지역 공동체의 부를 한 방향으로, 즉 자신의 주머니로 이동시키는 길을 닦는 것이다. 아프리카의 자연자원을 통해서든, 중국의 노동자를 착취해 생산하는 유독한 물건들을 통해서든, 저임금에 시달리는 미국 소매업체 노동자들의 노동을 통해서든 말이다.

규칙을 만드는 사람들

지금까지 묘사한 것 중 그 무엇도 진공에서 발생하지 않았다. 첫째, 이 모든 것은 지난 25년간 발달해온 정보기술 시스템 덕분에 존재할 수 있다. 컴퓨터, 반도체, 광섬유, 위성 등의 발전으로 업체들이 정교한 경영 시스템을 이용해 가장 싸고 빠른 경로로 물건을 만들고 이동시킬 수 있는 것이다. 둘째, 발전소·공장·항구·도로 등의 물리적인 인프라도 한몫했다. 특히 중국이나 인도처럼 빠르게 성장하는 경제에서는 이런 기반시설의 역할이 매우 중요하다.

마지막으로 세계경제의 구조, 세계의 규제 기관과 제도, 그리고 국가간 무역과 '성장'을 촉진하기 위해 체결된 국제협정들이 있다. 무역협정과 국제 금융기관들이 미치는 영향을 파헤쳐보는 것은 매우 중요한 일이다. 이들을 파악하지 않으면 '물건 이야기'를 완전하게 이해할 수 없다. 이들은 국제 유통 시스템뿐 아니라 '취하고-만들고-버리는' 경제 모델 전반에 대해 규칙을 만드는 존재들이기 때문이다.

국제 금융기관들이 어떻게 생겨났는지를 알려면, 역사를 살펴볼 필요가 있다. 특히 1929년의 금융위기와 그 결과로 발생한 대공황에 대해 알아보아야 한다. 대공황은 1930년대 내내 이어졌으며 제2차 세계대전의 한 원인이 되었다. 그 전까지 수십 년간, 각국 정부는 '자유시장(이라고 여겨진 것)'에 기업을 맡기고 개입을 최소화했다. 미국에서 '진보시대'라고 불린, 반독점법과 식품안전 규제들이 도입된 1890~1920년대에도, 정부가 아니라 기업의 이해관계가 시장을 좌우했다.[102]

그러다가 대공황에 대처하기 위해 각국 정부는 외국 물건에 관세를 부과하며 자국 노동자와 기업을 보호하는 일에 나섰다. 이 때문에 국제무역이 붕괴되었고 세계적으로 실업과 빈곤 문제가 심화되었다. 정부가 공공사업에 대규모 지출을 해도 문제는 해결되지 않았다. 이렇듯 정치적·경제적 압박이 극에 달한 국제환경에서 히틀러는 제2차 세계대전을 일으켰고, 그 때문에 유럽과 아시아에서는 많은 산업 기반이 망가졌다. 미국은 그 덕에 공황에서 벗어났지만.

1944년 전쟁이 막바지에 이르면서 미국이 이끄는 연합국은 세계경제를 사실상의 세계통화가 된 미국달러에 기반해 재조정하고, 전쟁으로 파괴된 나라들의 경제에 투자를 촉진할 필요가 있다고 결정했다.[103]

이렇게 해서 뉴햄프셔주 브레턴우즈의 한 호텔에서 두 개의 초강력 국제기구가 탄생했다. '브레턴우즈 기관'인 국제통화기금IMF과 세계은행IBRD(정식 명칭은 '국제부흥개발은행')이다. 그리고 나중에 세계무역기구WTO가 동참했다. WTO는 1948년의 '관세와 무역에 관한 일반협정GATT'에서 전환된 것이다.

국제통화기금은 국가간 재정적 불균형을 관리하기 위해 생긴 조직으로, 주된 역할은 국제무역을 지원하고 경제가 너무 나빠서 국제무역에 참여할 수 없게 된 나라에 구제금융을 제공하기 위해, 세계의 통화를 안정시키고 교환 가능하게 만드는 것이었다.

세계은행은 제2차 세계대전으로 파괴된 국가들이 경제를 재건해서 국제무역에 다시 참여할 수 있도록 이들 국가에 자금을 대출할 목적으로 생겨났다. 얼마 지나지 않아 세계은행은 남아메리카, 아프리카, 아시아 국가들로 초점을 옮겼다. GATT는 국가들의 무역장벽을 낮추기 위해 체결된 복잡한 국가간 협정이었는데, 1995년에 훨씬 광범위한 영향력을 발휘하는 세계무역기구로 대체되었다.

위의 가장 큰 세 국제기구 외에도 수십 개의 다국적 은행, 정부기관, 무

역협정들이 IMF·IBRD·WTO의 모델들을 각 지역과 각 영역에서 복제하고 있다.[104]

애초의 의도 중에는 좋은 것도 있었겠지만, 지난 반세기 동안 국제기구들의 진화는 지구상의 매우 많은 사람과 지구 자체에 재앙적인 결과를 가져왔다. 거대한 참가자들(특히 미국)이 지배하는 이 기관들은, 세계의 부에 어마어마한 불균형을 초래했으며 자연환경을 망가뜨렸고 아르헨티나에서 짐바브웨에 이르기까지 지구 전역의 공동체들을 파괴했다.

미국에 사는 사람으로서는 국제 금융기구들이 미친 악영향의 불편한 진실을 볼 수 있는 사례가 별로 없지만, 개도국 전역에서는 보통사람들이 수많은 실제 사례를 경험하고 있다. 이 기관들은 그들이 농부로서 살아갈 수 있는 능력에, 매우 필요한 의약품을 구할 수 있는 능력에, 아이들을 학교에 보낼 수 있는 능력에, 그리고 가난에서 벗어날 수 있는 능력에 해로운 영향을 끼쳤다.

나는 인도의 신그라울리에서 땅에서 쫓겨난 사람들을 보았다. 세계은행은 이것을 '비자발적 이주'라고 부른다. 석탄을 때는 화력발전소 단지 자리를 만들기 위해서였는데, 이 프로젝트에 세계은행이 자금을 댔다. 나는 이 시설에서 나오는 석탄재 때문에 대기 중에 회색 장막이 사라지지 않는 것을 보고 놀랐다. 한 세대 전만 해도 신그라울리는 삼림이 우거지고, 수많은 야생생물과 깨끗한 물이 흐르고, 자급자족적인 농업이 이루어지는 곳이었다. 그러나 오늘날에는 석탄을 캐고, 태우고, 재를 만드는 과정이 공기와 물과 풍경을 너무나 많이 파괴해서, 인도의 몇몇 기자는 이곳을 단테의 〈지옥편〉에 나오는 '하부지옥'이라고 표현한다.[105] (단테의《신곡》〈지옥편〉은 9개의 지옥으로 되어 있는데, 아래로 내려갈수록 중죄인이 더 무거운 형벌을 받는다. 하부지옥은 6~9지옥이다.—옮긴이) 삶의 터전에서 쫓겨난 사람들에게 주어진 보상금은 더 멀어진 담수원, 농경지 손실, 이주로 인한 사회적 관계망의 파괴 등을 보상하기에는 턱없이 부족하다.

문제는 아무데로도 가지 않는 고속도로, 온실가스를 방출하는 석탄공장, 다이옥신을 내뿜는 소각로 등의 개별 프로젝트에만 있는 것이 아니다. 자금을 빌려가는 국가들에게는 더 광범위한 개발 모델이 강요된다. 예를 들어, IMF는 돈이 필요한 나라들에 자금을 빌려주긴 하지만, 여기에 무자비하게 엄격한 부대조건들이 붙는 경우가 많다. 상환을 보장하기 위해 자연자원을 더 고갈시키고 공공보건이나 교육 등 사회적 필요에 쓸 돈을 수출 상품을 만드는 쪽으로 돌리도록 요구하는 것이다. 즉, 채무국은 외채를 갚기 위해서 이미 낮은 생활수준을 더 낮춰야 한다. 이런 조건을 거부하면 그 국가는 다른 국제 금융기관들의 블랙리스트에 올라서 정말 필요한 자금을 어디서도 빌릴 수 없게 된다.

세계은행과 IMF는 공조한다. 일단 IMF가 자금을 빌려가는 국가에게 더 많은 자연자원을 수출하라고 요구하면, 세계은행은 그에 필요한 기술적 전문가들을 기꺼이 제공하고 그 자원을 추출하는 데 필요한 자금을 대출해준다. 그러면 1장에서 설명한 것과 같은 추출 기술들을 통해 자원이 추출된다. 세계은행은 일반적으로 해당 지역의 현지 대부자들보다 높은 금리로 세계 전역의 도로, 항구, 발전소, 공장, 거대한 하치장, 소각장, 댐 등을 짓는 프로젝트에 자금을 댄다. 세계은행의 프로젝트들은 지역 거주자들을 다른 곳으로 옮겨가도록 때로는 폭력적으로 강요하고, 삼림과 수자원과 전체 생태계를 대규모로 파괴하고, 조직적으로 부정부패를 저지르는 행태로 논란을 사고 있다.

세계은행의 임무는 "개도국과 그곳의 사람들이 …… 빈곤에서 벗어날 수 있도록 돕는 것"이라고 되어 있다.[106] 고상한 목적이다. 문제는, 세계은행이 이것을 어떤 방식으로 달성하려 하는가다. 이런 목적을 충족하기 위한 전략이 어떤 가치나 신념에 기반해 세워지는가? 세계은행은 이에 대해 매우 분명한 입장을 가지고 있다. 다른 국제 금융기구들과 마찬가지로, 세계은행은 더 많은 경제 성장, 더 광범위한 세계화, 자본 이동에 대한 더 많은 규제 완화, 그리고 자연자원의 더 많은 추출이 빈곤을 줄여줄 것이라고 생각한다.

하지만 그렇지 않다는 사실을 보여주는 증거가 너무나 많다. 개발도상국을 대상으로 하는 '개발' 계획들과 자금 대출, 그리고 그 조건으로 요구되는 경제 '개혁'들에도 불구하고(사실 부분적으로는 바로 이런 것들 때문에), 부는 여전히 개도국에서 선진국으로 흘러간다. 우선, 세계은행과 IMF가 개도국에 대출을 제공할 때마다, 그 돈의 일부는 기술과 국제 컨설턴트를 구매하는 데 사용되기 때문에, 돈을 빌려주는 나라로 곧바로 다시 들어간다.

다음으로는, 많은 경우 해당 국가를 휘청거리게 할 정도로 높은 이자율과 원금의 상환에 대한 문제가 있다. 개발도상국의 통화가치가 하락하면 문제는 더 심각해지는데, 이런 일은 자주 일어난다. 2004년에 잠비아는 IMF에만 2,500만 달러를 상환했는데, 이는 이 나라의 전체 교육 예산보다 많은 액수였다.[107] 또 2005년과 2006년에 케냐의 부채상환 예산은 물, 건강, 농업, 도로, 운송, 금융 관련 예산을 다 합한 것과 비슷했다.[108] 전체적으로 2006년에 세계의 가장 가난한 나라들(연평균 소득 1인당 935달러 이하)은 이자와 원금 상환으로 340억 달러를 지불했다. 하루에 9,300만 달러씩 지불한 셈이다. 모든 개도국을 다 포함하면 5,730억 달러가 빚과 이자를 갚는 데 쓰였다.[109] '주빌리 부채탕감 운동Jubilee Debt campaign'에 따르면, 2007년과 2008년에 일부 부채탕감이 이루어졌지만, 오늘날에도 부채상

환 액수는 비슷하다. 그동안 새로운 대출이 또 많이 이루어졌기 때문이다.[110]

마지막으로, 귀중한 자연자원을 수출함으로써 발생하는 부가 유출되는 문제가 있다. 1장에서 이야기한 '자원의 저주'를 기억하는가?

이런 식으로 세계은행과 IMF는 대부분의 채무국이 원조로 받은 것보다 더 많은 것을 토해내게 만드는 데 한몫해왔다.

하지만 이들은 국제기구들이 아닌가? 미국인이 왜 신경을 써야 한단 말인가? 미국은 세계은행 자금의 18퍼센트를 제공하며 IMF 투표권의 18퍼센트를 행사한다. IMF 의사결정에는 85퍼센트의 지지가 필요하기 때문에, 18퍼센트로 사실상 비토파워를 행사할 수 있다.[111] 즉, 미국은 세계은행과 IMF에 과도한 영향력을 가지고 있다. 또 미국 시민들은 세금을 냄으로써, 그리고 세계은행 채권의 이자를 받음으로써 여기에 참여하고 있다. 미국의 연금, 행정당국, 교회, 대학 등이 세계은행 채권에 투자하고 있다. 미국인은 환경재앙을 일으키는 이 모든 프로젝트와 무자비한 경제개혁과 개도국의 경제를 질식시키는 자금 대출에 기여하고 있는 것이다. 따라서 미국인은 IMF와 세계은행이 하는 일을 점검하고 견제할 책임과 의무가 있다.

개도국들이 자국의 경제를 휘청거리게 만들 정도로 많은 부채를 상환하는 것은 불가능하다. 많은 대출이 잘못 계획된 프로젝트를 위해, 오해하기 쉬운 또는 강요된 조항 하에서 이루어졌다. 비민주적이고 부패한 정치인이 개인적인 용도나 권력 유지용 무기를 구입하기 위해 자금을 빼돌리기도 했다. 그리고 가난한 나라들이 수십 년간 무거운 빚을 짊어진 채로 공정하고 건강하며 지속 가능한 경제 발전을 이루기는 더더욱 불가능하다. 세계은행과 IMF가 가난한 사람들의 삶을 향상시키는 데에 조금이라도 관심이 있다면 이런 부채는 탕감되어야 한다. 오히려 세계은행과 IMF야말로 수십 년간 각종 정책과 프로젝트로 가난한 나라들에서 야기한 환경적·사회적 피해를 보상해야 한다. 즉, 세계은행과 IMF가 지금까지 진 생태적 빚을 갚아야 한다.

모든 부채가 탕감되어 평등이 재건되는 성경의 희년 축제에서 영감을 받은 '주빌리' 운동은 종교, 인권, 환경, 노동, 경제정의 단체들과 함께 각지에서 활발한 활동을 펼치고 있다. 이들은 국제 채무의 탕감과 국가들 간의 건강한 관계 회복을 위해 일해왔는데, 성과도 나타나고 있다. 이를테면, 미국 의회에 주빌리 법안이 상정되어 있는데, 가장 가난한 나라들의 부채를 탕감하고 앞으로의 대출에서 투명성과 책임성을 강화한다는 내용을 골자로 하고 있다. 이 법안은 2008년에 미국 하원과 상원 국제관계위원회를 통과했지만 상원 전체 투표에서는 통과되지 못했다.[112] 주빌리 법안은 더 기다려야 하지만, 희망을 주는 또 다른 움직임도 있다. 2009년 4월에 오바마 정부는 아이티가 세계은행과 미주개발은행에 갚아야 할 치명적인 부채를 탕감하기 위해 2,000만 달러를 제공하기로 약속했다.[113]

3대 국제기구 중 마지막은 세계무역기구wto다. WTO는 1995년에 GATT 체제를 대신하기 위해 설립되었다. 무역관세를 줄이는 것을 목표로 설립됐지만, 곧 '무역 자유화'로 목표가 바뀌었다. 무역 자유화란 무역을 증가시키기 위해 장벽을 없애는 것을 의미한다. 나는 무역에 반대하지 않는다. 무역은 태초부터 있었고 유익한 점이 많다. 하지만 무역은 건강한 환경과 좋은 일자리와 건강한 공동체와 문화적 다양성을 지원하는 방식으로 이루어져야 한다. 이런 것들을 목적으로 삼고 그것을 달성하는 하나의 수단으로 여긴다면, 무역은 그런 목적들에 기여할 수 있다. 그런데

WTO의 근본적인 문제는, 무역 자체가 목적이어서 무역이 공공보건, 노동자의 권리, 튼튼하고 활발한 지역경제와 같은 '사소하고 귀찮은' 것들보다 우선해야 한다는 듯이 활동한다는 점이다.

WTO의 무역지상주의식 접근은, 각 국가가 제품이 만들어진 과정에 따라 제품을 차별할 수 없도록 규정한 매우 논쟁적인 조항에서 잘 드러난다. 이를테면, 그 제품을 만드는 데 사용한 기술이 노동자들에게 끔찍하게 해로운 것인지 아닌지를 따지지 말아야 한다는 것이다. 자국 기업의 이해를 지키기 위해 어느 나라든 다른 나라가 제품 생산 과정에 따라 제품을 차별하는 법을 만들면 '무역장벽'이라고 제소할 수 있다. 이런 무역분쟁이 발생하면 세 명의 조정 패널이 비공개로 협의해 결정을 하는데, 이들이 해당 사안과 이해관계를 가지고 있는지를 확인하는 절차는 없다.[114]

1990년대 말, 나는 워싱턴에 있는 랠프 네이더Ralph Nader의 사무실에서 일하고 있었다. 당시 동료 중에 하버드에서 공부한 변호사이자 WTO에 대한 강력한 비판자인 로브 와이즈먼Rob Weissman이 있었는데, 그는 내가 공장과 쓰레기 투기 등에만 초점을 맞추는 것에 대해 지적하면서, 쓰레기 문제와 관련해 일하는 대신, 아니 그런 일에 더하여 WTO와 싸우는 활동에 참여하라고 촉구했다. 그는 내가 강화하기 위해 애쓰는 모든 법률, 그리고 더러운 생산 과정과 맞서 싸워서 이루어내는 승리가 WTO에 의해 소멸돼버리거나 불법으로 간주될 수 있다고 지적했다.

와이즈먼이 완전히 옳았다. 나는 지역의 수준에서 오염 공장이나 소각장을 막는 전투에서는 승리했을지언정, 거시적인 수준에서 정책을 결정하는 장기적인 전쟁에서는 패배하고 있었다. WTO하에서는 환경법, 노동기준, 인권법, 공공보건 정책, 토착문화 보호 활동, 식량 자급 노력 등이 모두 자유무역을 침해하는 것으로 간주돼 뒤집힐 수 있고, 실제로도 많이 뒤집혔다. 예를 들어, WTO는 인공성장호르몬을 투여한 쇠고기 수입을 금지한 유럽연합의 법에 대해 비유럽 지역 생산자들이 무역장벽이라고 주장하자, 그 법을 불법화했다.[115]

WTO하에서는 공공의 이익을 위한 법률도 이와 같이 뒤집힐 수 있다. 자원을 추출하고 물건을 만드는 많은 기업은 분명히 WTO의 이런 정책을 좋아한다. 그들의 사업에 장벽이 덜하다는 의미이기 때문이다. 하지만 자원을 추출하고 물건을 생산하고 노동자들을 다루는 방식에 대해 더 높은 기준을 적용해야 한다고 생각하는 우리가 보기에, 이는 엄청나게 심각한 문제다. 우리가 추구하는 모든 목적이 무역을 더 빠르게, 더 많이, 더 싸게 이루려는 목표에 밀려 기껏해야 부차적인 목적이 되기 때문이다.

인간과 지구에 암묵적으로 큰 위협을 미치고 있는데도, WTO와 국제무역협정들은 지난 반세기 동안 미국인들의 여론망을 잘 피해왔다. 그러던 중 1999년의 사건이 터졌다. 1999년에 WTO의 몇몇 얼간이는 연례 컨퍼런스를 워싱턴주 시애틀에서 열기로 했다. 하하, 대체 무슨 생각으로? 시애틀의 인구 구성과 친환경적인 정치에 대해 전혀 몰랐던 모양이지? 이 회의는 많은 사람이 WTO에 대해 알게 되는 데 중요한 전환점이 돼주었다. 비폭력 저항, 성토대회, 전략 세션, 거리 행진 등으로 WTO에 반대하는 목소리를 내기 위해 세계 각지에서 시애틀에 온 사람이 약 7만 명으로 추정된다.[116] 이 저항은 규모 면에서도, 다양성 면에서도 매우 놀라웠다. 가난한 나라와 부자 나라 모두에서 대표자가 왔고, 오랜 오해와 갈등의 역사가 있는 환경운동과 노동운동 진영이 함께 참여했다. 이들 모두가 지구와 공동체와 노동자보다 무역을 우위에 놓는 국제 무역질서에 저항했다.

물론 나도 거기 있었다. 내가 태어난 곳에서 열리는 일에 어떻게 가지 않을 수 있었겠는가? 어린 시절의 이웃들은 친절하게도 집과 손님방과 소파를 내 동료들에게 제공해주었다. 이것은 당시 태어난 지 넉 달 되었던 내 딸의 첫 대규모 집회 참석이었다. 시애틀의 한 화가는 내 딸에게 아기용 젖꼭지 그림과 'WTO 왕재수wto sucks'라는 글씨가 박힌 작은 티셔츠를 선물했다.

나는 인도, 필리핀, 브라질, 나이지리아에서 온 연사들이 그들의 자연자원과 공동체가 더 많은 무역과 더 적은 무역 규제라는 목적에 어떻게 희생되고 있는지를 설명하는 생생한 목소리를 들었다. 대규모 집회 예정일 하루 전에 나는 시내 거리를 걸어서 돌아다녔다. 평화롭고 희망적인 군중의 에너지를 느낄 수 있었다. 사람들은 똑똑하고 헌신적이었으며 지속 가능성과 공정성에 대해 배우려 했다. 다들 좋은 사람이었다. 이런 사람들이 많이 있어서 우리는 변화가 정말로 가까이 있다고 느꼈다.

대규모 집회가 예정된 날, 경찰이 집회 참가자들을 무자비하게 진압할 것이라는 소문이 돌아서, 나는 아기인 딸과 함께 집에 있기로 했다. 집에서 우리는 엄마의 작은 TV로 방송보도를 보았고, 휴대전화로 동료들에게 상황을 계속 전해들었다. 세계 각지에서 온 수만 명이 내가 고등학교 졸업 무도회 신발을 산 백화점과 20년 전 베이비시팅하는 아이들과 함께 내리곤 했던 모노레일 정류장을 지나가는 것을 보니 기분이 묘했다.

TV에서 보도하는 내용을 보면서 나는 마음이 불편했다. 뉴스 캐스터는 WTO의 맥락에 대해 설명하지 않았다. 거의 10만 명이 모여 WTO의 문제에 관심을 보인 것이 얼마나 놀라운 일인지, 그들이 WTO에 평화롭게 반대 목소리를 내기 위해 집과 일터를 떠나온 것이 얼마나 놀라운 일인지도 이야기하지 않았다. 대신, TV는 하루종일 한 장면만을 계속해서 내보냈다. 두 젊은이가 시애틀 시내에서 가게 창문을 부수는 장면이었다.[117]

나는 화가 치솟았다. WTO 비판자들의 진짜 모습을 보여주고 싶었다면, 왜 자신들이 처한 상황을 이야기하기 위해 다른 나라에서 온 사람들을 인터뷰하지 않는가? 왜 그곳에 있었던 퍼블릭시티즌Public Citizen의 로리 월러치Lori Wallach를 인터뷰하지 않는가? 로리는 WTO의 조항을 아주 잘 알고 있어서, 강연 도중에 청중들이 "의료보험!" "은행 규제!" "소규모 어부!" 등 알고 싶은 주제를 소리쳐 이야기하면 정확하게 그 분야에서 WTO가 어떻게 영향을 미치는지를 설명했다. 그녀가 한 번이라도 말이 막힌 적이 있었던가.

그리고 뉴스가 시청률을 올리기 위해 폭력을 보여주고 싶었다면, WTO가 지원하는 시스템이 유발한 폭력도 많이 있었다! 그들은 의류공장 노동자들이 너무 빨리 일하도록 내몰리다가 손가락 절단 사고를 당하는 모습이라든지, 콩고의 탄광 노동자들이 하루종일 일하고도 할당된 생산량을 채우지 못해 구타당하는 장면을 내보낼 수도 있었다. 그러나 언론은 시애틀에서의 일을 심각하게 왜곡해 보도했다. 시민들이 우려의 목소리를 내는 중요한 사안들을 사소한 것으로 만들어버리고, 전지구적 사안에 대한 미국 사회의 무지를 심화시켰다.

미국에서 WTO에 반대해 일어난 저항으로는 '시애틀 전투(부적절한 이름이지만)'가 가장 규모가 크지만, 다른 나라에서는 이런 저항이 더 일반적으로 일어난다.

2001년, 인도에서는 WTO가 초거대 기업이 재배한 식품과 인도의 소규모 농민이 재배한 것을 동일하게 취급하도록 강요하자, 100만 명 이상의 농민이 이에 항의했다.[118] 지역 농민들은 규모의 경제를 누리는 대기업의 식품이 물밀듯이 수입돼 들어오면 가격이 급락할 거라고 우려했다. 농민들은 이렇게 되면 이미 거의 굶주리고 있는 수백만 인도인의 생활기반이 무너질 것이며, 식량 자급이 가능한데도 인도가 해외 식량에 의존하게 될 것이라고 주장했다. 또한 지역 농민들이 재배한 것을 구매하면 돈이 인도의 지역 공동체 안에서 더 많이 돌게 되고 더 튼튼하고 회복력이 강한 지역경제를 구축하는 데 기여할 수 있지만, 식품을 해외에서 사오면 인도의 많은 자원이 초거대 기업의 본국으로 빠져나가게 될 것이라고 우려했다.

불행히도, 인도 농민들은 수입 식품이 밀고들어와 시장가격을 끌어내리는 상황을 막지 못했다. 그들이 우려한 여러 가지 최악의 상황이 현실화되었다. 하지만 그들은 계속 싸우고 있다. 삶이 달려 있기 때문이다. 2005년에 인도의 전국 농민조직인 농민운동조정위원회는 위기에 처한 농민들의 요구를 총리에게 알리는 서한을 작성했다. "해외 농업 상품의 덤핑이 국내 농가 수취 가격을 내리누르고, 심각한 농업위기를 야기하며, 더 많은 농민을 자살로 내몰고 있습니다. …… 우리는 WTO 조항의 구조 자체가 소규모 농민, 식량주권, 무역 공정성에 불리한 방향으로 무역을 왜곡하고 있다고 생각합니다. 따라서 우리는 WTO에서 농업 분야를 제외할 것을 요구합니다. …… 인도의 농업은 산업이 아닙니다. 인도의 농업은 인도 인구 70퍼센트의 생계 원천입니다. 우리는 인도 정부가 WTO에 참여하지 않을 것을 요구합니다. 또한 농업 분야가 WTO에서 제외되어야 한다고 요구합니다."[119] 내가 이 책을 마무리하던 2009년 말에도 인도 전역의 농민들은 더욱 절박하게 자신의 경제가 WTO의 재앙에 빠지지 않도록 막기 위해 계속 투쟁하고 있었다.

남아메리카, 유럽, 아시아에서도 WTO에 반대하는 저항이 있어왔다. 2003년, 15만 명 이상의 인권·농업·환경·노동 운동가들이 WTO가 국제회의를 여는 멕시코 칸쿤에 모였다.[120] 자신들의 목소리를 알리기 위해 문자 그대로 전세계에서 모인 사람들이었다. 많은 사람이 절박한 처지였다. 한국의 농업경영인중앙연합회 이경해 전 회장은 WTO가 한국 농민에게 끼친 심각한 영향들을 알리기 위해 할복자살했다. 전국농민연대의 송남수 대표는 "그의 죽음은 개인적인 사고가 아니라 350만 한국 농민의 절박한 싸움을 반영하는 것"이라고 애도했다.[121]

무한한 선택지와 즉각적인 배송의 나라 미국에서, 미국인들은 '아슬아슬하게 살아간다'는 것이 정말로 의미하는 바가 무엇인지 잘 모른다. 미국인들에게 '안 좋은 하루'란 배송이 늦게 되거나 인터넷 연결이 안 되는 날이다. 하지만 세계의 다른 곳에서는 수백만 명의 광부, 농민, 공장 노동자들이 정말로 생존의 한계에서 살아간다. 무역정책이 가장 많은 혜택을 주어야 마땅한 사람들이지만, 사실 이들은 WTO의 정책들 때문에 가장 무거운 비용을 치르고 있다. 그리고 그들의 목소리는 WTO에 들리지 않는다. WTO는 공공대중의 참여를 꺼리는 것으로 악명이 높다. 그러니 이 사람들이 점점 더 절박해지는 것은 놀라운 일이 아니다.

2009년 6월, 미국 의회에 '무역 개혁 책임 발전 고용Trade Reform, Accountability, Development and Employment, TRADE' 법안이 재상정되었다. 이 법안은 하원 민주당과 노동·소비자·환경·가족농업·종교 단체들로부터 광범위한 지지를 받고 있다. 퍼블릭시티즌의 세계무역감시단Global Trade Watch에 따르면, TRADE 법안은 좋은 무역협정이란 어떤 것을 포함해야 하고 어떤 것을 포함하지 말아야 하는지를 정한 법률이다. 더 중요한 것으로, 이 법은 WTO나 북미자유무역협정같이 현재 존재하는 무역협정들도 경제·환경·사회·인권적 기준에 따라 재검토하도록 요구한다. 그리고 대통령이 문제점들을 고칠 방안을 의회에 제출하도록 되어 있다. 또한 미래의 무역협정이 그와 같은 높은 기준을 지키도록 규정하고 있다.[122] 이 법안

유통 | 241

이 통과되면 환경과 노동권에, 그리고 미국과 무역 상대국의 관계 개선에 커다란 진전일 것이다. 이 법안이 통과되도록 힘을 보태고 싶다면 www.citizen.org/trade/tradeact를 방문하라.

아이티에서 얻은 깨달음

이런 국제 금융기구들이 달라질 수는 없을까? 왜 그들은 더 높은 환경과 노동 기준을 받아들이거나 평등과 환경 보존을 촉진하는 무역 모델을 추구하지 않는 것일까?

지난 몇 년간, 나는 진짜 문제는 그 기구들 자체가 아니라는 점을 알게 되었다. 물론 그 기구들이 문제가 많긴 하다. 비효율적이고, 비민주적이며, 책임을 지지 않는다. 그러나 진짜 문제는 이런 기구들이 바탕을 두고 있는 가치관, 믿음, 기본 가정, 그러니까 패러다임에 있었다. 이 거대하고 영향력 있는 기구들을 운영하는 사람 대부분은 자신들의 처방이 효과가 있으며 궁극적으로 모든 사람의 삶을 향상시켜줄 것이라고 정말로 믿는다. 최악의 경우가 발생해도, 처방이 문제가 아니라 약의 양이 문제였다고 생각한다. 터프츠 대학의 국제관계학 교수인 케빈 갤러거Kevin Gallagher는 이렇게 설명한다. "그들은 이런 개혁에 잘못이 있는 것이 아니라 충분히 철저하게 도입되지 않은 것이 문제라고 생각한다. 그들은 '개발도상국이 우리의 프로그램을 더 많이 따른다면 경제 상황이 더 좋아질 것'이라고 말한다."[123]

몇 년 전 처음으로 아이티에 갔을 때, 갤러거 교수의 말이 서서히 이해되기 시작했다. 나는 필라델피아의 도시 생활 쓰레기 소각장에서 나온 중금속 재 쓰레기가 비료로 위장돼 아이티에 들어와서 고나이브 해변에 방치돼 있는 문제 때문에 아이티에 갔다. 나는 분노했다. 어떻게 세계에서 가장 부유한 나라의 쓰레기가 지구 반대편에 있는 가장 가난한 나라에 투기될 수 있는가? 이는 미국이 오랫동안 여러 면에서 아이티를 어떻게 취급해왔는지를 보여주는 상징 같았다. 그래서 나는 필라델피아가 이 유독한 재 쓰레기를 회수해가도록 하는 일에 공조해달라는 아이티 사람들의 요청을 받고 이곳을 방문한 터였다. 당시 나는 주로 쓰레기 문제만 알고 있었지, 세계화된 경제 시스템이 얼마나 광범위하게 작동하는지에 대해서는 거의 무지한 상태였다.

아이티에서 제일 처음 만난 사람들은 앞 장에서 언급한 디즈니 노동 착취 공장의 여성 노동자들이었다. 공장의 여건에 대해 성토하고 나서, 그중 몇 명은 이런 일자리를 구하기 위해 시골에서 도시로 오게 된 사연에 대해 이야기했다. 나는 그들에게 왜 계속 도시에 머무는지, 왜 전기도 거의 안 들어오고, 위생 시설이나 수도도 없는 슬럼에 계속 사는지, 왜 이렇게 명백하게 건강에 좋지 않은 환경에서 계속 생활하는지, 왜 더 넓고 공기도 좋은 시골에 살지 않는지 물었다. 그들은 시골에서는 더 이상 생활을 지탱할 수 없었기 때문이라고 말했다. 이들의 가족은 막강한 '마이애미쌀'이 밀려들어와 도저히 경쟁할 수 없게 되면서 농사를 포기했다. '마이애미쌀'이란 실제로 마이애미에서 생산된 것이 아니라, 미국산 쌀을 통칭해 부르는 말이다. 마이애미쌀은 미국의 거대 농장에서 재배되는데, 더 영양가가 높고 노동 집약적으로 생산되며 (아이티 사람들에 따르면) 맛도 더 좋은 아이티 품종 쌀보다 싼 가격으로 들어온다. 내가 만난 아이티 여성들에 따르면, 아이티에서 농업은 죽어가고 있었다. 그래서 그들에게는 다른 방법이 없었다.

그 다음에는 농민들과 한때 농민이었던 사람들을 만났다. 가장 분명하게 기억나는 사람이 한 명 있는데, 그는 목소리를 낮추더니, 마이애미쌀이 들어오고 아이티 정부가 농민에게 주던 보조금을 없앤 것은 세계은행과 세계은행의 친구인 미국국제개발처US Agency for International Development, USAID가 아이티 사람들을 땅에서 쫓아내 도시로 몰아넣고 부유한 미국인들의 옷을 재봉하는 노동자로 만들려고 짠 계획의 일환이라고 설명했다. 더 적은 농민, 더 많은 의류 노동자. 그의 설명에 따르면, 사람들이 도시로 몰려나 비참한 노동 착취 공장에서 하루종일 일할 정도로 절망적인 상황에 처하게 하려면, 생계를 유지할 수 있는 농업을 파괴할 필요가 있었다. 그가 눈에 긴장이 역력한 채 아주 작은 소리로 말했기 때문에, 나는 그가 음모론을 펴면서 너무 비약적인 결론을 내리는 게 아닐까 생각했다. 그러니까 내 말은, 빈곤을 완화하겠다는 기구들이 어떻게 아이티 사람들에게 스스로를 위한 식량 생산을 중단하고 공주 잠옷을 꿰매라고 강제한단 말인가? 이미 고백했지만, 그때 나는 어렸고 순진했다.

포르토프랭스로 돌아오는 길에 차창에 머리를 기대고서 창밖으로 지나가는 아이티의 시골 풍경을 바라보았다. 고갈되는 농촌에서 살아가는 것이 힘겹기는 하겠지만, 그래도 복잡한 도시의 슬럼에 사는 것보다는 나아 보였다.

다음 날, 나는 USAID 사무실에 갔다. USAID는 스스로를 "재앙에서 회복되어가면서 가난을 몰아내기 위해 노력하고 민주적인 개혁을 추진하고 있는 나라들에 광범위한 원조를 제공하는 미국의 핵심 기관"이라고 설명한다.[124] 그때 나는 국제 개발기구들에 대해 잘 모르고 있었다. 그래서 그들에게 농촌 환경을 복원해 농업이 다시 이루어지게 할 전략을 배우고 싶었다. 농사를 계속 짓고 싶어 하는 사람들이 자신의 지역에서 식량을 생산하면서 지속 가능하고 존엄한 삶을 누릴 만한 소득을 얻을 수 있도록 말이다. 한때는 짙푸른 곳이었던 열대의 섬이 농업을 버리고 식량을 수입한다는 것이 내게는 미친 짓으로 여겨졌다. 지역 식품은 포장이 덜 되어 있고, 운송 거리도 더 짧고, 지역 공동체에 일자리를 더 많이 만들고, 더 신선하고, 더 건강에 좋은 음식일 것이다. 어떻게 이런 것을 원하지 않을 수 있겠는가?

USAID 사무실은 포르토프랭스 시내에 있었다. 거기 들어갔을 때, 아이티에 도착한 후 처음으로 에어컨이 가동되는 것을 느꼈고, 양복 입은 사람들을 봤고, 백인들에 둘러싸였다. 이 나라에 온 뒤 처음으로 내 옷과 샌들이 상황에 어울릴 만큼 괜찮지 않을까 봐 걱정이 되었다.

나를 맞이한 USAID 직원은 아이티 '개발'에 대해 이 기구가 갖고 있는 비전을 설명해주었다. 경악스럽게도, 얼마 전 그 농민이 낮은 목소리로 나에게 이야기했던 바로 그 계획이었다. 하지만 이 USAID 직원은 주위를 살펴보면서 재빨리 귓속말로 속삭이지 않았다. 그는 꼿꼿이 앉아서, USAID는 아이티 사람들이 식량을 생산하도록 하는 것이 '효율적이지 않다'는 판단을 내렸다고 설명했다. 아이티 사람들은 식량을 생산하기보다는 그들의 가장 좋은 자원을 이용해서 세계경제에 참여해야 한다는 논리였다. 그 자원이란, 아이들에게 하루에 한 끼밖에 먹일 수 없는 돈을 벌면서, 성폭력에 시달리고 슬럼에 살면서, 물리적인 위협을 느끼면서, 아침부터 밤까지 '잠자는 숲속의 공주' 잠옷을 재봉해야 하는 수천 명의 노동인력을 말하는 것이었다.

그는 지역적으로 식품을 충분히 자급하는 것이 바람직하거나 필요하지 않다고 주장했다. 자급보다 더 좋은 개념은 '식량 확보'라면서, 이는 한 나라의 국민이 직접 식량을 재배할 필요는 없으며, 대신 식품을 수입하면 된다는 의미라고 설명했다. 아이티의 경우에는 미국의 식품을 수입해야 하는 것이다. 미국 농민들이 정부 보조를 많이 받아서 쌀을 아이티의 소규모 농민보다 더 '효율적으로' 경작할 수 있기 때문에, USAID는 미국이 아이티에 쌀을 보내고, 아이티 사람들은 농촌을 떠나 미국 사람들이 하기에는 적합하지 않은 의류공장 일을 하는 것이 더 낫다는 것이었다.

나는 '효율성'이 유일한 기준은 아니라고 항변했다. 농민이 땅과 맺는 관계, 건강하고 존엄한 일, 부모가 아이들이 하교한 후 함께 시간을 보낼 수 있는 여건, 침해되지 않고 여러 세대를 이어가는 공동체······ 이 모든 것이 가치를 지니며, 진정한 개발이나 발전 계획이라면 이런 가치를 우선시해야 한다고 말이다. 그러자 그 USAID 직원은 이렇게 말했다. "음, 아이티 사람들이 정말로 농업을 하고 싶어 한다면 말이죠, 일부 사람들은 그렇게 할 수도 있어요. 고급 수출 시장에 공급하기 위해 유기농 망고를 키우는 거지요."

나는 의자에서 굴러떨어질 뻔했다. 내가 만났던 아이티 농민이 해준 이야기는 음모론이 아니었다. 음모가 되려면 뭔가 비밀스럽게 진행하려는 노력이 있어야 하는 법이다. 그런데 이 USAID 직원은 아이티 사람들을 자기결정권을 갖고 있는 사람으로서가 아니라 미국의 남아도는 쌀을 처분할 시장이자 값싼 재봉 노동력으로, 그리고 어쩌다가 딘앤드델루카에 유기농 망고를 공급하는 노동력쯤으로 치부하는 대단한 계획을 좔좔 늘어놓고 있었다. 이는 비밀스러운 음모가 아니라 공공연하게 인정받고 정당화되는 계획이었다.

2008년 초에 〈뉴욕타임스〉 1면에 실린 기사를 보고, 나에게 깨달음을 줬던 당시 아이티에서의 경험이 떠올랐다. 과연 USAID의 계획은 효과가 있었다. 2008년경에 아이티는 80퍼센트의 쌀을 수입하고 있었고, 따라서 국제 쌀 수급 상황과 가격에 취약했다. 그런데 연료비가 오르고, 가뭄이 이어지고, 다른 곳들에서 쌀이 아니라 더 수익성 있는 작물 쪽으로 물 사용을 돌리면서 세계적으로 쌀 생산량이 감소해, 2008년 초에 쌀 가격이 세 배가 되었다. 그래서 아이티 사람들은 주식을 구할 수 없게 되었다. 내가 본 〈뉴욕타임스〉 기사에는, 아이티 사람들이 허기를 때우기 위해 라드나 버터 한 조각을 바른 더러운 파이를 먹는 사진이 실려 있었다.[125]

나는 그 USAID 직원을 생각하고 화가 치밀었다. 그가 일하는 기관이 봉제공장 같은 수출 상품 공장을 지원하는 정책이나 인프라에 투자하기보다 그 나라의 농민들이 농업을 지탱할 수 있게 하는 방향으로 자원을 사용했다면, 아이티 사람들이 지구 반 바퀴 너머의 호주에서 발생한 가뭄 때문에 굶주리는 일은 발생하지 않았을 것이다. 이 모든 것이 국제 무역과 '개발' 기구들이 남긴 유산이다.

지역적인 대안

'물건 이야기'의 세 번째 단계인 유통에서도 우리는 한계를 향해 치닫고 있다. 한계를 가져올 주된 요인은, 화석연료가 부족해지고 탄소 배출을 의무적으로 규제하는 제도가 도입된다는 점이다. 이 때문에 세계의 물류, 운송, 화물 시스템이 현재와 같은 방식으로 계속 돌아가기는 어려울 것이다. 한계의 또 다른 요인은, 개발도상국들이 자신의 기본적인 필요는 충족시키지 못하면서 부풀 대로 부푼 선진국의 소비생활 양식을 지탱하느라 자원과 값싼 노동력을 제공하는 현재의 상황을 더 이상 견디지 못한다는 점이다. 이들은 강요된 분업을 거부하면서 개발의 경로를 스스로 만들어가려 하고 있다.

개발도상국이 국제 금융기구가 정한 규칙에 놀아나기를 거부한 가장 좋은 예로 볼리비아의 '물 전쟁'을 들 수 있다. 세계은행과 IMF는 가난한 나라에 금융지원을 하면서, 외국 기업에 시장을 열고 상하수도 등 기본적인 영역까지 포함해 공기업을 민영화하라는 조건을 내건다. 이에 따라 볼리비아는 1999년에 세 번째로 큰 도시 코차밤바에서 수도를 민영화해 미국의 초국적기업 벡텔이 주도하는 국제 컨소시엄과 40년간의 수도 위탁관리 계약을 맺었다. 수도·전기·가스 등 공익 서비스 분야를 민영화하면 요금이 치솟고 저소득층에게는 제대로 공급이 되지 않는 일이 흔하기 때문에, 코차밤바 주민들은 물을 사용할 수 있는 권리가 침해되지 않을까 우려했다. 결국 여러 면에서 그들의 걱정은 기우가 아니었다.

2000년에는 물값이 200퍼센트 올랐다. 최저임금이 월 100달러도 안 되는 이 도시에서, 많은 사람이 월 소득의 4분의 1을 물에 지출하고 있었다. 빗물 모으는 통에 받은 물도 벡텔의 사유재산으로 간주되었다. 농작물에 댈 물이 필요한 농민, 저소득층 주민, 학생, 노동자 등 수많은 사람이, 외국계 자본이 이끄는 컨소시엄을 몰아내라고 요구하며 대대적으로 저항에 나섰다. 정부는 외국인 투자자들이 빠져나갈까 봐 처음에는 이 요구를 거부했다. 하지만 사람들의 항의가 거세져, 175명이 다치고 2명이 시력을 잃고, 경찰이 무장하지 않은 열일곱 살짜리 시위자에게 발포하는 장면이 화면에 잡히자, 정부는 벡텔과의 계약을 철회하고 물 관리를 공공 서비스로 되돌려놓았으며 물을 상품이 아니라 사회적 공공재로 간주하겠다고 약속했다.[126]

월마트와 아마존의 나라인 미국에서도 소비자들이 정신 못 차리게 빠른 속도에 진력을 내고 있는 것 같다. 어떻게 생각하면 기업들이 단 2주 만에 티셔츠를 디자인하고 만들고 운송하고 판매하는 것이 인상적이기도 하다. 원래는 몇 달씩 걸리던 일이니 말이다. 하지만 이 속도는 무엇을 위한 것인가? 트렌디한 옷과 기기들이 정말로 우리의 삶을 더 낫게 해주는 것은 아니다. 사실, 내가 아는 거의 모든 사람이 진력을 내면서 속도를 늦추고 싶어 한다. 최근 내 딸의 학교에서 열린 학부모 모임에서 운영자가 이렇게 물은 적이 있다. "여기 계신 분들 중 시간에 쫓기며 사시지 않는 분 계세요?" 한 명도 손을 들지 않았다.

다행히도, 상황을 좋은 쪽으로 바꿀 방법이 있으며, 이를 위해 많은 사람이 다양한 분야에서 움직이고 있다. 다라 오루크의 굿가이드 같은 공급망 투명성 제고를 위한 노력, 세계무역기구나 국제통화기금이나 세계은행이 지배하는 망가진 시스템에서 투자를 철회하거나 그 시스템에 저항하는 노력, 그리고 공급망의 규모를 줄이고 '지역경제'를 촉진하려는 움직임에 이르기까지 말이다.

여러분은 아마 '로컬푸드(지역 식품)' 운동에 대해 들어보았을 것이다. 레스토랑과 슈퍼마켓이 자신들이 취급하는 식품의 이동거리가 짧다는 점을 내세우기도 하고, 어떤 사람들은 스스로를 '로컬식주의자'라고 자부한다. 《풍성함, 160킬로미터 식단으로 로컬식 먹기Plenty: Eating Locally on the 100 Mile Diet》의 저자인 앨리사 스미스Alisa Smith와 J. B. 매키논J. B. MacKinon은, 로컬식이란 "계절을 알고, 음식이 어디서 오는지를 알고, 우리의 건강과 환경에 어떤 위험을 끼치는지를 아는 것"이라고 설명한다.[127] 점점 많은 미국 소비자가 식품 구매에서 지역 농민과 지역 식품업체들을 지원하는 쪽으로 선택을 하고 있다. 지역 식품이 더 신선하고, 건강에 좋고, 맛있기 때문이다.

또한 이들은 로컬식을 선택하는 것이 자신이 속한 공동체의 부와 지속 가능성을 북돋우는 일이라는 점도 알고 있다. 따라서 이들의 식품 선택은 도덕적인, 심지어는 애국적인 의미까지 지닌다. 그리고 사회적인 의미도 있다. 저명한 환경 문제 저자인 빌 매키번은 《심오한 경제》에서, 농민시장 farmers market의 장점에 대해 설명했다. 매키번에 따르면, 농민시장이 매우 빠르게 성장하는 이유는 질이 좋고 신선하고 맛있는 음식을 공급하기 때문만은 아니다. 더 재밌기 때문이기도 하다. 농민시장은 경제가 세계화되면서 잠식돼버린 공동체와 사회적 관계망을 다시 만들어낸다. 매키번은 사람들이 슈퍼마켓에서보다 농민시장에서 열 배나 많은 사회적 상호 작용을 한다고 언급했다.[128]

맞는 말이다! 버클리의 우리 동네 농민시장은 내 집에서 한두 블록 떨어진 곳에서 열린다. 자그마하고 상품 구색도 소박하지만 전부 인근 지역에서 생산된 것이고 유기농이다. 나는 농민시장에 가는 것을 좋아한다. 가면 틀림없이 이웃을 만난다. 농민시장은 뭐랄까, 매우 유럽적인 느낌이다. 느긋하게 시장을 걸어 돌아다니고, 신선한 채소와 빵을 헝겊으로 된 장바구니에 넣으면서 친구들과 수다를 떨고, 걸어서 집으로 돌아오는 것…… 이것은 내 하루의 질을 떨어뜨리지 않고 높여준다. 대형 슈퍼마켓에 대해서는 결코 이렇게 말하지 못하겠다.

식품 이외의 물건에 대해서도 지역 생산자를 지원하는, 소박하지만 성장하고 있는 운동이 있다. 미국의 '지역 생활경제를 위한 비즈니스 연합 Business Alliance for Local Living Economics, BALLE'은 지역경제와 공동체의 자조를 촉진하려는 기업들의 모임이다. 지역 식품뿐 아니라 태양열전지와 풍력터빈 등의 지역 에너지, 지역 의류 제조, 지역의 재료를 쓴 녹색빌딩 등이 포함돼 있다.[129] 이런 지역경제 모델에서도 세계경제는 존재하지만, 여기서의 세계경제는 지역적으로 지속 가능한 경제들이 스스로 생산할 수 없는 것을 교역하는 네트워크로서 존재한다. 국내 거래건 국제 거래건, 거래는 그 자체가 목적이 아니라 삶의 질과 좋은 일자리와 건강한 환경을 촉진하는 수단이다.

로컬푸드 운동과 BALLE의 창립자 중 한 명인 주디 윅스Judy Wicks는 지역의 자조가 안보와 관련이 있다고 주장한다. "전쟁은 에너지와 식품, 물과 같은 기본적인 것들에 대한 접근권을 확보하기 위해 벌어지는 경우가 많다. 모든 지역이 식량, 에너지, 물을 확보할 수 있게 만드는 것이 곧 세계평화의 기반을 닦는 일일 것이다. 자기충족적인 사회는 석유와 물과 식량을 먼 데서 운송해와야 하는 곳들보다 전쟁을 일으킬 가능성이 더 적다."[130]

세계적으로 100개 이상의 공동체가 '트랜지션 타운transition town'을 선언했다. 이런 전환 마을은 영국에 많지만 미국에도 콜로라도주 볼더 카운티, 아이다호주 샌드포인트, 켄터키주 베리아 등이 있고 다른 나라들에도 있다. 트랜지션 타운은 식품의 자급을 위한 운동과 한 공장에서 나온 폐기물이 다른 공장에서 원료로 쓰이게 하는 산업생태 운동뿐 아니라, 에너지 분야에서도 소비를 줄이고 지역 에너지 생산을 늘리는 방식으로 전환하고자 한다.

트랜지션 타운의 공식 지침에 따르면, 전환 마을의 핵심 개념 중 하나는, 화석연료에 의존하지 않고 지역에서 자기충족적으로 생활하는 것이 더 즐겁고 충만하다는 것이다. "값싼 석유의 시대가 끝나는 것은 위협이라기보다는 기회라고 볼 수 있다. 우리는 더 복원력이 있고 더 풍부하고 더 번성하는, 저탄소 시대의 미래를 디자인할 수 있다. 탐욕과 전쟁과 영속적인 성장신화에 바탕을 둔 오늘날의 소외된 소비자 문화에서보다 더 살기 좋은 미래를 만들 수 있을 것이다."[131]

사람들의 분별 있는 양식과 환경의 생태적인 제약은 지역적인 유통 시스템과 지역경제로의 전환을 불가피하게 만들 것이다. 가능한 한 지역적으로 물건들을 사고 팔고 나르고 나누면, 우리가 절대적으로 우선순위에 두어야 할 두 가지, 즉 자원 절약과 공동체 강화에 도움이 될 것이다.

그런데 이 시스템을 전세계적인 차원에서 생각해보면 딜레마가 생긴다. 수세기 동안, 어떤 국가는 자원과 노동력을 공급하고 어떤 국가는 그 자원과 노동력으로 만든 물건을 소비하는 식의 국제적인 분업이 존재해왔다. 유럽이 제국주의적 팽창을 통해 식민지를 확장하던 시기에도 그랬고, 지금도 그렇다. 추출, 재배, 제조 품목을 모두 포함해서 미국의 수입품 중 3분의 1은 더 가난한 나라들에서 온다.[132] 세계적으로 수백만 명의 노동자가 수출 산업에 종사한다. 미국의 평균적인 가정에서 볼 수 있는 장난감, 의류, 전자제품, 가정용품은 대부분 중국 각지에서 돌아가는 거대한 공장들에서 만든 것이다. 내 딸이 글자를 막 배우기 시작한 어느 날, 방에서 놀던 아이가 내려오더니 물었다. "엄마! C, H, I, N, A가 뭐야?" 나는 "중국(차이나)이잖니?"라고 대답했다. 딸아이는 중국인 친구가 있었기 때문에 China의 뜻을 알고 있었다. 딸아이가 다시 물었다. "그런데 엄마, 왜 이게 모든 물건에 다 씌어 있어?"

그러니까 지역화된 경제 쪽으로 방향을 트는 것은 좋지만, 그와 동시에 우리는 수백 년 동안 식민-피식민 형태로 이루어져온 분업의 유산도 처리해야 한다. 선진국들이 갑자기 "그래, 마음을 바꿨어. 우리는 세계화된 유통 시스템에서 빠질래. 그럼 잘해봐, 안녕!"이라고 말하는 것은 공정하지 않다.

진정한 해결책의 핵심은 연대감이다. 작가인 바버라 에렌라이히Barbara Ehrenreich는 연대감에 대해 "서로 만난 적은 없을지도 모르지만 정의와 민주주의에 대한 비전을 공유하고, 그것을 달성하기 위해 서로의 투쟁을 지

원하는 사람들끼리의 사랑"이라고 아름답게 정의했다.[133]

  국제적인 연대감에 기반해서, 선진국의 우리는 글로벌경제의 파괴적인 부분에서 빠져나와 건강한 지역경제를 다시 만들어나가야 하고, 그와 동시에 개발도상국 노동자와 공동체들 또한 그들 자신의 지속 가능한 지역 경제로 전환해갈 수 있도록, 어떤 경우에는 되돌아갈 수 있도록 지원해야 한다. 그리고 그들이 자신에게 적합한 발전 모델로 전환해가는 과정이 우리가 전환하는 과정보다 시간이 더 걸릴지도 모른다는 사실에 대해 인내심을 가져야 한다. 또한 세계적으로 물이나 의약품이나 화석연료 등의 자원이 불공평하게 소비되면서 그들의 선택지를 제한하고 있으므로, 정당한 몫보다 많이 소비해온 선진국의 우리는 덜 써야 하고, 이제까지 과다하게 써온 데 대해 빚을 갚을 방법을 알아내야 하며, 앞으로는 공평하게 사용해야 한다.

4
chapter

소비

CONSUMPTION

신성한 쇼핑 | 더 많은 돈과 물건, 그러나 불행한 사람들 | 부유하지만 행복하지 않은 나라
이제는 지쳐버린 지구 | 소비자의 나라는 어떻게 건설되었는가? | 시간이냐, 물건이냐
소비자 계급은 어떻게 형성되었는가? | 업계의 두 가지 책략 | 나 자신이 될 자유
소비자로서 어떤 선택을 할 것인가? | 소비자 자아와 시민 자아
시민 자아를 다시 활성화해야 하는 세 가지 이유 | 소비의 평등 실현하기
소비와 기후 그리고 평등 | 재분배와 존중

 → →

자, 여기까지 왔다. 온갖 물건이 실제와 가상의 상점 선반에 줄지어 앉아, 우리의 쇼핑카트로 들어오거나 우리가 원하는 대로 조립·배송될 준비가 되었다. 소비자 입장! 무대 왼쪽에서, 오른쪽에서, 방금 현금으로 바꾼 월급과 신용카드로 무장을 하고 오프라인 매장과 온라인 쇼핑몰로 돌진한다. 이 무대야말로 지금까지 살펴본 '그 모든 것의 목적'이다. 적어도 우리는 그렇게 알고 있다.

전지전능한 소비자가 다양한 선택지가 있는 메뉴판에서 원하는 것을 고르는 그 잠깐 동안은, 온 세상이 그(녀)를 중심으로 돌아간다. 열심히 번 돈을 물건과 바꿔 그 물건의 소유자가 될 때, 그(녀)는 힘과 권력이 솟아나는 기분을 느낀다. 필요한 것이든, 충동적으로 마음이 동한 것이든, 가라앉은 기분을 띄워주는 것이든, 세 용도를 모두 충족하는 것이든 간에 말이다. 범퍼 스티커에 씌어 있듯이 "상황이 어려워질 때, 강한 사람은 쇼핑을 한다When things get tough, the tough go shopping('상황이 어려워질 때 강한 사람은 앞으로 전진한다'는 속담When the going gets tough, the tough gets going의 패러디―옮긴이).

우리가 너무나 좋아하는 영화나 드라마의 주인공 또는 문화 아이콘들은 자신을 상징하는 근사한 물건들에 둘러싸여 있다. 최신기기, 완벽하게 딱 맞아떨어지는 양복, 그리고 ○○○자동차(미래에 당신이 갖고 싶은 자동차 모델을 ○○○에 넣어보시라)가 없다면 007이 007이겠는가? 드레스가 없다면 오스카 시상식이 오스카 시상식이겠는가? 어처구니없는 챙이 달린 모자들과 명품 디자이너의 선글라스와 옷, 하늘까지 닿을 하이힐이 가득한 번쩍이는 쇼핑백이 없다면, 우리가 캐리 브래드쇼(TV 드라마 〈섹스앤더시티〉의 주인공―옮긴이)를 좋아하겠는가? 티파니에 홀딱 빠지지 않은 홀리 고라이틀리(영화 〈티파니에서 아침을〉의 주인공―옮긴이)를 우리가 알아볼 수나 있겠는가? 우리는 영화나 드라마 등장인물의 성격에 못지않게 그들이 가진 물건과 물건에 대한 집착에도 감정이입을 한다. 이런 일이 가능한 이유는 우리가 우리 자신이 가진 물건에 감정이입을 하기 때문이다.

우선, 내가 소비를 전적으로 반대하는 것이 아니라는 점을 분명히 해두어야겠다. 영화 〈물건 이야기〉를 보고 화가 난 어떤 사람이 나에게 이런 이메일을 보내왔다. "당신이 소비를 반대한다면, 지금 입고 있는 셔츠는 어떻게 구한 거지요?" 아이쿠! 물론 누구나 살아가려면 소비를 해야 한다. 우리는 먹을 것이 필요하고, 머리 위에 지붕이 필요하고, 아플 때는 약이 필요하다. 이렇게 생존에 필요한 것들뿐 아니라 삶의 질을 높여주는 추가적인 소비도 있다. 나는 음악 듣기를 좋아하고, 친구들과 와인 마시는 것도 좋아하고, 가끔씩은 좋은 새 드레스로 꾸며입는 것도 어느 누구 못지않게 좋아한다.

내가 문제 삼는 것은, 추상적인 의미에서의 소비가 아니라 '소비주의'

와 '과다소비'다. 소비는 필요를 충족시키기 위해 재화와 용역을 취득해 사용하는 것을 의미한다. 하지만 소비주의는 정서적·사회적 욕구를 쇼핑으로 충족시키려 하고 자신이 소유한 물건을 통해 스스로의 가치를 규정하며 내보이려고 하는, 우리가 소비와 맺고 있는 특정한 방식의 관계를 의미한다. 그리고 과다소비는 우리가 필요로 하는 것보다, 지구가 감당할 수 있는 것보다 많은 자원을 취하는 것을 뜻한다. 현재 미국 대부분에서 과다소비가 벌어지고 있으며, 다른 나라들도 점점 그렇게 되고 있다.

소비주의는 과잉의 문제고, '물건을 추구할 때 우리에게 정작 중요한 것은 무엇인가?'에 대한 개념을 잃어버려서 생기는 문제다. 지미타이 다무어Jdimytai Damour 사건을 기억하는가? 2008년 11월, 연중 가장 큰 쇼핑의 날인 블랙프라이데이(추수감사절 다음 날로, 대부분의 상점이 큰 폭의 할인행사를 한다—옮긴이)에 연말 쇼핑 시즌이 시작됐다. 미국 전역에서, 추수감사절 저녁식사를 일찍 끝낸 사람들이 매장 오픈 시간이 되기 한참 전부터 모여들어 주차장에 차를 세우고는 거기서 잠을 잤다.

뉴욕 밸리스트림에 있는 월마트에도 추수감사절 밤 9시부터 쇼핑객들이 주차장에 모여들기 시작했다. 매장 오픈 시간인 다음 날 새벽 5시 무렵에는 모여든 사람이 2,000명이 넘었다. 문이 열렸고, 아이티 출신의 임시직 노동자 지미타이 다무어(34세, 친구들은 '짐보'라고 불렀다)는 몰려드는 군중에 밀려 넘어졌다. 목격자들에 따르면, 사람들은 명절 세일 물건을 획득하기 위해 그를 밟고 지나갔다. 도착한 구급의료진도 군중에게 밀려나고 밟혔다. 다무어는 오전 6시에 사망선고를 받았다. 사인은 질식사였다. 밟혀죽은 것이다.¹ 그 난리통에 역시 매장에 있었던 전자제품 파트의 한 직원은 이렇게 말했다고 한다. "끔찍했어요…… 할인 조건이 그렇게 썩 좋은 편도 아니었는데 말이에요."²

게다가 이 사건 당시는 불황기로, 경제적 불안정성이 심화되고, 기름값이 오르고, 소비자 부채가 증가하고, 모기지 대출이 무너지고, 실업난이 심각해지는 와중이었다. 그래서 유통업체들은 블랙프라이데이 매출이 타격을 받을까 봐 걱정했었다. 하지만 궁극적으로 타격을 받은 쪽은 다무어였고, 미국은 계속 쇼핑을 했다. 미국 사회는 소비자의 사회라고들 한다. 우리는 어깨 한번 으쓱 하고 고개를 끄덕이면서 이 말을 근본적인 진리로 받아들인다. 우리는 그것이 인간의 본성이라고 스스로에게 말한다.

그리고 우리는 쇼핑을 한다. 세계적으로 개인 소비지출, 즉 가계 수준에서 소비된 재화와 용역의 양은 1960년 4조 8,000억 달러(1995년 달러가치로 환산)에서³ 2005년 24조 달러로 증가했다.⁴ 2004~2005년, 미국인들은 전체 경제규모 11조 달러 중 3분의 2를 소비재 상품에 쏟아부었다. 고등교육에 쓴 돈(990억 달러)보다 신발, 보석, 시계에 쓴 돈(다 합해서 1,000억 달러)이 더 많다.⁵

유엔에 따르면, 2003년에 세계적으로 화장품 구매에 180억 달러를 지출했는데, 120억 달러면 전세계 여성에게 임신 및 출산 관련 의료를 제공할 수 있었다. 미국과 유럽 사람들은 170억 달러를 애완동물 사료에 지출했는데, 190억 달러면 기아와 영양실조를 없앨 수 있었다. 그리고 미국인이 대양 크루즈에 지출한 돈이 140억 달러인데, 100억 달러면 모든 사람에게 깨끗한 식수를 제공할 수 있었다.⁶ 2000년에 12~19세의 청소년이 지출한 돈은 1,150억 달러였으며, 2004년에는 1,690억 달러로 늘었다.⁷

100에이커에 달하는, 양키 스타디움 7개만 한 면적의 쇼핑몰 몰오브아메리카는 미국에서 관광객이 가장 많이 찾는 명소 중 하나다.[8] 평균적인 미국인은 신용카드를 6.5장 가지고 있다.[9] 평균적인 미국 슈퍼마켓은 3만 개의 품목을 취급한다.[10] 2003년에 미국에는 운전면허 소지자보다 개인이 소유한 자동차 수가 더 많았다.[11]

평균적인 미국의 중산층 혹은 중상류층이 사는 약 200제곱미터의 집에서는[12] 다음과 같은 것들을 볼 수 있다. 몇 개의 소파와 침대, 수많은 의자, 테이블, 러그, 적어도 두 대의 TV, 적어도 한 대의 컴퓨터, 프린터, 스테레오, 셀 수 없이 많은 책, 잡지, 사진, CD. (CD는 예전의 비닐레코드나 카세트테이프와 마찬가지로 멸종되어가고 있다. 아마도 곧 쓰레기 신세가 될 것이다.) 부엌에는 오븐, 스토브, 냉장고, 냉동고, 전자레인지, 커피메이커, 블렌더, 토스터, 푸드프로세서, 수많은 식기, 접시, 저장용기, 유리 제품, 헝겊 아니면 종이 냅킨. 또한 화장실에는 헤어드라이어, 전기면도기, 납작빗, 솔빗, 체중계, 수건, 의약품, 연고, 병이나 튜브에 들어 있는 수많은 보디케어 용품. 옷장에는 드레스, 스웨터, 티셔츠, 정장, 바지, 모자, 부츠, 신발, 그리고 그밖에 몸에 걸치는 모든 것. 2002년에 평균적인 미국인에게는 52개의 의류가 새로 생겼고, 평균적인 가정은 매주 약 600그램의 직물 제품을 버렸다.[13] 또 평균적인 가정에는 세탁기와 건조기가 있고, 자전거와 스키 같은 스포츠 장비가 있으며, 짐 가방·정원 도구·보석·자질구레한 장식품들이 있다. 그리고 스테이플러·스카치테이프·알루미늄포일·양초·펜 등 비교적 유용한 물건들과, 새로운 열쇠고리·선물포장지·만기 지난 기프트카드·안 쓰는 예전 휴대전화 등 완전히 쓸모없는 물건들이 가득 찬 서랍들이 있다.

건축업자들에 따르면, 사람들은 물건이 너무 많아서 차고가 세 개 있는 집을 주로 산다. 셋 중 하나는 창고로 쓰기 위해서 말이다.[14] 그런데도 집은 물건으로 넘쳐나서, 개인용 창고 대여 서비스업이 최근 엄청나게 성장했다. 1985~2008년, 미국에서 셀프 창고 대여업은 인구보다 세 배나 빠르게 성장했으며, 1인당 저장공간 면적은 633퍼센트 증가했다.[15] 이렇게 넘쳐날 만큼 물건이 많은데도, 어쩐 일인지 우리는 불을 찾아 날아드는 불나방처럼 더 많은 것을 사려고 매장에 달려간다.

신성한 쇼핑

미국에서 쇼핑은 거의 신성화된 의례다. 9·11이 발생하자 부시 대통령은 "테러리즘에 대한 궁극적인 복수"로 일상생활을 동요 없이 영위해야 한다고 했는데, 그 일상의 활동에는 쇼핑도 포함돼 있었다.[16] 나라 전체가 충격에 빠져 아무도 다음에 무슨 일이 일어날지 모를 때, 부시 대통령은 국민들더러 "미국은 영업합니다" 팻말을 창문에 걸고 계속 쇼핑하라고 독려했다.

대부분의 경제학자와 정치인은, '물건을 사지 않는 것'은 우리의 노동자들을 힘겹게 하고 경제를 옥죄는 일이라고 말한다. 쇼핑은 우리의 의무다. 소비주의의 윤리에 감히 도전하는 자들은 비애국적이거나 얼간이라고 낙인찍힌다. 2009년 초, 〈뉴욕타임스〉가 많은 학교에서 소비주의와 환경 문제에 대해 토론하기 위해서 영화 〈물건 이야기〉를 교재로 활용하고 있다고 보도했을 때, 보수적인 논객들은 내가 미국의 생활방식을 위협하고 어린이들을 공포에 몰아넣고 있다고 비난했으며, 나를 "머리 묶은 마르크스"라고 불렀다.

'노 임팩트 맨No Impact Man'이라고도 알려진 콜린 베번Colin Beavan이 뉴욕에서 1년 동안 가족의 소비를 아주 최소한으로 줄이는 프로젝트로 언론에 보도됐을 때, 그는 수많은 항의편지를 받았고 그중에는 익명의 살해 위협도 하나 있었다! 헨리 데이비드 소로Henry David Thoreau가 1800년대 중반 월든 호수에서 자연과 조화를 이루며 단순하게 사는 삶에 대해 글을 썼을 때, 비평가들은 소로를 "남자답지 못하고"[17] "매우 사악하며 이교도적이고"[18] "사회부적응자이며 야만스러운 사람"[19]이라고 평했다.

심지어 소비 문제에 대해 활동하는 비영리기구와 운동단체들도 근본적인 질문은 하지 않는 경우가 많다. 많은 단체가 우리가 소비하는 제품의 질적인 면에 초점을 맞춰 활동한다. 이를테면, 사람들이 억압적 노동환경에서 생산한 초콜릿보다 공정무역 초콜릿을 선택하도록 유도하기 위해, 유독한 성분이 들어 있는 면제품을 유기농 면제품으로 바꾸기 위해, 어린이 장난감에서 PVC를 없애기 위해 싸운다. 하지만 소비의 '양'에 관해서 다음과 같이 어려운 질문을 꺼내는 사람이나 단체는 거의 없다. "우리가 너무 많이 소비하고 있지는 않은가?" 이것이야말로 우리 시스템의 핵심을 파고드는 질문이다. 그런데 내 경험상, 우리 사회에서 이것은 그리 환영받는 질문이 아닌 것 같다.

예전에는 자연자원 추출과 제품 생산을 포함해 다양한 활동이 국가경제 성장에 기여하는 활동으로 여겨졌다. 그러나 제2차 세계대전 이후 초점은 소비로 옮겨갔다. 1950년대에 아이젠하워 대통령의 경제자문위원회 위원장은 "미국 경제의 궁극적 목적은 더 많은 소비재를 생산하는 것"이라고 말했다.[20] 정말? 의료혜택을 제공하고, 안전한 지역사회 공동체를 만들고, 어린이들에게 양질의 교육을 제공하고, 삶의 질을 높이는 것보다 더 중요한 목적이 소비재를 만드는 것이라고?

1970년대가 되면 소비는 문화적으로도 경제적으로도 사회를 이끄는 역할을 맡게 된다. 현대사회를 살아가는 우리 대부분은 '소비가 이끄는 경제'가 사리에 맞고, 불가피하며, 좋은 것이라는 가정 속에서 살아왔다. 우리는 이 경제 모델에 아무런 의심 없이 참여하라고 배웠다. 하지만 점점 많은 사람이 이 경제 모델에 문제를 제기해왔으며 앞으로도 그럴 것이다. 물론 나도 그중 한 명이다.

다무어가 비극적으로 세상을 떠난 그해 연말 시즌에 '디스커버리' 신용카드는 새 광고를 내보냈다. 간단한 곡조의 은은한 기타 선율이 배경음악으로 흐르는 가운데, 내레이션이 나온다. "우리는 소비자의 나라입니다. 그리고 여기에는 잘못된 것이 없습니다. 좋은 물건이 정말 많지 않습니까? 문제는, 좋은 물건이 너무 많아서 지나치게 휩쓸리기 쉽다는 점입니다. 그렇게 되면 우리의 물질세계는 더 이상 멋진 세계가 아니라 스트레스를 주는 세계가 될 것입니다. 하지만 신용카드회사가 그것을 알아준다면 어떻겠습니까? 소비해야 할 시간이 있고, 또 절약해야 할 시간이 있다는 것을 알아준다면 어떻겠습니까? 우리는 빚은 더 적게, 재미는 더 많이 누릴 수 있을 것입니다. 그러면 우리의 물질세계는 더 밝아지겠지요." [21]

소비주의에 도전하는 신용카드회사라니! 많은 사람이 소비지출과 가계 빚 때문에 걱정을 하는 시기에 더 많은 고객을 얻기 위한 전략임이 그렇게 빤히 보이지만 않았다면, 나는 매우 기뻤을 것이다. 어쨌든, 그 광고에서 정말 흥미로웠던 부분은 마지막에 나오는 장면들이었다. 처음에는 아버지와 아들이 광활한 초록벌판에 서 있다. 다음에는 부부와 개가 넓은 해변을 거닌다. 그 다음에는 공원 벤치에서 연인이 즐거운 한때를 보낸다. 마지막으로 한 무리의 소녀들이 택시 뒷자리에 우르르 올라타면서 재잘거린다. 이걸 보니 디스커버리 카드가 적어도 어느 정도는 정말 진실을 알고 있구나 하는 생각이 들었다. 우리를 행복하게 해주는 것은 물건(심지어 '근사한' 물건)이 아니라 가족, 사랑하는 사람, 친구와 함께 보내는 시간과 아름다운 자연이라는 진실을 말이다.

더 많은 돈과 물건, 그러나 불행한 사람들

미국인이 가장 높은 수준의 만족과 행복을 기록했던 때가 1957년이라는 점에 대해 생각해보자. 미국인 중 스스로를 "매우 행복하다"고 묘사한 사람이 가장 많았던 때가 1957년이었으며(약 35퍼센트), 그 후로 미국은 이 수치에 도달해본 적이 없다.[22] 50년 전보다 지금 돈을 더 많이 벌고 더 많은 물건을 사는데도 우리는 더 행복해지지 않았다. 추가적인 돈과 새로운 물건들이 우리를 전혀 행복하게 해주지 않았다는 말이 아니다. 우리를 행복하게 해준 것도 있다. 하지만 이 추가적인 행복은 다른 면에서의 더 큰 비참함으로 상쇄돼버렸다.

배고프고, 춥고, 집이 없고, 그밖에 필요한 기본적인 물질이 없는 상태라면 추가적인 물건은 물론 행복을 더해준다. 월드워치의 《2004년 세계백서》에 따르면, 1년에 1인당 13,000달러(세계 평균)를 벌고 쓰면 기본적인 욕구를 충족시킬 수 있다.[23] 일단 기본적인 욕구가 충족되고 나면, 추가적인 물건을 통해 얻을 수 있는 행복의 증가분은 감소한다.[24] 다시 말해, 열네 번째나 열다섯 번째 신발이 가져다주는 행복은 첫 번째와 두 번째 신발보다 작다. 또 필리핀의 스모키산에 사는 여성에게 주어진 100달러가 나에게 주어진 100달러보다 더 큰 행복을 준다. 스모키산은 쓰레기산의 꼭대기에 있는 마을이다.

하지만 잡지에 나오는 아름다운 여성들과 완벽하게 흰 치아를 드러내고 웃고 있는 광고 속의 매력적인 얼굴들은 그렇지 않다고 우리를 설득하려 한다. 그들은 새 물건을 사면 새로운 행복을 얻을 수 있다고 약속한다. 그 '새' 물건이 우리가 이미 갖고 있는 것과 아주 조금밖에 다르지 않다고 해도 말이다. 하지만 그 물건을 사면 잠깐 동안은 기쁠지언정 그 기쁨은 빠르게 사라져버리고 만다. 더 많은 물건이 우리를 더 많이 행복하게 해주지는 않는다. 특히 우리가 물건값을 낼 돈을 벌기 위해 추가로 일해야 할 시간과, 물건이 가득한 서랍장과 찬장과 집에서 그것들을 찾느라 들이는 시간까지 고려한다면 더더욱 그렇다.

그러는 동안, 사회적 관계가 훼손되면서 우리는 점점 더 불행해진다. 기본적인 욕구가 충족된 후에는 가족, 동료, 친구, 이웃, 그리고 공동체 구성원들과의 관계가 우리의 행복을 결정하는 가장 큰 요인이라는 점이 수많은 연구를 통해 계속 밝혀져왔다.[25] 그런데도 우리는 온갖 물건을 구입하고 유지하기 위해 더 많이 일하느라, 친구나 이웃과 보내는 시간은 줄어들고 점점 더 많은 시간을 혼자 보내게 된다.

우리는 시민 활동과 공동체 활동에도 시간을 덜 쓴다. 하버드 대학의 로버트 퍼트넘Robert Putnam 교수는 저서 《나 홀로 볼링Bowling Alone》에서, 사회적 영역과 시민사회 영역의 일에 미국인들의 참여가 감소하는 경향이 있음을 지적했다.[26] 볼링 시합에서부터 학부모-교사 회의, 정치조직 참여에 이르기까지 말이다. 우리는 친구도 적어졌고, 도움을 주고받는 이웃도 별로 없으며, 지역사회는 덜 안정적이고, 민주정치 시스템에서 우리가 할 수 있는 역할에 대해서는 전적으로 무관심해졌다.

그 결과, 우리의 지역사회 공동체는 예전에 제공하던 기능을 더 이상 제공하지 못한다. 이제 미국인 중 4분의 1이 개인적인 문제를 털어놓을 사람이 없다고 말한다. 사회적인 고립을 토로하는 사람이 훨씬 적었던 1985년 이래로 이 수치는 두 배가 되었다.[27] 정서적인 지원을 해주는 사람들뿐 아니라, 손이 필요할 때 도움을 청할 수 있는 사람들도 없어졌다. 급한 일이 있을 때 아이를 돌봐줄 사람, 이사를 도와줄 사람, 공항까지 차를 태워줄 사람, 아플 때 먹을 것을 가지고 와줄 사람, 집을 며칠 비우게 됐을 때 우편물을 챙기고 개를 산책시키고 화분에 물을 줄 사람, 그리고 야구나 소프트볼이나 포커를 함께 칠 사람이 필요할 때, 우리는 이제 마땅히 도움을 청할 수 있는 사람이 없기 일쑤다. 점점 더 우리는 그런 것들을 서로 돕기에는 너무 바쁘거나, 너무 고립되어 있거나, 둘 다이게 되었다.

하지만 이런 도움은 여전히 필요하므로 그 틈을 시장이 메운다. 이제 우리는 누군가를 고용해서 애완동물을 봐주고, 심각한 문제에 대해 상담을 해주고, 이삿짐을 날라주도록 할 수 있다. 또 다른 사람을 고용해서 아이를 돌보고 놀아주게 할 수도 있다. 심지어 실제 상대방과 스포츠를 하는 컴퓨터 시뮬레이션 게임을 구매할 수도 있다. '상품화'가 진행되고 있는 것이다. 한때는 공공시설이나 이웃이나 친구들이 제공해주던 기능들이 이제는 개개인이 알아서 구매하는 물건이나 서비스, 즉 상품이 되었다.

시스템적 사고를 하는 사람들은 흔히 '양의 피드백 루프positive feedback loop'라는 개념을 이야기한다. 어떤 원인이 일으킨 결과가, 다시 그 원인을 강화하는 요인이 되는 현상을 일컫는다. 예를 들어, 지구 기온이 상승해서 빙하가 녹는다. 그러면 지구의 빙하가 태양열을 반사하는 기능이 떨어져서 기온이 더 올라간다. 녹아내리고 있는 우리의 공동체에도 마찬가지 일이 일어난다. 이웃, 친구, 공공기관이 제공하던 기능들을 돈으로 구매하기 위해 우리는 더 열심히 일해야 한다. 그러느라 시간이 더 부족해서 공동체 활동에 덜 참여하게 된다. 악순환인 것이다.

사회의 진보를 측정하는 지표들을 보면, 지난 수십 년간 경제는 성장해 왔는데도 상황은 더 나빠졌음을 알 수 있다. 미국에서 비만은 기록적인 수준이다. 20세 이상 어른 인구의 3분의 1과 6~11세 어린이의 20퍼센트가 비만이다.[28] 2007년에 나온 보고서에 따르면, 2003~2004년 10대의 자살이 15퍼센트 증가했다. 한 해 동안 증가한 수치로는 15년래 최고였다.[29] 2005년 미국의 우울증 환자는 1945년의 10배였다. 항우울증제의 사용은 1994~2004년 3배가 되었다.[30] 오늘날 많게는 4,000만 명의 미국인이 자신의 집에 알레르기 증상을 보인다. 페인트, 세제, 가공처리된 목재, 벽지, 플라스틱 등의 화학물질 때문이다. 또 미국인의 수면시간은 1900년에 비해 평균 20퍼센트나 줄었다.[31] 미국인들은 대부분의 산업화된 나라 사람들보다 더 많은 시간 일한다.[32]

소비자의 부채는 소득보다 두 배의 속도로 증가해왔다.[33] 미국 통계국에 따르면, 2005년 미국인들은 거의 8,320억 달러에 달하는 신용카드 빚을 지고 있었다. 이는 카드 소지자당 5,000달러에 해당한다. 2010년에는 총 1조 910억 달러로, 카드 소지자당 거의 6,200달러가 될 것으로 보인다.[34] 이렇게 능력을 넘어서는 소비를 하고 있는데도, 미국에는 처참한 수준의 소득 불균형, 빈곤, 노숙자, 기아, 의료혜택 부족 등의 문제가 있다.

물질주의에 대해 활발하게 저술활동을 해온 녹스 대학 심리학과 팀 캐서Tim Kasser 교수에 따르면, 이것은 단지 돈으로는 사랑을 살 수 없다거나 물건은 우리를 행복하게 하지 않는다는 수준에서 그치는 문제가 아니다. 다양한 연령·국적·계급의 사람들을 상대로 조사한 바에 따르면, 물질주의는 사실 우리를 불행하게 한다.

캐서는 물질주의적 가치와 후생의 관계를 알아보는 조사를 했는데, "물질주의적 가치가 강할수록 삶에 대한 만족과 행복이 낮아지는 것에서부터 우울증, 걱정, 두통과 같은 물리적 고통, 인성장애, 자기중심 장애, 반사회적 행동 등에 이르기까지 후생이 크게 침해되는 것으로 나타났다"고 밝혔다.[35] 이 설문조사에서는 "나는 돈을 많이 벌고 지위가 높은 직업을 갖고 싶다", "나는 유명해지고 싶다", "비싼 소유물을 많이 갖는 것은 중요하다", "나는 사람들이 내가 얼마나 매력적인지에 대해 이야기했으면 좋겠다"와 같은 항목에 동의하면 물질주의적 가치가 강한 것으로 평가했다. 여기서 더 나아가 캐서는 낮은 만족도, 신체적·정신적 건강 문제, 반사회적 경향 등의 고충이 더 많은 소비를 자극한다는 점도 밝혔다. 우리는 쇼핑을 하면 기분이 좋아질 거라는 '상식'에 기댄다. 이렇게 해서 악순환이 이어진다.

부유하지만 행복하지 않은 나라

미국은 대부분의 다른 나라들보다 에너지, 종이, 광물, 제조 상품을 훨씬 많이 쓰고 있으면서도 후생을 나타내는 여러 지표에서 낮은 점수를 기록하고 있다. 유엔개발계획의 인간빈곤지수Human Poverty Index(빈곤·수명·사회적 고립 등을 조사해 계산)에서 미국은 선진국 중 꼴찌였다.[37]

또 다른 지표로 국가행복지수Happy Planet Index가 있는데, 한 나라의 행복도(기대수명과 삶의 만족도로 측정)를 그 나라가 사용하는 자원의 양에 대비해서 보여주는 지표다. 즉, 한 나라가 자원을 후생으로 얼마나 잘 바꿔내는지를 알려준다. 2009년에 평가한 143개국 중 미국은 비참하게도 114위를 기록했다. 미국보다 점수가 높은 나라로는 스칸디나비아 국가들이 물론 포함되었고, 룩셈부르크를 제외한 유럽의 모든 국가, 라틴아메리카와 카리브해의 모든 국가, 그밖에도 아프리카를 제외한 거의 전지역의 꽤 많은 나라가 포진해 있다. 미국보다 낮은 나라는 28개였는데, 이중 25개가 아프리카 국가들이었다. 전쟁으로 폐허가 된 콩고조차 미국보다 순위가 약간 앞섰다.[38]

2009년에 점수가 가장 높은 나라는 코스타리카였다. 이 나라는 일찍이 1949년에 군대를 없앴고 군비를 교육이나 문화와 같이 더 건강하고 의미 있는 삶을 더 오래 누리는 데 도움이 되는 영역으로 돌렸다. 이와 대조적으로, 미국은 전세계에서 가장 규모가 큰 군비예산을 운영하는데(6,070억 달러), 이는 전세계 군비 지출의 42퍼센트를 차지한다.[39] 그만한 돈을 건강, 교육, 청정에너지, 효율적인 대중교통 등에 쓴다면 우리는 후생을 아주 많이 증진시킬 수 있다.

해마다 국가행복지수를 발표하는 싱크탱크 신경제재단 New Economics Foundation은 "고도 소비 국가들보다 훨씬 작은 생태 발자국을 남기면서도 행복하게 오래 사는 것이 가능하다"고 설명한다. 이를테면, 네덜란드 사람은 평균적으로 미국인보다 1년을 더 살고 삶의 만족도는 비슷한데, 1인당 생태 발자국은 절반도 안 된다. 네덜란드는 4.4글로벌헥타르이고 미국은 9.4글로벌헥타르다. (글로벌헥타르는 지구 표면적 1헥타르의 평균적인 생물 수용 역량을 의미한다.—옮긴이) 즉, 좋은 삶의 질을 누리는 면에서 네덜란드 사람들이 미국인들보다 생태환경적으로 두 배 이상 효율적이라는 뜻이다.

코스타리카와 비교해보면 더 극적인 차이를 볼 수 있다. 코스타리카 사람은 평균적으로 미국인보다 약간 오래 살고 훨씬 높은 삶의 만족도를 보이는데, 생태 발자국은 4분의 1밖에 안 된다.[40] 나는 이런 사실이 고무적이라고 생각한다. 미국의 점수가 낮은 이유는, 현재 미국 사람들이 자원을 엉뚱한 곳에 쓰고 있기 때문이며, 따라서 이는 고정된 것이 아니라 우리가 바꿀 수도 있다는 의미이기 때문이다.

이제는 지쳐버린 지구

기본적인 필요는 이미 충족되었다는 전제 하에서, 과다한 쇼핑과 소비가 우리 개개인과 사회를 더 불행하게 만드는 동안, 지구 역시 매우 심각하게 불행해졌다. 세계생태발자국네트워크Global Foot Print Network, GFN는 각 나라와 지구 전체의 생태 발자국을 계산한다. 생태 발자국은 우리가 사용하는 자연자원과 환경이 제공하는 기후 조절, 물순환 등의 기능이 어느 정도인지를 계산한 뒤, 그만큼을 제공하려면 지구에 얼마나 넓은 면적이 필요한지를 계산한 것이다.

세계적으로 우리는 1년에 지구 1.4개가 생산해내는 만큼의 자원을 소비한다.[41] 40퍼센트의 지구가 더 필요한 것이다! 우리가 1년에 써대는 만큼을 다시 만들어내려면 지구는 1년하고도 거의 5개월이 필요하다. 어떻게 이것이 가능하냐고? 지구는 매년 어느 정도의 자연자원을 만들어낸다. 그런데 우리는 그것을 다 쓸 뿐 아니라, 지구가 태어난 이래 만들어 저장해 둔 자원까지 다 꺼내 쓰고 있는 것이다. 두말할 필요 없이 이런 상태는 오래 지속될 수 없다.

최근 어느 회의에 참석했는데, 참가자들은 우리가 연간 사용하는 만큼을 생산하려면 지구가 1.4개 필요한지 1.6개 필요한지를 놓고 토론하고 있었다. 그런데 1.4개와 1.6개의 차이가 중요한가? 1을 넘으면 무조건 문제다. 게다가 인구가 계속해서 기하급수적으로 증가한다는 사실을 감안하면 더 심각한 문제다. 이 불편한 진실을 염두에 두고 '하나뿐인 지구 공동체 생활one planet living'이라는 개념이 생겨났다. 이는 우리의 경제와 사회를 하나뿐인 지구의 생태적 제약 하에서 잘 꾸려갈 수 있도록 재구성하자는 것이다.

역사적으로 가장 높은 수준으로 소비가 이루어진 지역은 미국이나 유럽 등 부유한 지역이었지만, 이제 대부분의 개발도상국에서도 '소비자 계급'이 커지고 있다. 즉, 미국이나 유럽 같은 초고도 소비 생활 패턴을 받아들이는 사람이 많아지고 있는 것이다. 인도만 하더라도 100만 가구 이상이 소비자 계급에 속하는 것으로 추산된다. 2002년에 세계적으로는 17억 명이 소비자 계급이었다. 2015년에는 20억 명에 달할 것으로 보이는데, 늘어나는 소비자 계급 인구의 절반가량은 개발도상국 사람들일 것으로 추정된다.[42]

지구상의 모든 사람이 미국 수준으로 소비를 하면 어떻게 될까? 전세계 사람들이 모두 선진국의 어떤 나라나 개도국의 어떤 나라 수준으로 소비를 하면 어떻게 될까? 어떤 한 나라를 기준으로 전세계 인구가 모두 그만큼 소비한다고 가정했을 때 지구 몇 개에 해당하는 생태 역량이 필요한지를 알아보면 다음과 같다.

미국 : 5.4
캐나다 : 4.2
영국 : 3.1
독일 : 2.5
이탈리아 : 2.2

남아프리카공화국 : 1.4

아르헨티나 : 1.2

코스타리카 : 1.1

인도 : 0.4

세계생태발자국네트워크는 해마다 '지구 생태 초과 소비 기점일Earth Overshoot Day'이 언제인지도 계산한다. 이는 지구가 1년 동안 생산한 것을 다 소비한 시점을 의미하는데, 그 날짜 이후로는 지구가 1년간 생산하는 것 이상의 소비를 하는 셈이다. 사람들이 지구가 지탱할 수 있는 수준 이상으로 소비한 첫 해는 1986년이었다. 그러나 그때는 아주 약간만 초과했다. 그해의 지구 생태 초과 소비 기점일은 12월 31일이었다. 하지만 채 10년이 지나지 않은 1995년에는 11월 21일로 한 달 이상 빨라졌다. 또 10년이 지나자 다시 한 달 이상 빨라졌다. 2005년의 지구 생태 초과 소비 기점일은 10월 2일이었다.[43]

이렇게 인류는 해마다 지구가 생성해낼 수 있는 것보다 많이 써버리고 있다. 하지만 아직도 수백만 명이 음식, 잘 곳, 건강, 교육 등에서 기본적인 필요를 충족시키려면 더 많이 소비해야 한다(이 장의 뒷부분에서 더 상세히 설명할 것이다). 이것은 바람직한 경로가 아니다. 정말 문자 그대로의 의미에서, 이것은 지속 가능하지 않다.

우리는 다른 경로를 만들어내야 한다. 물건을 생산하고 소비하는 것이 경제의 동력이자 목적이라는 근본 가정에 대한 도전에서 시작하자. 우리는 과다소비의 욕망이 인간의 본성도 천부인권도 아니라는 사실을 알아야 한다. 미국을 '소비자의 나라'라고 부르는 것에 반대해야 한다. 개인적으로도, 집단적으로도 우리는 소비자의 역할에만 그치는 존재가 아니다.

소비자로서가 아닌 우리의 다른 면들은 너무나 오랫동안 부차적인 역할로 밀려나 있었다. 지난 한 세기 동안 소비광적인 생활을 조장하는 문화와 사회구조가 어떻게 의도적으로 만들어졌는지를 알아보면, 소비광적인 생활에서 벗어나는 데 도움이 될 것이다.

=== ★ 절약의 미덕을 알려주는 오랜 이야기들 ★ ===

자원 소비를 줄이자고 주장한 사람은 내가 처음이 아니다. 우리가 지구의 한계에 이토록 심각하게 맞닥뜨리기 훨씬 전에도 그렇게 주장한 사람이 많이 있었다. 고대부터 현재까지, 전세계 문화권에서 지혜롭고 존경할 만한 사람들이 물질주의를 배격하고 안분지족을 누리는 것이 바람직한 삶의 방식이라고 이야기해왔다.

- **불교** : "이 세상에서 천하고도 누르기 어려운 욕망을 억제한 사람은, 모든 근심을 떨어뜨릴 것이다. 물방울이 연꽃잎에서 떨어지듯이." _《법구경》336
- **기독교** : "사람이 만일 온 천하를 얻고도 자기 목숨(영혼)을 잃으면 무엇이 유익하리오." _〈마가복음〉8 : 36
- **유교** : "과유불급過猶不及(지나침은 미치지 못함과 같다)." _《논어》선진편
- **힌두교** : "욕망에서 완전히 벗어난 사람, 갈망이 없는 사람은······ 평화를 얻는다." _《바가바드 기타》2장 71
- **칼릴 지브란** : "일신의 편함에 대한 갈망은 영혼의 열정을 죽이는 것이며, 장례식으로 이를 드러내고 웃으며 걸어들어가는 것이다." _《예언자》
- **이슬람교** : "가장 좋은 부는 방종한 욕망을 포기하는 것이다." _ 이맘 알리

- 유대교 : "나를 가난하게도 말고 부하게도 마소서." _〈잠언〉 30 : 8
- 해방신학 : "가난한 자들의 가난에는, 후한 원조행위가 아니라 우리가 다른 사회질서를 만드는 것이 필요하다." _ 구스타포 구티에레즈Gustavo Gutiérrez
- 미국 원주민 : "당신들 눈에는 우리가 비참하게 보이겠지만 우리는 우리가 당신보다 행복하다고 생각한다. 우리가 가진 적은 것에 우리는 매우 만족하고 있기 때문이다." _ 전해내려오는 말
- 셰이커교 : "이것이 단순해짐이 주는 선물이다." _ 조지프 브래킷Elder Joseph Brackett
- 도교 : "지족자부知足者富(만족할 줄 아는 자는 이미 부자다)." _《도덕경》
- 헨리 데이비드 소로 : "사람은, 그것 없이 살아갈 수 있는 물건의 수만큼 부자다." _《월든》

소비자의 나라는 어떻게 건설되었는가?

한 세기 전만 해도 미국의 경제, 정치, 사회적 활동이 이렇게 오로지 소비주의에 집중되어 있지는 않았다. 그때도 물론 사람들은 물건을 샀다. 하지만 구매는 다른 활동이나 다른 목적과 균형을 이루고 있었다. 그럼 무엇이 우리를 과다소비 쪽으로 옮겨가게 했는가?

오벌린 대학 데이비드 오르David Orr 교수는 이렇게 설명한다. "소비사회의 등장은 불가피한 것도, 그렇다고 우연한 것도 아니었다. 그것은 여러 가지 요인이 결합되어 생겨났다. 지구환경이란 우리가 가져다 쓰라고 있

는 것으로 보는 사고방식, 근대 자본주의의 성장, 기술 발전, 그리고 대중 소비 모델이 처음으로 뿌리를 내린 북아메리카의 비정상적으로 풍요로운 여건 등의 결과인 것이다. 그리고 더 직접적으로는 유혹적인 광고, 쉽게 얻을 수 있는 금융신용의 함정, 많은 물건에 들어 있는 유독한 성분들에 대한 우리의 무지, 공동체의 붕괴, 미래에 대한 무관심, 정치적 부패, 그리고 우리의 필요를 다른 방식으로 충족시킬 수 있는 대안을 찾으려는 노력에 대한 무관심 등의 결과다."[44]

다른 말로, 특히 미국의 경우 많은 자원이 있었고, 사람들은 그것들을 취할 권리가 있다고 생각했으며, 그렇게 하는 새롭고 효과적인 방법들을 알아낸 것이다. 자본주의(프롤로그 참조), 그리고 자본주의의 끝없는 이윤 추구 욕구가 오늘날의 주된 경제 모델로 발전하면서, 소비주의적인 문화는 이 모델을 지탱하는 데 필수적인 것이 되었다.

시간이냐, 물건이냐

산업혁명의 '기술적 진보' 덕분에, 산업화된 국가들에서는 물건을 더 효율적으로 생산할 수 있게 되었다. 기술적 진보란 손으로 물건을 만들던 방식에서 증기기관으로 가동되는 공장의 조립라인에서 대량 생산하는 방식으로의 변화를 의미한다. 1913년에는 자동차 차대 하나를 만드는 데 노동자 한 사람이 12.5시간을 일해야 했지만, 1914년에는 1.5시간만 일하면 되었다.[45] 1970년에는 1메가비트의 전산처리 능력을 만드는 비용이 2만 달러였지만, 2001년에는 2센트였다.[46]

생산성이 이렇듯 크게 증가하면서 산업화된 국가들은 선택의 기로에 직면했다. 예전과 비슷한 양을 생산하면서 일을 훨씬 적게 할 것이냐, 아니면 일을 비슷하게 많이 해서 가능한 한 많은 양을 생산할 것이냐? 줄리엣 쇼어Juliet Schor가 《과로하는 미국인Overworked American》에서 설명했듯이, 제2차 세계대전 이후 미국의 정치·경제 지도자들은, 경제학자·기업 임원·노조 간부들까지도 후자를 선택했다. 계속해서 '물건goods'을 만들어내고, 계속해서 풀타임으로 일하고, 끝없이 확장되는 경제의 미친 듯한 속도를 계속해서 따라가는 쪽으로 말이다.[47]

동일한 선택의 문제에 직면했을 때 유럽은 첫 번째 선택지 쪽으로 기울었다. 사회적·개인적 건강과 후생을 고도소비보다 우선시한 것이다. 유럽과 미국이 서로 다른 경로로 가게 된 데는 몇 가지 역사적·문화적 요인이 있다. 일반적으로 유럽에서는 정부가 기업보다는 사회 혹은 민중 지향적이었다. 유럽의 노조와 정당과 시민단체들도 기업의 이해관계보다 공공의 이익에 더 관심을 가졌다. 전쟁 경험과 더 사회 지향적인 문화의 영향 때문이었다. 그리고 이때는 전쟁 직후여서, 전쟁으로 인구가 많이 줄어든 유럽은 사람들을 더 잘 보살필 필요가 있었다. 한편 IBM, GM, 코닥, 듀폰, GE, 쉘과 같은 대기업들은 나치와 관련이 있었기 때문에 이 시기에는 공공대중의 신뢰를 잃은 상태였다.[48]

반면, 그동안 미국에서는 공장이 사상 최고치로 가동되면서, 일자리를 만들어냈고 이런 경제 모델에 거의 아무도 문제를 제기하지 못하게 하는 국가적인 도덕론에 불을 지폈다. 게다가 "공산화가 되느니 죽는 게 낫다"는 슬로건과 매카시 시대의 사상탄압 열풍은 경제에 대한 대안적인 견해를 제시하기 더욱 어렵게 만들었다.

유럽에 사는 친구를 방문해본 적이 있다면, 그들이 미국인보다 더 작은 집, 더 작은 냉장고, 더 작은 자동차를 가지고 있음을 단박에 알아차렸을 것이다. 유럽 사람들은 대중교통을 미국인보다 훨씬 많이 이용한다. 문과 라디에이터에 접을 수 있는 빨래건조대를 걸어두고 옷을 공기 중에서 말린다. TV도 더 조금 갖고 있고 그 크기도 더 작으며, TV에서 방송되는 내용에는 상업광고가 더 적다. 그들의 음식은 더 신선하고, 지역 생산품이 더 많고, 포장이 덜 되어 있다. 그리고 보통은 상점 주인이나 점원과 대화를 나누면서 구매하는데, 서로 잘 알고 있기 때문이기도 하고 시간에 쫓기지 않기 때문이기도 하다. 대학 등록금이나 의료비는 미국에서만큼 큰 스트레스가 아니다. 그리고 대부분의 유럽 국가는 생태 발자국이 더 작고 삶의 질은 더 높다.

더 작은 집에 살고, 더 작은 차를 몰고, 물건들을 더 적게 가지고 있어서 그들이 슬퍼하는가? 국가행복도 자료를 보면 분명히 그렇지 않다. 소비 중심적인 경향이 덜한 나라에서는 더 크고 새로운 물건을 많이 소유하는 것이 결코 '모든 것인 동시에 최종적인 것'이 아니다. 유럽 사람들은 큰 집에서 온갖 물건들에 둘러싸인 채 혼자 몇 시간 동안 TV를 보기보다는 공공장소를 돌아다니며 친구나 이웃과 시간을 보낸다.[49]

작년에 영화 〈물건 이야기〉 상영과 회의 참석차 터키에 갔을 때, 나는 새로 사귄 터키 친구들과 길가 카페에 앉아서 많은 시간을 보냈다. 우리는 테이블 한 줄을 다 차지하고서 오랜 시간 큰 소리로 즐거운 대화를 나눴고 오가는 사람들이 자유롭게 합석했다. 나는 미국에 이런 카페 문화가 없어서 얼마나 불행한지 모른다고 말했다. 어슬렁거리면서 정치도, 예술도, 사랑도, 더 좋은 세상을 만드는 계획도 자유롭게 이야기할 수 있는 공간이 없어서 말이다. 터키 친구들은 놀라면서 왜 미국에는 그런 게 없는지 궁금해했다.

나는 미국에서는 사람들이 너무 바쁘고 너무 스트레스를 많이 받아서

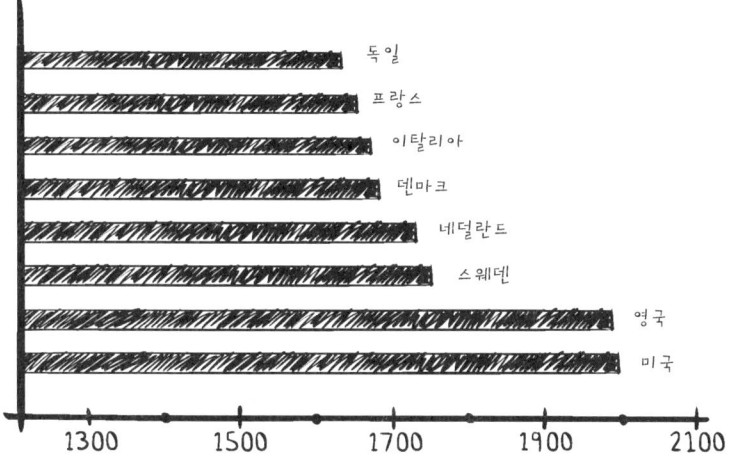

출처 : R. Layard, Happiness: Lessons from a New Science, 2006.

그저 이야기나 하려고 앉아 있을 수는 없기 때문이라는 것을 깨달았다. 아마 대학 시절에는 함께 어울려 돌아다니고 카페에서 이야기도 나눴겠지만, 어른이 되고서는 거의 그러지 않는다. 그리고 어쩌다 카페에서 친구들을 만나는 드문 경우에는 정말 조용하게 이야기를 한다. 안 그러면 노트북으로 뭔가를 하고 있는 사람들이 모두 우리를 쳐다볼 테니 말이다.

실제로 오늘날 미국 사람들은 거의 대부분의 산업화된 나라 사람들보다 일을 많이 한다.[50] 우리는 '일하고-TV 보고-돈 쓰는' 쳇바퀴에 갇혀 있다. 직장에서 지쳐 떨어질 때까지 일하고 돌아와서는 TV 앞에 널브러진다. TV는 우리에게 쇼핑을 할 필요가 있다고 말해주는 광고를 쏟아낸다. 그러면 우리는 쇼핑을 한다. 그러고는 돈을 지불하려면 더 열심히 일해야 한다는 사실을 깨닫는다. 그래서 다시 직장에서 지치도록 일하고…… 이런 순환이 계속된다. 그래서 우리가 가진 것은? 괴물 같은 집, 커다란 차, 점점 부실해져가는 육체적·정신적·환경적 건강, 그리고 많은 쓰레기와 이산화탄소.

그 결과로, 거의 모든 사람이 점점 더 많은 걱정과 불안을 호소한다. 최근 나는 음식에 대한 공개강연에 갔는데, '부엌의 성경'이라 할 만한 《무스우드 쿡북Moosewood Cookbook》의 저자 몰리 카첸Mollie Katzen이 연사 중 한 명이었다. 카첸은 25년 넘게 요리법을 쓰고 요리에 대한 조언을 해왔는데, 우리가 음식을 준비하는 태도가 크게 달라졌음을 알 수 있었다고 말했다. 예전에는 어떤 향신료나 특이한 야채를 어떻게 요리하면 좋을지를 묻는 흥미로운 질문이 많았던 반면, 요즘은 재료와 시간을 가장 덜 들여도 되는 빠르고 간편한 음식 만드는 법을 묻는 질문이 가장 많다는 것이었다. 스트레스와 패스트푸드. 이것이 날마다 개처럼 일하는 대가로 우리가 얻는 것인가?

미국에서, 그리고 전세계적으로도 이런 무자비한 쳇바퀴에서 벗어나려는 사람이 늘어나고 있다. 다운시프팅, 만족주의, 자발적인 단순함 등 다양한 언어로 표현되는 이들의 접근방식은, 일과 소비를 줄이는 방향으로 삶을 전환하고자 한다. 이런 전환은 자발적으로 이루어지는 경우도 있고, 일자리를 잃은 후 그것을 일에 대해 새로운 태도를 갖는 계기로 삼는 경우도 있다. 다운시프팅을 하는 사람들은 더 많은 물건을 소유하는 것보다 여가, 공동체 활동, 자기계발, 건강 등을 우선시하는 쪽을 택한다. 어떤 사람들은 옷을 중고로 사고, 먹는 것의 일부를 직접 기르고, 차를 몰지 않고 자전거로 출근하는 등 자그마한 실천들을 일상생활에 적용한다. 어떤 사람들은 파트타임으로만 일해도 되도록 지출을 크게 줄여서 생활방식을 조정한다. 또 어떤 사람들은 집, 자동차 등 목돈이 들어가는 것들을 다른 사람들과 함께 쓴다.

여기서 핵심은, 없이 사는 것이 아니라 삶에서 비물질적인 측면들을 고양하는 것이다. 그들은 비물질적인 측면들이 행복과 안정감을 주는 더 중요한 요인이라고 생각한다. 이를 뒷받침하는 증거들도 많다.《소박한 삶의 철학Voluntary Simplicity》의 저자 듀안 엘진Duane Elgin은 이렇게 설명한다. "이런 삶의 목적은 교조적으로 소비를 줄이자는 게 아니다. 이런 삶은 더 충만하고 목적의식적으로 살기 위해 삶에서 균형을 이루고자 하는, 적극적인 의미에서의 목적을 갖는다."[51]

다운시프팅을 하는 사람들은, 그런 삶의 전환이 그들이 가진 특권 덕분에 가능하다는 사실을 인식하지 못하고 있다는 비판을 받기도 한다. 이들은 석·박사 학력도 많을 만큼 교육수준이 높고, 사회연결망이 더 넓고, 이 시스템에서 살아갈 수 있는 능력에 대한 자신감도 더 많이 가진 경우가 많다. 이런 점에서 다운시프트족들은 어쩔 수 없이 적게 갖고 살아가는 가난한 사람들과 다르다.

또한 이들 중 많은 수가 기존의 시스템에서 '벗어난' 뒤에는 더 이상 정치적인 활동에 참여하지 않는다.《소비에 맞서기Confronting Consumption》에서 마이클 마니아테스 교수도 말했듯이, 나는 다운시프팅을 해서 추가로 얻은 시간의 일부는 "소비주의와 과다소비를 추동하는 제도를 바꾸기 위한 집단적인 투쟁"에 써야 한다고 생각한다.[52] 사회 전체가 다운시프팅을 하도록, 그래서 더 작은 생태 발자국을 남기면서 더 행복하게 살 수 있는 사회가 되도록 정책을 바꾸고자 하는 운동들이 있다. 이를테면, 파트타임 노동자에 대해 부가급부를 제공하거나, 기업 임원들에게 돌아가는 막대한 보수를 제한해서 그 아낀 돈으로 저소득층의 임금을 증가시키거나, 노동시간을 단축하거나, 공원·도서관·대중교통 등 사람들이 필요한 것들을 일일이 구매하지 않고도 이용할 수 있게 해주는 사회적 공공재에 재투자하도록 압력을 가하는 활동들에 참여할 수 있을 것이다.

어떤 비판을 받고 있든 간에, 다운시프트족들은 1주일에 50시간 이상 일하고 부업을 두 개씩 뛰는 삶 대신 더 즐거우면서도 충분히 잘 영위되는 대안적 삶이 있다는 것을 보여준다. 과다한 노동은 미국인들의 유전도, 천성적 열망에서 나온 것도 아니다. '과다한 노동-과다한 소비' 모델은 정부, 기업, 그리고 일부 노조 지도자들이 의식적으로 의사결정한 결과로 생긴 것이다. 희망적인 부분은, 이런 결정을 번복하는 것 또한 가능하다는 점이다. 개인의 수준에서 다운시프트족들이 그렇게 했듯이 말이다.

소비자 계급은 어떻게 형성되었는가?

더 많은 물건을 만드는 시스템이 일단 들어서고 나면, '어떻게 기계를 계속 돌릴 수 있을 만큼 충분히 물건을 판매할 것인가?'라는 딜레마를 해결해야 한다. 처음으로 소비재 생산 역량이 어마어마하게 증가했을 때는, 대부분의 사람이 가처분소득도, 더 많은 물건을 소유하는 데 삶을 온통 쏟아부으려는 마음도 없었다.

조립라인을 표준화하고 완벽하게 만든 것으로 잘 알려진 헨리 포드Henry Ford는 이 딜레마에 대한 답을 가지고 있었다. 그는 포드자동차의 성공이 좋은 자동차를 가능한 빠르고 싸게 만들어내는 것만이 아니라, 그 자동차들을 실제로 구매할 수 있는 광범위한 대중, 즉 '소비자 계급'을 만들어내는 것에도 달려 있음을 알고 있었다. '포디즘'으로 알려진 포드의 대량생산이론은 이후의 경영에 많은 영향을 미쳤지만, 사실 조립라인은 '포디즘'의 절반에 불과하다. 포디즘은 대량생산mass production의 증가뿐 아니라 대중소비mass consumption의 촉진에도 관심을 기울였다. 생산한 물건을 누군가가 사지 않는다면 생산자는 물건을 그렇게 계속해서 만들어낼 수 없기 때문이다.

1914년에 포드는 자발적으로 노동자의 임금을 두 배로 올려주는 전례 없는 조치를 단행했다. 이로써 노동자의 하루 임금은 5달러가 되었는데, 2008년의 화폐가치로 환산하면 100달러가 약간 넘는 액수다. 포드는 또한 하루 노동시간도 9시간에서 8시간으로 단축했다. 그 결과, 노동자들의 이직률이 낮아졌고 2교대 대신 3교대제를 할 수 있게 되었으며, 노동자들이 자동차 소비자 대열에 동참하면서 자동차 판매도 늘었다. 이런 과정을 지켜본 다른 회사들도 곧 포드의 선례를 따랐고, 이로써 대중소비주의의 기초가 마련되었다.[53]

포디즘이 궤도에 오르면서 사람들은 물건을 살 돈을 갖게 되었다. 하지만 아직 그럴 마음은 없었다. 제2차 세계대전이 끝난 직후, 소매업 분석가 빅터 르보Victor Lebow는, 공장이 생산을 지속할 수 있도록 사람들이 계속 소비를 하게 하려면 다음과 같이 할 필요가 있다고 설명했다. "우리의 어마어마한 생산경제는 다음과 같은 것을 필요로 한다. …… 소비가 곧 삶의 방식이 되어야 하고, 물건의 구매와 사용은 일종의 의례가 되어야 하며, 우리는 소비에서 정신적인 만족과 자아의 만족을 추구해야 한다. …… 물건들이 점점 더 빠르게 소비되고, 써 없어지고, 새것으로 대체되고, 버려지도록 해야 한다."[54] 이 비전을 달성하기 위해 기업의 임원들과 그들의 하수인들은 다음과 같은 일련의 전략을 개발했다.

- 지역 상점들을 몰아내고 도처에 쇼핑몰과 대형 할인점과 온라인 유통업체가 들어서게 만든다. (3장 참조)
- 소비자신용 제도와 신용카드를 만들고 열심히 판촉해서, 고객이 구매는 지금 하고 대금과 이자는 나중에 지불할 수 있게 한다.
- '계획적 구식화'와 '인식된 구식화'를 체계화·일상화한다. 이에 대해서는 곧 설명할 것이다.
- 기본적인 필요를 지역 자급적인 방식으로, 혹은(그리고) 공동체 기반 방식으로 충족할 수 없게 한다. 자동차업체들이 전차 시스템을 고의적으로 없앤 것이 이런 사례다.
- 정체성과 지위를 소비와 결합시키는 인식을 퍼뜨린다. "당신은 당신이 구매하는 것 자체다."
- 그리고 광고를 한다. 이것이 가장 소중한 전략이다.

이 각각의 전략에 대해 이미 많은 책이 나와 있다. 그래서 나는 가장 사악한 두 가지만 살펴보려고 한다.

업계의 두 가지 책략

1 ★ 계획적 구식화

물건 생산이 증가하는 동안 소비자들에게 설파된 첫 메시지 중 하나는 대부분의 물건을 하나 이상 가져야 좋다는 것이었다. 두 번째(세 번째, 네 번째, 다섯 번째⋯⋯) 수영복(예전에는 다들 수영복은 하나면 된다고 생각했다), 두 번째 자동차, 그리고 급기야는 두 번째 집. 두 번째 집을 가진다는 말은 그 안에 들어갈 물건도 모두 하나씩 더 필요하다는 의미다. 이제 당신은 모든 걸 적어도 두 개씩 갖게 되었다.

하지만 생산자들은 그렇게 하더라도 사람들이 소비할 수 있는 양에는 한계가 있다는 것을 깨달았다. 언젠가는 모든 사람이 신발과 토스터와 자동차를 충분히 많이 갖게 되어 전체적으로 포화상태가 올 것이다. 포화상태에 도달한 뒤에도 공장이 계속 돌아간다면, 이것은 과잉이 될 것이고, 이는 기업에 정말로 안 좋은 일이 될 것이다.

그래서 이 시스템을 만든 사람들은 소비자들이 계속 구매하도록 유도하는 전략을 생각해냈으니, 바로 '계획적 구식화planned obsolescence'다. 다른 말로는 '쓰레기장으로 가기 위한 디자인'이라고도 한다. 1950년대에 계획적 구식화라는 말을 널리 알린 미국 산업 디자이너 브룩스 스티븐스Brooks Stevens는 이를 다음과 같이 정의했다. "구매자가 어떤 물건에 대해 필요한 정도보다 더 새롭고 좋은 것을 필요한 정도보다 더 빨리 원하도록 만드는 것."[55]

계획적 구식화 전략 하에서 제품들은 사람들이 가능한 빨리 버리고 새것을 사게 만들려는 의도를 가지고 고안된다. 이를 '교체 주기의 단축'이라고 한다. 이런 계획적 구식화는 기술적 구식화와 다르다. 기술적 구식화는 전화가 전보를 몰아냈듯이, 실질적인 기술의 변화 때문에 기존 제품이 구식이 되는 현상을 말한다. 그런데 이렇게 새로운 기술이 정말로 옛것을 능가하는 경우는 생각보다 많지 않다. 이를테면, 오늘날의 휴대전화기는 평균수명이 고작 1년인데, 버려지는 휴대전화의 대부분은 정말 기술적으로 구식화된 것이 아니다. 계획적 구식화 전략이 작동하고 있는 것이다.

'계획적 구식화'라는 개념은 1920~1930년대에 사람들이 구매할 돈과 마음이 있는 정도보다 많은 물건이 생산되고 있다는 점을 정부와 기업이 깨달으면서 널리 쓰이게 되었다. 1932년에 부동산 중개업자 버나드 런던 Bernard London은 경제 활성화에 일조하고자, 지금은 불명예스럽게 유명해진 《계획적 구식화로 대공황 끝내기 Ending the Depression through Planned Obsolescence》라는 소책자를 만들어 유통시켰다. 여기서 런던은 특정한 소비재들에 사망일을 부여하는 일을 담당할 정부기관을 만들자고 주장했다. 해당 제품의 지정 사망일이 되면 소비자들이 그 물건을, 여전히 작동하더라도 새것으로 교체하게 만들자는 것이었다. 런던은 이 시스템이 미국의 공장을 계속 흥얼거리게 해줄 거라고 주장했다.[56]

1회용품이 등장하면서 '빠르게' 정도가 아니라 '즉시' 새 제품으로 교체하도록 물건을 고안하는 구식화 전략도 생겨났다. 1회용품 분야의 첫 번째 혁신은 기저귀와 생리대였다. 1회용 기저귀와 1회용 생리대가 인기를 끈 이유는 꽤 이해할 만하다. 하지만 곧 사람들은 설거지를 할 필요가 없는 1회용 냄비라든가, 공원에서 집까지 끌고 올 필요가 없는 1회용 바비큐 도구 같은 것들까지 사기 시작했다. 이제 우리는 1회용 카메라, 1회용 대걸레, 1회용 비옷, 1회용 면도기, 1회용 접시, 1회용 수저와 포크를 가지고 있다. 1회용 화장실솔은 심지어 변기에 내릴 수도 있다!

그리고 '1회용'이라고 이름이 붙지는 않았지만 거의 그렇게 취급되는 것들도 있다. 이를테면, 전자제품이나 가정용품이 오늘날에는 아주 일상적으로 고장나는데, 수선하기는 매우 힘든 반면, 새것은 외부화된 비용 덕분에 아주 싸기 때문에, 우리는 고장난 것을 버리고 새것을 산다. 한숨을 쉬면서 "그냥 하나 새로 살래"라고 말하는 것이다.

나는 어린 시절 내내 같은 냉장고, 같은 전화, 같은 부엌시계와 함께 자랐다. 엄마는 몇 년 동안 이들 중 어느 것도 바꾸지 않았다. 그러다 결국 냉장고는 고장이 나서 바꿨고, 손가락으로 다이얼을 돌리는 로터리식 전화기는 우리가 대학에 입학하면서 집을 떠나자 자동응답기를 달기 위해 새것으로 바꿨다. 부엌시계는 아직 그대로다.

문제는, 소비자들이 단순히 실용적인 이유 때문에 이런 제품을 1회용품 취급하는 데서 그치지 않았다는 점이다. 이제 소비자들은 이런 상황을 당연한 것으로 받아들인다. 사실, 우리는 우리가 이러고 있는 줄을 거의 인식하지도 못한다. 더 빠른 구식화가 사회적으로 광범위하게 받아들여진 것이야말로, 이 시스템이 성공한 핵심 요인이다. 우리가 이렇게 순응하게 된 데는 다음과 같은 몇 가지 선결 조건이 있었다.

우선, 고치는 비용이 새로 사는 비용과 비슷하거나 더 들어야 한다. 또 부품이나 수선 서비스를 구하기가 어려워야 한다. 고객서비스센터에 전화를 걸어본 사람이면 무슨 말인지 알 것이다. 그리고 현재의 제품은 나중에 업그레이드된 부분이나 추가적인 기능을 부착할 수 없도록 호환성이 없어야 한다. 마지막으로, 새 물건은 아직 작동해도 구모델을 버리고 싶은 마음이 들도록 외양이 달라야 한다.

이중 마지막 조건은 '인식된 구식화 perceived obsolescence'라고 한다. 물건은 망가지지도 않았고 정말로 구식화되지도 않았지만, 우리는 그것이 구식이 되었다고 '느끼는' 것이다. '소망하게 만드는 특성의 구식화' 또는 '심리적인 구식화'라고도 한다. 바로 여기에서 '취향'과 '유행'이 한 역할을 한다. 여성 드레스의 단 길이는 계속해서 바뀌고, 한 시즌 동안 통굽이 유행하다가 다음 시즌에는 뾰족굽이 유행한다. 남성들의 넥타이도 유행에 따라 폭이 넓어졌다 좁아졌다 한다. 휴대전화기, 아이팟, 토스터, 블렌더, 소파, 심지어 부엌 찬장에까지 '올해 유행하는 색상'이 있다. 이 모두에 '인식된 구식화' 전략이 작동한다. 통굽과 뾰족굽은 이중 어느 쪽이 더 발 건강에 좋은지에 대해 의사들 사이에 논쟁이 계속되기 때문에 바뀌는 것이 아니다.

유통업체가 '26개의 패션 시즌'을 운용하는 것 또한 '인식된 구식화' 전략이다. 유통업체와 제조업체는 당신이 같은 색상이나 같은 커트의 옷을 다음 주에도 입어서는 안 된다고 생각하게 만들고, 만약 다음 주에도 입으면 덜 쿨하고 덜 매력적이고 덜 바람직하다고 여기도록 만들고 싶어 한다.

기업이 저지르는 너저분한 짓들이 다 의도적이거나 조작된 것은 아니다. 하지만 '인식된 구식화'는 그렇다. 기업의 의사결정자들, 산업 디자이너들, 경제계획 입안자들, 그리고 광고업 종사자들은 경제의 동력을 계속 유지하기 위해, 적극적이고 전략적으로 계획적 구식화를 촉진해왔다. 1960년에 나온 내가 아주 좋아하는 책 《쓰레기 제조자들The Waste Makers》에서 사회비평가 밴스 패커드Vance Packard는, 1950~1960년대에 소비재의 계획적 구식화를 둘러싸고 벌어진 논쟁에 대해 설명했다. 어떤 사람들은 계획적 구식화가 비윤리적이고 자신들의 전문가로서의 신뢰를 저해한다고 생각해서 이에 반대했지만, 어떤 사람들은 자신들이 고안하고 만들고 광고하는 물건에 영속적인 시장을 만들어줄 것이라고 생각해서 전적으로 받아들였다. 패커드는 브룩스 스티븐스의 뻔뻔한 설명을 책에 인용했다. "우리는 좋은 물건들을 만든다. 사람들이 그것을 사도록 유혹한다. 그리고 다음 해에 의도적으로 뭔가 다른 것을 소개해서, 예전 물건들이 낡고 유행에 뒤떨어지고 구식으로 보이게 한다. …… 이것은 쓰레기를 만들어내는 게 아니라 미국 경제에 건전하게 기여하는 것이다."[57]

이 전략은 그것을 고안한 사람들이 상상한 정도를 훨씬 넘어설 만큼 잘 작동했다. 계획적 구식화는 여전히 소비자 문화를 규정하고 지배한다. 그리고 우리는 종종 완벽하게 멀쩡한 물건들을 빠른 속도로 처분한다.

인식된 구식화를 일으키면서 매년 우리에게 새롭고, 더 좋고, 다르고,

더 '나은' 것을 사도록 부추기는 데 수십억 달러를 쏟아붓는 산업이 있다. 바로 광고다.

2 ★ 광고

광고는 우리 생활에서 끊임없이 들리는 배경음악이다. 평균적인 미국인은 일생 중 총 1년에 해당하는 시간을 광고를 보면서 산다.[58] 그리고 평균적인 미국 아이는 하루에 110개의 TV 광고를 본다.[59] 20세가 될 때까지 평균적인 미국인은 거의 100만 개의 광고 메시지에 노출된다. 뉴아메리칸 드림센터Center for a New American Dream에 따르면, 빠르게는 두 살 때부터 브랜드 충성도가 형성되며, 취학 연령 즈음이 되면 아이들은 말 그대로 수백 개의 로고를 알아본다.[60]

신문 지면의 3분의 2, 집으로 오는 우편물의 40퍼센트가 광고다.[61] 2002년 전세계의 광고비 지출은 4,460억 달러에 달했는데, 1950년 이래로 9배나 증가한 것이었다.[62] 2005년에는 미국에서 2,760억 달러가 광고에 지출됐다.[63] 중국에서는 2006년에 120억 달러가 지출됐고, 2011년에는 180억 달러가 지출될 것으로 예측된다. 그러면 중국은 세계에서 세 번째로 큰 광고시장이 된다.[64] 2007년에 '빅3' 자동차업체는 광고에 72억 달러를 지출했다. 제너럴모터스는 30억 달러 이상을, 포드는 25억 달러 이상을, 크라이슬러는 17억 달러를 썼다.[65] 그리고 불과 1년 후, 이들은 부도를 면하려고 정부에 어마어마한 구제금융을 요청했다. 또 애플은 2008년에 4억 8,600만 달러를 광고에 지출했다.[66] 이 어질어질한 액수의 돈은 인류의 후생에는 거의 기여하지 않았다.

광고는 오래전부터 있었지만, 그 정교함과 규모로 볼 때 오늘날의 광고는 예전과 차원이 다르다. 초기의 광고들은 주로 재고를 알리기 위한 것으로, "막 수입되었습니다!" "지금 구매하실 수 있습니다" 등의 문구여서 특정한 브랜드 이름을 꼭 이야기하지는 않았다. 내가 아이였을 때쯤, 그러니까 1960년대 말에서 1970년대 초에 광고는 탄탄한 업계로 자리잡았지만 요즘 같지는 않았다. 오늘날의 광고업계는 심리학자, 신경과학자, 심지어는 트렌디한 소비자들까지 끌어다가, 어떻게 해야 더 많은 쇼핑객에게 영향을 미칠 수 있을지를 연구한다. 그들의 주된 의도는, 우리가 현재 가지고 있는 것에 대해, 아니면 뭔가를 갖고 있지 않다는 사실에 대해 기분 나빠지게 만들어서, 기분이 나아지게 해줄 구체적인 무언가를 사고 싶게 만드는 것이다.

내 어린 시절의 광고는, 왜 이 제품이 경쟁 제품보다 나은가에 초점을 맞춘 것이 많았다. "저희 주방세제에는 특별한 원료가 들어 있어서 그릇이 더 반짝이고, 접시에 세제 얼룩이 덜 남습니다"라든가, "이 세탁세제는 칼라 주위에 세제 자국을 달고 다니지 않게 해줍니다" 같은 식이었다. 그 시절에 우리는 다른 물건보다 우리가 필요로 하거나 원하는 기능을 더 잘 수행한다고 말하는 물건을 샀다.

하지만 요즘은 세제든 신발이든 모든 것에 말 그대로 수백 가지 브랜드가 존재하기 때문에, 실질적인 제품 정보만으로는 다른 브랜드와 차별화할 수가 없다. 따라서 오늘날의 광고는 제품을 묘사하는 귀찮은 일은 잘 하지 않는다. 대신 광고는 제품을 이미지, 라이프스타일, 사회적 지위와 연결한다. 광고는 이제 제품 특징이나 원료를 설명하기보다는 그것을 사용하는 이들이 어떤 종류의 사람들인지를 이야기한다. 날씬하고, 행복하고, 사랑받고, 다른 아름다운 사람들에게 둘러싸여 있고…… 그런 사람들과 같아지고 싶다면 그 제품이 필요하다는 암시를 주는 것이다. 지금 TV

에 나오고 있는 어느 광고는 실제로 이렇게 말한다. "TV를 바꾸세요, 삶이 바뀔 것입니다."[67]

광고들은 더 정교해졌을 뿐 아니라 존재하지 않는 곳이 없게 되었다. 오늘날 광고는 어디에나 있다. '광고 금지'여야 마땅할 곳에까지 파고들어와 있다. 내가 딸을 낳고 병원에서 퇴원할 때 간호사가 '교육' 자료 꾸러미를 하나 주었는데, 신용카드 신청서와 아기용품 광고가 들어 있었다. 파키스탄에서 인도로 넘어가는 국경의 아치형 문 아래에는 페인트로 이렇게 씌어 있었다. "인도에 오신 것을 환영합니다. 마시자, 펩시."

'행거네트워크'라는 기발한 회사는 광고를 인쇄할 수 있도록 마분지 덮개를 댄 옷걸이를 개발했다. 그리고 미국 전역의 세탁소에 이 옷걸이를 무료로 뿌렸다. 행거네트워크는 자신들의 옷걸이가 통신 카탈로그 판매보다 더 효과가 있다고 설명했다. 우선, 드라이클리닝을 하는 사람들은 고소득층일 가능성이 많기 때문에 광고의 좋은 대상 집단이 된다. 둘째, 대부분의 사람들은 드라이클리닝한 옷이 걸려 있는 옷걸이를 광고전단지처럼 바로 버리지 않고 옷과 함께 옷장에 걸어둔다. 따라서 몇 주나 몇 개월씩, 옷장 문을 열 때마다 광고를 보게 된다. '계속 돌아가는 광고판을 침실에 두는 셈'인 것이다.[68] 우웩! 침실에 광고판을 두고 싶은가?

오늘날 광고를 할 수 있는 곳에는 한계가 없는 것 같다. 어떤 기업들은 몇백 달러 또는 몇천 달러를 주고 사람들의 몸에 기업 로고를 문신으로 새기는 광고까지 한다. 2005년 유타주에 사는 여성 카리 스미스Kari Smith는 이베이에서 자신의 이마를 광고판으로 팔았다. 공립학교에서 어려움을 겪고 있는 아이를 사립학교에 보낼 돈을 마련하기 위해서였다. 캐나다의 한 온라인 도박회사가 1만 달러를 내고 스미스의 이마에 자사 홈페이지 주소를 문신으로 새길 권리를 샀다.[69]

그리고 우리가 모르는 사이 은근슬쩍 스며드는 광고가 있다. 사람들은 그게 광고인지도 잘 알아차리지 못한다. TV나 영화에는 '제품 배치 간접 광고Product Placement, PPL'가 그득하다. 책상 위에 애플의 노트북이 놓여 있고 부엌 조리대에 펩시가 있는 식이다. 또 타이거 우즈와 그의 나이키 제품들을 보라. 저 모자는 초강력 접착제로 우즈의 머리에 붙어 있기라도 한 걸까? 그는 공개적인 장소에 나이키 마크 없이 나타나서는 안 된다는 계약서라도 쓴 걸까?

가장 나쁜 것은, 광고가 아이들을 마지막 남은 미개척 고객군으로 여긴다는 점이다. 광고는 아이들이 부모를 졸라 물건을 사게 하는 데 성공했을 뿐 아니라, 자신의 용돈을 쓰게 만드는 데도 성공했다. 아이들의 용돈은 전체적으로 봤을 때 미미하다고 볼 수 없는 액수다. 그리고 물론 아이들 대상의 광고는 브랜드 충성심이 높은 차세대 고객군을 육성하는 일이기도 하다.

안타깝게도, 재정난에 시달리는 많은 교육이사회가 학교에 광고를 끌어들이고 있다. 그래서 이제 기업 로고를 체육복에서, 교육 포스터에서, 책 표지에서 볼 수 있게 되었다. 수학 교과서에도 제품 배치 간접광고가 있다. "M&M's 초콜릿 12개 더하기 24개는 몇 개인가?" 학교 식당 메뉴에도 브랜드명이 나온다. 많게는 1,000만 명의 10대 청소년(11~18세)이 있는 32만 개 교실에서(2002년 수치) 날마다 방영되던 '채널원'은[70] "교육적인 내용"과 뉴스와 광고를 방송하는 프로그램이다. 그런데 교실에 꼼짝없이 앉아 있어야 하는 어린이와 청소년 고객들에게 채널원은 폭력적이거나 성적으로 자극적인, 혹은 둘 다인 영화와 TV 프로그램, 온라인 네트워크 사이트, 미국 육군·해군·해병대 등의 광고를 내보냈다. 학교 버스에서는 '버스 라디오'가 이와 비슷한 역할을 했다. 2007년 사람들의 반대가 거

세지기 전까지는 정크푸드 광고도 나왔다.[71]

어린이를 대상으로 하는 무자비한 광고공세에 대한 글을 많이 읽긴 했지만, 이런 광고가 얼마나 잘 조직되어 있는지를 깨달은 것은 딸을 낳고 나서였다. 광고업자들은 "과다한 마케팅에서 아이들을 보호할 책임은 부모에게 있다"면서 자신들의 행위에 대한 책임을 회피한다. 하지만 내 경험상, 엄마인 내가 아무리 애를 써도 광고가 딸에게 미치는 영향을 막기란 불가능하다. 특히 온갖 상황에서 모습을 바꿔가며 다양하게 등장하는 종류의 광고에 저항하기가 가장 힘들었다. '탐험가 도라'에 나오는, 내 딸의 어릴 때 모습과 많이 닮은 도라는 도저히 꺾을 수 없는 가장 거대한 상대였다. 도라는 모든 곳에서 튀어나왔다. TV, 칫솔, 샴푸, 책가방, 전자게임, 연필, 속옷, 자전거, 땀복, 생일파티에서 받아오는 선물가방, 베갯잇, 해변의 아이스크림통, 아이스크림, 그리고 아침식사용 시리얼에도 도라가 있었다. 나는 당시 세 살이던 내 딸이 도라를 보면 친구를 본 것처럼 반응한다는 것을 알게 되었다. 슈퍼마켓의 치약 코너는 사실 세살배기가 흥미로워할 법한 곳은 아니다. 그런데도 딸아이는 "어, 저기 도라다!"라고 소리치곤 했다. 도라 치약을 사는 건 곧 친구를 집으로 데려오는 것이었다. 누군들 친구를 원하지 않겠는가?

나 자신이 될 자유

'인식된 구식화'의 가장 눈에 띄는 형태인 유행, 그리고 제품을 실제 특성이 아니라 라이프스타일 이미지를 통해 판매하는 브랜드 마케팅의 성공은 미국인이 미국의 시민으로서 스스로에 대해 갖고 있는 근본적인 인식과 관련이 있다. 미국인은 '개인'으로서의 자신을 자랑스러워한다. 개척자, 달에 처음으로 간 사람과 같은 '강건한 개인', 개성 강한 '까다로운 개인' 등. 또한 '우리가 가진 무제한적인 자유'라는 개념을 소중히 여긴다. 미국은 애초부터 '박해에서의 해방'과 '개인이 될 자유'라는 개념에 기반해 세워진 나라다. 그리고 마지막으로, 밑바닥부터 시작해서 자수성가하는 사람들의 이야기인 '아메리칸 드림'을 신성하게 생각한다. 가장 보잘것없는 사람이라도 이 풍부하고 활짝 열린 나라 미국에서는 높은 지위에 오를 수 있다고 생각하기를 좋아한다. 누구라도 높은 지위에 오를 수 있다! 열심히 일하기만 하면, 혹은 열심히 물건들을 산다면.

소비주의를 조장하는 사람들은 미국인들이 열정적으로 고수하는 이런 가치들을 활용해, 국가적인 자부심의 원천이 되는 개념을 가져다가 사람들이 물건을 사야 하는 이유로 바꿔버린다. 그러고 나면, 물건 구매에서 '변신'의 효력이 발생한다. 개성을 표현하거나 달성하기 위해, 자유를 표현하기 위해, 거지에서 왕자로 변신하기 위해 우리가 해야 할 일은 이제 쇼핑이다. 대체 어쩌다 이렇게 되었는가? 이 변화는 우리에게 무엇을 의미하는가?

오늘날, 더 새롭고 근사한 물건을 더 많이 사야 한다는 압력은 정체성과 지위를 표현해야 한다는 압력과 관련이 있다. 《미래를 위한 경제학, 자본주의를 넘어선 상상》에서 구스타브 스페스는 이렇게 설명한다. "심리학자들에 따르면, 사람은 '튀는 것'과 '묻어가는 것' 둘 다를 통해 안정성을 추구하려는 경향이 있다. 그런데 소비는 이 두 가지를 모두 충족시킨다. 자본주의와 상업주의 문화는, 물건을 소유하고 그것을 과시하는 것을 통해 '튀는 것'과 '묻어가는 것' 둘 다를 강조한다."[72]

우리는 개인적으로 쓰는 물건에 비해 남들 눈에 잘 띄는 물건에 더 사치를 하는 경향이 있다. 경제학자 줄리엣 쇼어는 집, 자동차, 의류를 일컬어 '가시적 삼각형'이라고 부른다. 우리는 남들이 보지 않는 물건에는 덜 지출한다. 쇼어에 따르면, 헬스클럽의 확산은 디자이너 속옷의 탄생에 기여했다. 확실히 여성들은 화장실에 놓고 쓰는 클렌징 제품보다 사람들이 있는 곳에서 바르고 내보이는 립스틱에 더 많이 지출한다.[73]

이런 현상은 상당부분 '사회적 비교' 때문에 발생한다. 쇼어를 비롯한 여러 경제학자는, 부와 물질적 후생에 대해 우리가 갖고 있는 개념이 매우 상대적이라고 설명한다. 즉, 누구와 비교하느냐와 관련이 있다는 것이다. 펑펑 쓰는 사람들과 같이 다니면 내가 가난하다고 느껴지고, 나보다 경제적 여건이 안 좋은 사람들과 같이 다니면 내가 부자로 느껴진다. '이웃집 존스 따라잡기Keeping up with Jonese(20세기 초에 유행한 네 컷짜리 연재만화의 제목)'라는 말은 자신의 물질적 후생을 이웃과 비교하는 경향을 일컫는다. 이 말이 처음 등장한 당시에는, 우리집 거실 가구를 옆집 거실 가구와 비교했다. 이웃 말고는 기준으로 삼을 다른 사람들이 없었기 때문이다. 하지만 이제는 TV 때문에 더 이상 그럴 수 없게 되었다.

1950년에는 미국 가구 중 겨우 5퍼센트만이 TV를 가지고 있었다. 10년 뒤 그 수치는 95퍼센트로 늘어났다.[74] 이제 미국 가정에는 사람보다 TV가 더 많다. 2008년 평균적인 미국인은 하루에 5시간, 혹은 한 달에 151시간 TV를 봤다. TV 시청 시간은 그해에 가장 높은 수치를 기록했는데, 전년인 2007년의 145시간보다 3.6퍼센트 늘었다.[75] 줄리엣 쇼어는 《과소비하는 미국인The Overspent American》에서 TV 보기, 소비지출, 소비자 부채 사이의 관계에 대해 설명했는데, 1주일에 5시간 TV를 더 보면 연간 1,000달러를 더 지출하는 것으로 나타났다.[76]

미국인은 하루에 많게는 3,000개의 광고 메시지에 노출된다. TV 광고,

광고판, 제품 배치 간접광고, 제품 포장재 등을 통해서 말이다. 광고뿐 아니라 방송 프로그램이나 영화도 이미지를 판촉한다. TV 프로그램에 나오는 사람들은 비현실적으로 부유하고 날씬하고 유행의 첨단을 달린다. 우리는 이제 스스로를 이웃집 존스와 비교하지 않고 백만장자나 유명인사와 비교하게 되었다. 그래서 TV를 많이 볼수록 우리는 다른 모든 사람을 실제보다 훨씬 부자라고 생각하게 되고 자신이 가난하다고 느낀다.[77] 이 얼마나 대단한 사회적 압력인가. 내 옷과 내 집과 내 자동차가 내 친구나 내 딸 친구의 부모가 가진 것보다 좋아야 할 뿐 아니라, 제니퍼 애니스톤이나 비욘세의 라이프스타일보다도 나아야 하는 것이다. 줄리엣 쇼어는 이런 현상을 '비교 대상 집단의 수직적 확장'이라고 부른다.[78]

쇼어의 책에서 이 개념을 읽고 나자, 나 자신도 수없이 이 함정에 빠졌다는 생각이 들었다. 오랫동안 나는 많은 나라를 돌아다니며 일했다. 완전히 똑같은 옷을 입고서도 다카에서는 내가 멋쟁이라고 느꼈는데, 파리에서는 초라하고 유행에 뒤처진 것처럼 느껴졌다. 다행히 내가 살고 있는 버클리는 유행의 압력이 덜한 편이다. 슬리퍼를 신고도 대체로 문제없이 다닐 수 있다. 지나가는 다른 사람들도 다 그런다는 것을 알기 때문이다. 하지만 맨해튼에 갈 때마다 나는 우아한 명품 구두를 신은 여성들을 도처에서 보았다. 절대로 구두가 더 필요하지는 않았는데도, 사야만 했다. 그렇게 근사한 구두들을 골목마다 팔고 있으니, 저항할 수가 없었다. 그러던 어느 날 쇼어의 책을 읽었다.

내 경험상, 불건전한 영향력에서 벗어나는 아주 좋은 방법은 거기에 이름을 붙이는 것이다. 이제 나는 맨해튼에서 무언가를 사야 한다는 생각이 강하게 들 때마다 이렇게 말할 수 있다. "아하, 비교 내싱 집단의 수직적 확장이 또 일어나는구나. 집에 갈 때까지만 버티자." 이렇게 하면 나는 구두 매장을 그냥 지나칠 수 있다.

나는 비현실적인 비교 대상이 주는 사회적 압력을 파악하고 그에 굴복하지 않을 때 내가 더 자유롭다고 느낀다. 하지만 이 경제 시스템은 나더러 나의 개인적인 자유를 소비와 관련지으라고 말한다.

개인의 권리에 대한 미국의 집착은 엉뚱한 방향으로 가고 있다. 권리를 잃어버린 원주민이나 아프리카계 노예 문제 같은 더 중요한 문제를 제쳐놓고 미국은 '개인의 권리에 대한 불가침성'을 약속하며 건국했다. 하지만 나는 건국 당시의 애국적인 선조들이 이야기한 것은 소비할 권리가 아니라 '정치적인 권리'였을 거라고 생각한다. 소비자가 무엇을 살 것인지에 대해 선택의 여지를 갖지 말아야 한다는 말이 아니다. 다만, 시장에서의 자유가 우리에게 가장 중요한 자유는 아니라는 말이다.

소비자로서 어떤 선택을 할 것인가?

오늘날 미국인들은 선택에 대해 거대한 환상을 가지고 있다. 하지만 이는 거의 전적으로 소비자 영역에만 한정돼 있다. 어느 슈퍼마켓에 들어가든지 우리는 막대한 선택지를, 아니 선택지의 모습을 한 무언가를 부여받는다. 우리는 수천 개의 상품 중에서 고를 수 있다. 생산자들은 건조한 모발용, 가는 모발용, 염색 트리트먼트용, 건강한 모발용 등 다양한 헤어컨디셔너를 기꺼이 제공한다. 하지만 독성 화학물질이 없는 컨디셔너를 선택할 수는 없다. 딸아이의 잠옷과 거실에 놓을 가구를 수많은 종류 중에서 선택할 수 있지만, 유독한 난연제로 처리하지 않은 것을 고를 수는 없다. 아직도 법으로 난연처리가 요구되고 있기 때문이다.

커피를 마시고 싶을 때는 그란데, 벤티, 싱글, 더블, 톨, 쇼트, 스킴밀크, 두유, 디카페인 등에서 선택할 수 있다. 하지만 커피에 대해 우리가 내려야 할 의미 있는 의사결정은, 그 커피가 어디에서 재배되고 어떻게 운송·가공·판매되고 있는지에 대한 것이어야 한다. 우리는 단지 커피숍에서 제공되는 선택지 중에서 의사결정을 할 게 아니라, 농장과 공장 노동자들의 노동조건에서 국제무역협정에 이르는 모든 것에 관해 의사결정을 할 수 있어야 한다.

2002년 캘리포니아주 버클리에서는 몇천 명의 주민이, 버클리에서 판매되는 모든 커피가 공정무역 인증을 받고 유기농으로 재배됐으며 셰이드그론shade grown(큰 나무들이 만드는 자연그늘 아래서 친환경적으로 재배된 커피—옮긴이)이어야 한다는 규정을 통과시키기 위한 주민투표 청원서에 서명했다. 커피 재배자들과 환경에 긍정적인 영향을 줄 수 있는 규정이었다. 주민 찬반투표가 통과되지는 못했지만, 고무적이고 흥미로운 사건이었다. 이런 것이야말로 우리가 커피와 소비자의 선택에 대해 토론해야 하는 문제다.

이 규정안은, 더 싸고 환경파괴적인 제품도 포함해서, 자신이 원하는 것은 무엇이든지 마실 권리가 있다고 주장하는 사람들의 강력한 반대에 부닥쳤다. 몇몇 기업 인사들도 강하게 반대했다. 버클리 상공회의소 회장인 존 드클러크John DeClercq는 이렇게 말했다. "그것은 기업활동에 대한 부당한 제약이다…… '자유로운 선택'의 원칙에 위배된다. 커피에 규제가 이루어지면, 그 다음에는 정치적으로 올바른 초콜릿, 쇠고기, 채소를 위해 규제를 할 것인가? 여기에는 끝이 없다."[79]

소비자로서의 목소리는 소비주의를 조장하는 사람들에게 영향을 받아서, 커피에 대해 언제 어디서나 무제한적인 선택을 할 수 있어야 한다고 요구하며, 그렇지 않으면 모조리 자유를 침해하는 것이라고 주장한다. 하지만 이건 '자유'를 너무 유치한 방식으로 생각하는 것 아닌가?《소비되다! 어떻게 시장이 아이들을 망치고 어른들을 유치하게 만들고 시민들을 집어삼키는지에 대하여Consumed》에서 벤저민 바버Benjamin Barber는, 소비주의가 매우 효과적으로 어른들을 유치한 정신상태에 머물게 한다는 점을 설득력 있게 주장했다. 그런 상태에서는 "나 저거 가질래!"라고 항상 떼를 쓸 수 있다. 소비주의는 심사숙고보다는 충동적인 행동을, 오래도록 만족을 느끼는 것보다는 즉각적인 만족을, 사회친화성보다는 자아도취를, 책임감보다는 감투를, 과거와 미래보다는 현재를 더 중요시한다.[80]

우리가 커피나 그밖의 소비재에 대해 어른스러우려면, 우리에게는 권리뿐 아니라 책임도 있다는 점을 인정해야 한다. 세계는 매우 복잡하며 서로 연결되어 있다는 것을 깨닫고, 각각의 행위와 구매가 모종의 결과를 가져온다는 것을 알아야 한다. 이런 시각에서 보면, 땅을 황폐화시키지 않고, 물과 공기와 신체에 농약을 더 많이 넣지 않는 커피를 선호하는 것은 매우 합리적이다.

커피 재배 노동자 아무개 씨도 우리와 똑같은 사람이며, 우리와 마찬가지로 건강한 노동환경에서, 가족들을 부양하기에 충분한 임금을 받으면서 일할 권리가 있다는 점을 인식해야 한다. 전세계의 커피 재배 지역이 번영하고 자기충족적인 사회가 되도록 지원하는 것이 궁극적으로는 우리의 안보에도 기여한다는 점 또한 깨달아야 한다. 유치한 관점에서 생각하면, 나는 가장 좋고 싸고 빠른 커피를 원한다. 하지만 어른스러운 관점에서 생각하면, 나는 세상을 더 안전하고 건강하고 공정하게 만드는 커피를 원한다.

힘 있고 자유로운 개인이 된다는 것은, 무한한 종류의 커피향과 스타일을 선택할 수 있다는 의미가 아니라, 노동자들과 환경을 착취하지 않고 존중하는 경제 시스템을 요구할 수 있다는 의미여야 한다. 바버는 《소비되다》에서 이렇게 언급했다. "우리는 주어진 메뉴 안에서 선택할 권리가 자유의 본질이라고 착각하도록 하는 꼬임에 넘어갔다. 하지만 선택이 유발할 결과의 관점에서 보자면, 무엇이 메뉴에 올라가는지를 결정하는 것이야말로 진정한 힘이고 진정한 자유다. 진정으로 힘 있는 사람은 어젠더를 만드는 사람이지, 주어진 것들 중에서 고르는 사람이 아니다."[81] 우리가 진짜 자유를 행사하는 공간은 메뉴에 무엇이 올라갈 것인지를 정하고 어젠더를 설정하는 장소다. 쇼핑몰의 통로나 커피숍이 아니라 공동체 모임, 선출직 행정가의 사무실, 신문의 오피니언 면, 그리고 때로는 거리가 바로 그런 장소다.

===== ★ 진짜로 조종하는 사람은 누구인가? ★ =====

소비자의 수요가 정말로 어떤 물건을 만들고 팔지를 결정하는 핵심 요인인가? 많은 사람이 그렇게 믿는다. 그래야 자신이 권력을 갖고 있다고 생각하면서 기분이 좋아지기 때문이 아닌가 싶다. 하지만 나는 절대 그렇지 않다고 주장하겠다. 하나의 사례를 보자.

앞에서도 말했지만, 딸을 낳자마자 간호사가 나에게 '교육' 자료 꾸러미를 주었는데 그 안에는 신용카드 신청서, 쿠폰, 광고들이 있었다. 병원에서 준 것은 그게 다가 아니었다. '엄마가 되신 것을 축하합니다' 선물세트에는 약 500그램의 앙파밀 분유와 1회용 기저귀, 기저귀가방이 들어있었다. 기저귀가방이 무엇으로 만들어졌을 것 같은가? 빨기 쉽고, 전적으로 유독한 PVC였다. 나는 몹시 놀랐다. 기업이 유독한 싸구려 물품을 산모와 소중한 아가에게 뿌리도록 병원이 허용하고 있다니!

나는 지역신문에 편지를 써서, 이것이 얼마나 도덕적으로 분노할 일인지, 기업들이 어떻게 모든 윤리적인 경계를 넘어서고 있는지에 대해 이야기했다. 편지는 바로 채택되어 1면에 실렸다. 그 결과 나는 엄마들로부터 많은 편지를 받았는데, 어떤 사람들은 나에게 고마워했고, 어떤 사람들은 내가 쓴 글에 대해 반대했다.

내가 받은 편지 중 하나와 내가 쓴 답장을 아직 가지고 있는데, 여기 발췌해 공개한다.

레너드 씨 귀하

출산을 축하드립니다! 자, 이제 우리 나머지 사람들에게 찬물을 끼얹는 일을 그만두시기 바랍니다. 물론 그 기사를 말하는 것입니다. …… 당신이 산부인과에서 공짜 기저귀가방과 샘플을 받고 불쾌했다는 내용에 대해서 말입니다. …… 당신은 "만연한 상업주의가…… 병원과 환자의 관계에 영향을 미쳤다"고 말했습니다. 오, 하느님! 이보세요, 물론 그렇습니다. 우리는 소비자가 이끄는 사회에서 살고 있습니다. 그것을 모르시나요? …… 우리 소비자들이 제조업을 통제합니다. 그들이 우리를 통제하는 것이 결코 아닙니다. 그리고 그랬던 적도 없습니다.

공짜 쿠폰을 좋아하지 않으시나요? 그럼 버리세요. 하하, 그건 그들이 별 소득 없이 뿌린 셈이 되겠군요. …… 아시겠어요? 이 세상에 사는 우리 대부분은 당신이 생각하듯 그렇게 멍청하거나 유순한 양떼가 아닙니다. …… 모든 사람은 각자의 생각을 가지고 있어요.

나는 당신이 '더 가난한 엄마들'을 그런 식으로 무시하지 않았어야 한다고 생각합니다. 확실하게 말씀드리는데, 그들 대부분은 쿠폰이 있다는 이

유만으로 그 아기분유를 사러 달려가지는 않아요! 오늘날 산부인과에서 출산을 한 대부분의 여성은 당신이 생각하는 것만큼 그렇게 잘 속아넘어가지 않습니다. 나도 그렇고요.

내 아이 토비는 이제 4개월이에요. 그리고 나는 공짜 앙파밀 기저귀가방을 매일 씁니다. 오늘까지 나는 무수한 쿠폰과 공짜 샘플을 받았어요. 하지만 그건 공짜 물건을 받는 기회가 찾아온 것일 뿐이었어요.

　　　　　　　　ㅡ ○○○ 드림 (이름이 있었지만 여기에서 밝히지는 않겠다.)

○○○ 귀하

저의 출산을 축하해주신 귀하의 편지에 감사드립니다. 저도 당신이 최근에 아들 토비를 출산한 것을 축하드립니다. 그리고 아이가 건강하게 자라기를 바랍니다. ……

하지만 저는 "……우리 소비자들이 제조업을 통제한다. 그들이 우리를 통제하는 것이 아니다. 그리고 그랬던 적도 없다"는 당신의 주장에는 동의하지 않습니다. 전세계의 기업들은 다양한 요인에 기초해 의사결정을 합니다. 주된 요인은 소비자의 수요가 아니라 이윤입니다. 기업들은 날마다 소비자가 요구하지도 않았을 뿐 아니라 소비자의 이해에도 어긋나는 행동을 합니다. …… 앙파밀 분유회사가 병원에서 당신에게 준 기저귀가방을 생각해보죠. 당신은 편지에서 그것을 매일 사용하신다고 했습니다. 내가 받은 것과 동일한 앙파밀 가방이라면, '피터 래빗' 무늬가 있는 초록색 가방이라면, 그것은 폴리염화비닐 플라스틱, 즉 PVC로 만들어진 것입니다.

PVC는 생산, 사용, 폐기에 이르는 전과정에서 환경과 공공건강에 심각한 악영향을 끼치는 물질입니다. 가장 중요하게는, PVC의 생산과 폐기는 다이옥신의 방출과 밀접한 관련이 있습니다. 지금까지 알려진 바에 의하면, 다이옥신은 인간이 만든 가장 해로운 물질입니다. …… 다이옥신은 지방 조직에 축적되는데 모유에는 지방이 많기 때문에, 전세계 여성들의 모유는 지금 암과 호르몬 교란을 유발한다고 알려진, 이 심각하게 유독한 화학물질로 오염되어 있습니다. 아이에게 모유를 먹일 때마다, 나는 문제점을 알면서도 다이옥신을 만들고 환경에 방출하는 회사들을 생각합니다. …… 앙파밀은 PVC를 둘러싸고 벌어지는 논란을 완전하게 알고 있습니다. …… 나와 이야기한 회사 담당자는 PVC에 대한 사람들의 우려를 알고 있었고, 그에 대해 상세한 지식도 가지고 있었습니다. …… 아이러니하게도, 우리의 모유를 덜 안전하게 만드는 범인이 바로 아기분유 회사입니다.

토비의 생식계와 호르몬 시스템을 위협하고 신경 발달을 저해하고 어쩌면 암도 유발할 수 있다는 것을 알고서도, 계속 앙파밀 기저귀가방을 사용하시겠습니까? …… 기저귀가방은 당연히 어린아기의 주위에 있게 되겠지요. 이처럼 위험하고 불필요한 플라스틱으로 만들어진 기저귀가방의 생산과 유통이 소비자가 추동한 결과라고 생각하시나요? 병원이 위험성에 대한 경고도 없이 PVC 기저귀가방을 나눠주는 것이 적절하다고 생각하십니까? ……

다시 한 번, 아드님의 건강한 미래를 빕니다.

_ 애니 레너드 드림

그때나 지금이나 내가 말하려는 바는, 기업에게 가장 좋은 것이 항상 소비자에게도 가장 좋은 것은 아니라는 점이다. 우리에게 제시되는 선택지는 '소비자가 추동한' 것이라고들 말하지만, 실제로는 많은 경우 기업이 추동한 것이고, 다시 말하자면 기업의 이윤이 추동한 것이다.

소비자 자아와 시민 자아

강연을 하고 나면, "좋아요, 그럼 무엇을 사면 될까요?"라는 질문을 수도 없이 받는다.

나는 우리 각자가 두 부분의 정체성을 가지고 있다고 생각한다. 하나는 '소비자 자아'고 다른 하나는 '시민·공동체 자아'다. 오늘날의 미국 사회에서는 태어나는 날부터 소비자 자아가 육성되고, 정당화되고, 대변된다. 우리는 태어나는 순간부터 소비자로서의 역할을 강화하는 메시지들에 둘러싸인다. 우리는 소비의 전문가다. 가장 잘 구매하려면 언제 어디로 가서 어떻게 해야 하는지 알고 있다. 원하는 셔츠가 세일매대에 오려면 얼마나 기다려야 하는지 안다. 바로 다음 날 원하는 것을 받기 위해 인터넷을 항해하는 방법도 알고 있다.

우리의 소비자 자아는 너무 과다하게 개발되어서 핵심 정체성이 되어야 마땅한 부모, 학생, 이웃, 전문 직장인, 유권자 등으로서의 정체성을 모두 익사시켰다. 우리 대부분은 시민으로서의 힘을 어떻게 사용할 것인가에 대해서는 기초적인 내용도 모른다.

소비자 자아의 과잉 개발과 시민 자아의 쇠퇴는 자연스러운 일이 아니다. 사회과학자, 역사학자, 아동 개발 전문가, 학자 등 많은 사람은 이런 현상이 지난 한 세기에 걸쳐 형성된 소비주의적 조건들의 결과라고 본다. 수많은 연구조사를 보면, 우리의 문화는 점점 상업화되고 있으며, 그와 동시에 시민적 참여와 소양에 대한 투자는 줄고 있다. 대학연구소InterCollegiate Sutides Institues of Americans는 매년 미국인의 시민적 소양을 측정하는데, 2008년 보고서에 따르면 미국인 중 '3권분립'에서 말하는 세 영역이 무엇인지 대답할 수 있는 사람은 절반도 안 되었다. 국가의 시스템에 대한 꽤 기초적인 지식인데도 말이다. 그리고 TV를 많이 볼수록, 심지어 뉴스를 보는 경우에도 우리의 시민적 소양은 낮아진다.[82]

법학 교수인 에릭 레인Eric Lane과 저널리스트 마이클 오레스케스Michael Oreskes는 2007년에 펴낸 공저 《미국의 천재성—어떻게 헌법이 미국을 구했으며, 왜 헌법은 또다시 미국을 구할 수 있는가The Genius of America》에서, 시민적 소양이 낮아지는 이유는 "미국인들이 헌법을 받아들이지 않아서가 아니다"라고 설명했다. "사실 미국인들은 헌법을 아주 좋아한다. 하지만…… 헌법의 내용이나 맥락에 대해 아무것도 모른다. 그들에게 정부는 물건을 찾는 장소 정도로 여겨져서, 물건이 배달되지 않으면 정부에 대해 화를 낸다."[83] 어떤 사람들은 정부를 오로지 서비스 제공자로 보고, 어떤 사람들은 개인의 성공에 대한 장애물로 여긴다. 어느 쪽이든, 기본적으로 정부가 우리의 외부에 있다고, 우리와 분리되어 있다고 생각한다. 정부 혹은 더 일반적으로 말해서 통치governance란 우리가 참여할 수 있으며 반드시 참여해야 하는 무언가라는 생각은 어디로 갔는가? "국민의, 국민에 의한, 국민을 위한 정부"라는 말을 기억하는가? 국민, 그게 바로 우리다! 하지만 우리는 TV 보고 쇼핑하느라 바빠서 모든 것이 떠나가게 만들었다.

그 결과, 두 살짜리 아이가 브랜드에 대한 선호를 주절주절 말할 수 있고, 청소년이 책을 읽거나 운동을 하는 것보다 쇼핑에 더 많은 시간을 들이며, 어른의 절반가량이 투표를 하지 않고[84] 공공회의에 참석해본 사람은

15퍼센트도 안 되는 상황이 되었다.[85]

여러 가지 우려스러운 경향이 있지만, 내가 보기에 가장 걱정스럽고 서글픈 사실은 시민·공동체 자아가 사라지고 있다는 점이다. 그것이야말로 지금 우리에게 가장 필요한 것이기 때문이다. 소비자 자아를 강화하는 메시지를 얼마나 많이 받고 있는지를 생각하면, 우리가 소비자 자아에만 푹 빠져 있는 것도 놀랄 일은 아니다. 그것은 익숙하고 편안하다. 우리는 소비자 자아로서 뭘 해야 하는지 알고, 규칙을 알고, 시스템을 안다.

불교도인 리타 러스트가튼Rita Lustgarten 박사는 나에게 '익숙한 것의 유혹'에 대해 설명해주었다. 반복된 경험은 그에 대한 확신을 강화한다는 것이다. 우리는 어떤 것이 단지 익숙해서 끌리는데도 좋아서 끌리는 것이라고 쉽게 착각한다. 익숙함은 오랜 친구같이 느껴질 수 있다. 이 때문에 우리는 우리에게 좋지만은 않은 수많은 패턴을 삶에서 반복하는 것이다. 내 친구 피터 폭스가 말했듯이, "때때로 우리는 깊은 수렁 속에 빠져 있으면서, 그것이 작은 구덩이라고 생각한다". 우리는 흔히 열려 있지만 모르는 길보다, 익숙한 막다른 골목에 더 끌린다.

우리가 푹 빠져 있는 엉망진창 시스템에서 소비를 통해 길을 찾아나가려고 하는 것은 익숙한 막다른 골목이다. 많은 사람이 단지 더 친환경적인 것을 사면, 저것 대신 이것을 선택하면 만사 오케이일 것이라고 믿는다(혹은 바란다). 찬물 끼얹어 미안하지만, 우리에게는 그보다 훨씬 많은 것이 필요하다. '녹색' 제품, '친환경' 제품 라인이나 도처에 생겨나는 '그린 쇼핑 가이드' 같은 것들에 내가 별로 흥미를 느끼지 못하는 이유가 바로 이것이다.

회의주의자들은 이를 '그린섬션greensumption'이라 칭하고, 옹호자들은 '의식적으로 소비하기conscious consuming'라고 부른다. 소비할 때 좀더 높은 수준에서 경각심을 갖자는 것이다. 실천의 측면에서는, 덜 유독하고 덜 착취적이고 덜 오염시키는 제품을 고르고, 환경·건강·사회적 부정의와 관련된 제품은 피하는 것을 의미한다.

오해하지 마시기 바란다. 우리는 물론 가능한 가장 독성이 적고 가장 덜 착취적이고 가장 덜 해로운 물건을 골라야 한다. 그리고 굿가이드 덕분에 어떤 제품이 그런 조건에 부합하는지 더 빠르게, 더 잘 평가할 수 있다. 하지만 '의식적인 소비'가 곧 '시민 참여'인 것은 아니다. '참여적이고 정보가 많은 소비자'가 되는 것으로 '참여적이고 정보가 많은 시민'이 되는 것을 대신할 수는 없다. 우리가 직면한 치명적인 환경과 사회 문제에 대해 "그럼 어떤 것을 사면 될까요?"라는 식의 반응을 보면 나는 우려스럽다. 우리의 시민·공동체 자아가 얼마나 깊이 잠들어 있는지를 보여주기 때문이다. 우리에게 진짜로 필요한 것은 시민 자아를 다시 활성화하는 일이다.

시민 자아를 다시 활성화해야 하는 세 가지 이유

1 ★ 더 강하고 생기있는 공동체에 참여하면 더 건강하고 행복할 수 있다

여러 조사 결과에 따르면, 우리의 행복에 가장 크게 기여하는 것은 '사회적 관계망의 질'이다.[86] 강한 사회적 연결망이 있는 사람들은 더 오래 더 건강하게 사는 경향이 있다. 공동체가 튼튼한 지역사회는 범죄가 적고 재앙에도 더 잘 대처한다. 이웃이 서로를 살펴보고, 잠재적으로 문제가 될 징후가 보이면 그것에 대해 목소리를 낼 가능성이 더 크기 때문이다.

한 가지 사례를 살펴보자. 환경주의 영화 제작자인 주디스 헬팬드Judith Helfand는 1995년 시카고에서 600명의 사망자를 낸 혹서피해를 주제로 영화를 만들고 있다.[87] 주디스는 혹서로 숨진 피해자들의 가장 큰 공통점은 사회적으로 고립되어 있었다는 점이라고 설명했다. 그들이 집 밖에 한동안 나오지 않았다는 것을 알아차릴 만한, 혹은 그들의 에어컨이 잘 작동하는지 들여다봐줄 만한 친구나 가족이나 이웃이 없었던 것이다.[88] 사실, 미국인의 4분의 3은 이웃이 누군지 모른다.[89] 주디스는 혹서가 또 닥쳤을 때 인명피해를 막을 수 있는 가장 좋은 방법은, 에어컨 할인 쿠폰을 주는 정책이 아니라 튼튼한 사회적 연결망이 늘 존재할 수 있도록 공동체 활동을 제공하는 정책이라고 지적했다.

2 ★ 공동체적 라이프스타일은 지구에 미치는 부담을 줄여준다

강한 지역 공동체를 갖는다는 것은 물건을 덜 사고 에너지를 덜 쓰고 자원을 덜 소비한다는 의미다. 물건을 나눠 쓸 수 있고 서로를 도울 수 있기 때문이다. 채소부터 망치까지 더 많은 자원을 지역에서 조달할수록, 이런 물건들을 지구 반 바퀴를 빙 둘러 가져오느라 들이는 운송비용을 줄일 수 있다. 이에 대한 근사한 사례는 전국적으로 성공을 거두고 있는 농민시장이나 버클리 공공도서관의 '도구 대여 도서관' 등이 있다. 도서관 카드만 있으면 누구나 공짜로 망치나 드릴이나 사다리를 빌릴 수 있다!

3 ★ 공공의 정치 참여로 전지구적인 문제에 집단적인 해결책을 제시할 수 있다

시민의 힘을 다시 활성화시키면 공공의 정치 참여가 되살아날 것이고, 그러면 우리가 직면하고 있는 전지구적인 문제들에 대해 정말로 집단적인 해결책을 만들어낼 수 있을 것이다. 이 점은 매우 중요하다. 소비자 자아가 우리를 지배하도록 놔두면, 우리는 제품 구매·재활용·지구온난화 등 모든 것을 더 큰 공동체로서가 아니라 개인 혹은 가족으로서 생각하게 된다. 그러면 나와 내 가족에게 가장 싸고, 가장 쉽고, 가장 빠르고, 가장 안전한 것이 가장 좋은 선택으로 여겨진다. 하지만 시민·공동체 자아로서 우리는 더 넓게 생각할 수 있다. '이 구매나 이 행동이 더 광범위한 환경과 노동자와 기후와 공동체에 어떤 영향을 미칠 것인가?'

이처럼 우리의 행위가 유발할 결과를 생각하고, 나아가 변화를 만들 수 있는 전략으로까지 생각을 확장할 수 있다. 또 소비자 행동이라는 제한된 영역을 넘어설 수도 있다. 이것은 매우 중요한 문제다. 우리가 필요로 하는 해결책은 시장에 나와 있지 않기 때문이다! 그러니 "내가 개인 소비자로서 무엇을 할 수 있나요?"를 묻지 말고, "우리가 공동체와 시민으로서 이 문제를 완전히 고치기 위해 무엇을 할 수 있나요?"를 묻자.

여기에는 좋은 점이 또 있다. 공동의 목표를 가진 사람들과 함께하는 것은 재미있다! 그것은 우리를 행복하게 한다. 경제학자이자 행복 연구의 개척자인 리처드 레이어드Richard Layard는 "가장 큰 행복은, 당신 자신을 당신 외부에 있는 목적에 쏟을 때 온다"고 말했다.[90] 전면적인 의료보험, 빈곤, 기후 재앙, 물 부족 등의 문제를 해결하는 일이 또한 우리를 가장 행복하게 만들어주는 일이라면, 우리는 얼마나 운이 좋은가! '양의 피드백 루프'를 상상해보라. TV 보고 쇼핑하는 시간을 줄이고, 공동체를 만들고 시민사회의 일에 참여하는 데 더 많은 시간을 쓰면, 공동체와 세상은 더 나아지고 우리에게 더 많은 충족감과 재미를 줄 것이다. 그러면 우리는 사회적인 일에 더 많이 참여하고 싶어질 것이다. 이웃이나 친구와 저녁을 먹으면서 시간을 보낼 수 있는데, 누가 하루에 5시간씩 TV를 보겠는가?

소비의 평등 실현하기

그렇다! 해결책의 큰 부분은 우리가 '일하고-TV 보고-돈 쓰는' 쳇바퀴에서 벗어나 물건들을 덜 사용하는 것이다. 하지만 기억해야 할 중요한 사실은, 아직 전세계에는 소비를 더 늘려야 하는 사람이 많다는 점이다. 세계적으로 소비수준에 어마어마한 격차가 있기 때문이다. 대부분의 미국인이 불과 한두 세대 전에는 상상도 못했던 물질적 부를 누리고 있는 것은 사실이지만, 미국에서조차 모든 사람이 그런 것은 아니다. 그러니 전세계적으로는 말할 것도 없다. 국민 대다수가 인간의 기본적인 필요를 충족시키지 못한 채 살아가는 나라가 아직도 많다.

《2004년 세계백서》에 따르면, 전체적으로는 세계 소비가 증가했지만 심한 불균등이 존재한다. 세계 인구 중 북아메리카와 서유럽에 사는 12퍼센트가 전세계 개인 소비지출의 60퍼센트를 차지했다.[91] 남아시아와 사하라 이남 아프리카에 사는, 세계 인구의 3분의 1은 겨우 3.2퍼센트를 소비했다.[92] 세계적으로 소득이 상위 20퍼센트인 국가들이 개인 소비지출의 86퍼센트를 차지한 반면, 가장 가난한 20퍼센트는 1.3퍼센트만을 소비한다.[93] 좀더 구체적인 수치들은 다음과 같다.

- 세계 인구 중 가장 부유한 20퍼센트가 모든 육류와 생선 소비의 45퍼센트를 차지하고, 가장 가난한 20퍼센트는 5퍼센트를 소비한다.
- 부유한 20퍼센트는 세계적으로 에너지의 58퍼센트를 사용하고, 가난한 20퍼센트는 4퍼센트 이하를 사용한다.
- 부유한 20퍼센트는 전화선의 74퍼센트를 갖고 있고, 가난한 20퍼센트는 1.5퍼센트를 갖고 있다.

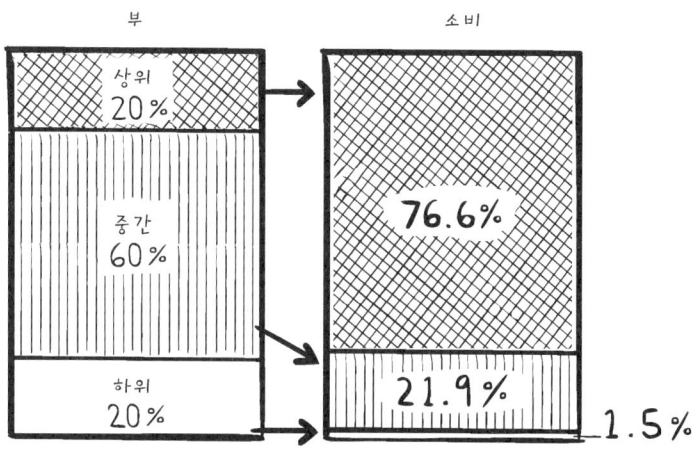

출처 : World Bank Development Indicators, 2008.

- 부유한 20퍼센트는 모든 종이의 84퍼센트를 사용하고, 가난한 20퍼센트는 1.1퍼센트를 사용한다.
- 부유한 20퍼센트는 세계 이동수단(탈것)의 87퍼센트를 갖고 있고, 가난한 20퍼센트는 채 1퍼센트도 갖고 있지 않다.[94]

역사상 처음으로 10억 명이 넘는 인구, 즉 전체 인구의 6분의 1이 하루 섭취 칼로리 1800 이하의 기아상태로 살고 있다. 10억 명이라는 수치에 도달한 것은 2009년 6월이었는데, 2008년보다 기아 인구가 1억 명 더 많아졌다.[95] 미국은 비만이나 통풍 등 '풍요의 질병'을 전례없는 수준으로 겪고 있다.[96] 통풍은 고지방 음식으로 인해 유발되는 질병으로, 옛날 귀족들이 많이 걸리던 병이다. 반면, 세계 인구의 절반은 하루에 3달러 이하로 살아간다.[97] 아프리카, 아시아, 라틴아메리카, 그리고 심지어 미국에서도 많은 사람이 기본적인 필요를 충족하기 위해서는 지금보다 더 많이 소비해야 한다.

세계의 부유한 쪽에 해당하는 우리는 안락함 때문에 상상력이 무뎌진 것 같다. 진짜로 없이 사는 게 어떤 것인지 상상하기가 어려운 것이다. 작년에 하루종일 계속된 어느 회의에서 나는 옆자리 여성을 돌아보면서 아무 생각 없이 이렇게 말했다. "빨리 좀 끝났으면 좋겠어요. 굶어죽을 지경이에요." 아이티에서 몇 년을 보낸 그녀는 나를 돌아보더니 부드럽게 상기시켜주었다. "당신은 굶어죽을 지경이 아니에요." 우리가 스스로 정말 굶어죽을 지경이 아닐 때, 생존의 극한에는 근처에도 가본 적이 없을 때, 그런 것을 상상하기란 매우 어렵다. 가난한 나라를 다니면서 나는 비참한 가난이 어떤 것인지를 보고 충격을 받은 적이 많다. 하지만 미국에 돌아와 아이 키우는 일과 현대사회의 생활 속에서 정신없이 지내다 보니, 그런 기억은 대부분 희미해져 있었다.

하지만 기억이 다 사라진 것은 아니다. 아이티 수도 포르토프랭스의 빈민가 시테솔레이에서의 일은 절대 잊을 수 없다. 시테솔레이는 25만 명이 거주하는 극도로 가난한 빈민가인데, 고철과 폐플라스틱으로 지어진 단칸집들은 주로 흙바닥이었고 집 안에 가구는 하나도 없었다. 개방된 구덩이에서 쓰레기가 썩어가고 있었고, 오수가 이 슬럼가 전체를 이리저리 가로질러 흐르고 있었다. 가게도, 깨끗한 물을 얻을 곳도, 전기도, 50세를 넘겨 사는 사람도 거의 없었다.

물질적인 면에서 이보다 더 열악할 수는 없었다. 나 같은 사람, 배가 좀 고픈 것을 굶어죽는다고 착각하는 사람에게는 시테솔레이를 가본 것이

아주 큰 깨달음을 주는 사건이었다. 절대 쉽게 잊히지 않는다. 특히 한 여성을 보고 나는 절박한 가난이 무엇을 의미하는지 느낄 수 있었다. 그녀는 아기를 안고 있었는데, 7~8개월쯤 되어 보이는 아기의 이마에는 심각한 화상을 입은 상처가 있었다. 아기의 엄마는 조리용 불에 넘어져서 그렇게 됐다고 알려줬다. 모두가 나를 쳐다보는 가운데, 그녀는 나에게 아기를 보여주면서 도와달라고 간청했다.

아기 이마 전체에 뭔가 검푸른 것이 잔뜩 묻어 있었는데, 감염과 섞여서 상황이 더 악화된 것 같았다. 나는 그게 염증 치료에 도움이 되는 요오드의 일종이기를 바라며, 그 퍼런 게 뭐냐고 물었다. 요오드일 리가 있나. 이 여성은 아기의 상처에 뭐라도 소독약을 발라야 한다고 생각했는데, 항생제나 거즈는 물론 깨끗한 물조차 없었다. 그래서 눈에 보이는 볼펜 하나를 깨뜨렸다. 그 안에 있는 잉크가 주위에서 유일하게 오염되지 않은 것이어서 그것을 아기의 이마에 발랐다는 것이다. 나는 내 지갑을 탈탈 털어서 그녀에게 돈을 주었는데, 그 자리에서 그녀의 연봉을 두 배로 만든 셈이 되었다. 나는 내가 한 일이 매우 부적절했다고 느끼면서 그곳을 떠났다.

물건이 더 필요한 사람을 만나기 위해 그렇게 멀리까지 갈 필요는 없다. 미국에도 심각한 불평등이 있다. 주요 대도시에는 모두 심한 불평등이 존재한다. 2008~2009년 당황스러운 경제위기가 닥치기 전까지, 미국의 경제 입안자들은 매년 성장하는 GDP를 근거로 자신들의 성공을 떠벌리곤 했다. 하지만 이 수치가 말해주지 않는 것들이 있다. 부자들이 더 부자가 되는 동안 가난한 사람들은 더 가난해졌다.

1999년에 펴낸 《사치의 열병 Luxury Fever》에서 로버트 프랭크 Robert Frank 는, 1970년대 중반부터 1990년대 중반 사이에 상위 1퍼센트의 사람들이 경제 성장분 중 70퍼센트를 가져갔다고 언급했다.[98] 극히 부유한 사람들이 뉴스와 영화, TV에 나와서 우리 모두가 열망하는 소비의 새로운 기준을 계속 보여주면서, 이런 사이클은 더욱 강화된다.

하지만 그런 식으로는 계속갈 수 없다. 지구는 우리 모두가 그 수준으로 소비할 만큼 생산할 수 없다. 우리가 비도덕적이고 이기적인 선택을 한다면, 우리는 큰 벽과 울타리를 세우고 몸을 사려야 할 것이다. 세상이 점점 더 위험해질 것이기 때문이다. 유엔 세계식량계획의 한 담당자가 말했듯이, "배고픈 세계는 위험한 세계다. 음식이 없는 경우 사람들에게는 세 가지 선택지가 있다. 폭동을 일으키거나, 난민이 되거나, 죽는다. 어느 것도 발생해서는 안 되는 일"이다.[99]

소비와 기후 그리고 평등

기후를 안정시키기 위해 이산화탄소 배출을 시급히 줄일 필요가 있다는 이야기를 우리는 많이 듣는다. 이산화탄소는 석유 채굴에서부터 공장을 돌리고 물건들을 운반하는 데 이르기까지 '물건 이야기'의 모든 단계에서 생산된다. 여기서 공통점은 '물건'이다. 우리가 더 많은 물건을 소비하면 더 많은 이산화탄소가 뿜어져나올 것이다. 그래서 딜레마가 생긴다. 이산화탄소는, 과학자들이 제시하는 기준에 비추어볼 때, 이미 재앙적인 기후변화를 일으킬 수 있는 수준을 넘어섰다. 그런데 아직 지구상의 많은 사람이 기본적인 필요를 충족시키기 위해 소비를 늘려야 한다.

이 딜레마는 기후 문제 해결을 위한 국제협상에서 커다란 장애가 되고 있다. 과다한 소비를 하는 부유한 나라들은 모든 나라가 동일하게 참여하지 않으면 이산화탄소 감축 협약에 서명하지 않겠다고 버틴다. 선진국들은 특히 이산화탄소 배출 순위가 빠르게 상승하고 있는 중국과 인도가 참여해야 한다고 주장한다. 하지만 중국과 인도는 선진국보다 인구가 훨씬 많으므로 1인당 배출량은 훨씬 적다.

한편 개도국들은 자신들의 산업활동에 제한을 가하는 이런 주장에 분개한다. 지금까지 세계적인 기후위기에 부유한 나라들보다 훨씬 적게 기여(?)했으니 말이다. 1997년 교토 기후변화회의에서 브라질의 한 외교관은 개도국의 입장을 이렇게 설명했다. "선진국들은 당신을 식사에 불러서 커피만 주고는 나중에 식사비는 똑같이 내자고 하는 겁니다. 당신은 주요리를 먹지도 않았는데 말이죠."[100]

노르웨이 과학기술대학과 오슬로의 '국제 기후와 환경 연구소'는 처음으로 국가간 탄소 발자국을 비교·분석하는 연구를 수행했다. 놀랄 일도 아니지만, 1인당 소비지출이 많은 나라가 더 큰 탄소 발자국을 남기고 있었다. 각국의 1인당 평균 발자국은, 말라위나 모잠비크 등 아프리카 국가들의 이산화탄소 환산치로 연간 1톤에서 미국이나 룩셈부르크 같은 선진국의 연간 30톤까지, 나라마다 크게 달랐다. 이 연구에 따르면, 가난한 나라들에서는 음식과 서비스가 주된 탄소 배출원이고, 부유한 나라들에서는 운송수단과 제조 상품 소비가 온실가스 배출의 주원인이었다.[101]

이 연구의 혁신적인 점 중 하나는, 수입되는 물건의 발자국을 물건을 제조하는 나라가 아니라 수입하는 나라의 탄소 발자국으로 계산한 것이다. 이것은 매우 중요한 접근방식이다. 글로벌 생산 체인에서는 기업들이 탄소 집약적인 제품을 해외에서 제조할 수 있으므로 수입하는 국가들이 정말로 유발하는 탄소 배출량을 가려버리기 때문이다. 탄소 배출 규제가 엄격한 나라가 생산을 아웃소싱해 규제가 덜한 나라에서 물건을 만들게 되는 시나리오는 피해야 한다.

재분배와 존중

현재의 소비 패턴은 전세계에 남아 있는 환경자원과 지구가 제공하는 서비스를 파괴하고 불평등을 악화시키고 있다. 빈곤, 불평등, 환경의 위기는 서로 관련되어 있다. 또 모두 소비와 관련이 있다. 부유한 나라의 우리가 소비 패턴을 다시 점검해보지 않고 버틴다는 것은 결코 선택지가 될 수 없다. 지구는 위기다. 우리는 공정하게 나누지 않고 있다. 그리고 그건 우리를 행복하게 만들지도 않는다.

여기에 대안적인 시나리오가 있다. 우리는 현재의 방식이 달라져야만 한다는 것을 깨닫는다. 이전의 시나리오는 우리가 원하는 것이 아니기 때문이다. 우리는 식탁에 아직 앉지 못한 사람들에게 자리를 내주어야 한다. 《소박한 삶의 철학》의 저자 듀안 엘진에 따르면, "인류가 모든 사람이 적당한 수준의 삶을 누리는 것을 목표로 삼는다면, 시뮬레이션을 통해 본 결과, 모든 사람이 대략 '유럽 평균 수준의 물질적 안락'을 지속 가능하게 누릴 수 있다".[102] 내가 보기엔 썩 괜찮은 시나리오다. 아니, 이것이야말로 우리가 가야 할 방향이다.

그게 실제로 어떤 모습일지에 대해 나는 앨런 더닝Allan Durning이 보여준 시적인 비전을 좋아한다. "문화적으로 말해서, 과잉보다 충분함에 의해 살아가는 삶은 인간의 터전으로 우리를 되돌려준다. 가족·공동체·좋은 일·좋은 삶의 옛 질서로, 숙련과 창조성과 창조에 대한 존경으로, 일몰을 볼 수 있고 물가에서 물장구를 칠 수 있을 정도로 충분히 느리게 흘러가는 일상으로, 그 안에서 시간을 보낼 가치가 있는 공동체로, 그리고 수세대의 추억을 간직한 나의 마을로."[103]

우리가 해야 할 일은 물건을 덜 만들고 덜 쓰기 위해, 이미 가지고 있는 자원과 물건을 더 잘 나누기 위해, 그리고 이 귀중한 자원들을 훨씬 덜 낭비하기 위해 삶의 방식을 다시 생각하고 다시 디자인하는 일이다.

5
chapter

폐기

DISPOSAL

산업 폐기물 | 도시 생활 폐기물 | 건축 폐기물 | 의료 폐기물 | 전자제품 폐기물
'멀리 보내기'의 허구 | 묻어서 멀리 보내기 | 태워서 멀리 보내기
매사추세츠주의 독성물질 저감법 | 해외로, 멀리 떨어진 곳으로 | '멀리'는 없다
그리고 거기 재활용이 있다 | 쓰레기 제로

DISPOSAL

대부분의 경우 물건을 사고 나면 그때부터 그 물건에 우스운 일이 벌어진다. 번쩍거리는 장난감, 멋쟁이 티셔츠, 최신 모델의 휴대전화기, 노트북, 카메라 등 매장에서 돈을 내고 집으로 가져온 물건은 보물 같은 포획물이었다. 하지만 일단 우리의 소유가 되어 집에서 자리를 차지하고 나면, 그 물건은 가치를 잃기 시작한다.

코미디언 제리 사인펠트Jerry Seinfeld는 2008년 투어쇼에서 "기본적으로 집이란 쓰레기 제조 센터"라고 말했다.[1] 집에 오자마자 물건은 쓰레기로 변신하기 시작한다. 집에 들여온 물건은 처음에는 잘 보이게 전시된다. 그런 다음 찬장이나 선반에 들어갔다가 다시 벽장으로 옮겨진다. 그 다음에는 차고의 상자에 처박힌다. 그리고 쓰레기가 될 때까지 거기 처박혀 있는다. 사인펠트는 차고로 들어가는 것은 모조리 쓰레기가 되는 걸 보니 '차고(개라지garage)'와 '쓰레기(가비지garbage)'는 뿌리가 같은 모양이라고 풍자했다.

경제학자들은 물건의 이런 변신에 대해 심각하고 진지한 진짜 용어를 갖다붙였다. '감가상각 또는 가치하락depreciation!' 물론 모든 물건의 가치가 하락하는 것은 아니다. 이를테면, 소수 부유한 사람들은 시간이 지나면 값이 오를 것으로 기대하면서 미술품, 골동품, 수집품, 보석, 공예품 깔개 같은 명품을 구매한다. 하지만 우리의 집과 생활을 채우는 일상의 물건들은, PVC로 만든 미니풀장에서 바람이 빠지듯이 가치를 잃는다.

예를 들어, 큰 사고가 난 날을 제외한다면 자동차는 매장에서 나오는 첫 날에 다른 어떤 날보다 가치가 많이 떨어진다고 알려져 있다. 불과 몇 분 전에 구매한 자동차가 매장에서 나오는 순간 차값의 10퍼센트에 해당하는 가치를 잃는다.² 아직 새 차 냄새가 진동하고 긁힌 데도 없는데 말이다! (기억하시겠지만, 이 새 차 냄새는 보통 독성물질인 PVC 첨가물이 기체 방출되면서 나는 냄새다.)

'상prize', '칭찬praise', '가격price', '가치를 누림appreciate', '감가상각 또는 가치하락depreciate'은 모두 어원상으로 관련이 있다. 모두 '가치'라는 뜻의 라틴어 '프레시움pretium'에서 나왔다. 그렇다면 정확히 왜, 어떻게 해서, 우리가 가치를 인정하고 칭찬을 하고 많은 돈을 지불한 상품이었던 새 물건이 어느 순간 갑자기, 그리고 그 후로 꾸준히 가치를 잃게 되는가? 코미디언 조지 칼린George Carlin이 "남의 물건은 똥이고 내 똥은 물건"이라고 말했듯이,³ 우리가 어떤 물건이 가치가 있다고 생각하거나 가치를 잃었다고 생각하는 것은 진짜로 제멋대로다.

회계사들은 어떤 물건의 가치, 돈이나 기업의 가치, 심지어는 한 나라의 가치까지도 시간에 따라 어떻게 하락하는지를 수치로 나타내기 위해 복잡한 계산을 한다. 여기에는 그 물건의 사용, 손상, 부패, 기술적 구식화,

결함, 그리고 유행이 변해서 사람들이 결함으로 인식하는 것 등이 주로 고려된다. 하지만 나는 회계사들이 어떤 물건에 대해 얼마만큼의 가치가 있다고 말해주는 것보다 더 많은 일이 진행되고 있다고 생각한다. 즉, 물건에 대한 우리의 생각에 영향을 미치는 시스템적인 메시지가 있다는 이야기다. 이 메시지는 우리에게 우리가 가진 물건이 더 이상 충분히 좋지는 않다고 말하면서, 우리가 새 물건을 더 많이 원하도록 불을 지핀다. 그리고 우리의 물건이 '더 이상 충분히 좋지는 않게' 되면, 마술지팡이라도 흔든 듯 그 물건은 '뿅!' 하고 쓰레기로 변한다.

내가 학교에서 강연을 할 때 아이들과 자주 해보는 실험이 있다. 빈 음료수캔을 책상에 놓고 묻는다. "이게 뭔지 말해볼 사람?" 그러면 아이들이 입을 모아 이렇게 대답한다. "캔이요!" 그러면 나는 작은 쓰레기통을 위로 들어 보인다. "그럼 이건 뭘까요?" 아이들이 대답한다. "쓰레기요." 나는 쓰레기통 안에 무엇이 들어 있는지 아이들에게 보여준다. 빈 음료수 캔이 들어 있다. 쓰레기통 안에 있으면 그건 쓰레기다. 그것을 꺼내서 책상 위에 있는 첫 번째 캔 옆에 두고 다시 묻는다. "지금은 이게 뭐죠?" 그러면 아이들이 대답한다. "캔이요."

내가 말하고자 하는 바는, 책상 위의 캔과 쓰레기통 속의 캔에는 사실 차이가 없다는 것이다. 쓰레기냐 아니냐는 그것이 무엇이냐가 아니라, 그것이 어디에 있느냐에 따라 결정된다. 즉, 쓰레기인지 아닌지를 결정하는 것은 '맥락'이지 '내용물'이 아니다.

세인트로렌스 대학의 화학 교수 폴 코넷Paul Connett 박사도 이와 동일한 주장을 한다. 그는 쓰레기에 대해 나보다 더 열정적인 관심을 갖고 있는데, 지난 25년간 학생들, 도시계획자들, 공동체 주민들, 정책 입안자들, 그리고 들으려 하는 사람 누구나에게 쓰레기에 대해 총 1,200회가량 강연을 했다.⁴ 강연을 할 때 코넷 박사는 가끔 쓰레기통을 엎어서 그 안의 물건들을 꺼내놓고 사람들에게 생각해보도록 한다. 종이, 유리컵, 잉크가 다 떨어진 펜, 비닐봉지, 바나나껍질 등을 하나하나 집어들고 이게 무엇이냐고 물어본다. "이 안에 있는 것 무엇이라도 '쓰레기'라고 불리는 것이 있나요? 아니죠. 이것들은 모두 잘못된 곳에 놓인 자원들이에요. '웨이스트waste'는 동사(낭비하다)지 명사(쓰레기)가 아니에요. 낭비는 우리가 이런 것들을 한데 섞는 짓이죠. …… 분리하면 이것들은 자원이에요. 섞여 있으면 우리는 이 자원들을 낭비하고 있는 것이죠."

나도 동감이다. 하지만 몇 가지는 제외해야 한다. 너무나 잘못 고안되었거나 애초에 절대로 만들어지지도 팔리지도 구매되지도 말았어야 하는 유독물질 함유 제품(PVC 제품 등), 1회용품(1회용 플러그인 방향제, 변기에 내릴 수 있는 1회용 화장실솔 등), 허머 자동차, 새 전자제품이 들어 있는 단단한 플라스틱 케이스들, 그리고 스카이몰 카탈로그에 있는 것들은 제외되어야 한다. 코넷 박사도 동의하겠지만, 내 생각으로는 이런 것들은 쓰레기가 맞다. 자원의 낭비이고, 에너지의 낭비이며, 실질적인 필요를 건전하게 충족시키는 방법을 알아내는 데 들였어야 마땅한데도 이런 물건들을 디자인하고 판매하는 데 들인 노력의 낭비다.

물건이 아주 귀한 지역에 가보면 쓰레기와 자원의 경계가 얼마나 주관적인지 피부로 느낄 수 있다. 나는 1990년대 중반에 3년 정도 남아시아에서 지내면서, 이런 주관성에 대해 분명하게 깨달았다. 그곳에서는 깨지거나 오래되거나 다 쓴 물건들이, 쓰레기통에 들어가야 할 것이 아니라 잠재적으로 유용한 물질로 간주된다. 필요는 발명의 어머니라고 했던가? 우리는 이렇게 말할 수도 있을 것이다. "가난은 쓰레기를 귀한 자원으로 여기는 인식의 어머니." 입에 딱 붙는 표어는 아니지만(그래요, 나도 알아요), 어쨌든 이 말은 사실이다.

　방글라데시의 다카에서 나는 방글라데시 사람들과 한집에 살았다. 서양 사람과 함께 지내는 것이 처음이었던 그들은 나에게 깨끗하고 조금이나마 가구가 있는 방을 특별히 꾸며주었다. 짐을 풀고 옷 몇 벌, 펜틴 프로-V(굿가이드가 없던 시절이라 이 제품에 들어 있는 화학물질에 대해 모르고 있었다), 몇 가지 보디 '케어' 제품 등 내 물건을 정리하면서 보니, 방에 쓰레기통이 없었다. 그래서 처음으로 시장에 간 날, 작은 쓰레기통을 하나 샀다. 하지만 나는 곧 '내다버리다'라는 말에서 '내다'가 갖는 의미가 미국에서와는 다르다는 것을 깨달았다. 내가 쓰레기통에 버린 것이 마을의 어딘가에서 다시 나타나 재사용되고 있었다. 나는 밝은 파란 꽃무늬가 있는 탈취제 용기가 옆집 마루 선반에서 꽃병으로 쓰이는 것을 보았다. 다 쓴 펜틴샴푸 병이 장난감이 되어 있는 것도 보았다. 누군가가 봉을 끼우고 바퀴를 달아놓았는데, 한 남자아이가 이것을 장난감 자동차 삼아 놀고 있었다.

　미국이나 다른 낭비적인 부유한 나라들에서는 재사용에 따라붙는 사회적 낙인을 극복해야 한다. '중고', '한 손 건너온', '누가 쓰던' 물건이 가난해서 어쩔 수 없이 선택하는 것이 아니라 모두에게 매력적이고 바람직한 것으로 여겨진다면 어떨까? 미국 역사의 대부분 기간 동안, 개인적으로건 국가적으로건 어려운 시절이 닥치면 사람들은 덜 낭비하고, 더 많이 나누고, 물건을 더 오래 사용했다. 2008년에 시작된 경기침체로 많은 사람이 다시 근검절약을 생각하고 있다. 쓰레기 수거 업체들에 따르면, 골목에 내놓는 쓰레기의 양이 전국적으로 줄었으며, 쓰레기의 내용물도 달라졌다고 한다. 사람들이 물건을 덜 사고, 값도 싸고 쓰레기도 줄일 수 있는 것들을 주로 사면서 쓰레기에서 포장재와 1회용품이 줄었다는 것이다.[5] 또 재활용업체들에 따르면, 외식을 하거나 미리 조리된 음식을 사먹는 대

신 집에서 직접 요리를 해서 먹는 사람들이 많아지면서 재활용품 중에 대용량 식품 용기가 늘었다.[6]

하지만 쓰레기를 주관적인 범주가 아니라 고정된 범주라고 파악하는 업계가 존재한다. 바로 '쓰레기 관리 업계'인데, 이들은 자신들이 규정한 '쓰레기'에 속하는 것들을 통해 1년에 약 500억 달러라는 큰돈을 벌고 있기 때문에,[7] 다른 사람들이 쓰레기의 의미를 다시 규정하자고 문제제기하는 것을 원치 않는다. 이들이 보기에는, 쓰레기는 의문의 여지 없이 쓰레기다. '관리'할 쓰레기가 많이 생길수록 이 업계는 좋아한다.

쓰레기 관리 업계는, 쓰레기를 어디에서 나왔는지, 무엇으로 구성되어 있는지, 어떻게 처리되어야 하는지에 따라 몇 가지 범주로 구분한다. 주된 구분은 산업 폐기물, 도시 생활 폐기물, 건축 폐기물이다. 그리고 특수한 유해물질 때문에 별도로 처리되곤 하는 의료 폐기물과 전자제품 폐기물을 따로 구분하기도 한다. 그럼, 이 각각의 종류를 자세히 살펴보자.

산업 폐기물

산업 폐기물industrial waste에는 자원의 추출과 생산 과정 뒤에 남겨지는 모든 것이 포함된다. 종이, 철, 플라스틱부터 옷, 유리제품, 도기, 전자제품, 가공식품, 의약품, 농약까지 모든 것을 만드는 과정에서 발생하며 탄광에서, 공장에서, 노동 착취 공장에서, 종이공장에서 나온다. 또한 "조립하고, 합성하고, 모델을 만들고, 주물에 넣고, 압출 성형하고, 용접하고, 뽑아내고, 정화하고, 정련하고, 기타 다른 방법으로 완성되었거나 반완성된 물질들을 다루는 제조 세계의 모든 과정"에서 나온다.[8] 인용 부분은 지속

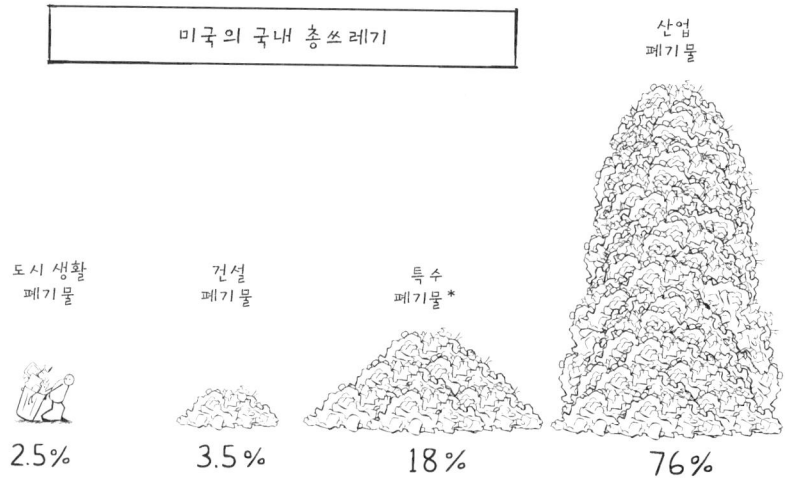

출처: J. Makower, 2009.
* '자원 보존 및 복원법(1976)'이 규정한 '특수 폐기물'은 광산, 연료 생산, 금속 가공 과정에서 나온 폐기물을 말한다. 다른 말로, '더 산업적인' 폐기물이라고 할 수 있다.

가능한 기업에 대한 전문가이자 저자인 조엘 매코워Joel Makower의 글이다.

생산 과정에서 사용된 세척제, 용매, 페인트, 잉크, 농약, 화학 첨가물 등 수백 가지의 해로운 물질이 산업 폐기물에도 들어 있다. 카펫 제조업체 인터페이스의 CEO이자 지속 가능한 기업의 선구자인 레이 앤더슨은, 상품 제조에 들어가는 에너지와 물질의 97퍼센트는 낭비된다고 말했다. "우리는 기본적으로 '쓰레기 제조 시스템'이나 다름없는 산업 시스템을 운영하고 있다."[9]

산업체는 정말로 쓰레기를 많이 내놓는다. 환경보호청에 따르면 종이 제조업체, 철강업체, 유리업체, 콘크리트업체, 식품가공업체, 의류업체, 플라스틱업체, 화학제조업체, 물관리업체 등을 포함해 산업체 전체가 1년에 내놓는 쓰레기 양은 76억 톤이나 된다.[10] 다른 기관들은 많게는 130억 톤으로까지 추산하기도 한다!¹¹ 둘 다 농업 폐기물은 포함하지 않은 수치인데, 농업 과정에서도 폐기물이 수십억 톤 나오며 온실가스와 공해와 수질오염도 많이 발생한다.¹² 하지만 산업 폐기물은, 우리가 그 업계에서 일하거나 공장 또는 폐기물 처리장 근처에 살고 있는 불행한 처지가 아니라면, 우리에게 안 보이는 곳에서 만들어지고 버려지기 때문에, 그 존재를 잊기 쉽다. 안 보면, 멀리 있으면, 마음도 멀어진다.

잘 보이지 않는 산업 폐기물을 보이게 하기 위해, 조엘 매코워는 미국의 '국내 총쓰레기'를 그림으로 나타냈다(327쪽). 매코워는 이렇게 언급했다.

'국내 총쓰레기Gross National Trash, GNT'라는 개념이 주요 용어로 등장하고, 도시 생활 폐기물이 1톤 나올 때 이전의 생산 과정에서는 산업 폐기물이 적어도 40톤은 나온다는 것을 사람들이 알게 되는 것은 시간문제다. 또 사람들은 산업 폐기물이 우리가 버리는 신문이나 잔디 쓰레기보다 환경과 건강에 훨씬 더 나쁘다는 것도 곧 알게 될 것이다.* 그때가 되면, 음료수캔이나 비닐봉지 같은 일상의 쓰레기가 아니라 눈에 보이지 않는 곳에서 벌어지는 생산·포장·저장·운송 과정에서의 문제가 핵심 사안이 될 것이다.¹³

---

* 매코워는 산업 폐기물이 가정 쓰레기의 40배라고 추산하지만, 그 전에 나온 추정치들은 더 높았다. 영화 〈물건 이야기〉에는 70배라고 나오는데, 지역자립연구소에서 쓰레기 문제를 연구하는 브렌다 플래트Brenda Platt가 추산한 수치다. 플래트가 닐 셀드먼Neil Seldman과 공저한 보고서 《2000년 미국 쓰레기와 재활용》에 따르면, "도시 생활 폐기물 1톤당 제조, 광업, 석유 및 가스 탐사, 농업, 석탄연료 사용 등으로 인한 산업 폐기물이 71톤 나온다." 플래트는 기술평가국이 작성한 〈제조, 광업, 석유·가스 생산, 석탄 화력 발전에서 나오는 산업 고형 폐기물 관리〉(OTA-BP-O-82, 1992. 2., pp. 7-10)를 근거로 이 수치를 계산했다. 어느 추정치를 보든 핵심은, 우리가 매주 골목에 내놓는 것보다 훨씬 많은 쓰레기가 있으며, 따라서 폐기물의 양을 줄이고 싶다면 생산 과정을 살펴봐야 한다는 점이다.

아직 예외적이긴 하지만, 여러 업체가 폐기물 배출을 줄이기 위해 노력하면서, 그렇게 하는 것이 가능하며 경제적이기도 하다는 점을 보여주고 있다. 어떤 기업은 폐기물이 사실은 돈을 들여 구매한 원료에서 나오는 것이기 때문에 폐기물을 줄이면 원료비와 폐기물 처리 비용이 절감되어 이득이라는 점을 생각해서 폐기물을 줄이려고 노력한다. 어떤 기업은 경영자가 정말로 지구환경을 생각하기 때문에, 어떤 기업은 홍보에 도움이 되기 때문에 폐기물을 줄이려고 노력한다. 어느 정도까지는, 기업이 폐기물을 어떤 동기에서 줄이려고 하는지는 크게 중요하지 않다. 폐기물이 정말 줄고 그에 따라 환경에 미치는 악영향도 줄어들기만 한다면 말이다.

하지만 어떤 기업들은 폐기물을 줄이는 척만 하거나, 아니면 아주 조금 줄인 것을 가지고 자사의 이미지 광고에 활용하기도 한다. 이런 가짜 광고를 '녹색세탁greenwashing'이라고 하는데, 이는 큰 문제다. 진지하게 노력하는 기업까지 신뢰를 잃게 만들 뿐 아니라, 산업계에 전반적으로 높은 환경 기준을 부과하려는 움직임에서 사람들의 관심을 멀어지게 하고, 이와 관련한 정부의 조치를 지연시키기 때문이다. 기업이 자신이 일으키는 막대한 환경상의 문제에 대해 책임을 지게 하려면 높은 환경 기준을 전반적으로 적용하는 것이 가장 효과적인 방법인데도 말이다.

산업 폐기물 줄이기 전선에서 나의 영웅은 앞에서도 언급한 인터페이스의 CEO 레이 앤더슨이다. 인터페이스는 상업용 바닥재 세계 1위 기업으로, 전세계 상업용 건물의 바닥타일 중 40퍼센트를 공급하고 있다.[14] 앤더슨은 1994년에 계시와도 같은 깨달음을 얻었다고 말한다. 그 깨달음이란, 지구가 그리고 자신의 손자들이 큰 문제에 빠져 있는데 소중한 자신의 회사가 그 문제를 심화시키고 있다는 인식이었다. 이제 앤더슨은, 자연에서 채굴해오는 새 원료 대신 재활용 원료를 쓰고, '취하고-만들고-버리는' 일방향 시스템 대신 순환 공정 시스템으로 바꿔야 한다고 생각한다. 순환 공정에서는 물질이 계속 재사용되거나 새로운 용도에 다시 사용되기 때문에 쓰레기가 생기지 않는다. 또 화석연료로 얻는 에너지는 재생 가능한 에너지로 대체하고, 낭비적인 생산 공정은 낭비 없는 공정으로 바꾸며, '생산성'의 개념도 노동 생산성에서 자원 생산성으로 바꾸어야 한다고 생각한다.[15] 적어도 물질적인 측면에서는 바로 여기에 다음 단계의 산업혁명이 있다는 것이다.

앤더슨은 인터페이스의 시스템을 완전히 뒤바꿈으로써, 수십억 달러 규모의 석유 기반 기업을 환경적으로 지속 가능한 기업으로 바꾸는 것이 가능함을 증명해 보였다. 1995년 '제로 임팩트(환경영향 제로)'라는 목표를 도입한 이래, 인터페이스가 사용하는 화석연료와 물, 배출하는 온실가스와 쓰레기의 양이 극적으로 줄었다. 그러는 동안 매출은 3분의 2가량 늘었고 수익은 두 배가 되었다. 또 약 74,000톤의 헌 카펫이 매립지로 가는 것을 막았다.

인터페이스가 쓰는 물질의 25퍼센트는 재생 가능하거나 재활용 물질인데, 이 비중은 빠르게 증가하고 있다. 쓰레기 제로를 추구해서 얻은 4억 달러의 비용 절감 효과는 운영과 시설을 친환경적으로 바꾸는 데 들어간 투자비를 충분히 상쇄했다.'[16] 앤더슨은 인터페이스의 "제품이 그 어느 때보다도 좋아졌다"면서, 이는 "지속 가능한 디자인을 하는 와중에 예기치 못한 혁신이 솟아났고, 사람들이 더 높은 목적을 공유하면서 흥이 났으며, 더 좋은 사람들이 입사했고, 가장 좋은 사람들이 회사에 남아 목적의식을 갖고 일하게 되었으며, 지속 가능성에 초점을 둠으로써 광고나 마케팅에 많은 돈을 들여서도 얻을 수 없는 좋은 기업 이미지를 얻을 수 있었기 때문"이라고 설명했다. 앤더슨은 인터페이스의 사례가 "환경이냐, 경제냐를 이분법적으로 묻는 가짜 선택의 문제를 불식시킬 것"이라고 말했다. "석유 집약적 기업인 인터페이스가 할 수 있다면, 누구라도 할 수 있는 것이고, 누구라도 할 수 있다면 모두가 할 수 있는 것이다."[17]

일부 녹색 비즈니스 전문가들은, 오늘날 기업들의 규모가 거대한 것에는 문제도 많지만 희망적인 측면도 있다고 이야기한다. 이를테면, 전세계의 수많은 납품업체와 거래를 하는 대기업이 더 친환경적인 기준을 요구하게 되면, 예를 들어 PVC 포장재를 사용하지 말도록 하면, 전체 공급망에 파급 효과가 일어날 것이라는 이야기다. 또한 이들은 규모가 큰 업체들이 자신이 가진 규모의 경제를 이용해서 친환경적인 개선에 투자를 할 수도 있다고 주장한다. 나이키, 홀푸드, 심지어 월마트가 그랬듯이 말이다.

하지만 이들의 주장에는 빠진 것이 있다. 이 대기업들이 여전히 '더 많은 물건을 만들고 파는 모델'에 사업의 토대를 두고 있다는 점이다. 즉, 우리가 가진 물건을 버리고 새 물건을 사기 위한 자리를 만들어내야만 이들의 비즈니스가 유지되는 것이다.

그래서 내가 인터페이스의 사례에서 특히 눈여겨본 것은, 기업의 역할을 단지 더 많은 물건을 생산하고 판매하는 것으로만 파악하는 근본적인 패러다임을 인터페이스가 어떻게 바꾸었는가 하는 문제였다. 기업 마인드가 있으신 여러분, 잘 들어보세요. 이것은 아주 중요한 혁신이니까요.

인터페이스도 '고객이 카펫을 구매한다'는 전형적인 유통 모델에 기초해 설립되었다. 구매한 카펫이 낡으면, 고객은 그것을 뜯어버리고 새 카펫을 사러 온다. 헌것은 소각장이나 매립장으로 간다. 앤더슨은 매년 너무나 많은 헌 카펫이 버려져 매립장으로 가는 것이 걱정스러웠다. 또 일반적으로 카펫 전체를 다 들어내 교체하지만, 사실 보통의 경우 마모되는 부분은 전체 카펫 면적의 20퍼센트 정도라는 것도 알게 되었다. 그래서 앤더슨은 두 가지를 생각해냈다. 첫째, 카펫을 모듈 식으로, 즉 갈아끼울 수 있는 타일 형태로 디자인하면 전체가 아니라 닳은 부분만 교체할 수 있을 것이다. 둘째, 상업용 카펫 사용자들은 카펫이 제공하는 소음 감소나 인테리어 효과 등의 서비스를 원하는 것이지, 실제로 바닥을 덮는 카펫 물질 자체를 소유할 필요는 없다. 그래서 인터페이스는 카펫 '타일'을 판매하기 시작했다. 더불어 카펫 장기 임대를 실험적으로 시도했다. 복사기업체가 복사기를 소유하고 사용자에게는 장기 임대하는 것처럼 말이다.[18]

1995년 인터페이스는 실제 카펫을 판다기보다는 카펫 '서비스'를 판매하는 '에버그린 리스 프로그램'을 만들었다. 고객사는 비싼 카펫을 한꺼번에 구매하는 것이 아니라, 바닥을 덮는 서비스 비용을 다달이 임대료로 지불할 수 있고 유지 보수는 인터페이스가 해준다. 그리고 카펫이 정말로 수명을 다했을 때, 고객사는 몇 톤이나 되는 낡은 카펫을 어떻게 처리할지 몰라 고민할 필요가 없다. 인터페이스가 회수해 재활용함으로써 전체적으로 순환 시스템이 되도록 만들 테니 말이다.[19]

정말 좋은 아이디어다. 막대한 환경적·경제적 이득을 가져다줄 수 있는 기발한 발상의 전환이다. 이는 시스템을 땜질하는 것이 아니라 '변화'시키는 것이다. 하지만 이 프로그램은 아직 궤도에 오르지 못했다. 알고 보니 복잡한 회계 절차, 조세, 제도적 장벽, 천연자원(특히 석유)에 대한 보조금 등이 있어서, 리스 식 임대 모델을 적용하기가 정말로 힘들다고 한다. 하지만 앤더슨은 이 아이디어를 포기하지 않고 있다. 그는 석유 등 천연자원의 가격이 오르고 있으니만큼, 임대 모델이 확산될 때가 꼭 올 거라고 생각한다.[20]

월마트가 DVD 플레이어를 소유하고 우리는 월마트에서 장기로 DVD

를 임대한다고 생각해보자. 사실 우리는 DVD를 볼 수 있으면 되지, 실제로 DVD 플레이어를 소유할 필요는 없다. 플레이어가 고장나면 월마트가 도로 가져가 수리할 것이다. 그러면 그들은 제품을 지금처럼 통째로 버리게 만드는 것이 아니라 모듈 식으로, 수리 가능하게, 그리고 업그레이드가 용이하도록 디자인하려는 금전적인 유인을 갖게 될 것이다. 우리가 매주 골목에 내놓는 쓰레기의 내용물도 크게 달라질 것이다.

도시 생활 폐기물

오늘날 우리는 수많은 물건을 내버린다. 어떻게 고쳐야 할지 몰라서, 새 것을 살 공간을 만들고 싶어서, 쓰던 물건에 싫증이 나서 물건을 버린다. 나중에 다시 필요해질 때 새로 사는 편이 계속 보관하고 있는 것보다 낫다고 생각해서 버리기도 한다. 또 어떤 때는 물건을 버리는 것이 심지어 카타르시스를 준다고 생각하면서, 집 안의 물건을 많이 버린 날 뿌듯해하기도 한다.

우리가 통상 쓰레기라고 부르는 포장재, 정원 쓰레기, 고장난 물건, 썩은 음식, 재활용품 등 쓰레기통에 담아 골목에 내놓는 모든 것을 통칭 '도시 생활 폐기물Municipal Solid Waste, MSW'이라고 부른다. 이 책의 2장 〈생산〉에서 살펴본 모든 구역질나는 재료, 이를테면 수은·납·난연제·농약, 그리고 8만 가지 이상의 화학물질 등이 '물건'에 들어갔다가 이제는 '도시 생활 폐기물'에 속하게 된다.

재활용 및 재사용 업계의 일부 사람들은, '도시 생활 폐기물'이 낡은 용어이며 '가치가 있는데도 버려지는 물건'에 대해 사람들이 새로운 관점에

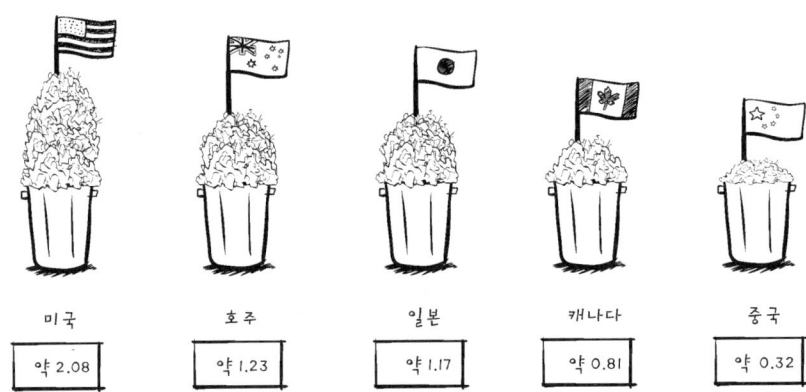

출처 : The UN Statistics Division, Statistics Canada, Index Mundi. 후주 24 참고.

서 생각하지 못하도록 방해한다고 지적한다. 캘리포니아주 버클리의 재사용센터 어번오어Urban Ore의 공동 창업자인 댄 내프Dann Knapp는 '도시 처분품Municipal Supply of Discards, MSD'이라는 용어를 사용하자고 오랫동안 주장해왔다. MSD는 "폐기물이라는 단어가 가진 '무가치한 쓰레기'라는 부정적 함의를 갖지 않는다"는 것이다.[21] 나는 내프의 생각이 마음에 든다. 누가 무언가를 처분했다고 해서 그 무언가에 가치가 없다는 뜻은 아니기 때문이다. 하지만 이 책에서는 '도시 생활 폐기물MSW'이라는 용어를 사용했다. 미국 환경보호청 등의 여러 기관과 업계에서 나온 자료를 많이 인용했는데, 이들이 사용하는 용어가 아직 MSW이기 때문이다.

1960년 미국에서 내놓은 MSW는 8,800만 톤이었다. 1인당 하루 약

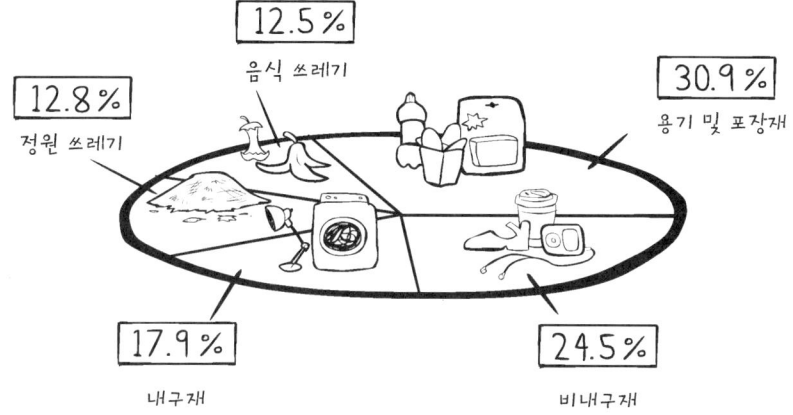

출처: US Environmental Protection Agency, 2007.

1.22킬로그램에 해당한다. 1980년에는 1인당 약 1.66킬로그램으로 늘었고, 재활용이라는 말이 가정에서 일상적으로 쓰이게 된 1999년에도 1인당 약 2.06킬로그램으로 증가했다.[22] 현재는 이보다 약간 많다. 미국 환경보호청에 따르면, 2007년에 미국인은 2억 5,400만 톤의 생활 폐기물을 내놓았다. 이는 1인당 하루 평균 약 2.08킬로그램에 해당한다![23] 캐나다의 약 0.81킬로그램, 노르웨이의 약 1.04킬로그램, 일본의 약 1.17킬로그램, 호주의 약 1.23킬로그램과 비교해보라. 그리고 중국은 겨우 약 0.32킬로그램이다.[24]

그러면 생활 폐기물에는 무엇이 들어 있는가? 미국의 경우, 생활 폐기물의 구성은 위의 그림과 같다.

EPA에 따르면, 생활 폐기물의 거의 4분의 3(무게 기준)이 제조된 물건이다. 즉, 디자인되고 여러 물질이 섞이는 생산 과정을 통해 만들어져서 판매된 제품으로 용기 및 포장재, 일반적으로 수명 3년 미만으로 고안된 비내구재, 내구재 등이 포함된다.[25] 생활 폐기물에서 제조품이 차지하는 비중의 증가는 쓰레기의 역사에서 가장 중요한 변화라고 할 수 있다. 100년 전에는, 아니 60년 전만 해도, 대부분의 생활 폐기물은 난방용과 취사용으로 쓰인 석탄재와 음식 쓰레기였다. MSW 중 제조품의 무게는 20세기에 1인당 연간 약 41.7킬로그램에서 약 563.4킬로그램으로 열 배 이상 늘었다.[26]

쓰레기에서 제조품이 차지하는 비중이 폭발적으로 늘었다는 것은 많은 미국인에게 그리 놀랄 일이 아닐 것이다. 소비재의 종류와 양이 너무나 많은데다 가격도 비교적 싸기 때문에, 고치느니 버리고 새로 사는 게 정말로 더 싸고 편한 것이다. 우리 모두 이런 사례를 수십 개는 거뜬히 들 수 있다. 내 VCR(이게 뭔지 기억나세요?)이 고장났을 때 수리하는 사람을 부르는 비용은 50달러였는데, DVD까지 볼 수 있는 새 제품은 39달러였다. 플리스재킷의 지퍼가 고장났을 때 지퍼를 새로 박아넣는 비용은 35달러였는데, 그 돈이면 새 재킷을 살 수 있었다.

한번은 라디오섁RadioShack(전자제품 판매업체—옮긴이)에서 산 4.99달러짜리 소형 라디오의 이어폰이 고장났다. 나는 문제없다고 생각했다. 고장난 전자제품들에서 챙겨 모아둔 부품함에서 당연히 갈아끼울 것을 찾을 수 있을 줄 알았다. 하지만 일이 그렇게 잘 풀릴 리가 없지. 그 라디오는 전체가 한 덩어리였다. 나사와 스냅으로 꽁꽁 연결되어 있어서, 다이얼이든 케이스든 이어폰이든 하나의 부품이 고장나면 그것만 갈아끼우거나 빼서 수리를 할 수가 없었다. 《컨수머 리포트》에 따르면, 2003~2006년에 판매

된 식기세척기, 세탁기, 가스레인지 등 가정용품 중 적어도 5분의 1이 3년 안에 망가졌으며 얼음 디스펜서가 달린 냉장고의 3분의 1 이상이 같은 기간에 고장났다.[27]

작년에 나는 수십 년 사용한 냉장고를 바꿔야 했다. 내가 유일하게 위안으로 삼은 것은, 에너지 효율이 높은 냉장고로 바꾸면 에너지를 절약할 수 있다는 점이었다. 하지만 얼음 만드는 부분이 첫날부터 작동을 하지 않았다. 처음 90일 동안 수리하는 사람이 세 번이나 왔다. 그러고는 무상수리 기간이 끝나서 더 이상은 오지 않았다. 세 번째 왔을 때, 우리는 약간 안면이 있는 사이가 되어 있었다. 그와 나는 전자기기가 주렁주렁 달린 요즘 냉장고들에 대한 좌절감을 공유했다. 요즘 냉장고는 문에 평면 스크린 텔레비전이 장착된 것까지 있다. 그는 한숨을 쉬었다. "나는 냉장고 수리하는 사람이에요. 컴퓨터 기술자도, 텔레비전 고치는 사람도 아니라고요."

나는 4학년인 딸아이가 대학 갈 때까지는 쓸 수 있기를 바라면서, 이 냉장고가 얼마나 오래갈 것 같은지 그에게 물었다. "예전에는 20~30년 쓸 수 있었지요. 하지만 요즘은 5년 쓰시면 잘 쓰는 거예요." 왜 그러냐고 묻자, 그는 냉장고에서 머리를 꺼내 나를 보고는 잠시 머뭇거리더니 이렇게 말했다. "그게, 웃긴 건데요. 그러니까 그 사람들은 손님이 새것을 더 빨리 사기를 원하거든요."

요즘 미국에서는 이게 정상이다. 이제 물건을 직접 만드는 사람이 별로 없으므로 고칠 줄 아는 사람도 별로 없다. 수리공마저도 말이다! 물건을 고칠 줄 모르는데다 쉽고 싸게 새것을 살 수 있기 때문에, 우리는 완벽하게 멀쩡한 물건들을 쓰레기라고 잘못 생각하게 된다. 하지만 세계에는 고쳐 쓰는 것을 당연하게 여기는 곳이 아직 많다. 내 방글라데시 친구들은 유행이 바뀌면 그에 따라 옷을 고쳐가면서 오래 입는다. 대부분 바느질을 할 줄 알고, 또 동네에 싸게 일을 맡길 재봉사도 많기 때문이다. 헝겊가구의 헝겊이 찢어지거나 색이 바래면 의자나 소파 전체가 아니라 헝겊만 교체한다.

인도 전역에는 옷이나 구두나 전자제품을 능란하게 고쳐주는 사람들이 있다. 작은 점포를 연 경우도 있고 그냥 길바닥에 자리 하나 깔고 영업하는 경우도 있다. 인도에서 한번은 내 청바지의 무릎 부분이 찢어졌다. 나는 콜카타 어느 거리의 1제곱미터쯤 되는 자리에 터를 잡은 수선공에게 찢어진 바지를 가지고 갔다. 그는 하루종일 그곳에 양반다리를 하고 앉아서 사람들의 옷을 고치고, 근방의 상인이나 손님들과 차를 마시곤 했다. 몇 시간 후 바지를 찾으러 간 나는 깜짝 놀랐다. 헝겊을 덧대 기워놓은 것이 아니라, 찢어진 부분을 아예 새로 직조해서 붙여놓았던 것이다. 그 후 인도에 다시 가게 되었을 때, 나는 여행가방 하나에 고장난 카메라, 낡은 신발 등 문제 있는 물건들을 한가득 넣어가지고 갔다. 인도에는 이것들을 고칠 수 있는 누군가가 있다는 걸 알고 있었기 때문이다. 하지만 여기 미국에서는 모두 쓰레기가 되고 말았을 것이다.

　미국에도 고쳐 쓰는 분위기가 되돌아오는 기미가 보인다. 해마다 서비스센터 수를 집계하는 전문서비스업협회Professional Service Association에 따르면, 경기침체가 닥친 2008년에 소비자 가전 서비스센터 수가 14년 만에 처음으로 증가했고, 가정용품 서비스센터는 2002년 이래 처음으로 늘어났다.²⁸ 오래도록 쇠퇴해온 신발수선점 또한 붐을 맞이하고 있다. 대공황기에 미국에는 12만 개의 신발수선점이 있었는데, 요즘은 7,000개뿐이다.²⁹ 하지만 이중 상당수가 2008년 경기침체 이후 사업이 50퍼센트나 확장됐다고 밝히고 있다. 2009년 캔자스주 토페카에 있는 '로이터 신발수선점' 소유주 론다 젠슨Rhonda Jensen은 신발 수선 일거리가 하루 35건에서 50건으로 늘었다고 말했다. "경제가 나빠지면 신발을 많이들 고치지요. 그래서 손님이 많아졌어요. 아마도 신발을 버리지 않고 고쳐 신는 것 같아요."³⁰

포장재와 포장용기

　미국인들이 버리는 것 중 아마도 가장 양이 많고 가장 눈살을 찌푸리게 하는 제품은 포장재와 포장용기일 것이다. 이것들을 '제품'이라고 부르는 걸 이상하게 여길 수도 있지만, 그래도 이것들은 제품이다. 누군가가 고안하고 그 목적으로 생산하는 물건이기 때문이다. 물론 우리가 포장재나 용기를 사려고 가게에 가는 것은 아니다. 우리가 사려는 것은 땅콩버터지 그게 들어 있는 통이 아니며, MP3 플레이어지 그게 들어 있는 플라스틱 상자가 아니고, 면도크림이지 그게 들어 있는 금속 용기가 아니다. 하지만 기업들은 포장재나 포장용기가 때로는 공공연히, 때로는 은밀하게 내용물을 구매하도록 우리를 유혹할 거라고 생각하기 때문에, 그것들을 고안하고 생산한다. 물론 음식이나 섬세한 물건은 포장이 내용물을 신선하게 또는 부서지지 않게 보호하는 기능을 한다. 하지만 이런 경우에도 포장재를 만드는 사람들의 주된 목적은 잠재적인 고객을 유혹하는 것이다.

《쓰레기 제조자들》에서 밴스 패커드는, 허리띠를 근사하게 포장해 판매하는 것을 정당화하는 마케팅 심리학자들의 논리를 인용했다. "일반적으로, 여성은 옷걸이에 걸려 있는 벨트에 끌리지 않을 것이다. …… 그건 맥이 빠지고 자극적이지도 끌리지도 않는다. 정상적이고 건강하고 열정적인 여성이 보기에, 그냥 죽 걸려 있는 벨트는 남성다움이나 고급스러움의 상징이 아니다. 그렇게 널려 있는 벨트를 보고 자신의 남자를 떠올릴 가능성은 거의 없다. …… 하지만 '심리적으로 강력한 느낌을 주는 케이스에 들어 있는' 벨트는 호의적인 상징성을 갖게 되고, '존경, 애정, 위대한 사랑을 상징하는 역할'을 자연스럽게 부여받는다."[31]

포장재 중에서도, 상점에서 물건들을 담아주는 얇은 비닐봉지와 1회용 음료수 용기가 특히 문제다. 비닐봉지에 대해서는 정부 규제가 강화되는 추세다. 샌프란시스코, LA, 중국, 남아프리카공화국 등에서는 비닐봉지 사용이 금지됐다. 적어도 가장 내구성이 떨어지는 얇은 비닐봉지는 사용하지 못하도록 되어 있다. 아일랜드, 이탈리아, 벨기에, 타이완에서는 비닐봉지에 세금이 붙는다.[32] 아일랜드는 2002년 비닐봉지에 세금을 부과했는데, 6개월 만에 비닐봉지 사용이 90퍼센트나 줄었다. BBC는 비닐봉지 사용이 금지되고 3개월이 지난 후 상점에서 사용된 비닐봉지는 이전보다 2억 7,700만 개 줄어든 2,300만여 개였다고 보도했다.[33]

하지만 음료수 용기에 대해서는 아직 갈 길이 멀다. 미국인들은 날마다 총 1,500억 개의 1회용 음료수 용기를 사용하고 3억 2,000만 개의 테이크아웃 컵을 쓴다.[34] 1회용 혹은 '일방향' 음료수 용기는 비교적 새로운 현상이다. 수십 년간 미국인들은 유리병에 든 음료수를 마셨고, 이런 유리병은 흔히 인근 지역의 시설에서 세척·재병입해 다시 사용했다. 이를 통해 물자와 에너지가 절약됐을 뿐 아니라 일자리도 생겼다. 1960년, 미국의 청량음료 용기 중 일방향 용기는 6퍼센트에 불과했다. 그러나 1970년, 이 수치는 47퍼센트로 급증했다. 요즘은 재병입 가능한 병에 든 청량음료가 1퍼센트도 안 된다.³⁵ 1회용품 사용은 계속 증가하고 있다. 산업 분석가들은, 미국의 1회용 음료수 용기 수요가 매년 2.4퍼센트씩 증가해 2012년에는 2,720억 개가 될 것으로 예측한다.³⁶ 버클리는 예외인데, 특이하게도 이곳에서는 1회용 플라스틱 물병을 가지고 돌아다니는 것이 모피코트를 입고 있는 것만큼이나 부끄러운 일로 여겨진다.

'병 보증금'이라는 간단한 제도가 용기 쓰레기를 줄이고, 재병입 가능한 병의 사용과 재활용을 촉진하고, 자연자원을 보존하고, 에너지를 절약하고, 지역에 일자리를 만드는 데 매우 효과적이라는 사실이 이 제도를 도입한 곳들의 사례를 통해 확인되었다. 병 보증금 제도는 소비자가 용기 한 개당 5~10센트의 보증금을 내고, 나중에 병을 다시 갖다주면 보증금을 돌려받는 제도다. 음료업계가 격렬하게 반대했지만, 병 보증금 제도는 현재 미국의 11개 주와 캐나다의 8개 지역에서 시행되고 있으며, 덴마크·독일·네덜란드·스웨덴 등 여러 나라에서도 시행되고 있다.³⁷

2009년 매사추세츠주 하원의원 에드 마키Ed Markey는 '병 재활용 기후 보호 법안Bottle Recycling Climate Protection Act of 2009'을 의회에 제출했다. 이 법안 H.R. 2046은 1갤런(약 3.8리터) 이하의 모든 표준 규격 용기에 대해 보증금을 받고, 병을 도로 가져오지 않아서 돌려주지 않은 보증금 수입은 온실가스

배출을 줄이기 위한 정부 프로그램에 사용하도록 되어 있다.[38]

병 보증금 제도는 매우 효과가 크기 때문에, 도입 시도가 있을 때마다 음료업계는 격렬히 반대한다. 이들은 1989~1994년 이 법안을 저지하기 위해 거금 1,400만 달러의 광고비를 지출했다.[39] 병 보증금에 반대하는 사람들은, 이 제도가 비효율적이고 구식이며, 병을 재사용하면 공공건강에 해롭고, 보증금 제도는 재활용 시스템이 이미 시행하고 있는 일을 되풀이하는 것에 불과하며, 지역의 기업들에게 손해를 끼치는 일종의 역진세 노릇을 해서 결국 일자리가 줄어들 것이라고 주장한다.

하지만 이런 이유는 다 '뻥'이고, 반대하는 진짜 이유는 돈이다. 병을 모으고 재병입하는 비용을 음료업계가 부담해야 하기 때문인 것이다. 이 법안 통과에 대해 예의주시하고 있는 용기재활용연구소Container Recycling Institute는 이렇게 설명한다. "가장 목소리를 높이는 반대자 대부분은 코카콜라, 펩시, 앤호이저-부시 같은 거대 음료업체와 이들의 병입 및 유통 업체들이다. 이들은 보증금 법안에 대해 사사건건 반대한다. 그리고 소매상점과 주류 판매점도 반대하고 있으며, 최근에는 알루미늄캔에서 수입을 올리고자 하는 쓰레기 수거 업체와 고철 재생 업체들도 반대하고 있다."[40] 이들은 광고와 홍보 문안에서 재활용을 지원한다고 허풍을 떠는 업체들이다! 아무렴, 재활용을 좋아하시겠지. 재활용을 요구하는 보증금 법이 없을 경우에만.

1953년, 1회용 음료수 용기를 만들고 파는 여러 기업이 '미국을 아름답게Keep America Beautiful, KAB'라는 단체를 만들었다. 지금도 존재하는 KAB는 처음부터 쓰레기 문제가 정부의 법안이나 엄격한 규제를 통해서가 아니라 개개인의 각성으로 해결할 수 있는 문제라는 인식을 퍼뜨리는 데 갖은 노력을 다했다. 이들은 리터버그litterbug(공공장소에서 쓰레기를 함부로 버리는 사람—옮긴이)라는 말까지 만들어서 '문제는 개인'임을 강조했다. 또 "사람들이 오염을 만들었으니 오염을 멈출 수도 있다"와 같은 슬로건을 퍼뜨리면서, 매우 효과적으로 대중의 관심을 1회용 용기를 디자인하고 생산하고 마케팅하고 거기서 이윤을 얻는 사람들에게서 멀어지게 했다.⁴¹

1971년 KAB는 악명 높은 광고를 내보냈는데, 여기에는 '울고 있는 인디언'이 등장한다. (인디언 역을 한 배우는 아이언 아이스 코디였는데, 사실 그는 미국 원주민이 아니고 이탈리아계였다.⁴²) 작가인 테드 윌리엄스Ted Williams는 이 광고에 대해 다음과 같이 지적했다. "가장 불쾌하고 비난받아 마땅한 광고를 하나 꼽으라면 이것을 꼽겠다. …… 이것은 원주민에 대한 궁극적인 착취다. 우선, 우리는 그들을 땅에서 몰아냈다. 그리고 그 땅을 망쳐놓았다. 그리고 이제 그들을 데려다가 쓰레기 만드는 사람들의 비위를 맞추게 한다."⁴³

2009년 중반에 KAB는 전국재활용연합National Recycling Coalition, NRC을 매매 인수해버리려는 시도를 했다가 실패했다. NRC는 진지한 재활용업자들과 재활용 지지자들이 모인 전국연합이다. NRC 회원들은 KAB가 "상업적 이해관계에 의해 좌우되며, 이곳 사람들 대부분은 재활용을 향상시키기 위해 필요한 시스템상의 변화들을 시도하지 않고 시도할 능력도 없다"면서, KAB의 매매 인수 시도에 거세게 항의했다.⁴⁴ NRC 회원들이 제기한 주된 비판 중 하나는, KAB가 작동하지 않는 것이 명백한 '업계의 자발적인 노력'만을 지지하면서 법적·제도적 접근에 저항한다는 점이었다.

더 잘 포장하기

현재까지 포장재 쓰레기를 줄이려는 가장 진지한 노력이 이루어진 곳은 독일이다. 1991년 독일 정부는 포장조례를 제정했는데, 이는 포장재를 고안하고 생산하고 사용하고 그것을 통해서 이윤을 얻는 회사들이 포장재가 일으키는 문제에 대해 금전적으로 책임을 져야 한다는 생각에 기반하고 있다. 이를 '생산자 책임 재활용 제도extended producer responsibility, EPR'라고 한다.⁴⁵ 이 얼마나 훌륭한 개념인가!

이 조례는 사용하는 포장의 양과 종류에 따라 기업들이 돈을 내도록 하고 있다. 이로써 기업들은 포장을 줄일 유인뿐 아니라 더 안전한 물질로 포장할 유인도 갖게 된다. 그리고 병의 72퍼센트가 재병입 가능해야 한다!⁴⁶ 이런 규정사항을 지키는 데 필요한 물류를 원활하게 하기 위해, 일부 회사들은 공동으로 '두알 시스템 독일 유한회사Duales System Deutschland, DSD'를 설립했다. 참여 기업들이 DSD에 자신들이 사용하는 포장재의 양에 따라 돈을 내면, 그 돈은 포장 쓰레기를 수거해 안전하게 재사용·재활용·폐기하는 데 쓰인다. DSD는 일반적으로 '그린도트 프로그램Green Dot program'이라고 알려져 있는데, 참여 기업들이 포장에 녹색 점을 찍어서 표시하기 때문이다.⁴⁷ 이는 음·양을 나타내는 모양처럼 보이기도 하는데, 꽤 잘 맞아떨어지는 그림 아닌가.

이 조례가 생기기 전 독일에서는 포장 쓰레기가 매년 2~4퍼센트씩 늘고 있었다. 그러나 1991~1995년에는 포장 쓰레기가 전체적으로 14퍼센트 줄었다. 같은 기간에 미국의 포장 쓰레기는 13퍼센트 늘었다. 제도 도입 초기에는 놀랍게 줄었지만, 이후로는 쓰레기가 감소하는 속도가 둔해졌다. 그래서 이 프로그램은 차차 효율적인 수거·회수·재활용 산업을 개발하는 쪽에 초점을 두었고, 그 결과 2001년까지 병, 종이, 마분지, 포장 쓰레기, 금속 및 유기 쓰레기의 회수율이 60퍼센트에서 어떤 것은 90퍼센트 이상으로까지 높아졌다.⁴⁸

독일의 시스템이 완벽한 것은 아니다. 처음에는 제도를 원활하게 실행할 수 있는 인프라가 부족했기 때문에 정부가 보조금을 지급해야 했다. 또 재활용을 '한번 사용한 것을 동일한 사용처에서 다시 사용하는 것'으로 한정하지 않고 너무 광범위하게 정의했다. 이를테면, 대부분의 플라스틱은 다시 플라스틱으로 만들어질 수는 없고, 합성원유 또는 화학물질로 가공되거나 제철공장의 환원제로 쓰이게 되는데, 이것도 '재활용'으로 간주한 것이다. 그리고 있어서는 안 되는 일이지만, 이 조례에 따르면 포장 쓰레기를 태우는 것도 '회수'로 간주돼 허용된다.[49] 또 '그린도트'가 찍혀 있는 쓰레기더미가 개도국의 쓰레기장에서 발견됐다는 말이 있었고, 나도 보았다. 이는 모두 큰 문제다.

하지만 적어도 독일 정부는, 포장 쓰레기 속에서 점점 더 허우적거리고 있는 미국 정부와 달리, 생산자에게 책임이 있으며 생산자가 문제를 해결해야 한다는 입장을 취했다. 독일 모델은 유럽연합에 자극을 줘서, 1994년에는 범유럽 차원의 '포장과 포장 쓰레기에 대한 지침'이 만들어졌다.[50] 이것도 완벽하지는 않다. 하지만 적어도 각국 정부는 비록 천천히일지라도 포장을 줄이기 위해 옳은 방향으로 무언가를 하고 있다. 그리고 이런 제도가 유럽에서 이뤄낸 성과를 볼 때, 미국에 이렇게 막대한 포장 쓰레기가 있는 것은 절대로 불가피한 일이 아니다.

쓰레기 치우기, 누구의 일인가?

'생산자 책임 재활용 제도EPR'는 포장 쓰레기에 대해서뿐 아니라 모든 제조품 쓰레기에 대해서도 가장 좋은 해결책이다. 제조품 쓰레기들이 '도시 생활 폐기물'에 들어 있는 것은 큰 문제다. '도시'라는 말이 붙은 것은 시정부, 혹은 지방정부가 행정적으로 그 처리를 담당한다는 의미에서다. 쓰레기 관리가 개인이 아니라 지역정부가 공적으로 담당할 문제가 된 것은 1910~1930년이었다. 당시 도시에 많은 사람이 모여살게 되면서 하수, 썩은 음식물, 가축 쓰레기 등이 공공보건에 심각한 문제를 끼치게 되었기 때문이다. 따라서 건강을, 때로는 거주자의 생명을 보호하기 위해 이런 쓰레기를 중앙집중적이고 일관되게 관리할 필요가 있었다.[51]

하지만 오늘날의 지방정부들은 너무나 많은 쓰레기의 종류와 양에 압도돼버리고 말았다. 비영리단체인 제품정책연구소Product Policy Institute, PPI는 우리의 세금으로 운영되는 지방정부들이 낭비적인 제품을 만들고 쓰는 사람들의 뒤치다꺼리를 하고 있다면서, 이는 낭비를 촉진하는 여건을 제공하는 격이라고 지적했다.[52]

쓰레기 폐기에 대해 40년 이상의 자료를 분석한 PPI는, 도시 행정당국이 성공적으로 최소화한 쓰레기는 한 종류뿐이라고 언급했다. 바로 정원 쓰레기다. 그리고 최근에야 시작된 '음식물 쓰레기 회수 제도(퇴비화)'도 비슷하게 성공적일 수 있을 것으로 보인다.[53] 하지만 도시 당국을 압도하는 문제는 계속 증가하고 있는 제조품 쓰레기다. 재활용품도 포함해서 말이다. 재활용 문제의 복잡성에 대해서는 이 장의 뒷부분에서 다시 언급할 것이다.

PPI는, 이 문제는 도시 쓰레기 처리 당국이 애초에 담당했던 쓰레기 종류만 처리하도록 함으로써 해결해야 한다고 주장한다. 나도 동의한다. 즉, 도시 당국은 분해 가능한 유기물 쓰레기의 처리만 맡아야 한다는 것이다. 그밖의 모든 종류의 쓰레기는 생산자가 책임지고 처리해야 한다. 제품이나 포장재가 수명을 다해 쓰레기가 되면 그것을 만든 업체들이 처리해야 한다는 말이다. 그리고 폐기보다는 재활용과 재사용을 촉진하는 규제가 수반되어야 한다. PPI는 생산자 책임의 논리에 대해 "생산자가 디자인과 마케팅상의 의사결정을 하므로 제품이 환경에 미치는 영향을 줄일 수 있는 여지가 다른 곳보다 크기 때문"이라고 설명한다.[54] 그리고, 잊지 말자. 그들은 이런 물건을 만들고 판매함으로써 이윤을 얻는다. 따라서 이런 쓰레기들을 치우는 것도 그들의 일이다. EPR는 정말 합리적인 개념이다.

EPR 시스템이 없으면 모든 제품의 수거, 운송, 안전한 폐기 방법을 도시의 쓰레기 처리 당국이 알아내야 한다. 다시 말하지만, 이는 우리의 세금으로 운영된다. 나는 진지하고 열정적인 재활용 전문가들이 재활용률을 제고할 방법에 대해 고민하는 것을 많이 보았다. 하지만, 하나만 묻자. 왜 기업들이 어질러놓은 것을 이들이 뒤에서 치워주느라 수고를 해야 하는가?

엄마 노릇을 하다가 이 문제에 대해 깨달은 바가 있다. 어느 날 나는 집을 돌아다니며 딸아이가 어질러놓은 신발, 책, 악기, 미술도구 등을 치우느라 짜증이 나 있었다. 왜 어지르는 사람 따로 있고 치우는 사람 따로 있는가? 어느 순간 갑자기, 그 이유를 깨달았다. 그건 딸아이가 어질러놓은 것을 내가 늘 치워줘왔기 때문이었다! 딸이 책임을 지도록 하는 것은 처음에는 다소 힘든 일일 수도 있지만, 궁극적으로는 나와 딸 모두에게 좋은 일이다.

이와 마찬가지로, 시민들도 나쁘게 고안되어 쉽게 고장나고 재활용하기 어려우며 유독한 제품을 과도하게 포장해 판매하는 기업들이 어질러놓은 것을 계속 치워주면서 그들의 나쁜 행동을 강화하지 말자. 이런 물건들을 고안하고 만든 회사들이 책임을 지도록 하면, 그들은 애초에 더 좋고 더 오래가고 독성이 덜한 물건을 만들게 될 것이다. 이런 시스템에서 도시 당국은 분해 가능하고 퇴비로 만들 수 있는 쓰레기만 처리하면 된다. 물론, 우리에게는 현재와 미래의 폐기물에 대해 효과적인 재활용과 재사용 인프라가 필요하다. EPR하에서는 생산업체들이 이런 재활용 인프라와 재활용이 더 잘 되는 제품을 만드는 데에도 투자하게 될 것이다. 따라서 EPR은 재활용의 대체물이 아니라 필수적인 보완물이다. 이렇게 된다면 우리는 '기업의 책임성 강화'와 '쓰레기 제로'라는 두 가지 목적을 향해 한 걸음 더 전진하는 셈이 될 것이다.

건축 폐기물

건축 폐기물Construction and Demolition Waste, C&D은 MSW에 속하지만 매립지 공간을 아주 많이 차지하기 때문에 흔히 별도의 범주로 논의된다. C&D 폐기물에는 콘크리트·목재·석고보드·벽돌·금속·유리·플라스틱 등의 자재와, 문짝·창문·낡은 욕조·파이프 등의 건물 부분이 포함된다. C&D 폐기물은 리모델링을 하거나 낡은 집을 부술 때 발생한다. 둘 중 하나라도 해본 적이 있는 사람은 알겠지만, 원하지 않는 벽이나 방 혹은 건물을 없애는 가장 좋은 방법은 철거해버리는 것이다. 하지만 그냥 부숴서 섞어버리면 엄청나게 거대한 쓰레기더미가 생기고, 잘 분류하면 재사용할 수 있는 건설자재가 나온다. 건설자재재활용업협회Construction Materials Recycling Association에 따르면, 미국에서 매년 3억 2,500만 톤 이상의 C&D 폐기물이 발생하는 것으로 추산된다.[55] 이중 상당부분은 회수하면 다시 쓸 수 있는 좋은 물건들이다. 그렇게 되면 쓰레기도 줄일 수 있고 더 많은 나무를 베거나 더 많은 금속을 채굴할 필요성도 줄일 수 있다.

다행히도 비용의 증가, C&D 폐기물의 매립 제한, 쓰레기를 없애고 일자리를 만들려는 움직임 등의 영향을 받아 C&D 폐기물에서 자원을 회수하는 업체들이 생겨나고 있다. 벽난로, 문, 창문 등 낡은 건물에서 특히 목

재나 금속으로 되어 있는 부분부분을 회수해 다시 사용하는 일은, 건물의 존재만큼이나 오랜 역사를 가지고 있다. 하지만 최근에는 '해체 산업'이라고 불리는 친환경 산업이 떠오르고 있다. 해체는 건축을 역순으로 하는 것이라고 생각하면 된다. 조심스럽게 건물을 분해해서 각 부분을 버리는 게 아니라 되살려내는 것이다. 서부의 버클리에서부터 동부의 브롱크스에 이르기까지 각지에서, 해체업체들이 낡은 건물에서 부분들을 수거해 되팔면서, 이런 물질들이 매립지로 가는 것을 막고, 새 물질의 추출과 에너지 집약적인 새 물건의 생산 과정을 막고, 해외로 이전하는 것이 불가능한 일자리를 지역에서 창출하고 있다.

버클리의 우리집에서 그리 멀지 않은 곳에 1980년부터 이 영역을 개척해온 업체 어번오어가 있다. 쓰레기에서 귀중한 물질들을 회수해서 재사용할 수 있게 판매하는데, 나는 화장실 세면대와 책상, 차고에 작은 등을 놓을 판지, 무너져가는 뒤뜰의 담을 세울 금속 막대 등을 모두 어번오어에서 중고로 구했다. 안 그랬으면 이 물질들은 다 쓰레기장으로 갔을 것이고, 나는 새것을 사느라 돈을 많이 들여야 했을 것이다. 어번오어는 재사용을 재활용보다 선호하는데, 재사용은 그 안에 있는 물질뿐 아니라 거기 들어간 에너지와 기술까지도 보존해주기 때문이다. 그리고 놋쇠 수도꼭지나 오래된 수공예 문짝을 재사용 용도로 팔면, 같은 물건을 금속이나 목재 재활용 용도로 팔 때보다 더 많은 수익을 올릴 수 있다. 어번오어의 영수증에는 "낭비의 시대를 끝냅시다"라는 문구가 인쇄되어 있다.

한편, 2008년 봄 사우스브롱크스에서 협동조합 형태로 운영되는 '리빌더소스ReBuilders Source'가 설립됐다. 이 지역은 높은 실업률, 도처에 쌓여 있는 쓰레기, 환경파괴, 절망스러운 수준의 천식과 암, 그밖의 환경 관련 질병으로 고통받고 있었다. 리빌더소스는 날마다 사우스브롱크스의 쓰레기 적환 시설로 들어오는 약 2,000톤으로 추정되는 건설 폐기물의 상당 부분을 수거해서, 약 1,700제곱미터의 소매창고에서 판매한다. 이들의 강령은 이렇게 선언하고 있다. "우리는 건설자재를 재활용하고 재사용함으로써 생활급을 받을 수 있는 일자리를 창출하고자 한다. 우리는 매립지에 대해 대안을 만들려고 한다. 우리는 기회의 평등과 경제 및 환경의 정의를 지지한다."[56] 리빌더소스는 환경, 경제, 정의 문제가 서로 연관되어 있음을 파악하고 이 모든 것을 한꺼번에 다루고 있다는 점에서, 매우 좋은 모델이다.

의료 폐기물

의료 폐기물Medical Waste에는 종종 지나칠 정도로 지대한 관심이 쏟아지고 있다. 하지만 실제의 위협과 인식된 위협 사이에는 큰 차이가 있다. 사람들은 의료 시설에서 나온 쓰레기가 에이즈 같은 바이러스를 퍼뜨리지 않을까 걱정하면서 과민반응을 보인다. 하지만 의료 시설에서 나오는 쓰레기도 상당부분은 호텔, 음식점, 사무실 등에서 나오는 것과 다르지 않다. 병원도 숙박, 식당, 사무실의 기능을 담당하고 있으니 말이다. 즉, 의료기관에서 나오는 폐기물도 상당부분은 다른 생활 폐기물과 비슷하다.

의료 폐기물 중에서 아주 일부가 유해하거나 잠재적으로 유해한 것을 포함하고 있는데, 이것은 물론 특별히 관리할 필요가 있다. 이런 종류의 의료 폐기물에는 주삿바늘, 일부 약품 폐기물, 특수 클리닉에서 나오는 일부 저수준의 방사능 폐기물, 그리고 어떤 것이든 환자와 직접 접촉했을 가능성이 있어서 감염 우려가 있는 폐기물 등이 포함된다.

'CGH환경전략' 창업자인 글렌 맥레이Glenn McRae는 1990년부터 의료 폐기물의 안전한 관리를 위해 노력해왔으며, 개인적으로 세계 각지의 병원에서 나오는 쓰레기들을 뒤져 분류했다. 그는 이렇게 말한다. "실제로 유해한 것은 매우 적다. 병원의 유형에 따라 다르지만, 잘 분류만 된다면 잠재적으로 감염 위험이 있는 것은 5~10퍼센트를 넘지 않는다."[57]

다시 말하면, 우리에게 필요한 것은 이 5~10퍼센트의 잠재적으로 해로운 폐기물을 사무실 종이, 장비 포장재, 음식 쓰레기 등과 섞이지 않게 잘 분리해낼 수 있는 효과적인 분류 시스템이라는 말이다. 이와 함께 접시, 가운, 시트, 장비 등을 재사용 가능한 물건으로 체계적으로 교체한다면, 병원은 쓰레기 처리의 필요성과 비용을 많이 줄일 수 있을 것이다. 뉴욕의 '베스 이스라엘 의료센터'는 분류 시스템을 개선하고 쓰레기를 줄이는 노력을 통해 연간 60만 달러 이상을 절약했다.[58]

그렇다면 잠재적으로 감염 우려가 있는 5~10퍼센트는 어떻게 할 것인가? 가장 좋고 비용 면에서도 가장 효율적인 해결책은 고압 살균이다. 거대한 식기세척기 같은 기계에 넣고 높은 온도의 증기로 살균하는 것이다. 많은 병원이 병원체를 파괴해야 한다면서 소각을 택하지만, 사실 소각보다 고압 살균이 더 좋은 방식이다. 소각로는 균과 바이러스뿐 아니라 그것들이 돌아다니고 있는 물건들도 파괴한다. 이런 물건들은 주로 플라스틱인데, 플라스틱을 태우면 유독한 물질이 공기 중에 방출되어 천식, 신경장애, 생식장애, 암을 유발한다.[59] 의료 폐기물 소각장은 오염을 너무 많이 일으키기 때문에, 인도에서 활동하는 내 친구들은 뉴델리에 소각장을 두고 있는 어느 암 치료 전문병원에 이런 플래카드를 걸려는 계획을 세웠다. "암, 이곳에서 유발도 하고 치료도 합니다."

의료 전문가, 환경보호론자, 그리고 지역 공동체가 연합해 만든 국제단체 '유해성 없는 의료기관Health Care without Harm'은 병원들과 제휴해 폐기물을 줄이고, 수은이나 PVC 같은 독성물질을 사용하지 않고, 소각을 더 안전하고 덜 비싼 다른 방법으로 바꾸려는 운동을 펴고 있다. 자세한 정보는 www.noharm.org를 참고하라.

전자제품 폐기물

전자제품 폐기물Electronic Waste, 줄여서 e폐기물은 우리가 버리는 휴대전화기, 컴퓨터, TV, DVD 플레이어, 전자장난감, 가전제품, 리모컨 등을 일컫는다. 오늘날의 쓰레기 중 가장 빠르게 늘어나고 있으며 가장 유독하다. 다른 생활 폐기물보다 세 배나 빠르게 증가하고 있으며 유해한 물질과 화학물질들로 가득하다.⁶⁰ 전자제품회수연합에 따르면 e폐기물이 발생하는 다섯 가지 주요 경로는 다음과 같다.

1. **휴대전화 업그레이드** : 휴대전화 서비스 제공 업체는 새로운 계약을 하거나 기존 계약을 갱신할 때 '공짜폰'이나 '할인폰'을 제공하는 것으로 악명이 높다. 단말기는 대부분 2년 안에 고장나도록 만들어졌기 때문에, 최신 벨소리를 가진 근사한 새 모델을 거절하고 계약기간 중간에 고장날 가능성이 높은 낡은 단말기를 고수하는 것은 어리석어 보인다. 그때 가서 새로 사려면 굉장히 비쌀 테니 말이다. 낡은 것은 버려라!

2. **디지털 TV로의 전환** : 정부가 주도한 계획적 구식화의 가장 대대적인 사례로,

2009년에 아날로그TV 방송이 없어지고 디지털로 대체된 것을 꼽을 수 있을 것이다(한국의 경우 2012년 12월 31일에 전환한다고 예고되었다―옮긴이). 이에 따라 수백만 대의 멀쩡한 TV수상기가 컨버터 없이는 무용지물이 되었다.[61] 많은 사람이 컨버터를 사서 설치해야 한다는 귀찮음을 핑계 삼아, 이 기회에 쓰던 TV를 버리고 사고 싶었던 새 평면TV나 고화질TV를 샀다. 낡은 TV에는 한 대당 1.8~3.2킬로그램의 납이 들어 있다![62] 놀랍게도, 이 해로운 물건을 매립장에 버리는 것을 금지한 주는 캘리포니아, 메인, 매사추세츠, 미네소타, 뉴햄프셔, 로드아일랜드 등 여섯 개뿐이다. 다른 여섯 주, 즉 오리건·뉴욕·코네티컷·뉴저지·일리노이·노스캐롤라이나는 금지하기로 결정해 2010~2012년에 효력이 발생할 예정이지만, 2009년의 유독물질 쓰나미를 막기에는 늦은 감이 있다.[63]

3. **소프트웨어 업그레이드** : 새 소프트웨어는 옛 기계에서 작동되지 않는 경우가 많다. 메모리 용량이나 처리 속도가 부족하기 때문이다. 멀쩡히 돌아가는 낡은 컴퓨터를 버려라! 예를 들어, 마이크로소프트가 '비스타' 운영체제를 내놓았을 때, 이는 엄청난 e폐기물 증가를 야기했다.[64] 그리고 컴퓨터는 플라스틱, 금속, 유리 등이 꽁꽁 얽혀 있어서 재활용하기가 정말로 어렵다.

4. **배터리를 바꿀 수 없다** : 때로는 제품 안의 배터리를 구해서 교체하기가 매우 어려워서 제품 전체를 버리게 된다. 딸아이는 어렸을 때 '세사미 스트리트 Sesame Street' 책을 좋아했다. 이 책에는 전화가 달려 있어서 책의 등장인물에게 전화해 녹음된 메시지를 들을 수 있었다. 배터리가 닳았을 때, 나는 라디오색에서 배터리를 사는 데 원래 책값보다 돈을 더 들여야 했다. 또 애플의 아이팟도 악명 높은 배터리 문제를 갖고 있다. 전자제품 전문 기술자가 아니라면 혼자서 배터리를 갈아끼울 수가 없기 때문에, 대리점에 가서 헌것을 반납하고 새것을 받아야 한다. 그러려면 수수료가 들고, 예전 기기에 저장

해놓은 것을 다 지워야 한다. 아이팟의 가격이 떨어지고 있는데 이 귀찮은 일을 왜 하겠는가? 배터리 닳으면 그냥 버려라!

5. '1회용' 프린터 : 프린터들은 값이 너무 싸고, 때로는 새 컴퓨터를 살 때 공짜로 준다. 카트리지보다 싼 경우도 있다! 고객센터에 전화해서 진짜 상담원과 통화를 하면서 고장에 대해 묻는 수고를 하느니, 새로 사는 것이 낫다. 자, 낡은 것은 버려라!

"그냥 새걸로 하나 사자!" 가전제품이나 전자제품이 망가졌거나 부품을 바꿔야 할 때 보이는 일반적인 반응이다. 그 결과 미국에서 매년 4억 대의 전자제품이 버려진다. 자료가 존재하는 가장 최근 해인 2005년에, 전자제품 폐기물은 약 18억 킬로그램이었는데, 상당수는 아직 작동하는 것이었다![65] 그리고 이것들은 매우 유독하다. 오늘날 전자제품에는 수은, 납, 카드뮴, 베릴륨, 브롬계 난연제 등이 들어 있다. 유해성을 생각한다면 이런 것들은 분리해서 조심스럽고 책임감 있게 다뤄야 마땅하지만, 미국에서는 85퍼센트의 e폐기물을 매립장에 버리거나,[66] 더 안 좋게는 소각장에서 태운다.

2009년 나는 캘리포니아주 로즈빌에 있는 거대한 e폐기물 재활용 시설을 방문했다. 첫 번째 방은 코스트코 매장처럼 바닥부터 천장까지 선반이 있었는데, 판매할 제품이 아니라 파괴할 제품으로 채워져 있었다. 운반용 팔레트 가득 프린터와 TV가 쌓여 있었고, '게이로드'라고 불리는 팔레트 규격의 대용량 마분지상자마다 휴대전화기, MP3 플레이어, 블랙베리가 가득했다. 블랙베리가 들어 있는 상자를 들여다보았더니, 상당수가 처음 살 때 붙어 있는 스크린 보호용 플라스틱 필름이 아직 붙어 있었다. "새것들이에요." 가이드가 설명했다.

여기 있는 모든 제품은 부서지기 위해 온 것이다. 어떤 것들은 먼저 조립라인의 노동자들이 망치로 부순다. 나는 똑같이 생긴 프린트들이 줄줄이 지나가는 것을 보았는데, 사용하기 전에 떼어야 하는 파란 띠가 아직 달려 있었다. 그러니까, 다들 새것이었다. 부수고, 부수고, 부수고! 나는 가이드에게 여기 오는 제품 중 새것의 비율이 얼마나 되는지 물었다. "절반 정도예요." 으악! 대체 어떻게 생겨먹은 경제 시스템이 완벽한 전자제품을 팔거나 공유하기보다 부수는 게 더 합리적이라고 하는가? 왜 이것들을 크레이그리스트 중고 매매 사이트에 올리지 않는가? 아니면 왜 '공짜'라고 써붙여서 주차장에 내놓지 않는가? 내 궁금증을 읽기라도 한 듯, 가이드는 이렇게 덧붙였다. "제조사들은 이 물건이 무상수리 대상이 되어서 돌아오기를 원하지 않아요. 그러면 이 물건에 책임을 져야 하니까요. 그들에게는 그냥 부수는 것이 더 쉽지요." 그리고, 새것은 아니지만 여전히 잘 작동하는 물건들도 있었다. 이런 낭비라니!

제품들이 컨베이어벨트를 따라 움직이면 노동자들이 제품을 뜯어서 배터리를 꺼낸다. 배터리는 유해한 폐기물이기 때문에 따로 처리한다. 이 단계는 법으로 요구되는 것은 아니지만, 배터리에 있는 유해한 화학물질이 매립장이나 소각장으로 가게 될 수도 있는 다른 것들과 섞이지 않게 하려면 매우 중요한 과정이다. 이는 로즈빌 시설이 다른 e폐기물 처리 시설들과 차별화되는 장점 중 하나다.

배터리를 제거하고 나면 물건들은 더 많은 컨베이어벨트를 지나 그라인더가 있는 곳으로 간다. 여기는 이 복합 시설의 중간쯤인데, 도시의 타운하우스만 한 2층짜리 건물에 거대한 그라인더들이 있었다. 나는 내 소파만 한 TV가 금속 먹는 무서운 기계로 들어가는 것을 보았다. 이 기계들은 막히거나 폭발하지 않도록 계속 점검해야 한다.

그라인더가 물건들을 씹어서 뱉어내면, 부서진 물건들은 컨베이어벨트를 타고 움직이는 플랫폼과 자석과 그물망 등을 지나간다. 거인의 건축놀이 세트 같아 보이는데, 여기에서 파편들이 종류별로 분류된다. 플라스틱은 따로 한군데로 모은다. 너무 많은 물질이 섞여 있어서 소각이나 매립 말고는 방법이 없다. 그리고 이 공정의 마지막에 얻을 수 있는, 유일하게 돈이 되는 귀중한 금속들은 다른 상자에 모아서 기차로 약 4,800킬로미터 떨어진 캐나다 퀘백주의 노랜더 구리제련소로 보낸다. 여기서 다른 제품의 원료로 쓸 수 있게 녹인 금속은 다시 중국으로 실려가서 프린터와 휴대전화기와 컴퓨터를 만드는 데 쓰이는데, 그 제품들도 곧 여기로 다시 오게 될 것이다.

이 전체적인 과정은 충격 그 이상이었다. 내 눈으로 보지 않았더라면, 특히 여기 있는 물건들의 절반이 새것이라는 것을 내 눈으로 확인하지 않았더라면, 절대로 믿지 않았을 것이다. 이건 마치 암울한 공상과학영화에 나오는 어떤 사악한 천재가 자원을 낭비해 버리도록 특별히 고안해 만든 세계 시스템 같다.

미국에서는 e폐기물의 일부가 교도소로 보내져 재활용 공정을 거치기도 한다. 2003~2005년 재소자들은 5,400만 킬로그램 이상의 e폐기물을 처리했다. 전자제품을 부술 때 납이나 카드뮴 등의 유해물질이 나오는데도, 이들은 건강과 안전을 침해하는 공정에서 흔히 안전장구 없이 일한다.[67] 최근 법무부는 재소자들이 유독물질에 노출되는지를 알아보기 위해 교도소의 e폐기물 처리를 관리하는 연방교도소산업공사(UNICOR)를 조사했다. 법무부 조사가 이루어지는 동안, '직업 안전 및 보건 연구소'에서 중간보고서를 내놓았는데, e폐기물 재활용이 노동자 건강과 안전에 대한 적절한 보호 없이 이루어져왔음이 드러났다.[68] 이런 조사가 진행되는 동안에도, 이 과정은 계속되고 있다.[69]

미국의 e폐기물 중 12.5퍼센트가 이런저런 형태로, 로즈빌 같은 시설 또는 재소자들에 의해서 재활용되는 것으로 알려져 있지만, 바젤행동네트워크가 조사한 바에 따르면, 그중 80퍼센트가량이 실제로는 개도국에 수출되며, 이중 상당부분은 그냥 쓰레기장에 버려지는 것으로 드러났다.[70] 일부는 상상할 수 있는 가장 끔찍한 방식으로 처리된다. 가족 전체가 안전장구를 전혀 착용하지 않은 채 손으로 컴퓨터를 부숴서 금속을 조금이나마 건지고, PVC를 배출하는 전선을 태워 구리를 얻고, 부품들을 산성 용액에 담그고, 그 용액을 강물에 버린다. 독성물질의 거대한 악몽이다. e폐기물 재활용이 가난한 나라들에게 일자리를 제공한다고 주장하는 사람들이 있는데, 바젤행동네트워크의 CEO 짐 퍼킷Jim Puckett은 이런 종류의 일거리를 제공하는 것은 "독약이냐, 가난이냐를 선택하게 하는 것"이라고 지적한다.[71] 그리고 그 사람들은 이렇게 일해봤자 몇 푼 벌지도 못하므로, 사실 독약과 가난을 둘 다 갖게 된다.

2009년 초 델은 작동하지 않는 전자제품을 재활용, 재사용, 수리, 폐기 목적으로 선진국에서 개도국으로 수출하지 않겠다고 발표했다. "미국에서 법적으로 대부분의 수출을 금지하고 있지는 않지만, 델은 이런 부적절한 규제를 넘어서기로 결정했다"고 퍼킷은 말했다. "델은 책임 있는 기업 시민이 새로운 e폐기물 수출 정책에 대해 선도적인 길을 보여준다는 칭찬을 받을 만하다."[72]

로즈빌 같은 시설이 최대한 치밀하게 처리하려고는 하지만, e폐기물은 현재의 시스템이 안고 있는 유해성에 대해 너무나 많은 함의를 담고 있는, 너무나 거대한 사안이다. e폐기물 문제를 해결하는 가장 효과적인 지점은 디자인과 재료에 대한

의사결정이 이루어지는 '상류upstream'다. 컴퓨터 등 전자제품 생산자들은 제품을 더 내구성 있고 덜 해롭게 만들고, 업그레이드와 수리가 더 쉽게, 그리고 마지막에는 재활용도 더 쉽게 만드는 개선들을 이루어낼 수 있을 것이다. 몇몇 업체는 이미 이런 바람직한 방향으로 움직이기 시작했다. 델, HP, 애플은 모두 고객들이 새 컴퓨터를 살 때 헌것을 가지고 오도록 하는 회수 프로그램을 운영한다.

하지만 그들이 이 프로그램을 도입한 이유는 소비자와 시민들이 오래도록, 때로는 몇 년씩이나 이를 위해 운동을 해왔기 때문이다. 이 문제는 너무 심각하고 긴급하기 때문에 업체가 알아서 조치를 취할 때까지 기다리고만 있을 수는 없다. 회수 프로그램과 재활용을 의무화해서 생산자들이 책임을 지도록 하는 법률이 필요하다.

다행히 이런 움직임도 생겨나고 있다. 이 책을 쓰는 현재, 미국의 19개 주와 뉴욕시가 e폐기물 재활용을 의무화하는 법안을 통과시켰다. 그 19개 주는 도입 시점 순으로 캘리포니아, 메인, 메릴랜드, 워싱턴, 코네티컷, 미네소타, 오리건, 텍사스, 노스캐롤라이나, 뉴저지, 오클라호마, 버지니아, 웨스트버지니아, 미주리, 하와이, 로드아일랜드, 일리노이, 미시간, 인디애나주다. 더 좋은 것은, 이 모든 법이 '생산자 책임' 접근을 하고 있다는 것이다(캘리포니아만 빼고). 즉, 컴퓨터를 만드는 회사들이 재활용 비용을 대도록 하고 있다.[73] 이것은 생산자들이 독성물질을 없애고 수리와 재활용이 용이한 디자인을 하도록 유도하는 좋은 유인이 된다. 그들이 나중에 그 물건들을 처리하는 비용을 부담해야 하기 때문이다. 미국의 다른 주에 살고 있는 독자라면, 전자제품회수연합에 연락해서 어떻게 하면 당신의 주에서 e폐기물 재활용법을 통과시킬 수 있을지 알아보시기 바란다.

또 다른 긍정적인 변화는 e스튜어드e-Stewards 프로그램의 확장이다. 이것은 제3의 인증기관이 전자제품 재활용 업체들을 조사해서 엄격한 환경과 사회정의 기준을 따르는 곳에 인증을 해주는 프로그램이다. 이 인증을 받은 곳은 e폐기물을 미국 내에서 로즈빌 시설에서와 비슷한 공정으로 처리하며, 유독한 e폐기물을 매립 또는 소각하거나 교도소 또는 개도국으로 보내지 않는다.[74] 가까운 곳에서 e스튜어드 인증을 받은 책임감 있는 재활용 업체를 찾으려면 www.e-stewards.org를 참고하라.

'멀리 보내기'의 허구

자, 여기 다양한 원천에서 나온 거대한 쓰레기더미가 있다. 이것들은 모두 어디로 가는가? 아실지도 모르지만, 아직 모르신다면, 커다란 비밀을 알려드리겠다. "이 수십억 톤의 물건들 대부분은 '멀리' 가지 않는다. 끝!" 우리는 쓰레기 대부분에 대해 둘 중 하나를 한다. 묻거나 태우거나. 그리고 일부는 재활용하는데, 이것이 따지자면 가장 '멀리' 가는 것이다. 재활용에 대해서는 이후 다시 설명할 것이다. 하지만 '멀리'에는 또 다른 중요한 측면이 있다. 미국은 쓰레기를 묻거나 태우는 번거로움, 그리고 거기서 나오는 오염을 미국 안에서 다루고 싶어 하지 않는다. 이 점에서는 재활용도 마찬가지다. 때문에 폐기물을 배에 실어서 다른 나라로 보내, 그곳에서 재활용되는 것처럼 위장한다.

우리의 가장 유독한 폐기물을 다른 나라에 보내는 것은 비윤리적이고 비도덕적일 뿐 아니라, 그렇게 해도 우리는 그 쓰레기가 건강과 환경에 미치는 악영향에서 벗어나지 못한다. 공기, 물, 우리가 먹는 동식물 등을 통해 되돌아오기 때문이다.

묻어서 멀리 보내기

폐기의 가장 일반적인 방식은 땅에 큰 구덩이를 파고 쓰레기를 넣는 것이다. 미국의 도시 생활 폐기물 중 64.5퍼센트가 이렇게 처리된다.[75] 그 구덩이를 쓰레기 하치장이라고 하는데, 개방형 하치장은 미관상 안 좋고 쥐도 들끓기 때문에, 몇몇 엔지니어는 속과 바닥을 대고 액체 배출물인 침출수leachate를 수거하는 시스템을 도입하면 구덩이가 좀 나아진다는 것을 알아내고는 여기에 '위생 매립장sanitary landfill'이라는 이름을 붙였다. 이 용어를 볼 때마다 나는 그린칼라 직업 옹호자인 밴 존스Van Jones가 소위 '깨끗한 석탄'이라는 말에 대해 언급한 것이 생각난다. "깨끗한 석탄이라는 말은 석탄 채굴 기술의 혁신이 아니라 석탄 '마케팅'의 혁신을 나타낸다."[76] '위생 매립장'은 '하치장'보다 훨씬 근사하게 들리지만 둘 다 냄새나고 물이 새나오는 쓰레기가 들어 있는 구덩이다. 그리고 그 쓰레기는 재사용과 재활용을 했더라면 여기 오지 않아도 되는 것들이었다.

매립장의 목적은 지하수에 닿지 않고 계속 마른 상태를 유지하면서 공기에도 접촉되지 않는 방식으로 쓰레기를 묻는 것이다. 기본적으로 절대 충족될 수 없는 조건이지만, 혹시 충족된다면, 쓰레기는 거의 분해되지 않는다. 이게 바로 '위생'이 의미하는 바다. 전형적인 매립장은 적어도 수백 에이커의 땅을 차지한다. 지금은 폐쇄된 뉴욕 스태튼 아일랜드의 프레시 킬스 매립장은 2,200에이커였다.[77] 이중 3분의 1가량이 실제 쓰레기 매립에 쓰이고,[78] 나머지는 넘쳐흐르는 것을 수거할 못, 침출수를 수거할 못, 하치 정거장, 트럭 주차장, 15~30미터의 완충 공간 등 시설 운영에 필요한 공간으로 쓰인다.[79]

자, 매립장에는 다음과 같은 문제점이 있다.

1 ★ 모든 매립장은 누수된다

아무리 정교하게 관리해도 매립장 안에는 액체가 들어갈 수밖에 없다. 빗물이 스며들어가 쓰레기 안에 있던 썩은 음식물, 매니큐어 제거제, 상한 우유, 병에 조금 남아 있던 '윈덱스' 등의 액체와 섞인다. 이것은 마른 쓰레기들을 타고 내려가면서 그 안의 오염물질, 이를테면 프린트 잉크의 중금속·페인트·가정용과 정원용 농약·오븐 세정제·막힌 수챗구멍 뚫는 약 등을 녹여내 역겨운 마녀수프가 된다. 이 액체는 '침출수'라고 하는데, 토양으로 직접 스며들어 지표수와 지하수, 그리고 지나가는 경로에 있는 모든 것을 오염시킨다.

지하수의 오염은 눈에 보이지 않아서 추적이 어렵기 때문에 다른 종류의 수질오염보다 더 나쁘다. 기후변화가 심해지는 추세로 볼 때 지하수가 점점 더 필요할 텐데, 우리는 오염된 지하수를 절대로 적절한 수준으로 정화하지 못한다. 물론 강물도 오염시켜서는 안 되지만, 강물은 적어도 계속해서 새 물이 들어가 정화가 된다. 그러나 지표의 모든 담수 양의 100배에 해당하는 지하수가 그렇게 되는 데는 수천 년이 걸린다.[80]

이를 막기 위해 엔지니어들은 매립장 바닥에 파이프들을 연결해 침출수를 빼내는 시스템을 고안했다. 침출수를 따로 수거해 폐수처리를 하겠다는 것이다. 이 논리 자체에는 문제가 없다. 하지만 이 액체는 매립장 안에 속을 댄 깔개에서 우선 새지 않아야 수거할 수 있는데, 쓰레기 중에는 깔개에 구멍을 내기 쉬운 물건이 많다. 침출수 수거용 파이프도 쓰레기 무게에 눌려서 막히거나 깨질 수 있다. 또 침출수는 가득 찬 욕조처럼 위로 흘러넘칠 수도 있다. 매립장 운영자들은 아니라고 주장하지만, 환경보호청도 매립장에 대놓은 깔개가 불가피하게 샐 수밖에 없다고 인정했다.[81]

2 ★ 매립장은 언제나 유독하다

미국 법은 유해 폐기물과 비유해 폐기물을 구별하지만, 이것은 실질적인 구분이라기보다는 법적인 구분이라고 봐야 한다.[82] 유해 폐기물 매립장은 더 엄격하게 규제·관리된다. 불행히도, 생활 폐기물은 비유해 폐기물로 간주되지만 실은 위험한 화학물질이 많이 포함되어 있다. 부주의한 사람이 분리하지 않고 버린 배터리·페인트통·전자제품도 문제지만, 아직 금지되지 않은 일상적인 가정 쓰레기에도 유해한 물질이 있다. 난연처리한 직물, PVC로 코팅한 전선, 납 페인트로 칠한 장난감, 가정용 세제, 매니큐어 제거제 등이 그렇다. 별 문제 없어 보이는 플라스틱에도 유독한 중금속 안정제가 들어 있다. 여러 연구에 따르면, 생활 폐기물 매립장에서 나오는 침출수도 유해 폐기물 매립장의 침출수와 비슷한 정도로 해롭다. 실제로, 현재 슈퍼펀드의 우선 정화 대상인 오염 지역 중 20퍼센트는 예전에 생활 폐기물 매립장이었던 곳이다.[83]

3 ★ 매립장은 공기를 오염시키고 기후혼란을 야기한다

매립장은 유독가스도 방출한다. 바나나껍질, 정원 쓰레기, 내용물이 질척하게 들어 있는 피자상자, 시들어버린 샐러드 등 유기물질이 매립장에서 썩으면 메탄가스가 방출된다. 메탄가스는 강력한 온실가스로, 이산화탄소보다 더 빠르게 흩어지지만, 20배는 더 해롭다.[84] 폭발성 있는 무취의 기체 메탄은 지하로도 이동해 근처 건물의 지하실에 들어갈 수도 있는데, 누군가 거기서 성냥을 켜면 정말로 큰일이 나기도 한다.

메탄가스는 휘발성 유기화합물 VOC 중 하나다. 매립장에서는 메탄 이외의 VOC들도 배출된다. 페인트, 페인트 희석액, 세제, 접착제, 용매, 농약, 일부 건설자재 등에서 나오는 것이다. 일상적으로 VOC가 배출된다는 점은 매립장 근처에 사는 것이 위험한 이유 중 하나다. 많은 VOC에 노출되면 일반적으로 두통, 어지럼증, 눈 시큰거림, 뾰루지, 호흡기 및 부비동 장애 등의 증상이 생긴다. 많은 연구 결과가 매립장 인근 마을에서 암 발생이 증가하고(특히 백혈병과 방광암), 그밖의 건강 문제들이 생긴다는 점을 밝히고 있다.[85]

폐기물업계는 매립장 가스가 재생 가능한 에너지원이라고 주장한다. 이렇게 인정을 받으면 매립장은 막대한 정부보조금이나 탄소배출권을 얻을 수 있을지 모른다. 그리고 이들 업계는 매우 귀한 홍보효과도 누릴 수 있을 것이다. 이들은 매립장에서 가스는 어쨌든 나올 테니 기왕이면 그것을 태워서 에너지를 얻는 쪽이 대기 중에 그냥 방출되게 놔두는 것보다 낫다고 주장한다.

하지만 문제는 매립장 가스가 더러운 가스라는 점이다. 여기에는 메탄을 비롯한 VOC들이 있고, 태우면 매우 유독한 다이옥신이 될 수 있는 오염물질도 많이 들어 있다. 에너지를 얻기 위해 매립장 가스를 태우는 것은 천연가스를 태우는 것보다 훨씬 심한 오염을 일으킨다. 그런데도 매립장 업계는 재생 가능한 에너지 기준에(2009년 왁스먼-마키 기후법안과 상원의 '재생 가능 에너지 기준'에서) 매립장을 포함시키는 로비에 성공했다.[86]

퇴비화

썩는 유기물질은 메탄의 주원천이기도 하고, 빗물을 제외하면 침출수가 되는 액체의 주요한 원천이기도 하다. 유기물질을 매립장에서 없애는 것만으로도, 거기서 나오는 메탄을 없앨 수 있고 침출수를 상당히 줄일 수 있으며 온난화를 막는 데 일조할 수 있다. 대부분의 도시에서 음식 쓰레기, 정원 쓰레기, 젖은 종이 등의 유기물질은 도시 생활 폐기물의 약 3분의 1을 차지한다.[87] 쓰레기에서 유기물질만 없애도 도시 생활 폐기물의 3분의 1을 없앨 수 있는 셈이다! 가장 좋은 방법은, 쓰레기가 생성되는 부엌 등의 장소에서 젖은 쓰레기와 마른 쓰레기를 분리하도록 의무화하고, 음식 쓰레기는 퇴비를 만들어 처리하는 것이다. 이렇게 하면 재활용품에 어제 남은 음식물이 묻어 끈적끈적해지는 것을 막을 수 있고, 유기물질이 제조품 쓰레기에 들어 있는 독성물질에 오염되는 것도 막을 수 있으며, 토양에 양분을 주는 귀한 거름도 얻을 수 있다.

'퇴비'라는 단어의 어감 때문에 사람들이 퇴비화를 꺼리는 면이 있는 것 같다. '퇴비'나 '지렁이 퇴비화 용기' 같은 말을 들으면 별스러운 농부나 구시대적인 히피를 상상하게 되는 것이다. 하지만 퇴비 만들기는 가정의 물질 흐름이 더 바람직한 균형을 이루도록 하기 위해 우리 각자가 할 수 있는 매우 간단한 일이다. 거창한 정치적 발언이 아니다. 퇴비 만들기는 현명하고, 쉽고, 책임감 있는 일이다. 게다가 정원을 무성하게 해준다. 간단하다. 먹는 자는 퇴비를 만들라!

내가 사는 샌프란시스코 베이에어리어에서는 거주자들이 작은 초록색 통을 부엌에 두고 음식 쓰레기를 모은다. 이것과 정원 쓰레기를 더 큰 초록색 통에 넣어두면, 매주 당국이 다른 재활용품과 점점 양이 줄어드는 쓰레기와 함께 수거해간다. 샌프란시스코는 미국에서 처음으로 대규모 '도시 음식 쓰레기 퇴비화' 프로그램이 시행된 곳인데 주민, 식당, 그밖의 업체들은 날마다 400톤 이상의 음식 쓰레기 및 퇴비화 가능 물질을 매립장으로 보내지 않고 퇴비로 만든다.[88]

도시 차원의 퇴비화 프로그램이 없어도 걱정할 것 없다. 유기물질 폐기물은 가정이나 이웃 수준에서도 퇴비로 만들 수 있다. 사실 나는 중앙집중적 방식이 아닌, 가정 혹은 이웃 단위의 퇴비 만들기가 가장 좋다고 생각한다. 그러면 대체로 수분에 불과한 이 물질들을 옮기느라 트럭을 사용하지 않아도 되기 때문이다. 뒤뜰에서 쉽게 퇴비를 만들 수 있는 방법은 아주 많다. 우리집 뒷문 밖에는 지렁이가 가득 든 검정 통이 네 개 있다. 이 지렁이들이 우리집에서 나오는 음식 쓰레기, 정원 쓰레기, 젖은 종이 등을 씹어서 풍부하고 효과 좋은 거름으로 만들어준다. 암스테르담에 사는 내 친구 짐 퍼킷의 작은 아파트에 가보니 집 안에 매우 매력적인 나무상자가 있었다. 평범한 벤치처럼 생겼는데, 시트 부분을 들어올리자 지렁이들이 어제 저녁에 남은 음식을 가지고 열심히 제 할 일을 하고 있었다.

  물론 근사한 퇴비통이 있어야만 시작할 수 있는 것은 아니다. 나는 인도 뉴델리와 필리핀의 퀘손시티에서 이웃끼리 운영하는 퇴비 만들기 프로그램들을 보았는데, 그들은 오래된 드럼통이나 긴 도랑에 지렁이를 채워놓고, 거기에 유기물질 쓰레기를 넣어 퇴비를 만들었다. 개도국에서는 퇴비 만들기가 더 쉽다. 고도로 산업화된 소비광 국가들의 1회용품이 그득한 쓰레기에 비해 유기물질 비중이 높기 때문이다. 카이로에서 콜카타에 이르는 많은 곳에서 지역단체들이, 때로는 사려 깊은 도시 당국자들이 퇴비화 프로그램을 운영하고 있다.

  뒤뜰, 차고, 세탁실, 복도 등 집 안이나 동네에서 이루어지는 가정 또는 마을 단위의 퇴비화 프로그램에 정부가 지원하는 방법도 있다. 내가 사는 곳의 쓰레기 처리 당국(앨러미다 카운티 폐기물관리국)은 거주자들이 구입하는 퇴비통에 보조금을 지급한다. 고급 퇴비통 혹은 지렁이 퇴비화 용기는 가게에서 사면 100달러나 한다. 폐기물관리국은 그것을 대량으로 할인 구매하고 나머지 비용의 일부를 보조금으로 지급해서 주민들에게 개당 40달러에 판매한다. 당국은 유기물질 쓰레기를 수거하러 다니는 비용을 절감할 수 있으므로, 기꺼이 퇴비통에 보조금을 지급한다. 이 프로그램이 시작된 1991년 이후 2009년 7월까지 당국은 72,000개 이상의 퇴비통과 지렁이 퇴비화 용기를 판매했고, 덕분에 매립장으로 가지 않은 유기물질 쓰레기는 11만 톤 이상으로 추정된다.[89]

정부는 더 큰 방식으로 참여할 수도 있다. 1999년 유럽연합은 향후 20년 동안 매립장으로 들어오는 유기물질 쓰레기를 단계적으로 줄일 것을 요구하는 '매립장 지침'을 통과시켰다. 또 1998년 캐나다 노바스코샤주는 유기물질을 매립하거나 소각하는 것을 전면 금지했는데, 이는 퇴비화 시설의 개발을 촉진하는 효과를 낳았다.[90] 미국에서는 현재까지 21개 주가 정원 쓰레기 매립을 금지했다.[91] 정원 쓰레기를 퇴비화하는 시스템이 일단 갖춰지면 부엌 쓰레기나 음식점 쓰레기도 어렵지 않게 퇴비화할 수 있을 테니, 이는 매우 좋은 출발이다. 퇴비화 프로그램은 어느 것이든 위생 매립장을 만들거나 하이테크 소각로를 만드는 것보다 훨씬 현명하고 비용이 덜 드는 방식이다.

4 ★ 매립장은 자원을 낭비한다

어떤 식으로 자원이 낭비되느냐고? 하나씩 알아보자. 우선 수만 에이커의 완벽하게 좋은 땅이 매립장으로 쓰인다. 물론 매립장이 꽉 차면 흙으로 덮고 다시 조림을 하게 된다. 그 다음에는 대부분 공원, 주차장, 쇼핑몰로 바뀐다. 하지만 앞날이 평탄치 않다. 오랫동안 쓰레기가 쌓여 있다 보니 땅이 불안정해져서, 그 위에 지어진 구조물은 흔들리거나 내려앉는 경우가 많다. 공원은 아이들이 좋아하는 장소인데, 아이들을 VOC가 새나오는 쓰레기 위에서 뛰어놀게 하는 것은 좋은 생각 같지 않다.

환경리서치재단의 피터 몬태규Peter Montague 소장은 이렇게 설명한다.

"사람들의 노력이 멈출 때, 자연은 그것을 이어받아서 분해를 시작한다. 자연은 매립장을 부수는 요원을 아주 많이 가지고 있다. 쥐·두더쥐·들쥐·마멋 등 작은 포유류, 새, 곤충, 파충류, 양서류, 지렁이, 박테리아, 나무뿌리, 덤불, 관목, 바람, 비, 번개, 얼었다 녹았다 하는 순환, 토양 침식…… 이 모든 것이 가장 정교하게 만들어진 매립장도 분해해버린다. 매립장 속의 내용물이 점차 흩어져나와, 흔히 지역에 물을 공급하는 물길을 타고 지역의 환경으로 들어가서 다시 밖으로 나온다. 이렇게 되는 데 10년 또는 50년이 걸릴 수도 있고, 더 걸릴 수도 있지만 자연은 상관하지 않는다. 자연은 시간이라면 아주 많다. 언제가 됐든, 얄팍한 구덩이에 파묻은 쓰레기는 그곳을 탈출해 퍼져나갈 것이다."[92]

아까운 땅도 낭비지만, 낭비되는 주된 자원은 쓰레기 자체다. 이 책에서 설명한 물건의 라이프사이클을 생각해보라. 모든 쓰레기는 각각 광산에서의 추출, 삼림이나 농장에서의 수확, 공장에서의 생산, 공급망을 따라 이동하는 기나긴 여정 등을 아우르는 긴 역사를 갖고 있다. 추출과 생산과 유통에 그렇게 많은 노력을 들여놓고는 그 자원들을 땅에 파묻다니, 얼마나 우스꽝스러운 일인가! 다시 한 번 말하겠다. 이 지구상에 있는 자원의 양은 유한하다. 우리는 그것을 다 써가고 있다. 땅속에 자원을 파묻어버리는 것은 아주 명청한 짓이다.

태워서 멀리 보내기

소각로는 쓰레기를 태우는 큰 기계다. 1885년 미국 최초로 뉴욕의 거버너스섬에 소각로가 지어졌을 때, 감자껍질·닭뼈·넝마 등을 없애는 데 매우 좋은 방법 같아 보였다. 하지만 그때도 훨씬 덜 해로운 이 물질들을 더 잘 처리할 방법들이 있었다. 퇴비, 종이나 비누 만들기 등. 그리고 오늘날은 더더욱 변명의 여지가 없다. 쓰레기를 '멀리' 보내는 데에 '불'은 적절한 방법이 아니다. 특히 오늘날의 쓰레기에 휴대전화기, VCR, 페인트통, PVC, 배터리가 들어 있다는 것을 생각하면 더욱 그렇다.

과학자, 재활용업체, 운동단체, 당국자, 그밖의 많은 사람이 소각로에 반대하는 운동을 하고 있다. 왜 소각로가 나쁜 방법인지에 대해 그들이 쓴 보고서로 도서관 하나를 채울 수도 있을 것이다. 그중 열 가지 이유를 정리해보면 다음과 같다.

1 ★ 소각로는 공해를 일으킨다

소각장은 제품 안에 있던 유독물질들을 공기 중에 내보낸다. 우리는 그 공기를 마신다. 공기 중으로 방출된 독성물질들은 물에도 쉽게 떨어진다. 우리는 그 물을 마시고 그 물로 우리가 먹을 작물을 기른다. 공기 중의 독성물질은 농장에도, 밭에도, 바다에도 떨어진다. 그래서 먹이사슬의 생선·고기·낙농 제품으로 들어가고, 우리는 그것들을 먹는다.

더 안 좋은 것도 있다. 쓰레기를 태우면 원래 쓰레기에는 없던 새로운 독성물질이 생긴다. 연소 과정에서 화학물질들이 분해되었다가 초강력 독성물질로 재결합하기 때문이다. 이런 연소 과정의 부산물에는 다이옥신 등 인간이 만든 산업 독성물질 중 가장 유독한 것들이 포함된다. 소각로는 전세계적으로 다이옥신의 주된 배출원이다.[93] 예를 들어 옷, 종이, 바닥재, PVC, 세제 등 염소를 함유한 물건은 어느 것이든 태우면 다이옥신이 나온다. 낡고 제대로 운영되지 않는 소각로는 독성물질을 공기 중으로도 내보내고 재 쓰레기로도 내보낸다. 시설이 좋은 소각로는 독성물질을

주로 재 쓰레기로 방출한다. 어느 쪽이든 암, 기형, 장기손상(특히 폐와 눈), 그리고 신경계·순환계·생식계·내분비계 이상을 유발하는 것으로 알려진 화학물질들이 들어 있다.[94] 그리고 아직 건강에 어떤 영향을 미치는지 검증되지 않은 독성물질도 많다.

2 ★ 소각로는 매립장의 필요성을 줄여주지 않는다

소각로 옹호자들은 종종 자신들이 쓰레기를 완전히 사라지게 한다고 말한다. 심지어는 99퍼센트의 파괴 및 제거 효율destruction removal efficiency, DRE을 자랑하며, 마치 쓰레기의 99퍼센트가 실제로 사라지는 것처럼 이야기한다. 하지만 그렇지 않다. 쓰레기는 단지 공기오염과 재로 전환되었을 뿐이다. 그뿐인가? 그 재는 다시 매립되어야 한다. 일반적으로 3톤의 쓰레기를 소각로에 넣을 때마다 1톤의 재를 매립해야 한다.[95] 쓰레기는 소각로에서 사라지지 않는다. 외양이 바뀔 뿐이다. 트럭에 실린 쓰레기더미 대신, 그보다 약간 규모가 작은 재 쓰레기와 공기 중으로, 우리의 폐로, 우리의 음식으로 들어가는 오염물질을 갖게 되는 것이다.

소각로의 재는 원래의 쓰레기보다 더 유독하다. 원소라서 파괴되지 않는 중금속이 농축되기 때문이다. 재에는 굴뚝으로 나가는 비회fly ash와 가라앉아 소각실 바닥에 쌓이는 저회bottom ash의 두 가지가 있다. 일반적으로 비회는 저회보다 양이 적지만 더 유독하다. 어쨌든 일부 소각로 운영자들은 이 둘을 합해서 매립한다.

놀라운 이야기를 하나 하겠다. 굴뚝 위의 필터가 더 효과적인 것일수록, 재는 더 독성이 있다. 이렇게 생각해보라. 나쁜 필터는 나쁜 물질이 더 많이 빠져나가게 하지만 좋은 필터는 그것들을 재 속에 가둔다. 필터 기술의 발전에 대해 많이들 이야기한다. 그것이 모든 문제를 해결해주기라도 하는 듯이 말이다. 하지만 필터는 유독물질을 없애지 않는다. 다른 공간에 둘 뿐이다. 콩알이 다른 사발 속으로 계속 왔다갔다 하는 야바위놀이처럼 말이다.

3 ★ 소각로는 환경정의의 원칙을 침해한다

소각로는 2장에서 언급한 더러운 산업의 범주에 속한다. 더러운 산업은 가장 저항이 적은 경로를 따라간다. 개발자들이 보기에, 저항을 할 만한 경제·교육·정치적 자원이 적다고 여겨지는 곳으로 가는 것이다. 이 말은, 소각로가 저소득층·유색인종 지역에 주로 들어서고, 거기서 발생하는 오염의 피해를 이들이 부당하게 많이 짊어지게 된다는 뜻이다. 게다가 소각로는 굴뚝에서 나오는 직접적인 공해만 의미하는 것이 아니라, 냄새나고 유해한 쓰레기들을 운반해오는, 가끔은 쓰레기를 도중에 떨어뜨리기도 하는, 매연을 내뿜는 트럭도 포함한다.

4 ★ 소각로는 1980년대의 유물이다

1980년대 유행한 것들 중에 정말로 다시 따를 만한 가치가 있는 것이 하나라도 있는가? 아닌 것 같다. 소각로는 틀림없이 아니다. 1980년대 미국에서는 도시 쓰레기 소각로 건설 기획안이 대유행을 했다. 〈낭비하지 맙시다〉 뉴스레터 편집자인 앨런 코넷과 폴 코넷은 1980년대에 제출된 소각로 기획안이 400개가 넘는 것으로 추산한다. 당시 소각로 옹호자들은 동네마다 다니며 쓰레기 소각의 환경적 이점을 선전하면서, 증가하는 쓰레기 문제에 대해 기술적인 해결책을 약속했다.[96] 소각로 기획안 중 대부분은 정보를 많이 갖고 있는 각 지역단체의 저항으로 저지됐다. 하지만 건설된 것들은 기술적·재정적 문제, 그리고 물론 유독한 연기와 피할 수 없는 재 쓰레기로 인한 문제를 겪고 있다.

이런 대실패 이후 소각로업계는 미국에서 사실상 거의 20년간 답보상태다. 1992년 이후 하루 2,000톤 이상을 처리하는 대형 소각로는 미국에 지어지지 않았다.[97] 그동안 소각로업계는 이제 막 1회용품 소비재 사용이 붐을 이루기 시작한 다른 나라들로 눈을 돌렸다. 하지만 소각로업계로서는 놀랍게도, 다른 나라 사람들도 소각로를 원하지 않았다! 81개국에서 거의 1,000명의 회원이 활동하는 세계반소각로연맹GAIA은 소각로 건설을 막고 지속 가능한 해결책을 촉진하기 위해 정보와 전략을 공유하며 공조하고 있다.[98]

전세계적인 저항운동이 얼마나 거센지 깨달은 소각로업계는 기술적으로 약간 업데이트한 소각로에 근사한 새 이름들을 붙였다. '소각'은 오늘날의 홍보문안에서 볼 수 없는 단어다. 대신 새로운 시설들을 플라즈마 아크, 열분해 공정, 기화 시설, 폐기물 에너지화 공장 등으로 부른다. GAIA는 이를 '변장한 소각로'라고 부른다.[99] 근사한 포장에 속지 말자. 이것들은 여전히 쓰레기를, 다른 말로는 자원을 태우고 유해한 대기오염과 재 쓰레기를 만들어내는 거대하고 비싼 기계들이다.

5 ★ '폐기물 에너지화 공장'은 '에너지 낭비 공장'이라고 불러야 한다

소각로 옹호자들 사이의 최근 유행은 소각로를 '폐기물 에너지화waste to energy 공장'이라고 부르는 것이다. 그들은 쓰레기를 태워서 에너지로 바꾼다고 장담한다. 심지어 쓰레기가 재생 가능한 에너지원이라면서 조세 혜택을 받아야 한다고 주장한다! 우리에게 쓰레기는 너무 많고 에너지는 충분하지 않기 때문에, 매우 매력적으로 들린다. 하지만 문제가 있다.

우선, 쓰레기를 태워서 얻을 수 있는 약간의 에너지는 매우 더러운 에너지다. 천연가스나 석유, 심지어 석탄을 태우는 것보다 훨씬 많은 온실가스를 배출한다. 환경보호청에 따르면, 쓰레기 소각로는 1킬로와트시의 에너지를 낼 때마다 1,355그램의 이산화탄소를 배출한다. 석탄은 1,020그램, 석유는 758그램, 천연가스는 515그램이다.[100]

둘째, 큰 그림을 보자. 무언가를 태워서 회수할 수 있는 에너지는 그 물건이 '물리적'으로 가지고 있는 에너지의 일부다. 그 물건의 전체 라이프 사이클에 들어간 에너지는 회수할 수 없다. 물건을 태우면, 새 물건을 만들기 위해 추출·재배·수확·가공·마감·운송하는 과정을 다시 거쳐야 한다. 이 모든 과정을 다시 거치는 데는 물건을 태워서 얻는 알량한 에너지보다 '훠어어어얼씬' 많은 에너지가 든다. 궁극적인 목적이 에너지를 보전하는 것이라면, 우리는 물건을 태우기보다 재사용 또는 재활용함으로써 더 많은 에너지를 '생산'할 수 있다.

6 ★ 소각로는 지역의 경제를 갉아먹으며, 일자리를 거의 창출하지 않는다

산업화된 국가에서 소각로를 짓는 비용은 5억 달러에까지 이른다. 예를 들어, 2009년에 메릴랜드에 제출된 계획안은 5억 2,700만 달러였다.[101] 그런데 개도국에서 짓는 비용은 일반적으로 13,000~700,000달러다. 이중 잣대가 있는 것이다.[102] 가난한 나라에 지어지는 소각로는 미국이나 유럽의 건강 또는 안전 법률의 기준을 만족시키지 못한다. 유럽이나 미국의 법률이 아직 충분히 엄격하지 않은데도 말이다.

어쨌든 어느 쪽이건 돈이 많이 든다. 그중 상당부분은 해외에서 제조된 첨단 기술 장비를 들여오는 데에, 시설이 지어지고 나면 더 이상 필요하지 않을 엔지니어와 컨설턴트를 고용하는 데에 쓰인다. 다 지어진 소각로는 자본 및 기계 집약적이다. 결코 노동 집약적이지는 않기 때문에, 기껏해야 약간의 불쾌한 일자리를 창출하고 전문직 일자리는 아주 조금 만든다.

반면, 재활용이나 쓰레기 제로 프로그램은 더 안전하고 깨끗하고 친환경적인 일자리를 많이 만들어낸다. 이 프로그램들에 투자되는 돈 1달러당, 소각로에 투자하는 것에 비해 지역의 일자리를 10배 더 만들 수 있다. 건전하고 자원을 절약하며 공동체를 강화하는 일자리를 말이다.[103]

7 ★ 소각로는 가장 비용이 많이 드는 쓰레기 처리 방법이다

쓰레기 문제에 대한 어떤 해결책도 비용이 들겠지만, 우리는 옳은 방향의 방법과 시설에 투자해야 한다. 소각로는 쓰레기를 달에 보내는 것을 빼면(이를 실제로 고려한 사람들이 있다!) 가장 비용이 많이 드는 쓰레기 처리 방법이다. 앞서 언급했듯이, 메릴랜드에 기획안이 제출됐던 소각장의 예상 비용은 5억 달러가 넘었다. 이와 대조적으로 캘리포니아주에 있는 최신식 재활용센터, 즉 서부에서 시설이 가장 잘 되어 있는 '데이비스 스트리트

트랜스퍼 센터'를 짓는 비용은 900만 달러를 약간 넘었다. 메릴랜드 소각장은 하루에 2,000톤의 쓰레기를 태울 수 있게 설계되었지만, 데이비스 스트리트는 하루 4,000톤의 물질을 처리하며, 그중 40퍼센트가량이 재활용된다. 그리고 데이비스 스트리트에는 노조가 있는 일자리 250개가 있다. 메릴랜드 소각장은 30개 정도의 풀타임 일자리를 제공할 수 있을 것으로 예상되었다.[104] 비교는 여러분에게 맡긴다.

비용의 차이는 개도국에서 더 극명하다. 개도국에서는 재활용과 퇴비화 과정이 덜 기계화되어서 더 노동 집약적이기 때문이다. GAIA는 개도국의 중앙집중적이지 않은 저기술 퇴비화에 들어가는 장비비용은 소각장 투자비용보다 75배나 적다고 언급했다.[105] 개도국의 소각장 건설에 계속 자금을 대고 있는 세계은행조차 소각장에 들어가는 자본비용과 운영 비용이 매립장보다 적어도 두 배는 많이 든다고 인정한다.[106] 돈을 그냥 태워버리고 싶어서 안달난 게 아니라면, 소각장 건설을 고려해선 안 된다.

8 ★ 소각로는 쓰레기 생성을 부추긴다

소각로는 쓰레기에 중독되어 있다. 소각로는 잘 작동하려면 계속 돌아가야 한다. 계속해서 쓰레기가 공급돼야 한다는 말이다. 그래서 소각로회사들은, 해당 지역에서 들어오는 쓰레기가 일정 양보다 모자랄 경우 다른 지역에서 쓰레기를 수입해올 수 있다는 내용을 계약 조항에 포함시키려고 하는 경우가 많다. 이 무슨 퇴보인가? 쓰레기를 줄이기로 약속해야지, 계속해서 만들어내기로 약속한다니!

게다가 배출을 가장 많이 줄일 수 있는 종류의 쓰레기(1회용 물건들과 포장재)와 재활용을 가장 잘 할 수 있는 종류의 쓰레기(종이)가 가장 태우기 쉬운 쓰레기다. 즉, 소각로는 쓰레기를 줄이고 재활용을 하려는 움직임과 직접적으로 상충된다. 많은 도시에서 소각로 소유자들이 시정부에 로비를 해서 비공식적으로 활동하는 재활용업자를 규제하도록 했는데, 이는 쓰레기를 충분히 확보하기 위해서였다.

9 ★ 소각로는 창조적인 진짜 해결책을 방해한다

만약 당신의 도시가 수억 달러를 들여 소각로를 짓는데, 당신이 쓰레기를 근본적으로 줄일 수 있는 근사한 아이디어를 가지고 있다면? 그냥 잊어버리시길! 쓰레기 문제 해결을 소각로에 의존하는 것은 정말로 상상력의 실패다. 이것은 닥치는 대로 단기적 해결책에 의존하려는 사람들의 방식이지, 장기적인 시각으로 애초에 문제를 만든 더 큰 시스템을 고려하는 사람들의 방식이 아니다. 생산, 유통, 소비, 폐기의 시점에 어떤 의사결정이 이런 쓰레기를 만드는 방향으로 내려졌는가? 어떻게 하면 다시 위로 돌아가서 쓰레기를 이 시스템에서 없앨 수 있는 새로운 의사결정을 내릴 수 있을까? 당장의 해결책에만 집중하는 것보다 상류에서 문제를 막는 것이 훨씬 바람직하고 경제적이다.

10 ★ 이것저것 생각하지 않더라도, 소각로는 그냥 말이 안 된다

자신이 개발한 최신식 부가 기능들이 달린 소각로가 정말로 다르다고 설득하려는 엔지니어들을 많이 보았다. 정말로 다이옥신 문제를 해결합니다, 정말로 에너지를 회수합니다……. 하지만 소각로에 대한 청문회에서 수백 번도 넘게 증언한 폴 코넷 박사는 이렇게 정리했다. "소각로를 안전하게 만들 수는 있다 쳐도, 말이 되게 만들 수는 없다."[107] 수억 달러를 자원을 파괴하도록 고안된 기계를 짓는 데 들이는 것은, 정말로 말이 되지 않는다. 이것은 옳은 방향으로의 투자가 아니다.

매사추세츠주의 독성물질 저감법

당국자, 지역 주민, 기업인들은 계속해서 쏟아져나오는 독성 폐기물을 어떻게 해야 할지 묻는다. "매립도 소각도 아니라면, 대안은 무엇인가?" 하지만 문제를 진짜로 해결하려면, 폐기물의 생성을 원천에서 막을 수 있도록 우리의 시선을 상류로 돌려야 한다. 폐수 파이프가 강물로 오염물질을 쏟아내고 있는 마당에 상류로 눈을 돌리자니, 이상한 해결책으로 보일지도 모르겠다. 하지만 이는 장기적인 변화를 위한 가장 좋은 해결책이다.

내가 즐겨 사용하는 비유를 하나 들어보겠다. 휴가에 집을 비웠다가 돌아와보니 부엌 수도꼭지가 열려 있다. 싱크대에서 물이 넘쳐흘러 부엌, 식당, 거실 대부분이 물바다가 되었다. 말 그대로 난장판이다! 자, 이제 어떤 일부터 시작하겠는가? 아끼는 오리엔탈 카펫의 물기부터 닦겠는가, 수도꼭지부터 잠그겠는가? 생각할 필요도 없는 쉬운 문제다. 안 그런가? 독성 폐기물의 맥락에서 보면, 수도꼭지를 잠그는 것은 생산 과정에서 사용되는 독성 화학물질의 양을 줄이는 것이다.

이것을 어떻게 할 수 있는지 보여주는 좋은 사례가 있다. 1989년에 통과된 매사추세츠주의 독성물질저감법Toxics Use Reduction Act, TURA이다. 이 법은 야심찬 쓰레기 저감 목표를 가지고 있는데, 매사추세츠주의 기업들이 자신들의 화학물질 사용과 배출을 추적하고, 사용하는 물질이나 공정을 바꿔서 유해성을 줄일 수 있는 상세한 계획을 세우도록 요구한다. 1990년 TURA는 로웰 소재 매사추세츠 주립대학에 '독성물질 사용 저감 연구소TURI'를 세워서, 기업과 지역 공동체가 독성물질에 대해 조사하고 혁신적이며 비용 효율적인 대안을 연구하도록 돕고 있다. 또 독성물질 사용 감소

와 에너지 및 물 이용 효율성을 높이기 위한 여러 가지 기술적인 도움도 제공한다.[108]

이 법은 효과가 있었다. 한 가지 사례를 살펴보면, 조명회사 라이트리어Lightolier는 자사의 VOC 방출을 95퍼센트, 독성물질 사용은 58퍼센트 줄였다. 전기와 천연가스 사용도 각각 19퍼센트와 30퍼센트 줄였다. 그 과정에서 이 회사는 운영비용을 수백만 달러 절감했다.[109] 매사추세츠주 전체적으로는 TURI 활동을 통해 공업 시설에서의 독성 화학물질 사용이 41퍼센트 줄었고, 독성 화학물질 폐기물은 65퍼센트 줄었으며, 대기 중 방출은 놀랍게도 91퍼센트나 줄었다. 이 프로그램에 참여하는 제조업체들은 연간 운영비용 절감액이 450만 달러라고 최근 보고했다.[110]

매우 인상적인 수치들이다. 나는 TURI의 성과를 소각로나 매립장에 대한 모든 공공 논의에서 이야기한다. 이렇게 가능성이 증명된 만큼, TURI 방식의 해결책은 다른 어떤 방식보다도 먼저 고려돼야 한다. 기업이 자신의 폐기물을 절반 이상, 공기 중으로 방출되는 오염물질을 90퍼센트 이상 줄일 수 있음을 보여주었으니 말이다.

TURI의 활동은 매사추세츠주에 초점을 맞추고 있지만, 그 자원과 도구는 온라인으로 누구에게나, 어디에나 공개된다. 산업 생산 과정을 청정화하고자 하는 사람은 TURI를 보면 횡재했다는 생각이 들 것이다. 이제 더 이상 환경을 오염시키는 기업들이 "우리도 정말 변화하고 싶지만 대안이 없어요"라고 말하면서 빠져나갈 수 없을 테니 말이다. TURI의 클리너솔루션스CleanerSolutions 데이터베이스는 '청정제 찾기'라든가 '용매 대체재 찾기' 등의 기능을 제공한다. 이곳의 온라인 '오염 방지 보배Pollution Prevention Gems' 사이트P2gems.org는 특정 산업 분야, 산업 공정, 제품 등에서 독성물질을 줄이는 방법에 대해 방대한 정보를 제공한다. 표백, 금속 마감, 인쇄,

목재 마감 등에 이르기까지 모든 것에 대해서 말이다.

안 좋은 소식도 있는데, TURI에 자금상의 문제가 생겼다는 것이다. 독성 화학물질을 줄이는 데 큰 성공을 거뒀는데도 TURI는 주 예산 삭감의 희생양이 될지도 모른다. 환경보건을 지키려는 사람들은, TURI 프로그램은 투자하는 돈을 충분히 회수한다는 점을 언급하며 이에 맞서 싸우고 있다. 이를테면 기업들이 내는 수수료로 TURI 운영 행정비용이 충당될 뿐 아니라, 독성 폐기물 생성을 애초에 방지하는 것이 발생한 다음에 치우는 것보다 훨씬 경제적이라는 것이다. TURI의 상황이 어떻게 되어가는지 알아보려면 www.turi.org를 참고하라.

해외로, 멀리 떨어진 곳으로

쓰레기 문제와 관련해 일한 20년간, 나는 미국 회사들이 미국 쓰레기를, 특히 가장 골칫거리인 독성 쓰레기를 배에 실어 멀리 다른 나라로 보내려고 하는 것을 많이 보아왔다. 결과는 어땠을 것 같은가? 문제는 사라지지 않는다. 다시 한 번 말하겠다. '멀리'란 존재하지 않는다. 쓰레기 불법 해외 투기를 조사하다가 알게 된 가장 비극적인 사례 몇 가지를 여기 소개한다.

방글라데시로

1991년 말, 사우스캐롤라이나에 본사를 둔 네 개의 기업이 1,000톤의 납과 카드뮴이 들어 있는 유해 폐기물을, 방글라데시 정부가 아시아개발은행에서 빌린 돈으로 구매한 비료에 몰래 섞었다. 이 사실은 미국의 지방

환경당국이 무작위로 그 비료 생산업체인 스톨러케미컬 공장을 조사하던 중 적발되었다. 지방 당국은 스톨러가 법의 허용 한도를 초과한 납과 카드뮴이 들어 있는, 승인받지 않은 물질을 섞어 넣었다는 사실을 발견하고, 이를 환경보호청의 범법행위조사팀에 알렸다. 당시 나는 환경보호청의 국제 폐기물 거래 담당 직원들과 잘 알고 있었는데, 그중 한 명이 나에게 이 이야기를 해줬다.

불행히도, 환경보호청은 오염된 비료가 방글라데시에 도착하고 난 후에야 이 불법적인 수출에 대해 알게 되었다. 미국 법에 따르면, 미국 기업은 어떤 종류의 독성 폐기물이든지 먼저 수입국에서 문서로 허가증을 받아야만 수출할 수 있다.[11] 그러나 이 사건에서 미국 비료회사들은 이 단계를 건너뛰었고, 따라서 불법 선적이었다. 이 회사들은 절차상의 위반에 대해 벌금을 물었지만, 미국 정부도 방글라데시 정부도 그 기업들이 쓰레기를 회수해가도록 조치하는 데는 관심을 기울이지 않았다.

나는 곧바로 방글라데시에 갔다. 그 비료가 어떻게 되었는지 알아보고, 만약 이미 농촌에서 쓰였으면 토양 샘플을 가지고 와서 양국 정부에 청정화 작업을 하도록 압력을 가하는 증거로 사용하기 위해서였다. 나는 우선 수도 다카에 있는 미국 대사관에 갔다. 대사관이 이 오염비료 수출 문제에 대해 얼마간이라도 우려를 표명하기를 기대했다. 아니, 적어도 당황하기라도 할 줄 알았다. 그런데 대사관 직원은 이 말만 반복했다. "우리 책임이 아니에요. 그 화물 선적은 민간 기업끼리의 민간 거래였고, 우리는 민간 기업의 거래에는 관여하지 않아요." 그러시겠지. 끈덕진 이 방글라데시 모기들이 내 얼굴에서 '멀찍이' 떨어져 있는 만큼이나, 미국 대사관은 미국 기업의 해외 활동에는 관여하지 않고 '멀찍이' 떨어져 계시겠지.

방글라데시의 환경단체가 훨씬 많은 도움을 주었다. 그 오염비료가 아직 판매되고 있다는 소문이 있는 작은 시골 마을까지 버스와 자전거 릭샤로 나와 동행해주었다. 버스에서 내렸을 때, 나는 왜 이 농부들이 여기에 비료를 뿌려야 한다고 생각했는지 알 수가 없었다. 보는 곳마다 내가 이제껏 본 어느 곳보다도 찬란한 초록빛 논이 펼쳐져 있었다.

하지만 동네의 농업용품 가게에서 나는 미국과 방글라데시 정부가 벌써 몇 개월 전부터 오염 사실을 알고 있었던 그 비료가 판매되고 있는 것을 보았다. 한 봉지가 남아 있었는데, 내막을 모르는 농부가 그것을 사가게 그냥 둘 수 없어서 내가 4달러가량을 주고 그 비료를 사서 가지고 다녔다. 그리고 비료를 구입한 농부들의 이름과 주소를 받아서 그중 한 명을 찾아갔다.

그 방글라데시 농부는 우리를 반기면서 소박한 집으로 초대해 차를 내왔다. 흙벽이었고 지붕은 이엉이었다. 우리가 소개를 하고 왜 왔는지를 밝히자 그는 흔쾌히 우리를 논으로 데리고 가서 토양 샘플을 채취하도록 해주었다. 그의 논밭에 뿌린 비료가 미국에서 불법으로 보낸 독성 폐기물에 오염되어 있었다고 통역자가 말하는데도, 농부가 계속 미소를 짓고 있어서 나는 어리둥절했다. 통역자는 농부의 말을 이렇게 전해주었다. "이제 당신네 정부가 독성비료가 어디에서 사용되었는지를 알았으니 와서 치워줄 것이고 우리는 안전해지겠지요."

나는 슬픔과 부끄러움에 어쩔 줄을 몰랐다. "아니에요." 나는 내가 만났던 미국 대사관 직원을 떠올리며 이렇게 말했다. "그들은 오지 않을 것 같아요." 하지만 나는 그 농부에게 오염 지역을 청정화하라는 그의 요구사항을 나의 정부에 전하겠으며, 이 토양 샘플을 세계적인 쓰레기 불법 해외투기를 막는 목적에 사용하겠다고 약속했다.

자신의 논밭에 뿌린 것이 비료가 아니라 독성 폐기물이었다는 사실을 방금 나에게 들은 농부에게 이런 말을 하는 내가 얼간이처럼 느껴졌다. 쓰레기 불법 투기에 대한 유엔협약을 강화하는 데에 자신의 땅에서 나온 증거가 쓰일 거라는 사실을 안들, 그에게 무슨 위로가 되겠는가? 독성 폐기물에 대해 조사하러 세계 각지를 다니면서 힘 빠지는 경험을 많이 했지만, 이때가 최악이었다.

나는 무거운 마음과 무거운 비료봉지를 안고 수도 다카로 돌아왔다. 나도 뭘 어떻게 해야 할지 몰랐다. 며칠을 생각하다가 좋은 계획이 떠올랐다. 미국 대사관은 해외에 있는 미국 영토로 간주된다. 미국의 독성폐기물법은 이런 종류의 유해 폐기물을 다른 나라에 수출하려면 상대국에서 문서화된 허가를 먼저 받도록 규정하고 있다. 처음에 수출한 기업은 이 법을 어겼지만, 미국 대사관도 그럴 수는 없을 거라고 생각했다. 더구나 내가 예의주시하고 있다는 걸 안다면 말이다. 그래서 나는 이 오염된 비료를 미국 대사관에 보내기로 했다. 나는 그 직원이 이것을 그냥 쓰레기장에 던져버릴 수 없다는 것을 알고 있었다.

근사하게 포장을 하고, 내가 만났던 직원의 이름을 적어서, 그 비료를 대사관 프런트데스크에 갖다놓았다. 그에게 남긴 메모에는, "미국 폐기물을 미국 영토로 돌려보내며, 여기 미국 대사관에서 재수출하는 것은 불법"이라고 적었다. 대사관이 공식적으로 나에게 연락을 해오지는 않았지만, 다카의 대사관에서 워싱턴 국무부로 발송한 텔렉스 메시지의 사본을 국무부의 한 직원이 익명으로 나에게 보내주었다. 이 메시지는 그 폐기물에 대해 불평을 하면서 어떻게 처리해야 할지 물었으며, 내가 끼어든 것을 비난하고 있었다. 메시지는 "아직 레너드가 다카를 떠나지 않은 것 같다"고 우려하는 말로 끝을 맺었다.

남아프리카공화국으로

내가 본 최악의 국제 폐기물 사례 중 하나는, 중화학 공업이 발달한 남아프리카공화국의 작은 도시 카토리지에서 발생했다. 거기서 영국 소유의 남아프리카공화국 회사 토르케미컬은 '재처리'를 한다는 명목으로 미국과 유럽에서 수은 폐기물을 들여오고 있었다. 영국의 모기업 토르케미컬홀딩스는 예전에 영국에서 수은 처리 공장을 운영했지만, 수은이 공기 중에, 그리고 노동자에게 과다하게 배출되는 것에 대해 정부가 조치를 취할 것으로 예상되고, 이에 대한 논쟁이 거세지자, 1987년 공장을 폐쇄했다. 그리고 수은 처리 공장을 1988년 남아프리카공화국으로 옮겼다.[112]

1990년대에 카토리지의 토르케미컬은 수천 톤의 수은을 수입하느라 매우 바쁘게 돌아갔다. 가장 큰 수출업체 중 두 곳은 뉴저지주의 아메리칸사이안아미드와 루이지애나주의 보든케미컬이었다. 미국에도 수은 처리 공장은 있었지만, 이 두 회사에서 나오는 것처럼 유기물질 오염 수치가 높은 수은 폐기물은 받아들이려 하지 않았다. 그래서 토르케미컬이 기꺼이 그것을 떠맡고 톤당 1,000달러 이상의 처리비를 받았다.[113]

토르케미컬의 남아프리카공화국 공장 운영 상황은 영국에서보다 더 안 좋았다. 운영을 시작한 첫해에 지역의 물위원회는 인근의 강이 수은에 심하게 오염되어 있는 것을 발견했다. 1989년 미국 〈세인트루이스 포스트 디스패치〉의 기자 빌 램브레히트Bill Lambrecht는 이 문제에 관심을 갖고 직접 수질검사를 하려고 카토리지에 찾아갔다. 램브레히트가 공장 뒤에 있는 음느게웨니강을 조사해보니 수은 수치가 150만 ppb로, 미국 기준보다 1,500배나 높았다.[114] 음느게웨니강은 인구가 많은 지역을 흐르는 움게니강으로 들어가 농업용수로 쓰이고, 소떼가 풀을 뜯는 땅으로 스며들고, 큰 연안도시인 더반에서 사람들이 놀고 씻고 먹고 마시는 물로 사용된다. 약

65킬로미터나 하류인 더반 근처의 강물도 수은 수치가 미국 기준의 20배였다.[115]

　토르 공장 노동자들은 운영 초기부터 입에서 쇠맛이 나고, 손톱이 검어지고, 피부병이 생기고, 어지럼증이 오는 등 수은중독 증상을 호소했다. 한때는 거의 3분의 1의 노동자가 수은중독을 겪었다. 남아프리카공화국의 환경단체 어스라이프아프리카EarthLife Africa가 입수한 토르케미컬의 문서에 따르면, 일부 노동자들의 소변에서 검출된 수은이 세계보건기구가 제한하는 수치의 수백 배였다.

　1992년 세 명의 노동자가 수은중독으로 정신을 잃었고 곧 사망했다. 넬슨 만델라가 이중 한 명을 문병하면서 이 일은 국제적인 관심을 끌었다.[116] 어스라이프아프리카, 환경정의네트워크포럼 등 남아프리카공화국의 환경단체들은 그린피스와 공조해서 이 일을 알리고 재앙을 멈추기 위해 노력했다. 시위와 편지 보내기 운동이 조직되어 쓰레기 수출업체와 영국과 남아프리카공화국의 토르사에 압력을 넣었다. 1990년대 중반, 남아프리카공화국 정부는 공장 폐쇄 명령을 내렸다. 하지만 막대한 양의 수은 폐기물은 여전히 그곳에 남아 있다.

　1996년 나는 이 독성 폐기물이 소각될 가능성에 대해 우려하는 현지 운동단체와 공조하기 위해 카토리지에 갔다. 현지의 활동가인 보비 피크Bobby Peek는 차를 세우더니 공장 울타리를 따라 가까이 접근할 수 있는 작은 길로 나를 안내했다. 현장에는 노동자나 경비원이 한 명도 없어서 방해받지 않고 볼 수 있었다. 우리는 수은 폐기물을 저장하는 못을 보았는데, 지붕 없는 수영장 같았다. 비가 많이 오면 넘쳐흐를 것이 분명했다. 저장 창고들도 보았는데, 보비 피크는 여기에 심지어 더 많은 폐기물이 있다고 말했다. 처리되지 않은 수은이 현장에 너무나 많아서, 지역의 환경 운동가들은 토르가 아마도 폐기물을 '처리'할 의도 따위는 애초부터 없었던 게 아닌가 의심하고 있었다.

폐수가 어디에서 강으로 들어가는지 보려고 하수 시스템을 따라갔더니 더 끔찍한 광경이 펼쳐졌다. 수은 폐기물의 농도가 너무 강해서 실제로 은색의 긴 자국이 보였다. 그걸 보니 어렸을 때 수은온도계가 깨지면 방울방울 맺히던, 엄마가 만지지 말라고 했던 은색 액체가 떠올랐다.

2003년이 되어서야 토르케미컬(지금은 '게르니카케미컬'로 이름이 바뀌었다)이 2,400만 랜드, 당시 기준으로 250만 달러를 공장 청정화에 쓰겠다고 동의했다. 이것은 현장에 남아 있는 약 8,000톤의 수은 폐기물을 처리하는 데 필요할 것으로 추산되는 비용의 절반도 안 된다.[117]

내가 이 글을 쓰고 있는 지금도, 그곳의 청정화는 이루어지지 않았다. 그리고 수은 오염은 계속해서 공장 울타리를 넘어서까지 문제를 일으키고 있다. 2008년 10월, 남아프리카공화국 의료연구위원회는 이난다댐 근처에 사는 사람들에게서 극히 높은 수치의 수은이 검출되었음을 밝히는 보고서를 발표했다. 이 댐의 저수호는 더반의 주된 식수원이다. 또 토르 공장 하류의 움게니강에서 추출한 물고기 중 50퍼센트에서 세계보건기구가 먹어도 안전하다고 정한 최대치보다 많은 수은이 검출되었다.[118]

일부 노동자들은 피해 보상과 정의 실현을 위해 토르를 상대로 법적 대응에 나섰다. 1994년과 1998년에, 사망한 세 노동자의 대리인과 그 외의 수많은 피해 노동자가 영국에서 토르의 모회사인 토르케미컬홀딩스[TCH]를 상대로 소송을 제기했다. 이들은 이토록 명백하게 안전하지 않은 시설에 대해 모기업이 설계·운영·감시의 책임을 다하지 않았고, 따라서 노동자들의 질병과 사망에 대해 책임이 있다고 주장했다. 두 번의 소송 모두 TCH는 법적 조치를 요리조리 빠져나가려고 했다. 처음에는, 결국은 실패

했지만, 이 사건을 남아프리카공화국 법정으로 옮기려고 했다. 남아프리카공화국에서는 소송 결과에 영향력을 더 많이 미칠 수 있을 거라고 생각한 것이다. 두 번 다 TCH는 법정 밖에서 합의를 해, 1997년에는 130만 영국파운드를, 2003년에는 24만 영국파운드를 지불했다.[119]

아이티로

내 책상에는 회색 가루가 들어 있는 작은 병이 있다. 보통 때는 수북한 서류들에 가려 눈에 잘 띄지 않지만 가끔 그게 뭐냐고 물어보는 사람들이 있다. 이것은 아이티에서 왔다. 아니, 사실은 필라델피아에서 왔다. 내가 아이티에서 가져온, 필라델피아 소각로의 재 쓰레기다. "엥?" 이렇게 묻고 싶으실 것이다. 이것은 세계에서 가장 유명한 소각로 재 쓰레기다.

필라델피아는 오랫동안 생활 폐기물을 소각했다. 많은 소각로가 그렇듯이, 이곳의 운영자들도 소각로에서 나오는 재를 어떻게 처리할 것인지에 대해서는 구체적이고 합당한 계획을 갖고 있지 않았다. 그래서 재 쓰레기는 인근 공터에 높이 쌓여갔다. 1986년에 필라델피아는 '조지프 파올리노 앤드 선스'라는 회사에 600만 달러를 지급하고 이 재를 치우도록 하는 계약을 체결했다. 이 회사는 다시 '아말가메이티드 쉬핑'이라는 회사와 계약을 했다. 화물선 키안시Khian Sea 호를 소유하고 있던 이 회사는 14,000톤의 재 쓰레기를 키안시호에 싣고 그것을 버리러 카리브해 연간 국가들로 갔다.[120]

그때 나는 그린피스의 독성물질 거래팀에서 일하고 있었다. 폐기물을 해외로 보내는 것을 추적해서 대상 국가의 정부에 유해물질이 가고 있음을 경고하는 것이 우리 팀의 일이었다. 우리의 활동 때문에 이 배는 바하마, 버뮤다, 도미니카공화국, 온두라스, 기니비사우, 네덜란드령 앤틸리스제도 등에서 퇴짜를 맞았다. 이들 중 몇몇 대사관에서 감사의 표시로 그린피스 워싱턴 사무실에 좋은 럼주를 보내오기도 했다. 키안시호는 쓰레기 버릴 곳을 찾아 항해를 계속했다.

1987년 12월, 키안시호는 아이티 정부가 '비료'를 수입한다고 서명한 허가증을 가지고 아이티의 작고 누추하고 가난한 항구마을 고나이브에 도착했다. 이 악몽 같은 항해를 끝내고 싶어 안달이 난 선원들은 즉시 재 쓰레기를 해변에 내려놓기 시작했다. 하지만 그린피스가 아이티 정부에 진짜 내용물이 무엇인지 알려주었고, 정부는 재 쓰레기를 다시 배에 실어서 가져가라고 명령했다. 선원들은 배에서 더 이상 재 쓰레기를 내리지는 않았지만, 이미 내린 4,000톤은 덮개도 없이 해변에 남겨두고 가버렸다.

나머지 1만 톤은 역사상 가장 근사한 세계일주를 한 재 쓰레기로 기록될 것이다. 항해는 총 27개월이 걸렸고 남극대륙을 제외한 모든 대륙을 돌아다녔다. 그린피스의 우리 팀은 키안시호를 계속 추적하면서 이 배가 접근하는 나라마다 정부에 알렸다. 이 파란만장한 항해를 하는 동안 이 배는 페인트를 새로 칠해가며 이름을 키안시호에서 펠리시아호로, 그리고 다시 펠리카노호로 바꿨지만 우리 눈을 속이지는 못했다. 도중에 한번은 그 배가 그만 포기하고 필라델피아에 돌아와서 원래의 계약자인 파올리노 앤드 선스에 재 쓰레기를 다시 넘기려고 했다. 하지만 파올리노 앤드 선스는 그 배가 필라델피아 항구의 자기네 부두에 정박하는 것을 거부했다. 묘한 우연의 일치로, 마침 그날 밤 그 부두에 불이 나서 배가 들어올 수 없게 되었다.

1988년 11월, 드디어 이 배는 싱가포르에 빈 채로 나타났다. 선장은 재 쓰레기를 어디에 내렸는지 밝히기를 거부했다. 나중에 법무부 환경범죄국의 열정적인 변호사 하워드 스튜어트Howard Stewart가, 선원 중 한 명이 몰래 찍은 사진을 추적해서 재 쓰레기가 바다에 투기된 사실을 알아냈다. 폐기물 해양 투기는 국제법 위반이다.[121]

그러는 동안, 다른 4,000톤의 재 쓰레기는 덮개도 없이 바람에 날리고 빗물에 씻겨 바다로 흘러가 크기가 점점 줄면서, 고나이브 해변에 계속 방치돼 있었다. 재 쓰레기가 해변에 있던 기간 동안 나는 아이티를 세 번 방문했는데, 아이티 사람들에게 이 재 쓰레기가 너무 잘 알려져 있어서 놀랐다. 내가 쓰레기 문제와 관련해 일하는 사람이라고 소개를 할 때마다 즉각적으로 고나이브 재를 본 적이 있느냐고 물었다. 나는 아이티의 친구들에게, 더 절박한 보건상의 위험을 포함해서 수많은 문제에 직면한 아이티 사람들이 왜 이렇게 재 쓰레기에 많은 관심을 가지고 있느냐고 물어봤다. 내 친구들이 대답하길, 아이티 사람들은 오랫동안 미국에 의해 '짓밟혔다dumped on'고 생각해왔으며, 재 쓰레기가 정말로 투기된dumped 것을 바로 그런 태도의 정점으로 여기고 있다고 했다.

가장 부유한 나라가 가장 가난한 나라에 쓰레기를 버리고는 도움을 청하는 목소리에는 나 몰라라 하는 현실을 보여주는 상징으로 이보다 더 극명한 것이 있겠는가? 그래서 아이티 사람들은 이 재 쓰레기를 원래 있던 곳으로 되돌려보내는 일에 특히나 많은 관심을 갖고 있었다. 이는 단지 환경보건상의 문제만이 아니라 정의와 존엄성의 문제이기도 했던 것이다.

미국에 살고 있는 몇몇 아이티 사람은, 필라델피아시 당국과 미국 환경보호청 모두가 책임 있는 조치를 취하지 않는 것에 낙담해서 그린피스를 찾아와 도움을 청했다. 그들과 함께 그린피스의 동료 케니 브루노Kenny Bruno와 나는 필라델피아의 종교단체들(특히 퀘이커교 단체)에 연락을 했고, 리턴투센더Return to Sender(보낸 자에게 돌려보내기) 프로젝트를 시작했다. 우리는 필라델피아가 고나이브의 재에 대해 책임을 지고, 그것을 미국에 있는,

미국 법에 의해 규제를 받는 매립장에 처분하라고 요구했다. 우리는 10년 넘게 필라델피아의 시장들을 쫓아다니고, 시민들이 도시 타운홀 미팅에서 이야기하도록 조직하고, 미국과 아이티에서 아이티 사람들을 만났다.

이에 대한 반응으로 필라델피아시 당국은 공식적인 입장을 여러 번 바꿨다. 어떤 때는 필라델피아가 책임이 없다고 말했고, 어떤 때는 재 쓰레기를 다시 가져오고는 싶지만 그럴 돈이 없다고 앓는 소리를 했다. 에드워드 렌델Edward Rendell 시장과 대부분의 시의회 의원들은 자신들의 문제가 아니라며 나 몰라라 했다.

그래서 우리는 이것을 그들의 문제로 만들기로 했다.

1990년대 중후반, 리턴투센더 프로젝트는 여러 가지 참신한 활동을 펼쳐서 워싱턴과 필라델피아 정치인들의 관심을 끌었다. 필라델피아 시장과 환경보호청 당국자들은 아이티 사람들에게 수백 통의 봉투를 받았는데, 여기에는 약간의 재 쓰레기가 들어 있고 "경고 : 비료라고 잘못 표기된 독성 재 쓰레기가 들어 있음, 리턴투센더"라고 씌어 있었다. 또 미국 전역의 학생들은 시장에게 카드를 보내서 "따뜻한 마음으로 필라델피아의 재를 치우세요"라고 촉구했다. 필라델피아 주민들은 시의회에 참석해서 이 도시의 쓰레기에 대해 이 도시가 책임을 져야 한다고 요구했다. 이것은 연대감을 보여주는 근사한 사례였다. 일부 필라델피아 사람들은 아이티에까지 날아가서 재 쓰레기가 방치된 현장을 보고 아이티에 있는 미국 대사관 앞에서 시위를 했다.

몇 개월 동안 렌델 시장 집무실은 나에게 날마다 시장의 그날 일정을 팩스로 보내주었다. 지금은 어떻게 바뀌었는지 모르지만, 그때는 요청하면 쉽게 얻을 수 있었다. 우리는 그가 어느 행사장에 가든 한 무리의 학생, 퀘이커교도, 아이티 사람들이 이렇게 씌어 있는 플래카드를 들고 그를 맞이

하도록 했다. "렌델 시장님, 옳은 일을 하세요. 재 쓰레기를 도로 가져오세요." 공항에서 네덜란드 직항 노선 신설을 축하하는 자리에 우리도 있었다. 뮤지엄에서 열린 갈라콘서트에서 턱시도와 이브닝드레스를 차려입은 손님들이 리무진에서 내려 입구로 걸어가는 길에, 우리가 걸어놓은 플래카드가 있었다.

어느 날 아침, 렌델 시장의 일정을 보고 나는 너무나 기뻤다. 그날 저녁 그가 내가 있는 워싱턴에 온다는 것이었다. 필라델피아시는 캐피털힐에 있는 큰 호텔에서 열리는 어느 행사를 주관하기로 되어 있었다. 나는 드레스를 갖춰입고 동료인 데이너 클라크Dana Clark, 하이디 퀸트Heidi Quante와 함께 그곳으로 갔다. 하이힐을 신고 독성 재 쓰레기를 치우라는 운동을 하러 가다니, 재미있는 일이었다. 우리는 파티가 열리는 거대한 연회장 입구에서 어슬렁거렸다. 밴드의 음악을 들으면서 기회를 노렸다. 렌델 시장과 부인, 그리고 지역 정치인 몇몇이 문 앞에서 들어오는 사람들 모두와 일일이 인사를 나누고 있었다. 뉴스 카메라가 렌델 시장 쪽으로 방향을 돌리자마자 동료들과 나는 그쪽으로 줄지어 갔다.

그에게 다다랐을 때, 나는 시장에게 아이티 해변의 재 쓰레기에 대해 이야기했다. 내가 악수한 손을 꽉 잡고 있었기 때문에 그는 다른 곳으로 갈 수 없었고, 그 틈에 하이디는 이렇게 씌어 있는 붉은색 배지를 그의 옷깃에 달았다. "렌델 시장님, 옳은 일을 하세요. 재 쓰레기를 도로 가져오세요." 그는 나를 무시하고 지나갔지만, 줄에 서 있던 다음 사람도 나와 똑같이 했다. 그리고 그 다음 사람도. 드디어 렌델 시장은 이렇게 말했다. "알았어요, 5만 달러를 내겠어요. 그 이상은 한 푼도 안 돼요."

재 쓰레기를 치우는 데 들어갈 것으로 추산되는 60만 달러에 비하면 미미한 액수였지만, 그래도 축하를 하고 싶었다. 그래서 우리도 그 파티에 참여했다. 놀랍게도 아무도 우리를 쫓아내지 않았다. 연회장을 어슬렁거리면서, 전단지를 나눠주고 붉은 배지가 뭐냐고 묻는 사람들에게 상황을 설명했다. 내 고향인 시애틀에서 온 한 남성은 특히 많은 관심을 보이면서 이것저것 물었다. 잠시 후, 음악이 멈추고 시장이 무대로 올라왔다. 시장은 사람들에게 환영인사를 하고 '형제애의 도시The City of Brotherly Love'(필라델피아의 별칭이다—옮긴이) 필라델피아의 미덕에 대해 이야기했다. 그러자 놀랍게도 시애틀에서 온 그 남자가 "재 쓰레기를 가져오라!"고 외치기 시작했다. 보안경비 요원들이 쫓아낼 때까지, 우리도 따라 외쳤다.

일련의 복잡한 협상을 거쳐, 마침내 미국이 재 쓰레기를 도로 가져오게 되었다. 2000년 4월 5일, 고나이브의 재 쓰레기는 배에 실려 그곳을 떠났다. 오늘날 그 자리에는 이렇게 씌어 있는 큰 게시판이 있다. "아이티에 유독물질을 투기하는 것은, 이제 절대로 그만!"

'멀리'는 없다

오랫동안 전세계의 쓰레기 투기 장소를 조사하고 그곳의 주민들을 만나면서 다음과 같은 나의 확신은 굳건해졌다. "가장 부유한 나라들이 가장 가난한 나라들에 독성 폐기물을 버리는 것은 옳지 않다. 끝!" 미국의 어느 의원은 나에게 타협적인 입장을 찾아야 한다고 말했다. 어떤 타협적인 입장 말인가? 어른에게는 쓰레기를 쏟아놓아도 되고 아이에게는 안 되는가? 아시아에는 되고 아프리카에는 안 되는가? 말도 안 된다. 내 아이에게 너무 유해한 것이라면 어느 아이에게도 너무 유해한 것이다. 어느 곳에 있는 아이든지 말이다.

국제 폐기물 거래에 대해 우려한 많은 국가가 '유해 폐기물의 국가간 이동 및 그 처리의 통제에 관한 바젤협약Basel Convention on the Control of Transboundary Movements of Hazardous Wastes and Their Disposal'에 서명했다. 바젤협약은 1989년 3월 22일에 채택되어 1992년 5월 5일부터 효력을 갖게 되었다. 처음에는 이 협약도 부유한 나라에서 가난한 나라로의 폐기물 수출을 '금지'하는 것이 아니라 '규제'하는 입장이었다.[122] 전세계에서 인권 운동가, 환경 운동가, 폐기물 투기 대상 국가인 개도국 대표자 등이 이 협약이 오히려 "독성 폐기물 거래를 합법화한다"고 비판했다. 다행히 이 협약은 부유한 나라들(주로 OECD 국가들)에서 덜 부유한 나라들(비OECD 국가들)로 폐기물을 수출하는 것을 '금지'하는 쪽으로 수정되었다.[123] 미국은 선진국 중 유일하게 바젤협약을 비준하지 않았다.

바젤협약은 큰 승리지만 싸움은 아직 끝나지 않았다. 몇몇 국가와 업계 협회는 일부 폐기물의 경우 해외로 보내는 것을 금지하지 말아야 한다고 요구하고 있다. 비정부기구인 바젤행동네트워크는 바젤협약이 지켜지는지를 감시해서, 폐기물 거래 금지 제도를 뒤흔들려고 하는 나라나 기관의 명단을 발표한다. 나라로는 호주·캐나다·뉴질랜드·미국이, 업계 협회나 기관으로는 국제광산금속업협회·국제상공회의소·유엔무역개발회의 등이 목록에 올라 있다. 무고한 사람들에게 쓰레기가 투기되는 것을 막는 일에 참여하려면 바젤행동네트워크 홈페이지www.ban.org를 참고하라.

그리고 거기 재활용이 있다

재활용은 사람들의 마음을 움직이는 놀라운 능력이 있다. 어떤 사람들은 재활용에서 자극을 받고 많은 사람이 재활용을 자랑스러워하는 반면, 또 어떤 사람들은 재활용에 대해 지루해하고 냉소를 보이고 심지어는 화를 낸다. 나는 이 모든 단계를 다 거쳤다. 아니, 날마다 이 대부분의 단계를 밟는다.

많은 사람이 그렇듯이, 나와 환경정의의 첫 관계는 재활용에서 시작되었다. 골목마다 당국이 운영하는 재활용품 수거통이 생기기 전이던 내 어린 시절에, 엄마는 우리에게 신문·병·캔 등을 따로 모으게 해서는 차에 싣고 지역 식품점 주차장에 있는 수거센터로 갔다. 나는 무거운 꾸러미와 무지갯빛으로 색칠된 창고를 기억한다. 빈 병을 빈 병 재활용통에 맞게 찾아넣을 때 느꼈던 뿌듯함이 아직도 기억난다. 나만 이런 경험을 한 것이 아니다. 전 세계 많은 사람이 재활용을 하면서 뿌듯해한다.

이 '뿌듯함'은 재활용을 둘러싼 논쟁에서 핵심을 차지한다. 재활용은 우리에게 지구를 위해 좋은 일을 한다는 가짜 뿌듯함만 심어주면서, 사실은 공장들이 극히 잘못 고안된 유독한 물건들을 계속 만들어내도록 놔두는 데 일조하는 것은 아닌가?《사라진 내일, 쓰레기는 어디로 갔는가 Gone Tomorrow》의 저자 헤더 로저스 Heather Rogers는 "기업들은 특정 물질이나 공정에 대한 금지, 생산 통제, 제품 내구성에 대한 최소 기준 의무화, 자원 추출에 대한 엄격한 기준 등과 같은 더 급진적인 변화를 피하기 위한 방편으로 재활용을 받아들인다"고 지적했다.[124]

아니면, 재활용은 지속 가능성 문제에 대해 더 광범위한 인식과 행동을 일굴 수 있게 해주는 좋은 출발점인가? 사람들에게 관심을 불러일으켜서 더 전략적이고 효과적인 행동으로 나서게 만드는 문인가? 지역자립연구소의 닐 셀드먼 소장은, 재활용이 산업 과정을 바꾸는 힘을 갖고 있다고 주장한다. "재활용은 한 사회의 가장 일상적인 문제들인 쓰레기와 버려진 물건들과 관련이 있겠지만, 그것의 함의는 산업 시스템의 핵심을 향하고 있다."[125]

나는 둘 다 맞는 말이라고 생각한다. 재활용은, 사실은 아무것도 달라지지 않는데도 우리가 무언가를 하고 있다는 가짜 느낌을 줄 수 있다. 그리고 재활용은, 더 지속 가능하고 정당한 경제 시스템으로의 변화를 만드는 데 중요한 역할을 할 수도 있다.

재활용의 좋은 점

데이터가 존재하는 가장 최근 연도인 2007년에 미국인들은 2억 5,400만 톤의 쓰레기를 내놓았고, 이중 약 3분의 1인 8,500만 톤이 재활용되었다.[126]

환경상의 이점은 명백하다. 재활용은 물건들이 계속 사용되게 함으로써, 새로운 물질을 추출하고 생산할 필요성을 줄여주고, 물질이 버려지는 것을 막아준다. 더 정확하게는, 버려지는 시점을 늦춰준다. 새로운 제품의 생산뿐만 아니라 자원의 수확·추출·이동을 줄이면, 에너지 사용과 온실가스 배출도 줄일 수 있다. 환경보호청은 겨우 33.4퍼센트인 미국의 재활용률로도 연간 1억 9,300만 톤의 이산화탄소 절감 효과를 내는 것으로 추산하고 있다. 이것은 자동차 3,500만 대를 길에서 없애는 것과 같은 효과다.[127]

이산화탄소 저감에만 그치는 것이 아니다. 재활용은 여타의 폐기물 관리 방식에 비해 더 좋은 일자리를 더 많이 창출한다. 쓰레기 문제와 경제 개발 사안에 대해 연구하는 싱크탱크인 지역자립연구소는 재활용에서 100개의 일자리가 만들어질 때마다 폐기물 운반에서는 겨우 10개의 일자리가 줄어들 뿐이라고 추산했다.[128]

재활용의 문제점

하지만 우리의 물건들을 모두 애초에 안전하고 쉽게 재사용·재활용·퇴비화할 수 있도록 디자인할 수도 있었다는 점을 생각하면, 33.4퍼센트는 너무 미미한 재활용률이다. 생성되는 쓰레기 양에 대한 자료를 본다면 아마 더 놀랄 것이다. 재활용이 늘고 있는 것은 사실이지만 쓰레기 배출양도 1인당과 전국 총량 모두 늘고 있다.

우리의 목적은 "재활용을 더 하자"가 아니라 "쓰레기를 덜 만들자"여야 한다. 잘못된 목적에 집중하면 엉뚱한 데 노력을 쏟는 꼴이 될 수 있다. 내가 듣기로, 꽤 많은 미국 대학에서 누가 가장 많은 플라스틱병을 모아오는지 겨루는 재활용대회를 연다. 어느 곳에서는 학생들이 재활용대회에서 이기려고 코스트코에 가서 플라스틱병에 들어 있는 1회용 생수를 박스째 샀다고 한다. 진보를 쓰레기의 감소가 아니라 재활용의 증가로 측정하는 곳에서는 늘 이런 어리석은 일이 발생한다.

최근 어느 재활용회의에 갔다가 '재활용은행'이라는 프로그램에 대해 알게 되었다. 거주자의 재활용품통 무게를 재서 가장 무거운 사람에게 상을 주는 것이다. 즉, 1회용 생수를 박스째 사는 사람이, 집에 필터를 설치해서 다시 쓸 수 있는 용기에 수돗물을 담아 마시는 사람보다 상을 더 많이 받게 되는 것이다! 잠깐, 그게 다가 아니다. 상품으로 무엇을 받는지 아는가? 더 많은 물건을 받는다! 상으로 받은 포인트를 가지고 타깃, 이케아, 푸트로커 등 제휴 상점에 가서 현금처럼 사용할 수 있는 것이다. 대체 누가 이런 프로그램을 만들었는가? 미국을 아름답게?

이런 프로그램들은 더 많은 소비와 낭비를 부추기며 재활용의 이름에 먹칠을 한다. 생산자들이 낭비적인 포장을 하는 것에 대해 책임을 면하게 해주고 1회용품에 보조금을 지불하는 비뚤어진 결과를 낳는다. 그러면서 자신이 진정한 변화를 만든다고 주장한다. 이것이 아마 가장 안 좋은 점일 것이다.

=========== ★ 바이오플라스틱 : 모순어법인가, 희망의 신호인가 ★ ===========

현재 대부분의 플라스틱은 석유와 온갖 화학물질, 보통은 유독한 화학물질들로 만들어진다. 우리는 재생 가능하고 안전하며 친환경적인 물질로 우리의 필요를 충족시킬 방법을 알아내야 한다. 그렇다면, 바이오플라스틱은 어떤가?

현대 들어 개발된 바이오플라스틱에는 두 세대가 있다. (나무펄프의 섬유질로 만든 셀로판과 같은, 식물성 물질로 만들어진 초기 플라스틱은 여기에 포함시키지 않았다.) 1세대는 "분해 가능한 플라스틱이라는 건 완전 사기다" 세대이고, 2세대는 "분해 가능한 플라스틱인지 아직 모른다" 세대다.

- **1세대 :** 1980년대 말쯤이면 많은 미국인이 쓰레기 문제에 대해 우려하고 있었다. 이를 염두에 두고 모빌케미컬컴퍼니는 옥수수 전분을 석유화학 플라스틱과 섞어 만든 자사의 쓰레기봉지 '헤프티'가 "자연 분해 가능하다"고 주장했다. 모빌의 대변인은 이것이 자연 분해 가능성에 대한 실질적인 내용을 말한 것이 아니라 단지 홍보문구였다고 인정했

다.[129] 환경단체와 과학자들, 심지어 몇몇 주정부까지 모빌의 어처구니 없는 주장에 분노했다. 2년 안에, 7개 주에서 소송이 제기돼 (그리고 연방 거래위원회의 약정도) 모빌이 "자연 분해 가능하다"는 라벨을 떼게 했다.[130]

■ **2세대**: 오늘날 많은 회사는 100퍼센트 식물, 즉 옥수수·감자·농업 폐기물 등으로 플라스틱을 만들고 사용한다. 이런 바이오플라스틱은 음식 포장재, 생수병, 심지어 컴퓨터나 휴대전화기, 자동차 부품에도 쓰인다. 이 새로운 바이오플라스틱들은 정말로 지속 가능한가? 아니면, 이것들도 단지 우리의 1회성 문화와 인프라를 강화할 뿐인가?

불행히도, 오늘날의 바이오플라스틱을 만드는 데 들어가는 농작물은 대부분 집중화된 거대 농장에서 재배된다. 엄청나게 많은 농약과 화석연료가 들어가고, 유전자조작 작물을 사용하며, 농장 노동자들에게 임금을 충분히 주지 않는다. 일부는 식용으로도 쓰일 수 있는 좋은 작물로 플라스틱을 만든다. 이런 것은 음식을 담는 1회용기보다는 음식으로 쓰이는 것이 더 마땅하지 않은가? 하지만 바이오플라스틱들은 대부분 음식용기에 쓰인다. 그리고 굳이 말하자면 분해 가능하지만, 특정 조건이 만족되는 대규모 퇴비화 공장에서만 분해된다. 나는 바이오플라스틱으로 만든 컵과 부엌도구 몇 가지를 4년 전에 내 뒤뜰의 퇴비통에 넣었는데 어느 것도 아직 분해될 기미가 보이지 않는다. 바이오플라스틱들은 일반 쓰레기와 섞여버리기 일쑤이며, 그렇지 않은 경우에는 재활용 프로그램의 운영을 혼란에 빠뜨린다. 다른 플라스틱 용기와는 매우 달라서 따로 분리해야 하기 때문이다.

바이오플라스틱이 포장재를 줄이고 1회용품 사용을 완전히 없애는 방향으로, 소규모 농장과 농장 노동자들을 지원하는 방식으로, 녹색화학의 원칙을 지키는 방식으로, 화석연료 사용을 피하는 방식으로 진정한 지속 가능성에 기여할 것인지에 대해서는 아직 결론이 나지 않았다.

재활용의 끔찍한 점

무지갯빛 이미지를 가지고 있긴 하지만, 재활용은 종종 더러운 과정이다. 물건이 유독한 물질을 포함하고 있는 경우에는 재활용을 하면 이 문제가 영속화된다. 재활용 노동자들이 유독물질에 노출되고 소비자와 주민들이 다시 한 번 잠재적인 건강상의 위협에 직면하게 된다. 물건에 유독한 물질이 들어 있지 않다고 해도, 시 차원의 대규모 재활용 프로그램에는 에너지를 많이 쓰고 쓰레기를 만들어내는 트럭과 공장이 필요하다.

재활용이라고 불린다고 해서 다 친환경이라는 뜻은 아니다. 그리고 현재의 방식에서는 대개 거대 쓰레기 처리 업체들이 재활용을 관리하는데, 이들의 시설은 재활용과 낭비 둘 다를 하고, 낭비 쪽에서 훨씬 많은 이윤을 얻는다.

게다가 재활용을 하기 위해 수거한 우리의 쓰레기 중 상당부분이 해외로 수출된다. 특히 아시아로 많이 수출되는데, 환경과 노동자 안전 기준이 덜 까다롭고 집행도 덜 철저하게 이루어지기 때문이다. 나는 플라스틱 폐기물, 중고 자동차 배터리, e폐기물, 그밖의 유독한 생활 폐기물이 방글라데시, 인도, 중국, 인도네시아 등지로 가는 것을 추적했다. 또 다양한 변장을 하고 그 시설들에 몰래 들어가, 해외로 간 미국의 폐기물에 무슨 일이 일어나고 있는지를 직접 보았다. 내가 목격한 끔찍한 광경은, 양심 있는 미국인들이 부지런히 플라스틱병을 씻고 낡은 자동차 배터리를 분리수거할 때 상상할 수 있는 광경이 결코 아닐 것이다.

재활용의 문제로 흔히 지적되는 또 다른 점은 '재활용'이 아니라 사실은 '저활용downcycling'인 경우가 많다는 점이다. 진정한 재활용은 순환 과정이어야 한다. 즉, 빈 병이 병으로 만들어지고 그 빈 병이 다시 병으로 만들어지는 식으로 말이다. 하지만 저활용은 물건이 더 낮은 등급의 물질이나 2차제품을 만드는 데 쓰인다. 이를테면, 플라스틱 물병이 카펫 뒷면이 된다. 저활용은 기껏해야 2차제품에 들어가는 천연재료의 양을 줄일 뿐, 원래의 물건을 만드는 데 들어가는 원료를 줄이지는 못한다. 사실은 어떤 제품을 '재활용 가능하다'고 광고하면 1차제품에 대한 수요가 증가해서, 아이러니하게도 더 많은 자원을 잡아먹는 경우가 생긴다.

대표적인 사례는 플라스틱이다. 플라스틱업계는 '꼬리 문 화살표' 모양의 재활용 로고를 차지하고서, 여기에 제품의 플라스틱 등급에 따라 1~9의 숫자를 붙여놓았다. 《사라진 내일》에서 헤더 로저스가 지적했듯이, "구매 의사결정을 하는 소비자는 이 플라스틱 용기들이 재활용 가능하며 그것 자체도 아마 헌것을 재처리해 만들었을 거라고 착각하게" 된다.[131] 분명히 말해두지만, 플라스틱은 '재활용'이 극히 어려우며 거의 언제나 '저활용'된다. 궁금하다면 지역의 재활용업체에 가서 수거한 빈 플라스틱병을 어떻게 하는지 물어보라. 그걸로 새 플라스틱병을 만드는지, 아니면 중국으로 보내서 2차제품을 만드는지.

폴 코넷 박사는 "재활용은 우리가 패배를 인정하는 것"이라고 말한다. "우리가 제품을 더 내구적으로 만들고, 고쳐서 사용하고, 아니면 애초에 그 제품을 사용하지 않아도 되게 만들 수 있을 정도로 똑똑하지 못하거나 신중하지 못하다고 인정하는 것이다."[132]

재활용 자체가 문제인 것이 아니라, 재활용을 지나치게 강조하는 것이 문제다. 환경 표어인 "줄여 쓰고, 다시 쓰고, 재활용하자Reduce, Reuse, Recycle"

에서 재활용이 세 번째 오는 데는 다 이유가 있다. 재활용은 물건에 대해 마지막으로 해야 할 일이지, 처음으로 해야 할 일이 아니다. 마지막 수단으로서는 재활용이 매립이나 소각보다 분명히 낫다. 그리고 나는 미국에 재활용 인프라를 마련하고 유지하기 위해 노력하는 사람들에게 경의를 표한다. 무언가를 정말로 버려야만 할 때, 다른 선택의 여지가 없는 그런 마지막 순간에, 그 재활용 인프라를 사용하자.

하지만 불행히도 재활용은 보통 마지막 수단으로 여겨지지 않고, 건전한 시민이 가져야 할 최우선의 환경적 의무로 여겨진다. 사람들은 재활용을 자신이 친환경적 실천을 한다는 첫 번째 징표로 삼는다. 미국에는 꼬박꼬박 투표를 하는 사람보다 재활용을 하는 사람이 더 많다! 내 직업에 대해 이야기할 때마다 사람들은 흔히 "아, 나는 재활용을 해요"라고 말한다. 그들이 재활용을 하는 것은 좋지만, 재활용의 한계에 대해서도 더 많이 알아야 한다. 그리고 우리의 폐기물 문제를 해결하려면 재활용 말고 해야 할 또 다른 일들이 있다는 것도 알아야 한다.

재활용의 이런 측면이야말로, 더 넓게 시스템적으로 접근하면서 광범위한 변화를 일구고자 하는 비전을 가진 사람들의 마음을 불편하게 한다. 재활용은 쉽다. 현재의 생산과 소비 시스템에 대해 근본적인 문제제기를 하지 않고도 할 수 있다. 성장지상주의 경제 모델이 장기적으로 지속 가능한지를 묻지 않고도 할 수 있다. 지구자원의 불평등한 분배에 대해 문제제기를 하지 않고도 할 수 있다. 분명히, 빈 병과 종이를 재활용통에 담는 것은 현재의 자원 추출과 물건의 생산·유통·사용 방식에 대해 근본적인 변화나 도전을 요구하지 않는다.

사실상, 재활용은 우리의 마음을 편하게 해주기 때문에, 우리가 뭔가 도움되는 일을 한다고 생각하게 만들어주기 때문에, 실제로는 지구를 망가뜨리는 생산과 소비를 지속시키고 우리의 관심을 진정한 변화를 만드는 일에서 멀어지게 하는 것은 아닌지 걱정스럽다.

재활용, 제대로 하기

그러면 재활용을 하지 말아야 하는가? 그럴 리가!

나는 우리의 쓰레기 문제에 대해 '누가 무엇에 대해 책임을 져야 하는지'를 알아내는 것이 중요하다고 생각한다. 나뭇잎이나 정원 쓰레기, 남은 음식 등 친환경 쓰레기는 소비자의 개인적인 책임에 맡겨도 좋을 것이다. 우리가 그 음식을 먹었고, 그 나무를 심었고, 적어도 그 나무의 그늘을 누렸다. 그러니 이런 폐기물을 우리 개인이, 집안의 다른 문제들을 신경 쓰는 것과 마찬가지로, 책임감 있게 처리하는 것이 무리한 일은 아니라고 생각한다. 즉, 우리는 스스로 퇴비를 만들고 시 당국에 납세자의 돈으로 운영되는 퇴비화 프로그램을 제도화하라고 요구하는 등의 활동을 할 수 있을 것이다.

그럼, 다른 종류의 쓰레기는 어떻게 할 것인가? 이 쓰레기들은, 고안하고 제조하는 과정에서 소비자인 우리가 직접적으로 영향을 미칠 수 없는, 의사결정자들의 의식적이고 의도적인 선택이 들어간 물건들이다. 이런 쓰레기들은 그것들을 디자인하고 생산하고 거기서 이윤을 얻는 사람들이 책임져야 한다.

당신이 케첩 생산자라고 치자. 재활용 가능한 유리병 대신 쥐어짤 수 있는, 플라스틱수지가 단단히 얽혀 있어서 분리해 재활용할 수 없는 용기를 만들었다면, 그 용기의 수명이 다한 뒤에 어떻게 처리할 것인지도 당신이 알아내야 한다. 당신이 프린터 생산자라고 치자. 열어서 잉크를 다시 채울 수 없는 토너카트리지를 만들었다면, 그래서 기능은 멀쩡한데도 버리도록 만들었다면, 버려진 카트리지는 당신이 책임져야 한다. 그것은 당신이 선택한 것이지, 내가 선택한 것이 아니다.

이런 '결자해지' 접근법을 일컫는 용어가 있다. 바로 '생산자 책임 재활용 제도EPR'다. 나는 이 개념을 정말 좋아한다. 이는 제품의 생산자가 제품의 전체 라이프사이클에 대해 책임져야 한다는 의미를 담고 있다. 따라서 잘못 고안된, 유독한, 분해되지 않는 물건들에 파묻히지 않기 위해 생산자들이 디자인과 생산 단계에서 개선을 하도록 동기를 부여한다. 앞에서도 언급했듯이, 정부 차원에서 이를 강제하는 제도들이 시행되고 있다. 독일의 그린도트 프로그램이나 유럽의 '폐전기전자제품 처리 지침waste electrical and electronic equipment, WEEE' 등은 이런 접근방법이 현실성 있음을 보여주는 좋은 사례다.

쓰레기 제로

진정한 재활용과 생산자 책임 재활용 제도는 더 광범위한 '쓰레기 제로' 기획에 속한다. 쓰레기 제로는 재활용을 포함하지만, 그 이상의 의미를 지닌다. 쓰레기 제로는 추출·생산·소비·폐기에 이르기까지 쓰레기가 만들어지는 전체 시스템을 보도록 한다. 이런 의미에서 쓰레기 제로는 철학이고, 전략이며, 실천의 도구다.

쓰레기 제로의 근사한 점은, "이 모든 쓰레기에 대해 내가 대체 뭘 할 수 있겠어요?"라는 자기패배적 패러다임에서 벗어나게 해준다는 점이다. 쓰레기를 불가피한 것으로 받아들이는 생각 자체에 도전하기 때문이다.

쓰레기 제로는 쓰레기 '관리'가 아니라 '제거'를 추구한다. 그래서 쓰레기 제로 지지자들은 '폐기물 관리'라는 말을 싫어한다. 그들은 쓰레기를 더 잘 관리하는 것이 아니라, 쓰레기를 제로에 가깝게 만드는 것을 목표로 한다. 비현실적이라고? 그럴지도 모르지만, 이것이야말로 올바른 목표다. 공장이 불량률 제로를, 항공사가 사고율 제로를 목표로 삼듯이 말이다. 그들도 목표에 도달하지는 못하지만, 목표가 '제로'라는 것만큼은 분명하게 이야기한다. 가령, 유나이티드에어사가 "무사고…… 아니면 뭐 그와 비슷한 것?"을 목표로 한다고 이야기하는 것을 상상할 수 있는가? 아닐 것이다. 나는 '제로'를 추구한다.

오랫동안 이곳저곳에서 '쓰레기 제로'라는 말을 써보았다. 치과 의사, 정류장에서 버스를 기다리는 사람, 비행기 옆자리에 앉은 사람 등과의 대화에서. 상대방의 반응은 대체로 '뭔 소리?'라고 묻는 듯한 표정이었다. 대부분의 사람들에게 '제로'와 '쓰레기'는 붙여서 쓸 수 있는 말이 아닌 것이다. 그래서 이 두 단어가 붙어 있으면 무슨 소린지 알 수가 없다. 우리 대부분은 쓰레기가 불가피하며 진보를 위해 치러야 할 비용이라고 배웠다.

지금도 이 말을 쓰면 늘 '뭔 소리?' 하는 눈길을 받지만, 기쁘게도 일각에서는 이 용어가 사용되기 시작했다. 《뉴스위크》는 2008년 지구의 날 특집호에서 쓰레기 제로를 '지구의 문제를 고칠 열 가지 방법' 목록에 포함시켰다. 그 기사는, 본질적으로 종이·플라스틱·알루미늄의 재활용은 출발점이긴 하지만, 너무 20세기 식이라고 말하고 있다.[133] 재활용 종이로 유독하지 않은 냅킨 등을 만드는 세븐스제너레이션의 회장 제프리 홀렌더Jeffrey Hollender는 이렇게 말했다. "쓰레기 제로는 친환경적인 의사결정들의 어머니다."[134]

'쓰레기 제로'라는 말이 점점 널리 쓰이고 언론도 호의적이지만, 나는 이 개념이 실천으로도 점점 널리 파고들기를 바란다. 다행히 이런 실천들 또한 이루어지고 있다. 쓰레기 제로에 완전히 딱 들어맞게 실행되는 곳은 없지만, 그 실천의 조각들을 가지고 있는 곳은 많다. 이런 조각들은 각 지역마다 다른 모습을 하고 있다. 쓰레기 제로는 붕어빵 모델이 아니라 각지에서 구체적인 상황에 따라 적용할 수 있는 '접근방식들의 집합'이기 때문이다.

세계반소각로연맹GAIA은 학교, 동네, 주, 국가까지 상황에 맞게 적용할 수 있는 쓰레기 제로의 아홉 가지 핵심 요소를 다음과 같이 요약했다.

1. 소비와 폐기를 줄인다.
2. 처분한 물건을 재사용한다.
3. 생산자 책임 재활용 제도의 원칙을 따른다.
4. 완전하게 재활용한다.
5. 유기물질은 완전하게 퇴비화하거나 자연 분해한다.
6. 시민이 참여한다.
7. 소각장을 금지한다.
8. 독성물질을 없애고 내구성 있고 수리가 용이한 제품을 만들 수 있도록 상류에서 제품 디자인을 개선한다.
9. 이런 시스템들을 지원하기 위해 효과적인 정책, 규제, 인센티브, 재정 구조를 마련한다.[135]

정리하면 이렇다. "상류에서 낭비를 막고 기업이 책임을 지도록 해야 한다. 그리고 하류에서 우리 각자는 쓰레기를 재사용·퇴비화·재활용해야 한다. 또한 적극적으로 참여하고 정보를 많이 알고 있는 대중과, 대중의 목소리에 귀를 기울이는 정부가 이 모든 것이 잘 돌아가게 할 정책을 만들고 시행해야 한다." 제로에 도달하려면 우리는 시스템 전체를 바라보는 접근을 해야 한다.

GAIA는 "쓰레기 제로는 기후를 보호하기 위한 가장 빠르고 싸고 효과적인 전략"이라고 언급했다. 2008년에 GAIA가 낸 보고서 《기후를 망가뜨리지 말자Stop Trashing the Climate》에 따르면, 매립장과 소각로로 들어가는 쓰레기를 대폭 줄임으로써 미국의 석탄 화력발전소 5분의 1을 폐쇄하는 것만큼의 온실가스 배출 감소 효과를 얻을 수 있다.[136]

아르헨티나의 부에노스아이레스와 로사리오, 호주의 캔버라, 미국의 오클랜드·산타크루스·샌프란시스코, 인도의 코발람 등 전세계의 많은 도시가 이미 쓰레기 제로에 기반한 정책, 목표, 실행 계획 등을 도입하고 있다. 뉴질랜드에서는 71퍼센트의 지역 당국이 쓰레기 제로를 향해 가겠다는 결의안을 통과시켰으며, 중앙정부는 이에 대한 진전을 벤치마킹할 수 있는 전국 시스템 '쓰레기 제로로 가는 이정표Milestones on the Zero Waste Journey'를 운영하고 있다.[137]

미국에서 쓰레기 제로 계획을 진지하게 세우고 적극적으로 시행한 첫 도시는 샌프란시스코다. 샌프란시스코는 2010년까지 도시 생활 폐기물의 75퍼센트를 줄이고, 2020년까지는 거의 제로로 만들 계획이다. 개빈 뉴섬Gavin Newsom 시장은 "쓰레기를 막고 전국에서 가장 훌륭한 샌프란시스코의 재활용 및 퇴비화 시스템을 완전하게 활용하려면 생산자와 소비자의 책임이 중요하다"는 점을 인식하고 있다.[138] 샌프란시스코는 현재 가정과 기업을 대상으로 미국에서 가장 강한 '재활용 및 퇴비화 법'을 운영하고 있으며, 쓰레기의 72퍼센트를 재활용 또는 퇴비화에 사용하고 있다. 이는

미국 전역에서 가장 높은 수치다.[139]

지구의 다른 편에서는, 인도 남부 연안도시 코발람이 쓰레기 제로를 향해 적극적으로 나서고 있다. 코발람은 한 세대 만에 조용한 어촌 마을에서 북적대는 휴양지로 바뀌었다. 서유럽 관광객들이 몰려들면서 쓰레기도 늘어나, 내 친구 시부 나이어의 말을 빌리면 '관광 쓰레기 투기 증후군'을 겪게 되었다. 해변, 길거리, 임시 쓰레기장은 온통 샴푸병, 선크림병, 로션병, 그리고 점점 늘어나는 물병으로 넘쳐났다. 이를 우려한 지역의 관광당국은 2000년에 소각로 건설 계획을 내놨다. 그러나 지역의 활동가들은 국제적인 e메일 캠페인을 벌여서, 전세계의 잠재적인 관광객이 "소각로가 근처에 있는 해변에는 가지 않겠다"고 코발람 관광당국에 경고하도록 했다. 당국은 지역의 환경단체들에 도움을 청했고, '쓰레기 제로 코발람'이 탄생했다.[140]

코발람의 쓰레기 제로 활동가들은 시스템에서 쓰레기를 없앨 수 있는 방법들을 찾아냈다. 사람들이 새 생수를 사지 않고 끓이거나 정수한 물을 물병에 담아갈 수 있는 식수대를 만들었다. 또 인근의 직물공장에서 나오는 자투리 직물로 재사용 가능한 헝겊가방을 만드는 노동자협동조합을 설립해서 지역의 실업자를 고용했다. 이렇게 함으로써 도처에서 볼 수 있었던 비닐봉지를 없앴다.

'쓰레기 제로 코발람'의 설립자인 자야쿠마 첼라톤 Jayakumar Chelaton은 쓰레기 사안을 정치·환경 건강·경제정의 등의 큰 문제와 연결한 것에 대해 자랑스러워했다. 그가 보기에, 쓰레기 제로 철학은 '관계'에 대한 것이다. 즉, "그것은 사람들과 공동체들에 대한 것이며, 우리가 어떤 식으로 함께 살아가기를 원하는가에 대한 것"이다.[141]

바로 이것이 내가 20여 년 전 쓰레기 문제에 대해 그렇게 열정을 갖게 된 이유다. 나는 쓰레기가 우리 세계의 모든 것과 관련되어 있음을 알게 되었고, '쓰레기' 이야기를 알아가는 과정에서 전체의 '물건' 이야기를 알게 된 것이다.

—
에
필
로
그

새로운 이야기를 쓰자

'물건 이야기' 프로젝트에 편지를 보내준 많은 사람들이 변화를 만들고는 싶지만 한 사람의 개인으로서 무엇을 해야 할지 모르겠다고 안타까워했다. 나도 한 사람의 개인에 불과하다. 우리는 각자가 다 한 사람의 개인이다. 하지만 함께 모임으로써 우리는 개인이 닿을 수 있는 범위를 훨씬 넘어서는 목적을 달성할 수 있다. 그래서 우리에게 필수적인 첫걸음은 단체, 캠페인 모임, 뜻을 같이하는 친구나 이웃 등과 함께 공동의 목적을 향해 나아가는 것이다.

시스템이 세세한 곳까지 파고들어 있다는 사실은 우리가 개입할 수 있는 지점이 많다는 의미이기도 하다. 당신이 어디에 발을 들일지 결정하려면, 당신의 관심사·흥미·재능을 생각해보고 그것과 어느 단체가 가장 잘 맞는지 찾아보기 바란다. 소비재 속의 독성물질이 우려된다면 세이퍼스테이트연합Safer States coalition과 같은, 화학물질 정책의 개혁을 요구하는 운동에 참여하거나 그런 운동을 조직하라. 건강한 식품 시스템에 관심이 많다면 공동체지원농업Community supported agriculture, CSA에 참여할 수 있을 것이다. 내 딸아이의 학교는 지역 유기농 농장 CSA가 물건들을 내리는 장소다. 당신이 사는 곳도 이렇게 될 수 있지 않겠는가? 유럽 친구들이 한 달간의 휴가나 여가에 대해 이야기하는 걸 듣는 데 진력이 났다면, 휴가를 의무화하는 법과 주당 노동시간 감축을 위한 운동에 참여하라.

현재의 시스템을 뒤집기 위해서는 할 일이 너무나 많기 때문에, 당신이 어느 사안에서 시작하는지는 중요하지 않다. 중요한 것은 당신이 하는 일이 모든 사람에게 지속 가능하고 공정한 사회를 만들려는 광범위한 목적을 향하게 하는 것이다.

패러다임 전환

경제학, 자연자원, 공업 생산 과정, 문화적 사안, 기업의 책임성, 공동체 조직화 등의 분야에서 일하는 수십 명의 동료, 전문가들과의 대화를 통해, 나는 지구에서 생태적으로 부합하는 삶의 기초를 놓을 네 가지 주요한 전환을 정리했다. 더 행복하고, 더 평등하고, 부유한 나라에 사는 사람들이 오염을 덜 일으키고 덜 낭비적이고 쓰레기를 덜 버리는 삶의 기초를 놓을 선택은 다음과 같다.

1 ★ 진보를 다시 정의하기

우리는 '측정되는 것'에 좀더 관심을 기울이는 경향이 있다. 따라서 측정 시스템을 잘 만들면 우리가 목표를 분명히 세우고 진보를 그쪽으로 향하게 하는 데 도움이 될 것이다. 오늘날 한 국가가 얼마나 잘하고 있는지를 재는 척도로 흔히 GDP가 쓰인다. 그런데 앞에서도 언급했듯이, GDP는 삶을 개선하는 경제활동(대중교통에 대한 투자 등)과 삶을 악화시키는 경제활동(대규모 소각로의 건설 등)을 구별하지 않는다. 그리고 삶을 더 달콤하게 만들어주지만 금전적인 거래를 수반하지 않는 활동(텃밭을 가꾸거나 이웃을 돕는 일 등)은 완전히 무시한다. 우리는 새로운 패러다임에 걸맞은 새로운 척도가 필요하다. 인간과 환경의 건강, 행복, 친절, 평등, 긍정적인 사회관계망, 교육, 깨끗한 에너지, 시민적 참여 등과 같은 진짜 후생의 진보를 잴 수 있는 척도 말이다. 우리가 얼마나 잘하고 있는지는 이런 것들로 재야 한다. 금전적인 경제활동 수치만으로는 측정할 수 없다.

GDP의 대안이 될 수 있는 지표들이 있다. 1980년대 후반에 '지속 가능 복지 지수Index of Sustainable Economic Welfare'가 개발되어, 지금은 '진정 진보 지

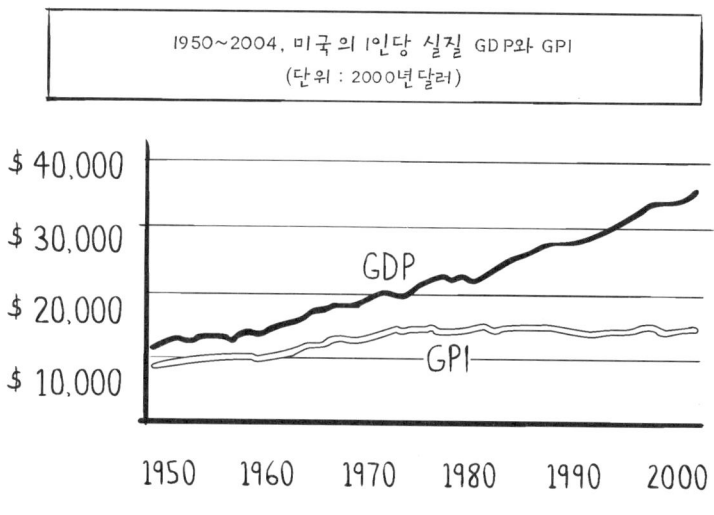

출처 : Redefining Progress, 2007

수Genuine Progress Indicator, GPI'로 발전했다. 일각에서는 GPI 또한 GDP와 마찬가지로 성장 지향 패러다임에 기초한 지표라고 비판하기도 하지만, 통상 '경제활동'이라 여겨지는 것들 외에도 공해, 자원 고갈, 여가시간, 소득 분배 등 여러 요소를 측정한다.[1] 유엔의 인간개발지수Human Development Index도 경제 성장을 넘어서 더 광범위한 목적들을 포함한다. 그리고 앞에서 언급한 국가행복지수도 있다. 이것은 '인간의 후생'과 '환경에 미치는 영향'을 합해서, 사람들이 환경과 더불어 행복하게 살 수 있는 환경 효율성을 국가별로 계산한다.

어떻게 하면 국제적·국가적·지역적 수준에서 이 대안적 지표들을 공식적인 경제 후생 지표로 사용하게 할 수 있을까? 지속가능경제센터Center for Sustainable Economy'에서 GPI 관련 일을 하는 경제학자 존 탈버스John Talberth는, 지역사회에서 지속 가능성을 위한 계획을 짜는 과정에 참여하는 것이 큰 도움이 된다고 설명한다. 지역 당국은 주요한 환경, 경제, 사회적 목적들을 설정하고 그에 대한 성과를 측정하는 데 종종 도움을 필요로 한다.[2] 지속가능경제센터나 지구경제학 등 많은 단체가 지속 가능성을 촉진하기 위한 공공계획과 법제화 과정을 모니터하고 있다. 다음 홈페이지를 참고하라! www.sustainable-economy.org/www.eartheconomics.org.

물론 우리는 측정 자체를 위한 측정을 하려는 것이 아니다. 새로운 지표들은 사람과 지구의 후생에 우선순위를 두는 목표와 정책과 시스템을 종합적으로 평가하고, 그것들에 정보를 제공할 수 있어야 한다.

2 + 전쟁 없애기

2008년 세계 각국 정부는 군사력을 증강하는 데 기록적인 돈을 썼으며, 군비 지출은 계속 증가하고 있다. 2008년 세계 군비 지출은 1조 4,600억 달러로 2007년보다 4퍼센트, 10년 전보다는 45퍼센트 늘었다. 미국이 세계 1위 군비 지출국이며, 그 다음은 중국이다.³ 전쟁비용 통계를 내는 비영리기구 국가우선순위프로젝트National Priorities Project, NPP의 추산에 따르면, 2009년 7월 현재 미국이 2001년 이래로 이라크와 아프가니스탄에서의 전쟁에 쓴 돈이 9,150억 달러다.⁴

재생 가능한 청정에너지를 만들고, 탄소 배출을 줄이고, 대중교통을 확충하고, 생산 과정에 들어가는 물질을 독성이 없는 것으로 대체하고, 오염된 곳을 정화하는 등의 일에 대해 "뜻은 좋지만 비용이 많이 들어서 안 된다"는 말을 우리는 얼마나 많이 들어왔는가. 전국가적인 의료보험, 훌륭한 공립학교 등 우리가 추구하는 사회적 선善에 대해서는 말할 것도 없고 말이다. 생명과 공동체와 환경을 파괴하는 불필요한 전쟁을 치르는 데 수십억 달러를 쓰면서 이런 이야기를 하다니, 화가 치민다.

게다가 미국이 개입하는 전쟁이 상당부분 석유에 대한 접근을 유지하기 위한 것임을 잊지 말자. 그런데 석유는 우리가 전적으로 벗어나야 할 물질이다! 전쟁에 들인 돈을 제대로 된 진짜 해결책에 썼더라면, 우리는 탈중앙집중적이고 재생 가능한 에너지를 생산할 수 있는 장비를 만들 수 있었을지도 모르고, 수백만 대의 자동차를 대신할 초고속 기차 네트워크를 만들 수 있었을지도 모르며, 당연한 말이지만 정말 많은 사람의 목숨을 구할 수 있었을지도 모른다. 앞에서도 말했듯이, 2009년 국가행복지수 1위는 코스타리카였는데, 이 나라는 1949년에 군대를 없애고 군비를 공공사회적인 목적으로 돌렸다.⁵

내가 사는 캘리포니아주는 심각한 재정위기를 겪고 있다. 뉴스를 보면 공립학교 교사들이 구조조정을 당하고, 도서관과 주립 공원들이 문을 닫고, 가난한 아이들을 위한 의료보험 예산이 삭감된다는 등의 내용이 가득

하다. 그런데 NPP에 따르면, 캘리포니아주의 납세자들이 2001년 이래로 이라크와 아프가니스탄에 들인 돈이 총 1,150억 달러로 추산된다.[6] 이 돈이면 우리는 다음과 같은 일을 할 수 있었을 것이다.

- 47,712,271명에게 1년간 의료혜택을 주거나
- 206,545,462가구에 재생 가능한 전기를 1년간 공급하거나
- 346,992채의 구매 가능한 가격대의 집을 짓거나
- 1,664,958명의 초등학교 교사를 1년간 고용하거나
- 2,070,973명의 공공안전 공무원을 1년간 고용하거나
- 1,464,132명의 항구 화물 조사원을 1년간 고용할 수 있었을 것이다.[7]

정치인들이 공공 서비스를 줄이고 지속 가능한 경제로 바꾸는 데 필요

한 자금을 대지 않으면서 '돈이 없어서'라고 핑계대는 걸 들어주는 건 이 만하면 됐다. 돈은 있다. 그것도 아주 많이 있는데, 전쟁에 낭비되고 있다. 우리의 정부가 우리의 가치와 부합하는 정책을 펴도록 만드는 것은 시민으로서 우리의 권리이고 책임이다. 나는 학교와 보건 예산을 줄이면서 전쟁에 자금을 대는 것을 용납할 수 없다. 당신도 그럴 거라고 생각한다.

3 ★ 외부성 내생화하기

이 책 전반에 걸쳐 살펴보았듯이, 기업은 우리의 물건들을 생산·운송·폐기하는 데 드는 많은 비용을 기본적으로 무시하고, 제품에 인위적으로 낮은 가격을 붙여서 소비자를 끌어들인다. 이렇게 가격표에는 반영되지 않은 '외부화된 비용'은 그러나 스트레스와 질병, 그밖의 공공건강 위협, 환경파괴, 사회의 붕괴, 미래 세대의 피해 등으로 쌓여간다.

많은 경제학자가 자유시장의 기적적인 손이 수요 공급과 가격을 조절해 모든 것이 '최적의' 균형을 이루게 될 것이라고 여전히 주장한다. 하지만 무엇을 위한 '최적'인가? 외부화된 비용을 고려하지 않음으로써 과다한 소비를 하게 되고, 다른 사람들이 우리의 생산과 소비 시스템이 유발한 비용을 부당하게 치르고 있으며, 기업 소유자들은 자신의 기업 운영이 발생시키는 비용 전체를 부담하지 않으므로 부당하게 높은 이윤을 챙기고 있다. 이것은 시장의 실패다. 시장이라는 것이 있기나 하다면 말이다.

폴 호켄은 이렇게 설명한다. "시장만 빼고는 모든 것이 우리에게 적합한 정보를 제공해준다. 우리의 대기분수계, 물 분기점, 토양, 강 생태계, 우리의 몸과 건강, 사회, 도시 빈민가, 농촌, 전세계적인 안정성의 붕괴, 자원 및 환경상의 부족으로 인한 분쟁…… 이 모든 것이, 시장 가격이 제시해줘야 마땅하지만 제시하지 않고 있는 정보를 제공해준다."[8]

사회적·생태적 손실은 명백한 것부터 계산이 불가능한 것까지 다양하다. 생산 노동자들의 암과 신경 손상, 콩고의 콜탄 산지에서 고릴라 서식지의 손실, 컴퓨터가 버려진 후의 토양과 지하수 오염 등을 모두 반영하는 컴퓨터 가격을 어떻게 설정할 것인가? 하지만 분명한 사실은, 이것들을 반영하면 가격이 엄청나게 비싸질 것이라는 점이다.

경제학자 데이브 배트커는, 외부화된 비용을 내생화하는 것도 필요하지만 이것이 해결책의 전부는 아니라고 지적한다. "기업들은 수은으로 어린아이 한 명을 중독시키는 것의 경제적 비용을 계산해서 그것을 석탄을 때서 얻는 전기요금에 더하기보다는, 수은을 방출하는 공정을 그만두어야 한다. 유독한 제품과 생산 공정을 싹 없애자. 그리고 우리를 치명적인 환경의 한계까지 몰아붙이거나 사람들의 생명과 건강권을 침해하지 않는 비용에 대해서는 내생화시켜서 시장의 실패를 바로잡자."[9]

4 ★ 물건보다 시간의 가치를 더 높이 평가하기

너무 많은 시간을 일하면 스트레스, 사회적 고립, 과다소비, 건강 문제, 심지어는 기후변화까지 유발한다는 증거가 많이 있다. 일하는 시간을 줄이는 것은 사람에게도 지구에게도 좋은 일이다. 경제학자 줄리엣 쇼어가 말했듯이, "더 지속 가능한 소비의 길을 달성하는 핵심은 생산성의 향상이 '더 많은 소득'이 아니라 '노동시간의 감소'에 복무하도록 하는 것이다."[10] 뉴아메리칸드림센터가 연구한 바에 따르면, 20~33퍼센트의 사람들이 소득을 시간으로 바꾸고 싶어 했다.[11] 그들은 '일하고-TV 보고-돈 쓰는' 쳇바퀴 돌리기에 너무 지쳐서, 물건을 좀더 살 수 있게 소득이 좀 증가하는 것보다는 스트레스를 줄이고 친구나 가족과 더 많은 시간을 보내는 것이 더 행복하다는 것을 깨달은 것이다.

하지만 일을 덜 하고 쇼핑을 줄이면 어떤 일이 벌어질 것인가? 소비가 주도하는 경제 시스템이 붕괴하지 않겠는가? 그렇다! 이 일이 하루밤새 일어난다면 말이다. 하지만 그럴 리는 없으니 걱정할 것 없다. 일과 소비를 줄이는 것은 점진적으로, 되도록 충격을 완화하는 방식으로 진행되어야 한다. 우리는 할 수 있다.

핵심은, 소비자 수요 측면과 노동 시장 측면이 함께 내려가야 한다는 것이다. 쇼어가 말했듯이, "정책적으로 잘 관리한다면, 모든 직업에서 평균 노동시간을 줄이면서 고용 기회를 확대할 수 있다."[12] 사람들이 불이익을 받지 않으면서 일을 덜 할 수 있게 하려면 점진적이고 구조적인 변화가 필요하다. 휴가 의무 법제화, 풀타임으로 일하지 않고도 경력을 발전시킬 수 있는 직업 기회, 일자리 나누기 프로그램 등과 같은 정책이 이런 변화를 진전시킬 수 있다. 유럽에는 이미 이런 구조를 구축한 나라가 많다. 예를 들어, 네덜란드와 덴마크에서는 인구의 최대 40퍼센트까지가 파트타임으로 일하는데 차별 금지법으로 보호받는다.[13]

노동시간을 줄이는 또 다른 방법은 휴가를 늘리는 것이다. 미국에서는 2주 혹은 그 이상 휴가를 갖는 사람이 14퍼센트뿐이다. 그리고 다른 127개국과는 달리, 미국에는 유급 휴가를 요구하는 법률이 없다.[14]

노동시간을 줄이는 가장 효과적인 도구를 하나 꼽으라면 아마도 풀타임 근무와 부가급부(특히 의료보험)의 분리일 것이다. 현재는 많은 사람이 일을 덜 하고 싶어도 의료보험을 잃을까 봐 그렇게 하지 못한다. 풀타임 근무와 부가급부를 분리하는 가장 좋은 방법은 전국적인 의료보험 프로그램을 만들어서, 필요한 사람은 직업에 관계없이 누구나 양질의 의료 서비스를 받을 수 있게 하는 것이다.

이것을 추진하는 한편, 단기적으로는 고용주가 노동자에 대한 의료보험

비용을 직원 수에 비례해서가 아니라 각 노동자가 일하는 시간이나 받는 임금에 연동되도록 하는 방법이 있다. 고용한 노동자 수에 따라 부가급부를 지급하면, 기업은 장시간 일하는 노동자 한 사람을 고용하는 쪽을 파트타임 노동자 두 명을 고용하는 쪽보다 선호하게 된다.

대다수의 환경 운동가들이 시스템적 관점을 결여한 나머지 의료보험 문제를 우선적인 개혁 사안으로 여기지 않고 있다. 하지만 전국적인 의료보험 프로그램은 전체적인 환경영향을 줄이는 데 매우 중요한 역할을 한다. 사람들은 의료보험을 잃지 않기 위해 풀타임으로 일할 필요가 없으므로 더 적은 시간 일하고, 더 적게 벌고, 더 적게 물건을 사고, 더 적게 버리기로, 그리고 더 많은 시간을 공동체·시민 활동과 지구를 돕는 일에 쓰기로 선택할 것이다.

새로운 세계의 모습

그러면 필요한 변화들이 이뤄진 미래 모습은 어떨까? 여기 하나의 시나리오가 있다. 내가 꿈꾸는 바와 여러 과학자 및 경제학자들이 예측한 정보들에 기반한 것이다.[15] 물론 우리 사회의 새로운 모습은 공동 노력을 통해 개발될 것이고, 이 시나리오와는 다를 수도 있다. 하지만 중요한 것은, 우리가 '무엇을 위해' 싸우고 있는지 명확한 상像을 갖는 것이다. 우리가 '맞서서' 싸우고 있는 것들이라면 우리 주위에서 잔뜩 볼 수 있으니 말이다.

2030년. 이 도시에서는 어디서나 어른들이 빨랫줄에 빨래를 널고 예전에는 주차장과 잔디밭이었던 곳에 텃밭을 가꾸는 모습과 아이들이 길에서 노는 모습이 보인다. 촘촘히 들어선 주택단지는 공동체 생활을 염두에 두고 지어졌다. 자전거 도로, 모임 장소, 과일과 채소 판매대, 그리고 예쁜 카페가 거리를 채우고 있다.

요즘은 공기가 좋다. 주된 이유는 두 가지다. 첫째, 자가용이 거의 다 사라졌다. 대신 도시의 골목마다 정확한 대중교통이 다닌다. 대중교통들은 청정한 재생 가능 에너지로 운행된다. 둘째, 오염을 유발하는 공장들이 사라졌다. 탄소, 폐기물, 오염물질에 대한 세금 3종 세트와 높은 원자재 가격, 그리고 청정산업을 지원하는 정부의 인센티브 덕분이다.

독성 화학물질 사용이 엄격하게 금지되고, 환경과 공공건강에 끼쳤던 과거의 피해를 보상해야 하기 때문에, 공장들은 더 이상 유해한 화학물질을 제품에 사용해서는 운영을 유지할 수 없다. 대신 녹색화학자들과 생체 모방 전문가들이 해롭지 않은 대안들을 개발했다. 화장품에 들어가는 파라벤과 프탈레이트부터 가구에 필요한 난연제, 장난감의 PVC까지 친환경 물질로 대체한 것이다. 비효율적이고 유독한 건물들도 개비되어, 사람들은 더 이상 자신의 집과 사무실에서 알레르기를 일으키지 않는다.

우리는 생태적으로 부합하는 경제로의 전환을 잘 진행하고 있다. 각국 정부는 생물학자·기후학자·생태학자들과 공조해서, 어느 정도의 소비와 방출 수준이 지구의 한계 내에서 지속 가능하며 사회 평등을 유지할 수 있는지 연구한다. 우리는 자연자원을 지구가 다시 채워넣을 수 있는 속도보다 더 빠르게 사용하지 않는다. 또 귀중한 자원들을 공평하고 합리적으로 분배한다. 그리고 우리는 쓰레기 제로에 거의 도달했다. 이제 과대포장은 사라져서 폐기물 양이 상당부분 줄어들었다. 유기물질 쓰레기는 퇴비화해서 땅에 영양분으로 돌려줄 수 있는 정도만 발생한다.

디자이너와 엔지니어, 기술자들은 우리가 이미 가지고 있는 자원을 활용할 방법을 계속 발명하고 개선한다. 기업은 자원 효율성을 최대화하고 낭비를 최소화하기 위해 협력한다. 그리고 한 공장의 폐기물은 다른 공장의 원료가 되는 '산업생태'가 널리 확산된다. 점점 더 많은 기업이 '노동자 소유'가 되고, 그렇지 않은 곳에서는 노조 가입이 환영받는다.

우리와 물건의 관계도 달라졌다. 추출부터 생산, 분배에 이르는 각 단계에서 외부화된 비용이 내생화되었기 때문에, 물건은 예전보다 비싸다. 우리는 우리가 사곤 했던 많은 물건이 그렇게 소유할 만한 가치가 있지 않다는 것을 알게 되었다.

지금은 시간을 들일 다른 것이 많다. 대부분의 공동체에는 활발한 지역경제가 자리를 잡아서 건전한 이윤폭으로 가격이 책정된 물건, 특히 음식과 직물, 에너지가 지역에서 조달된다. 1회용품은 극히 비싸고 드물다. 제품들은 오래가도록 만들어지고, 많은 제품이 소비자가 '구매'하기보다는 서비스 계약에 의해 장기 '임대'된다. 제품의 수명이 다하면 만든 회사가 가지고 가서 고치거나 분해해서 부품을 수거한다.

이는 예전에 비해 생산이 아니라 유지, 수리, 분해가 훨씬 중요한 고용의 원천이 되었다는 뜻이다. 우리의 과학과 기술도 그렇다. 예전같이 경제가 높은 수준으로 성장하지 않아서 풀타임 완전고용을 유지할 수는 없지만, 아무도 불평하지 않는다. 대신 파트타임으로 일하되 완전한 부가급부를 제공받으며 종종 자신이 일하는 기업의 주주로 참여하기도 한다.

자원 사용에는 세금이 붙는다. 세금 때문에 자원 가격이 비싸지므로, 사람들과 공장들은 자원을 효율적으로, 아껴 쓰게 된다. 그리고 오늘날 널리 쓰이는 진보의 척도 중 하나는 국가행복지수다. 이것은 우리가 후생을 위해 자연자원을 얼마나 효율적으로 사용하고 있는지를 나타낸다.

삶의 전반적인 속도는 더 느긋하다. "(삶의 속도는) 느리고 (환경에의 영향은)

낮게!"가 요즘 새로운 표어다. 소득은 낮아졌지만 예전 사람들은 갖지 못했던 것, 즉 시간을 우리는 많이 가지고 있다. 비만, 우울증, 자살, 암의 빈도도 줄었다. 도서관과 시민단체는 회원이 증가하고 있다. 농구나 축구 등 스포츠 클럽에 참여하는 사람도 늘고 있다. 일하는 시간과 혼자 TV 보는 시간이 줄어들면서, 사람들은 훨씬 더 많은 시간을 시민활동에 쓰게 되었다. 어느 때보다도 많이 투표를 하고 관심이 있는 사안에 대한 자원봉사와 캠페인에 참여한다. 거대 기업이 아니라 시민들이 가장 큰 영향력을 행사하고 있다. 이제 우리의 정부는 다가가기 쉽고 사람들의 목소리에 귀를 기울이므로, 우리에게는 삶을 지금보다도 더 낫게 만들 수 있는 거의 무한한 가능성이 있다. 낙관주의와 희망이 널리 퍼져 있다.

변화와 희망

기능장애를 일으키고 있는, 도저히 손댈 수 없을 것 같아 보이는 '취하고-만들고-버리는' 시스템을 보면서, 그리고 기후변화와 자연자원 손실에 대한 끔찍한 통계들을 보면서 어떻게 계속 희망을 가질 수 있는지, 사람들은 늘 나에게 묻는다. 핵심을 말하자면, 나는 아직 우리에게 희망이 있다고 믿는다. 나의 흔들리지 않는 낙관주의는, 대안적인 시스템이 있다는 것을 알고 있고, 많은 사람이 변화를 원한다면 지금과는 매우 다른 길을 함께 갈 수 있다는 것을 믿기 때문이다.

나는 지구 전역에서 생태계를 복원하고 사회 평등을 촉진하기 위해 일하고 있는 사람들을 만나왔다. 그들의 존재 자체, 그리고 그들이 추진하고 실행하는 실질적인 해결책들은, 절망과 좌절에 대한 강력한 해독제다. 그들은 대안적인 세상을 실현할 수 있는 우리의 능력을 확신하게 해준다. 우리가 필요로 하는 에너지를 재생 가능한 에너지와 에너지 절약으로 충족시킬 방법이 있고, 우리의 물건을 유독물질과 낭비 없이 만드는 것이 가능하며, 소비주의 문화를 공동체와 시민 참여 문화로 바꿀 실현 가능한 방법이 있다는 것을 알고 있는데, 어떻게 포기하겠는가?

2009년 중반에 영국의 웨일스에서 1주일 동안 여행한 적이 있다. 그곳에서 내가 보지 못해서 놀란 것이 두 가지 있다. 첫째, 광고를 거의 보지 못했다. 둘째, (이게 더 중요한데) 노숙자, 슬럼, 판자촌을 전혀 보지 못했다. 가난한 사람들은 어디에 사느냐고 물었더니, 나를 안내해준 영국의 쓰레기 전문가 앨런 왓슨은 약간 놀란 듯한 표정으로 대답했다. "여기는 사회 안전망이 강해서 미국처럼 가난한 사람이 많지 않아요." 얼마 후, 멀리 판잣집처럼 보이는 구조물이 보이길래 나는 "아, 저것이 당신네의 가난한 사람들이 사는 곳이군요?"라고 물었다. 왓슨은 이렇게 대답했다. "아니에요. 저건 캠핑카들이에요. 캐러밴공원에 휴일을 즐기러 온 사람들이죠."

차에서 내릴 때마다 왓슨은 차 문을 잠글 필요가 없다고 나에게 상기시켜줘야 했다. 차에는 캠핑 장비가 가득했고 책 원고가 담긴 노트북까지 있었는데도 말이다. "안 좋은 일은 안 생겨요." 그가 장담했다. 그리고, 그가 옳았다.

나는 나의 딸에 대해 생각했다. '안 좋은 일은 안 생겨요'의 세상에서 자란다면 얼마나 다른 경험일까? 우리는 할 수 있는 한 힘껏, 우리의 아이들과 미래 세대에 그렇게 약속해야 한다. 그렇게 하기 위해 '물건 이야기'를 다시 써야 한다면(나는 반드시 다시 써야 한다고 생각한다), 그 일을 지금 시작하자.

— 옮긴이의 글

 이 책에서 나는 overconsumption을 '과소비'라고 옮기지 않고 '과다소비'로 옮겼다. '과소비'는 자신의 소득보다 넘치게 쓰거나 사회적으로 지탄을 받을 정도의 사치를 한다는 의미로 먼저 다가온다고 생각했기 때문이다. 《표준국어대사전》도 과소비를 우리말 '지나친 씀씀이'로 표기하도록 권장하고 있는데, 이 역시 남들에 비해, 혹은 자신의 소득에 비해 '펑펑 쓰는' 개인에 대한 도덕적 비난을 담고 있는 말로 들린다. 하지만 저자가 이 책에서 말하는 overconsumption은 '자원을 지속 가능하게 공급해줄 수 있는 지구생태계의 역량' 이상으로 소비하는 것을 뜻하므로, 통상적인 의미의 '과소비'와는 구분해야 한다고 생각했다.
 과다소비는 시스템의 문제고, 전혀 '과소비'를 하지 않는 사람이라고 해도 과다소비의 시스템 속에서 살고 있는 한 과다하게 소비를 하고 있는 것이다. 정말 검소하고 의식적인 소비를 하는 저자 애니 레너드도 그렇고,

심지어 '환경에 미치는 영향을 극도로 최소화하며 살기'를 실험해본 '노 임팩트 맨' 콜린 베번도 그렇다.

보스턴 대학Boston College의 줄리엣 쇼어 교수는 이 책에 대해 "아무런 해도 끼치지 않는 것 같아 보이는 우리의 라이프스타일이 실상은 파괴와 역기능을 일으키고 있는 시스템의 일부분이라는 점"을 잘 설명했다고 평했는데, 과연 적절한 평이다.

레너드는 대학 시절에 아침이면 골목에 줄줄이 나와 있는 쓰레기봉지들이 저녁이면 말끔히 사라지는 것을 보면서, 그것들이 무엇이며 어디로 가는지 궁금했다고 한다. 우리 대부분은 쓰레기를 버리고 난 후에 그것들이 어떻게 되는지는 생각해보지 않는다. 그저 어디선가 잘 처리될 거라고 믿는다. 분리수거를 하는 경우에도 플라스틱 물병을 분리수거통에 넣으면 그게 고스란히 새 물병으로 다시 태어날 거라고 생각한다. 집에서 내놓는 (쓰레기통으로건 분리수거통으로건) 것들을 최소화하려고 애쓴다 해도, 이를테면 뼈 없는 닭고기를 사면 내 집 쓰레기에서는 닭뼈가 나오지 않지만 어디선가는 그 닭뼈가 버려진다는 사실을 별로 생각하지 않는다. 수도와 전기와 가스는 공과금 용지로만 생각하지, 석탄을 때고 석유를 퍼올리고 상하수도 처리를 하느라 엄청난 오염과 폐기물이 발생한다는 사실은 생각하지 않는다.

이런 것들을 궁금해한다 해도, 실제로 어떻게 되는지 알아보기는 쉽지 않다. 내가 개인적으로 발생시키는 쓰레기가 어느 정도인지 알아보고 싶어서 내 방과 부엌 쓰레기통에 버리는 것들을 기록해보다가, 내가 소비하기는 하지만 폐기물이 직접적으로 내 집에서 발생하지는 않는 것들을 다 알아볼 엄두가 안 나서 포기한 적이 있다. 그런데 고맙게도, 레너드가 자신이 대학 시절에 쓰레기봉지들을 보면서 느낀 궁금증을 20년 넘게 조사해 책으로 펴냈다. 내게는 이 책이 내가 번역한 책이기도 하지만, 내 궁금증을 열심히 알아보고 설명해줬다는 점에서도 퍽 의미 있는 책이다.

현재 전세계적으로 우리는 지구가 1년에 생성해내는 자원의 1.4배를 쓰고 있다고 한다. 이대로 계속 쓰려면 지구가 여러 개 더 있어야 한다. 하지만 이것은 사람들이 개인적으로 씀씀이가 헤퍼서라기보다는 시스템의 문제다. 따라서 개개인이 '제로 임팩트'를 실천하지 못한다고 해서 죄책감을 가질 필요는 없다. 커피를 한 잔 마실 때마다, 티셔츠를 새로 살 때마다, 수세식화장실을 사용할 때마다, 랩으로 포장된 닭가슴살을 살 때마다 죄책감을 느껴야 한다면 어떻게 살겠는가.

하지만 레너드는 죄책감을 느끼지 말라는 말을, 내 잘못이 아니니 그냥 이렇게 살면서 공정무역 커피를 사고 인도적으로 키운 육류를 구매하며 분리수거를 꼼꼼히 하는 정도로 내 할 몫을 다했다고 위안 삼아도 된다는 의미로 이야기하지는 않는다.

사실 어떤 면에서 요즘은 사회정의나 환경정의에 대한 '언어의 과잉' 상태다. 소비자 개개인의 '의식적인 혹은 정치적으로 올바른 구매'는 사실 시장을 통해 사회를 바꾸기보다는(물론 이런 효과도 있긴 하겠지만), 그냥 그 소비자가 '정치적으로 올바른 사회정의의 언어'를 소비하는 것에 불과한지도 모른다.

시스템의 문제를 크게 느껴서 자신의 삶을 훨씬 적극적으로 바꾼 사람들도 아직 '할 몫을 다하고' 있는 것은 아닐 수도 있다. 레너드는 다운시프트족들이 ('일하고-TV 보고-돈 쓰는' 쳇바퀴에서 벗어난 삶의 양식을 보여주는 긍정적인 측면은 있지만) 자신의 생활습관을 바꾸고 난 다음에는 그것으로 만족하고 더 이상의 '정치적인' 활동은 멈춰버리는 경우가 많다고 지적했다. 요컨대, 현재 속해 있는 시스템 속에서의 매 행동에 대해 죄책감을 느낄 필요는 없지만, 시스템을 바꾸려는 노력은 해야 한다는 것이다.

시스템을 바꾸면 개인의 책임이 아닌 것에 개인의 책임을 묻느라 헛수고하는 일을 피할 수 있다. 블로그허닷컴BlogHer.com과의 인터뷰에서 레너드는 이를 다음과 같은 비유로 설명했다. 레너드는 딸이 음식을 낭비해서 속 터지는 일이 많았다고 한다. 늘 실랑이를 벌인 문제는, 딸이 시리얼을 먹을 때 우유를 너무 많이 따라서는 다 못 먹고 버리는 것이었다. 왜 먹을 만큼만 따르지 못하느냐고 어린 딸을 늘 타박하다가, 어느 날 뭔가 구조적인 변화가 필요하다고 생각해서 시리얼 사발을 작은 것으로 바꿨다. 그것으로 문제는 해결됐다.

"이건 개인의 책임이 아닌 구조의 변화죠. 우리에게는 구조적인 제약이 분명히 있고, 그것은 사회적으로 풀어야 해요. 그렇지 않으면 징징대고, 불평하고, 부담 느끼고…… 그런 것만 반복될 거예요." 이런 사례는 이 책에 숱하게 나온다. 이를테면, 어린이샴푸에 유해한 화학물질이 들어 있지 않은지 일일이 알아보라고 엄마들을 타박하기보다는, 어린이샴푸에 유해한 화학물질을 넣지 못하도록 금지하는 법을 만들면 되는 것이다.

이 책에서 제시된 변화의 방향에는 여러 가지가 있지만, 그중에서도 중요한 것은 '나눠 쓰고 함께 쓰고 서로 돕는' 공동체 문화를 되살리는 일일 것이다. 공동체 문화를 일구는 것은 '자유를 확장하는 것'이라고도 생각할 수 있다. 공동체라고 하면 개인이 개성대로 맘껏 살 자유를 제한하기 마련이라고 생각하기 쉽지만, 꼭 그런 것은 아니다. 여기서 자유의 확장은 내가 누리고 행동할 수 있는 범위의 확장이라고 볼 수 있다. 물건에만 한정해서 보자면, 가령 내가 책 10권을 가지고 있다면 내가 누릴 수 있는 독서의 여지는 10권이다. 하지만 이웃과 책을 바꿔 보고 서로 빌려 보면 30권 정도로 늘어난다. 그리고 도서관이라는 시스템이 있으면 내가 누릴 수 있는 독서의 여지는 수만 권, 수십 만 권으로 늘어나고, 개인으로는 소장하거나 구경하기조차 쉽지 않은 절판본이나 희귀본으로까지 확장된다.

'소유'는 중요하지만, 소유만이 풍족을 누릴 수 있는 방법은 아니다. 자유를 제약하는 것으로서가 아니라 자유를 확장하는 것으로서의 공동체 문화를 시스템으로 구축할 수 있는 길은 많을 것이다. 꼭 레너드처럼 마음 맞는 친구들이 모두 한 동네에 모여살게 되지 않더라도 말이다.

어떻게 그렇게 만들어갈지, 혼란을 일으키지 않으면서 시스템을 차근차근 바꾸어나가려면 무엇을 해야 할지는 이제 우리가 논의를 통해 창조적으로 알아가야 할 일이다. 문제가 시스템이라고 하면 개인으로서는 그것을 고치는 일에 무력감을 느껴서 "아이고, 나더러 어쩌란 말이냐" 하고 지레 포기하기 쉽지만, 레너드는 그 뭘 어쩌란 말인지 알아내려면 우리가 서로 이야기하고 논의해야 한다고 말한다. 사실은 나도 지금 내가 뭘 어째야 하는지 잘 모르겠다. 그래서 더 생각해보고, 사람들과 이야기해보고, 알아볼 참이다.

부록

APPENDIX

전망 있는 정책과 개혁과 법률의 사례 | 개인적으로 할 수 있는 일들
PVC 제품의 유통업자, 제조업자, 로비스트에게 보내는 편지

APPENDIX

1
전망 있는 정책과 개혁과 법률의 사례

　물론 각각의 국가와 공동체에는 저마다 상황에 맞는 접근법이 필요하겠지만, 인간과 국가와 지구의 후생을 향상시키는 데 사용할 수 있는 정책, 규제, 법률, 프로그램은 매우 다양하다.

　이들 중 일부는 이미 시행되고 있으며, 규모만 더 커지면 된다. 어떤 것은 아직 시행되지 않고 있지만 즉시 실행에 옮길 수 있으며, 어떤 것은 어느 정도 시간을 들여서 검토한 후 실행할 수 있고, 또 어떤 것은 좀더 오랜 기간 동안 점진적으로 실행할 수 있다. 어떤 것은 단순 명쾌하지만, 어떤 것은 공정하고 사려 깊게 적용하려면 진지한 생각과 계획이 필요하다.

　여기서 몇 가지를 소개할 텐데, 이는 내가 가장 흥미로워하는 몇몇 사례일 뿐, 완전한 목록은 아니다. 앞에서 살펴본 물건 이야기의 5단계 순서대로 정리했다.

추출

1. 금·다이아몬드·석탄·콜탄 등 모든 채굴 산업 운영에서의 지속 가능성과 인권 문제에 대해, 기업들의 자율 규제에 맡기지 말고 정부가 주도하는 국제 협정과 감시 시스템을 실행하고 강화한다. '킴벌리 프로세스'는 더 강화하고 철저하게 시행한다. 그리고 다른 유형의 채굴업에 적용할 추가적인 시스템도 마련한다. 채굴 산업 운영 방식을 개혁하기 위해 노력하는 여러 단체를 참고하라(미국의 어스워크, 호주의 광물정책연구소, 인도의 '채굴, 광물, 사람' 등).
2. 캐나다의 아한대 삼림부터 인도네시아의 열대우림까지, 사라질 위기에 처한 삼림에서는 벌목을 중단한다. 다른 삼림에 대해서는, 기후 안정성을 복원하기 위해 꼭 필요한 자연삼림 보호에 우선순위를 두면서, 벌목에 엄격한 환경·인권 기준을 마련해 적용한다. 삼림관리협의회의 인증 프로그램을 강화해서 위기에 처한 삼림과 그 지역 거주민을 보호하며, 삼림의 생태적 가치를 지킨다.
3. 기후를 안정화시킬 수 있는 수준으로 온실가스 방출을 줄이려면 우리는 화석연료를 끊고 탄소 배출을 상당히 많이 줄여야 한다. 에콰도르, 나이지리아, 애팔래치아 등지의 활동가들처럼 우리도 이렇게 말해야 한다. "오일$_{oil}$(석유)을 소일$_{soil}$(땅)에 그대로 두어라, 콜$_{coal}$(석탄)을 홀$_{hole}$(구덩이)에 그대로 두어라." 이런 방향의 움직임을 촉진할 수 있는 정책으로는 다음과 같은 것들이 있다.

   ■ 자원 추출형 에너지 산업에 지급하는 정부보조금을, 지속 가능하고 청정한 에너지원을 개발하는 쪽으로 돌린다.

- 석유와 가스를 잡아먹는 차량과 고속도로에 대한 보조금을, 대중교통을 촉진하고 도시계획법을 정비하는 쪽으로 돌린다. 교외 확산을 막고 인도·자전거 도로·공공교통을 활성화해 사람들이 차를 몰지 않고도 원하는 곳에 갈 수 있도록 말이다.
- 자동차의 연료 효율성과 건물의 에너지 효율성에 대해 엄격한 지침을 만든다. 연료 효율성과 에너지 기준은 정부가 정하고 강제해야 하며, 기업의 영향력이 아니라 건전한 과학에 기반해서 설정되어야 한다. 최근 오바마 정부는 2016년까지 미국의 차량에 대해 1리터당 평균 15킬로미터의 연비를 목표로 하겠다고 발표했다. 지금도 연비가 21km/l인 차량이 있고 기술은 더 연료 효율적으로 발전할 수 있는데, 왜 15에서 멈춰야 하는가? 마찬가지로, 건물도 훨씬 에너지 효율적으로 지어서 냉방과 난방 모두를 줄일 수 있다.
- 미국은 1872년에 만들어진 낡은 광업법을 개정해, 수원水源을 보호하고 손상된 자연의 복원을 요구하며, 다른 차원의 보호를 침해하는 채굴 활동을 막는다. 워싱턴의 환경단체 어스워크는 이 낡은 법을 뒤집기 위해, 그리고 미국과 전세계의 채굴 산업 관련 환경 및 사회적 사안들을 다루기 위해 캠페인을 조직하고 있다.
- 내부의 석탄에 접근하기 위해 산 정상을 날려버리는 '정상 제거 방식' 채굴을 금지한다. 정상 제거 방식이 어떤 모습인지 보려면, 그리고 이것을 금지하는 운동에 참여하려면 www.ilovemountains.org를 참고하라
- 캐나다의 타르샌드 개발을 중단한다. 타르샌드는 중유가 모래·석회·역청과 섞여 있는 것인데, 여기에서 석유를 추출하려면 원유를 모래에서 녹여낼 수 있을 만큼 열과 증기를 가하기 위해 많은 천연가스를 태워야 한다. 또 타르샌드에서 석유 1배럴을 생산할 때마다 물 5배럴이 든다. 열대우림행동네트워크RAN에 따르면, 타르샌드 석유는 추출하고 가공하는 과정에서 일반적

인 석유보다 온실가스를 3배나 더 만들어내기 때문에 환경에 가장 해로운 유형의 석유다. RAN은 미국이 타르샌드 인프라에 투자하려고 하는 700억~1,000억 달러를 전기자동차, 충전형 하이브리드 자동차, 태양열과 풍력 에너지 등 지속 가능한 대체에너지 연구 개발에 돌리도록 요구하는 운동을 펴고 있다.

생산

1. 독성 화학물질이 이미 제품과 환경과 몸에 들어간 다음에 규제하려고 무의미한 노력을 하기보다는, 예방하는 쪽에 초점을 맞춰서 화학물질 정책을 개혁한다. 잔류성·생체축적성·독성persistent bioaccumulative and toxic, PBT 화학물질과 납이나 수은 등의 중금속을 금지한다. 미국인들은 '어린이 화학물질 안전법안'을 통과시키기 위한 노력에 참여할 수 있을 것이다. 이 법안은 종합적인 화학제품 정책을 통해 공공건강을 보호하려는 움직임으로서는 30년래 처음 있는 일이다. 캠페인에 참여하려면 www.saferchemicals.org를 방문해 서명하라.
2. 노조 결성의 자유를 지키고, 옷부터 호텔까지 모든 상품 구매에서 노조가 있는 업체를 이용함으로써 노조를 강화한다. 또한 노동자 협동조합을 지원한다. 협동조합은 민주적인 참여를 확장하며, 이윤이 지역경제에 남고 더 공평하게 분배되는 데 도움이 된다.
3. 오염을 막는 쪽에 투자할 금전적 유인이 생기도록, 오염에 대해 충분히 높은 세금을 매긴다. 그런데 심각하게 위험한 수준인 대기 중 탄소량은 350ppm으로 낮춰야 하므로(www.350.org 참고) 세금으로는 충분치 않

다. 탄소에 대해서는 이산화탄소 배출을 가장 많이 하는 곳들이 에너지 소비 시스템을 바꾸도록, 필요하다면 완전히 바꾸도록 강제하는 조치가 필요하다. 앞의 '추출' 항목에서 다룬 제안들도 이를 달성하는 데 도움이 될 것이다.

유통

1. 모든 무역협정이 지속 가능성과 평등성을 최우선 목표로 삼도록 한다. 미국에서는 '무역 개혁 책임 발전 고용 법안 2009(TRADE act, H.R. 3012)'가 통과되도록 돕는다. 이 법안은 NAFTA나 WTO 등 파괴적인 무역정책을 개선하는 데 크게 도움이 될 것이다. 자세한 정보를 얻으려면, 그리고 운동에 참여하려면 www.citizen.org/trade/tradeact를 참고하라.
2. 물건이 얼마나 긴 거리를 이동했는지에 따라 관세를 매기는 조치 등을 통해, 지역에서 생산된 것과 지역의 기업들을 지원한다. 이는 이동과 운송을 줄이고 지역경제를 도울 수 있다. 장거리 무역을 모조리 금지하려는 게 아니라, 지역 자조를 이룰 수 있도록 지역적인 생산과 유통을 강화하고, 수출 의존적인 나라가 불이익을 당하지 않고 지역 자립 경제로 전환하도록 도우려는 것이다. 장거리 운송이 필요한 물건들에 대해서는, 오염을 더 많이 일으키는 배나 비행기보다는 되도록 기차 운송을 이용한다.
3. 노동자, 공장 인근 지역 주민, 고객, 공급망 전역의 납품업체 등 모든 사람이 정보에 접근하고 의사결정 단계에서 목소리를 낼 수 있도록 투

명성과 민주주의를 촉진한다. 이를 위해 기업이 모든 공급업체를 공개하고(델과 휴렛패커드는 이렇게 하고 있다), 노동자 권리와 환경 지속 가능성이 공급망 전역에서 확실히 추구되도록 하며, 이에 대한 정보를 공개하도록 하는 법을 마련한다.

소비

1. 문화를 '탈상품화'한다. 우리의 정신적·신체적 풍경을 상업광고로부터 되찾아온다. 광고판과 그밖의 침입적인 광고를 금지한다. 어린이들을 대상으로 하는, 그리고 공공장소에서의 상업광고를 금지한다. 교과서와 교실, 그밖의 모든 교육기관에서 상업광고를 없앤다. '광고의 영향이 없는 어린 시절을 위한 캠페인'은 어린이들을 광고로부터 보호할 수 있는 정책을 마련하기 위한 활동을 하고 있다. 참여하려면 www.commercialexploitation.org를 참고하라. 커머셜얼러트www.commercialert.org도 학교, 매체, 공동체를 탈상품화하기 위한 여러 캠페인을 전개하고 있다.

2. 도서관·체육관·공원 등 공공시설에 투자해서, 주민들이 상품으로 나와 있는 것을 구매하지 않고도 필요한 것을 구하고 여가를 즐길 수 있게 한다. 시의회에 참여해 예산 우선순위에 대한 의견을 말하라. 더 좋은 것은 직접 의정활동에 나서는 것이다.

3. 자원 소비에 누진세를 적용한다. 기본적인 필요를 충족시키기 위해서는 무료로 쓰게 하고, 많은 양을 사용할 때는 많은 세금을 물린다. 예를 들어, 식수로 쓰이는 물은 공짜로 하되, SUV 자동차를 세차하거나 잔

디에 물을 주는 용도의 물은 정말 비싸게 만드는 것이다. 기본적인 필요가 어디까지인가에 대해 국제적으로 다양한 연구와 논쟁이 이루어지고 있다.

폐기

1. '생산자 책임 재활용 제도EPR'를 도입한다. 이는 제품의 수명이 다했을 때 그 처리를 생산자가 책임지도록 함으로써, 애초에 제품 쓰레기를 줄일 수 있는 더 좋은 디자인을 하도록 생산자에게 동기를 부여한다. 병 보증금 제도나 독일의 그린도트 프로그램, 미국의 여러 주에서 시행하는 컴퓨터 회수법 등 시행 사례가 이미 있다. 당신의 지역에서 EPR을 촉진하는 방법을 알아보려면 다음을 참고하라. www.productaction.org / www.productpolicy.org / www.productstewardship.us.

2. 1회용 음료수 용기나 비닐봉지 등 낭비적인 포장이나 제품을 줄이기 위해 무겁게 과세한다. 수은이나 PVC를 함유한 소비재 등 내재적으로 독성이 있는 제품들은 전면적으로 금지한다. 그린도트 프로그램, 전국적인 병 보증금 제도, 1회용 봉지 과세나 사용 금지 등을 통해 많은 나라가 쓰레기 저감의 가능성을 보여주고 있다.

3. 유기물질 쓰레기가 매립장으로 가지 않고 실질적인 퇴비화가 이루어질 수 있도록, 전국적인 퇴비화 인프라를 구축한다. 탈중앙집중적인, 즉 가정이나 이웃 수준에서의 퇴비화도 지원해, 시 행정 차원의 퇴비화 프로그램을 보완할 수 있도록 한다.

4. 모든 쓰레기의 소각을 금지한다. 소각은 필요하지 않다. 의료 폐기물,

도시 생활 폐기물, 유해 폐기물 모두에 대해 기술적으로 충분히 가능성 있고 오염을 덜 일으키는 대안이 존재한다. 소각 대신, '쓰레기 제로' 목표를 세워서 쓰레기 발생을 막고, 재사용과 재활용 프로그램에 투자해 자원을 절약하고 온실가스 배출을 줄이며 일자리를 창출한다. 쓰레기 소각이나 매립장 가스 연소에 재생 가능 에너지 조세 혜택과 탄소 배출권을 주어야 한다는 얼토당토않은 사기성 주장을 하지 못하도록 한다! 관련된 활동에 참여하려면, 세계반소각로연맹 홈페이지 www.no-burn.org 를 참고하라.

5. 생활 폐기물은 버리는 만큼 돈을 내는 시스템을 구축한다. 각 지역에서 가정이나 기업이 더 많이 버릴수록 돈을 더 많이 내는 것이다. 유해 폐기물은 발생을 막는 쪽에 초점을 맞춘다. 이것이 가능하다는 것은 '독성물질 사용 저감 연구소 www.turi.org'의 사례가 증명해준다.

기타 좋은 아이디어들

조세와 금융

1. 노동보다는 자원에 대해서 과세한다. 이는 고용주들이 자원을 절약하고 더 많은 사람을 고용하도록 동기부여를 한다.
2. 자원 채굴부터 SUV 자동차에 이르기까지, 환경을 파괴하는 활동과 제품에 대해 정부의 보조를 중단한다.
3. 가난한 나라들에 대한 부채를 탕감한다. 많은 국제 금융 대출이 채권국의 이득을 추구하는 프로젝트를 위해, 그리고 부정부패한 상황에서 이루어졌다.

기업의 책임성

1. 기업의 잘못에 대해 '유한 책임'을 보장해주는 제도를 없애고, 기업에 헌법적으로 자연인과 동일한 '(법)인격'을 부여하는 제도도 없앤다.
2. CEO의 보수에 상한을 정하는 제도를 만들고 최저임금 수준을 인상해, 미국에서 부자와 가난한 사람의 격차를 줄인다. 기업에서 최고와 최저 임금 차이가 100~200배를 넘지 못하도록 제한하는 것은 좋은 출발일 것이다(그래도 다른 나라들보다 격차가 크다). 매년 점진적으로 그 격차를 줄여, 임금 격차가 더 건전하고 공정한 비율이 되도록 한다.
3. 기업의 투명성을 강화하고 의사결정에 공공의 참여를 확대하는 규정들을 두어, 국내와 해외 모두에서 기업의 책임성을 강화한다. 미국에서는 '불법 행위에 대한 외국인 피해자 배상 청구법'을 잘 지켜서, 미국 기업이 해외에서 저지른 인권과 환경 파괴에 대해 피해자들이 소송을 제기할 수 있게 한다. 기업의 권리와 자유무역을 옹호하는 업계 조직들(전미무역협회 등)은 이 법을 무효화하거나 약화시키려고 미국 정부에 로비를 하고 있다. 이 중요한 법을 지키는 일에 동참하고자 한다면 헌법권리센터www.ccrjustice.org, 어스라이츠인터내셔널www.earthrights.org, 휴먼라이츠위치www.hrw.org 등을 참고하라.

국제적 공조와 연대

1. 문제를 일으키는 쪽이 되지 말고 해결하는 쪽이 되자. 각자 자신의 정부가 국제 환경포럼과 협정에 협력해야 한다고 주장하자. 해외 불법 폐기물 투기를 다루는 바젤협약에서부터 너무나 중요한 유엔기후협정에 이르기까지, 미국 대표자들은 각국에 강제력을 갖는 국제환경협정의 진전에 늘 반대해왔다. 수년간 국제환경협정에서 의사방해를 해온 미국이,

지구적인 환경 위협에 대해 진짜 해결책을 찾으려면, 그리고 미국이 리더십을 발휘하고 협력하는 새 시대를 열려면, 미국 정부는 적극적으로 국제 무대에서 환경 문제 해결을 촉진해야 한다. 머뭇거릴 시간이 없다. 특히 기후 문제에 대해서는 더욱 그렇다. 당신의 지역구에서 선출된 대표자에게 탄소 배출을 줄이기 위해 더 강력한 행동을 취하라고 요구하는 편지를 써라. 그리고 환경위기에는 편지쓰기를 넘어서는 행동이 필요하므로 www.350.org / www.1sky.org / www.climate-justice-now.org 등을 방문해서 그밖에 실천할 수 있는 정치적인 행동을 알아보라.

2. 파괴적인 추출, 생산, 폐기를 하는 기업들에 맞서 공동체, 노조, 환경운동가들이 국제적인 연대운동을 벌일 때, 거기에 참여하라. 특히 해외에서 그런 문제를 일으키는 공장이 당신 나라의 기업일 때는 반드시 참여하라. 남아프리카공화국의 인종차별주의에 대한 무역규제, 미얀마의 군사정권에 대한 무역규제, 보팔에서의 정의를 위한 국제 캠페인 등 국제 연대운동은 기업의 책임성 강화를 촉진하고, 산업체의 운영 방식을 개선하고, 의사결정에 지역의 참여를 증가시키고, 더 광범위한 환경적·사회적 개선을 지원하고, 국제적인 유대를 강화하는 좋은 수단이다.

APPENDIX

2

개인적으로 할 수 있는 일들

　나는 '개인이 지구를 구하기 위해 할 수 있는 열 가지 쉬운 일' 류의 제안을 하는 것을 늘 꺼려왔다. 앞에서도 말했듯이, 우리가 지구를 구할 수 있는 열 가지 쉬운 길은 없기 때문이다. 개개인에게 책임이 없다거나 개인과 가정 단위에서 더 현명하게 행동할 필요가 없다는 뜻이 아니다. 우리의 가족이나 노동자들이 입는 환경 피해를 줄이기 위해 우리가 할 수 있는 일들이 있고, 이런 행동들은 우리의 환경 발자국을 조금이나마 줄여줄 것이다. 따라서 우리는 이런 실천을 물론 해야 한다. 무슨 대단한 일이라도 한 양 거짓된 인식을 갖거나 수많은 친환경 지침을 엄격히 따르느라 지쳐 떨어지지 않는 한에서 말이다. 다시 말하자면, 더 광범위한 정치 영역에서 진정한 변화를 견인하기 위해 참여하는 것을 방해하거나 지치지 않는 선에서 이런 지침들을 실천하라.
　친환경적으로 생활하는 방법에 대한 지침은 많이 나와 있다. 이 책은 그런 책이 아니다. 하지만 〈물건 이야기〉를 본 많은 사람이 생활 속에서 실천할 구체적인 제안을 해달라고 청했으므로, 내가 실천하고 있는 몇 가지를 여기 소개한다. 이것은 모든 실천을 망라한 목록이 아니고 어떤 특정한 순서대로 적은 것도 아니다. 하지만 꽤 괜찮은 출발점이 될 수는 있을 것이다.

집에서

1. 우리의 식품으로, 몸으로, 집으로 독성물질을 배출하는 제품을 사용하지 않는다. 어떤 제품이 유해한 화학물질을 포함하고 있는지 잘 모르겠거든, 포장에 씌어 있는 고객서비스센터에 전화를 건다. 그들이 독성물질이 없다고 확실하게 밝히지 않는다면, 그 물건을 사지 않는다. 굿가이드닷컴goodguide.com에서 수천 가지 제품에 독성 화학물질이 들어 있는지에 대한 정보를 얻을 수 있다. 독성 화학물질에 대한 최신 과학 연구를 보려면 환경보건뉴스www.environmentalhealthnews.org를 참고하라. 피해야 할 주요 제품을 몇 가지 소개하면 다음과 같다.

   - 테플론 코팅 프라이팬 : 달라붙지 않게 해주는 성분은 폴리테트라플루오르에틸렌인데, 가열을 하면(프라이팬은 주로 가열을 한다) 암, 기관장애, 생식장애 등의 건강 문제와 관련된 유독가스를 배출한다.
   - PVC 장난감, PVC 샤워커튼, PVC 음식 포장 등 PVC가 들어간 모든 것 : PVC는 생산, 사용, 폐기의 모든 단계에서 가장 유해한 플라스틱이다. 그것을 집 안에 들이지 마라. PVC에 대해 자세한 내용은 www.besafenet.com/pvc/를 참

고하라.

- **폴리브롬화디페닐에테르PBDE로 처리된 매트리스, 베개, 소파, 기타 가구** : PBDE는 간, 갑상선, 신경 발달과 관련이 있는 맹독성 물질이다. 어떤 물건이든 라벨에 '난연처리'되었다는 말이 있으면 조심하라. 난연제에 대한 자세한 내용은 www.cleanproduction.org/www.greensciencepolicy.org를 참고하라. '워싱턴 독성물질 연합'이 작성한 〈PBDE에 대한 친환경 가이드〉는 유독한 난연제가 들어 있는 소비재를 피하는 법을 알려준다. www.watoxics.org/files/GreenProductGuide.pdf를 참고하라.

2. **쓰레기를 줄인다.** 가정 쓰레기는 산업 폐기물에 비하면 적은 양이긴 하지만, 우리도 할 수 있는 일은 해야 한다. 이것은 실천하기 쉽고 자원을 절약해준다. 매립장이나, 더 나쁘게는 소각로에 쓰레기가 한 봉지라도 덜 들어가는 것은 좋은 일이다. 다음과 같은 실천이 좋은 출발점이 될 것이다.

- **1회용 병, 비닐봉지, 컵, 캔의 사용을 피하라.** 몇 초만 쓰고 버리도록 되어 있는 이런 것들은 매우 낭비적이다. 약간의 계획만 미리 세운다면 아예 안 쓸 수 있는 물건들이다. 어쩔 수 없는 경우라면 너무 자책하지 말고 하나 사서 쓰되, 이를 예외적인 경우로 삼아라.
- **퇴비를 만들라.** 부엌에 음식 쓰레기 모으는 통을 따로 두고, 시에서 운영하는 퇴비화 프로그램이나 가정용 퇴비화 방식을 이용해 퇴비로 만들라. 쉽고, 유기물질이 매립장에 들어가는 것을 막아주며, 부엌 쓰레기통에서 악취가 나지 않도록 해준다. 또 화분이나 정원에 훌륭한 자연비료를 제공해 사악한 화학비료 사용을 피할 수도 있다. 도시, 시골, 교외 거주지 등 여건에 맞게 시

행할 수 있는 퇴비화 방법이 온라인에 많이 제시되어 있다. 나는 지렁이를 이용하는 것을 좋아한다. www.wormwoman.com을 참고하라.

3. 음식, 비료, 세제를 유기농으로 구입한다. 농약과 독성 화학물질이 우리의 음식, 정원, 집에 발을 붙이지 못하게 하라. 농약은 '죽이기 위해' 고안된 것임을 잊지 말자. 죽이는 것이 그것들의 임무다. 농약은 암에서부터 신경·생식 장애까지 다양한 건강 문제와 관련이 있다. 그리고 우리의 환경과 몸에 축적된다. 염소 표백제를 피하고 무독성 세제를 사용하라. 화려하게 포장된 무독성 세제 상품은 비싸지만, 식초나 베이킹소다 또는 레몬즙 같은 저렴한 재료로 대체재를 만들 수 있다. 어렵지 않으냐고? 집에서 무독성 세제 만드는 방법을 모른다면 할머니께 여쭤보거나, 방법을 알려주는 여러 웹사이트를 참고하라. 내가 가장 즐겨 이용하는 곳은 '지구를 위한 여성의 목소리www.womenandenvironment.org/campaignandprograms/safecleaning/recipes'다.

4. 에너지 사용을 줄인다. 운전을 덜 하고 비행기를 덜 타라. 빨랫줄과 자전거를 마련하라. 난방을 줄이고 스웨터를 입자. 집에서의 에너지 사용을 점검해 에너지가 어디서 누수되지는 않는지 확인하고, 누수되는 곳은 고쳐라. 에너지 절약에 대해 더 이상의 설명이 필요할까?

5. TV 코드를 뽑는다. 왜 우리에게 소비문화를 설교하는 상자 앞에 몇 시간씩 앉아 있는가? 더 재미있는 일이 많은데 말이다. 이 사실을 나는 몇 년 전에 알았다. 'TV 끄기 주간'(아이들이 1주일 동안 TV를 보지 않도록 하는 주간)의 마지막 날 내 딸이 이렇게 말했다. "이번 주에 훨씬 재밌었어. 매주 TV 끄기 주간이었으면 좋겠어." 그래서 그렇게 되었다.

6. 내가 원하는 경제를 위해 투자한다. 쇼핑을 할 때, 투자를 할 때, 은행

을 고를 때, 집안일을 도와준 사람에게 보수를 지급할 때, 그밖에 돈을 써야 하는 모든 경우에, 애써 번 돈이 내가 원하는 종류의 경제를 지원하고 있는지, 아니면 벗어나고 싶어 하는 종류의 경제를 지원하고 있는지 생각해보자. 지역에서 생산된 것, 노조가 있는 작업장에서 만든 것, 공정무역 인증이 있는 것을 구입할 수 있을 것이다. 그리고 많은 경우에, 중고를 사거나 아예 사지 않는 것이 가장 좋은 선택이다.

학교에서, 일터에서, 교회에서

앞에서 언급한 개인 단위, 가정 단위의 모든 활동은 우리가 하루 중 꽤 많은 시간을 보내는 다른 곳, 즉 학교나 일터, 교회 등에서도 적용할 수 있다. 이런 곳에서는 당신이 이미 조직이나 단체의 일원이라는 점에서 파생되는 또 다른 이점이 있다. 당신이 미칠 수 있는 잠재적인 영향력이 더 커지는 것이다. 앞에서 언급한 것 외에 학교, 일터, 단체에서 할 수 있는 친환경적 실천 방법을 몇 가지 더 소개하면 다음과 같다.

- 당신이 속한 조직이 지속 가능한 정책을 받아들이고 환경과 사회의 지속 가능성을 위해 실천하도록 만든다. 이런 정책이 조직 내에서 공개적으로, 가시적으로 지지를 받도록 한다. 회원용 소식지나 신입생, 신입회원, 신입사원 등을 위한 교육자료에 이 내용을 알려서 조직문화의 일부가 되게 한다. 또한 그 분야의 다른 조직들도 동참하도록 이끈다. 'K-12' 학교들과 함께하려면 '녹색학교 이니셔티브greenschools.net'를 참고하라. 종교단체들과 함께하려면 '녹색종교www.greenfaith.org'를 참고하라.

- 당신이 조직의 물품을 조달할 때 사용하는 돈을 지렛대로 활용하라. 일반적으로 대학, 기업체, 단체 등은 개인보다 더 많은 물건을 구매한다. 따라서 공급자들에게 더 많은 것을 요구할 수 있다. 인쇄소가 재활용 종이를 사용하도록 요구하고, 음식 케이터링 업체가 유기농 식품을 사용하도록 요구하며, 납품업체들이 포장을 최소화하도록 요구하고, 청소업체가 유독한 세제 사용을 최대한 줄이도록 요구하라. 그러면 이런 산업들도 서서히 더 좋은 운영 방식을 택하게 될 것이다.

세상을 바꾸기에 충분하지 않다는 것을 알면서도 왜 이런 일들을 해야 하는가? 개인의 행동은 다음과 같은 점들 때문에 가치가 있다.

- 개인의 실천은 대안적인 생활방식을 나타낸다. 삶의 질을 물건의 양보다 우선시하는 선택을 드러낼 때마다, 최신 제품을 구매해야만 한다는 메시지를 무시할 때마다, 우리는 또 다른 방식의 가능성을 드러내는 것이다. 우리집 지붕에는 태양열전지판이 설치돼 있다. 빨랫줄, 단열커튼 등을 달아서 에너지 사용을 줄인 후에는, 태양열전지판으로 집에서 필요한 에너지를 다 충당하고도 전기자동차를 충전할 전력까지 남는다. 나와 내 딸은 이 전기자동차로 시내를 돌아다닌다.
많은 사람이 태양열전지판과 태양열자동차를 살 여력이 안 된다는 것을 알고 있다. 그리고 이것들이 미국의 어마어마한 이산화탄소 배출량을 줄이는 데 크게 기여하지 못한다는 사실도 알고 있다. 하지만 누군가가 나에게 내 차에 대해 물어볼 때마다, 그래서 내가 "나는 주유소에 갈 필요가 없어요"라고 대답할 때마다, '가능성'에 대한 희망이 퍼진다. 현재의 산업 모델이 불가피하다는 가짜 신화를 털어버리게 해주는 것이다.

- 의식적인 소비에는 독성이 가장 적고 가장 덜 착취적인 제품을 구매하는 것, 그리고 때로는 어떤 물건을 아예 사지 않는 것 등이 포함된다. 유독물질이 든 소비재를 피하면 우리 자신과 가족이 독성에 덜 노출되고, 충분히 많은 사람이 동참한다면 생산자에게 독성물질을 넣지 말라는 메시지를 보낼 수 있다. 그러면 노동자들과 공장 지역 주민과 더 광범위한 환경에 도움이 된다. 지역에서 생산된 제품을 사면 우리의 돈이 계속 지역에서 유통되고, 지역의 일자리를 만들어내는 데 도움이 되며, 물건들이 이동하는 거리를 줄일 수 있다. 이 모든 것은 지구와 공동체에 좋은 일이다.
- 환경 피해를 줄이기 위해 행하는 개인적인 실천들은, 우리가 시스템에서 오류를 찾아내도록 도와준다. 오류가 무엇인지를 즉시 파악하게 해주는 일종의 '감지' 시스템인 것이다. 개인들이 무언가 실천해야 할 것이 있는 바로 그 지점이 시스템을 바꿀 필요가 있는 곳이다. 왜 샌프란시스코로 차를 몰고 갈 때 내는 도로통행료보다 대중교통이 더 비싼가? 시스템의 오류다! 따라서 대중교통에 공공투자와 보조금을 늘려야 한다. 왜 내가 발암물질과 독성물질이 없는 샴푸, 자외선차단제, 로션을 찾으려고 몇 시간이나 굿가이드를 들여다봐야 하는가? 시스템의 오류다! 보디케어 제품에서 독성물질을 금지하자. 그러면 몇 시간씩 알아보지 않더라도 누구나 독성물질이 없는 제품을 살 수 있을 것이다.
- 나는 사람들이 선하다고 믿는다. 우리는 옳은 일을 하길 원한다. 우리는 지구를 염려하고 전지구의 이웃을 염려하고 우리의 손자들을 염려한다. 우리의 일상에서 이루어지는 선택의 너무나 많은 부분이 지구의 건강을 해치고, 불평등을 영속화하고, 유독하다는 사실을 알면 마음이 좋지 않다. 우리가 유발하는 피해를 줄이기 위해 행하는 작은 실천들은 우리의 가치와 행위에 더 큰 고결함을 부여하고, 우리가 스스로에 대해 더 자부심을 느끼게 해준다.

이런 작은 실천들이 우리가 더 큰 그림을 보지 못하도록 방해한다면 좋은 일이 아니다. 하지만 개인의 고결함에 대해 더 큰 개념을 갖게 해주고 진정한 변화를 위해 일할 시간을 마련해준다면, 이것은 좋은 일이다.

APPENDIX

3

PVC 제품의 유통업자, 제조업자, 로비스트에게 보내는 편지

내가 아무리 애를 써도 PVC 플라스틱은 내 집에 기어들어온다. 친절한 친척이 선물한 아이 장난감이나 어린이용 바비핑크 비옷, 모르고 샀는데 포장을 뜯어보니 냄새가 딱 PVC인 물건…… 어쨌든 집에 PVC가 들어와 있다. 어떤 때는 물건에 들어 있고, 어떤 때는 포장에 들어 있다. PVC의 문제는, 일단 갖고 나면 어쩔 방도가 없다는 것이다. 중고 상점에 줄 수도 없다. 유해성을 모르는 사람이 집에 가져가서 그의 가족들에게 해를 끼치게 될 테니까. 버릴 수도 없다. PVC는 매립되거나 소각되면 유독물질이 나오니까.

그럼 어떻게 해야 할까? 나는 이 몹쓸 물건을 봉투나 상자에 넣어서 유통업체나 제조업체, 둘 다 불명확할 경우에는 PVC업계의 로비단체인 비닐인스티튜트로 보낸다. 돌려보내는 이유와 독성 플라스틱을 제조, 유통, 판매하지 말라는 요구사항을 담은 편지를 동봉한다. 구매한 곳으로 돌려

보낼 때는 항상 환불을 요구하고, 환불받은 돈은 PVC 금지를 위해 일하는 단체에 기부한다. 사용하려는 소비재에 PVC가 들어 있는지 알아보고 이 유독한 플라스틱을 없애는 운동에 참여하려면 www.besafenet.com/pvc를 참고하라.

아래는 내가 보내는 편지인데, 독자 여러분이 사용해도 좋다. 친구들에게도 보여주기 바란다. 가게들이 이런 편지를 많이 받으면, 그들도 PVC 사용과 판매를 중단하겠다고 밝힌 다른 유통·제조업체의 대열에 동참하게 될 것이다.

제조업체/유통업체/비닐인스티튜트 귀하

동봉한 것은 귀사에 되돌려보내고자 하는 비옷(핸드백, 고무오리, 바인더, 샤워커튼……)입니다. 폴리염화비닐, 즉 PVC가 들어 있기 때문입니다. PVC는 건강한 가정과 건강한 지구에 도움이 되지 않습니다. 사실, 생산·사용·폐기에 이르는 라이프사이클 전과정에서 가장 유해한 플라스틱입니다. 귀사가 PVC의 제조(유통, 판촉)을 중단하고, 대신 노동자와 공동체와 소비자와 지구에 더 안전한 물질들을 사용하기를 촉구합니다.

- **생산 단계** : PVC 생산은 노동자와 공장 인근 지역에 특히 유해합니다. PVC 생산에는 염화비닐단량체VCM가 필요한데, 이것은 폭발성 있는 위험물질입니다. 그리고 PVC 생산 과정에서는 독성 폐기물이 나옵니다. 이염화에틸렌EDC 타르가 대표적입니다. VCM도 EDC도, 어느 동네에서도 원하지 않을 물질입니다. PVC 생산에서 나오는 폐기물에는 강력한 발암물질인 다이옥신이 포함돼 있는 것으로 나타났습니다. 다이옥신은 이 폐기물이 매립되거나 소각되는 곳으로도 퍼집니다. 내재적인 유해성 외에도, PVC

생산에는 심지어 더 유독한 화학첨가제가 들어갑니다. PVC를 다양한 용도로 쓸 수 있게 가공하기 위해서입니다. 프탈레이트 등의 가소제가 제품을 더 유연하고 다루기 쉽게 만들기 위해 첨가되고, 납이나 카드뮴 같은 중금속이 안정화제로 첨가되며, 다른 첨가물들을 곰팡이나 녹이 부식시키지 않도록 제균제가 첨가됩니다.

- **사용 단계** : PVC에 들어간 화학첨가물은 플라스틱에 달라붙어 있지 않고 시간이 지나면 공기 중으로 방출됩니다. PVC에서 새 자동차 냄새가 자주 나고, PVC 창틀이나 블라인드에서 납 먼지가 자주 발견되는 것도 그 때문입니다. PVC에 가장 흔하게 쓰이는 가소제는 DEHP인데, 암과 내분비계 교란을 일으키는 물질로 의심받고 있습니다. 지구상 어디에 살든지, 검사를 받은 모든 생명체에서 이것이 검출되었습니다. 이 물건을 집으로, 학교로, 일터로 가지고 오면 우리도 이런 독소를 몸에 갖게 됩니다.

- **폐기 단계** : PVC가 연소될 때마다 다이옥신과 산성 가스가 나옵니다. 버려진 PVC가 개방형 화로나 소각장으로 가게 될 때 이런 일이 발생하지요. 건물에 불이 나도 다이옥신과 산성 가스가 발생합니다. 건설자재로 PVC가 널리 쓰이고 있기 때문입니다. PVC가 매립장에 버려지는 경우에는 첨가물들이 환경으로 방출됩니다. 그리고 매립장에서도 화재가 자주 발생하므로 역시 연소와 관련한 위험이 있습니다.

재활용은 해결책이 아닙니다. PVC 재활용은 기술적으로 어렵고 경제적으로도 타당성이 없으며 공기 중에 다양한 독성물질을 방출하기 때문에 오염을 일으킵니다. 더 근본적인 문제로, 유해한 물질을 재활용하면 유해성을 영속화시키는 셈이 됩니다. PVC처럼 특히나 해로운 물질은, 그것을 어떻게 다시 사용할까를 연구하지 말고 사용을 줄여야 합니다.

PVC에 대해 좋은 소식은, 이것이 우리에게 필수불가결한 물질이 아니라는 점입니다. 대안적인 물질이 존재합니다. 지난 몇 년간 PVC가 몰아낸 유리, 면, 금속, 종이, 세라믹, 가죽, 목재, 그리고 덜 해로운 플라스틱에 이르기까지 말입니다. 나이키, 이케아, 소니, 보디숍, 10여 개의 자동차업체, 심지어는 월마트까지 세계의 많은 기업이 그들의 제품에서 PVC를 완전히 제거하거나 줄이는 조치를 취해왔습니다.

PVC의 유해성을 아시면서, 또 대안이 존재한다는 것을 아시면서, 귀사는 왜 계속 이 물질을 사용(유통, 판촉)하십니까? 위에 언급한 회사들이 공동체와 노동자와 환경의 건강 편에 설 수 있었다면, 귀사도 할 수 있습니다. PVC에 대한 귀사의 입장을 분명히 밝히는 답신을 주시기 바랍니다. 특히 귀사의 운영에서 PVC를 없앨 구체적인 계획과 일정이 있는지 알고 싶습니다. 답신을 기다리겠습니다.

_ ○○○ 드림

프롤로그

1. Ken Stier, "Fresh Kills: Redeveloping one of the biggest landfills in the world," *Waste Management World*, December 2007 (waste-management-world.com/display_article/314941/123/ARCHI/none/none/1/Fresh-Kills/).
2. Tim Jackson, "What Politicians Dare Not Say," *New Scientist*, October 18, 2008, p. 43.
3. 2050년 목표치의 '5배가 넘는' 이산화탄소 배출량이라는 내용은, 저명한 과학자들이 2050년까지 이산화탄소 배출량을 80퍼센트 줄여야 한다고 제안한 내용에 토대를 둔 것이다. 상세한 내용은 다음을 참고하라. "Global Warming Crossroads: Choosing the Sensible Path to a Clean Energy Economy," Union of Concerned Scientists, May 2009 (ucsusa.org/global_warming/solutions/big_picture_solutions/global_warming_crossroads.html).
4. "More than Half the World Lives on Less than $2 a Day," Population Reference Bureau (prb.org/Journalists/PressReleases/2005/MoreThanHalftheWorldLivesonLessThan2aDayAugust2005.aspx), citing data from the World Bank's *World Development Report 2000/2001*.
5. Interview with Jeffrey Morris, May 2009.

1장 | 추출

1. Paul Hawken and Amory L. Hunter, *Natural Capitalism* (New York: Little Brown & Co., 1999), p. 50.
2. Washington State official website: wa.gov/esd/lmea/sprepts/indprof/forestry.htm.
3. Bill Chameides, "Pulse of the Planet: U.S. Whiffs on Climate Change While Rain Forests Burn," *The Huffington Post*, July 14, 2008 (huffingtonpost.com/bill-chameides/pulse-of-the-planet-us-wh_b_112588.html).
4. Charles Czarnowski, Jason Bailey, and Sharon Bal, "Curare and a Canadian Connection," *Canadian Family Physician*, vol. 53, no. 9, September 2007, pp. 1531-32.

(pubmedcentral.nih.gov/articlerender.fcgi?artid=2234642).
5. Peter Rillero, "Tropical Rainforest Education" (ericdigests.org/2000-1/tropical.html).
6. Ibid.
7. "Cancer Cured by the Rosy Periwinkle," The Living Rainforest (livingrainforest.org/about-rainforests/anti-cancer-rosy-periwinkle).
8. Ibid.
9. "Rainforest Facts," Raintree (rain-tree.com/facts.htm). '레인트리(Raintree)'는《열대우림 식물의 치유 효과 The Healing Power of Rainforest Herbs》(Square Garden City Park One Publishers, 2005)의 저자이자 열대우림 식물을 판매하는 '레인트리 뉴트리션' 설립자인 레슬리 테일러(Leslie Taylor)가 만든 정보 제공 사이트다.
10. Ibid.
11. Global Diversity Outlook, Secretariat of the Convention on Biological Diversity, United Nations Environment Programme, 2001, p. 93 (cbd.int/gbo1/gbo-pdf.shtml).
12. "About Rainforests," Rainforest Action Network (ran.org/new/kidscorner/about_rainforests/forests_of_the_world_map/).
13. Don E. Wilson and DeeAnn M. Reeder (eds.), Mammal Species of the World: A Taxonomic and Geographic Reference, 3rd. ed. (Baltimore: Johns Hopkins University Press, 2005); 버크넬 대학 '세계 포유류 종 데이터베이스(Mammal Species of the World, bucknell.edu/msw3/browse.asp?id=14000691)에서 볼 수 있다.
14. "Promoting Climate-Smart agriculture" Food and Agriculture Organization of the United Nations (fao.org/forestry/28811/en/).
15. Condition and Trends Working Group of the Millennium Ecosystem Assessment, Ecosystems and Human Well-Being: Current States and Trends, vol. 1 (Washington, D.C.: Island Press, 2005), p. 2.
16. "The Economics of Ecosystems and Biodiversity," European Commission (ec.europa.eu/environment/nature/biodiversity/economics/).
17. Richard Black, "Nature Loss 'Dwarfs Bank Crisis,'" BBC News, October 10, 2008 (news.bbc.co.uk/2/hi/science/nature/7662565.stm).
18. "Deforestation and net forest area change," Food and Agriculture Organization of the United Nations (fao.org/forestry/30515/en/).
19. State of the World's Forests 2007, Food and Agriculture Organization of the United Nations (fao.org/docrep/009/a0773e/a0773e00.htm).
20. "Old Growth," Rainforest Action Network (ran.org/what_we_do/old_growth/about_the_campaign/).
21. State of the World's Forests 2007.
22. Allen Hershkowitz, Bronx Ecology (Washington, D.C.: Island Press, 2002), p. 75.
23. Stephen Leahy, "Biofuels Boom Spurring Deforestation," Inter Press Service, March 21,

2007 (ipsnews.net/news.asp?idnews=37035).
24. Jack Kerouac, *The Dharma Bums* (New York: Viking Press, 1958; Penguin Books, 1976), pp. 225-26.
25. John Muir, *My First Summer in the Sierra* (Boston: Houghton Mifflin, 1911; Sierra Club Books, 1988).
26. "Forestry; Wood; Pulp and Paper: ILO Concerns," International Labour Organization (ilo.org/public/english/dialogue/sector/sectors/forest/concerns.htm).
27. Leahy, "Biofuels Boom Spurring Deforestation."
28. "Common and Uncommon Paper Products," TAPPI (tappi.org/paperu/all_about_paper/products.htm). TAPPI는 전세계 펄프, 종이, 지류 가공업계의 기술협회다.
29. "Facts About Paper," Printers National Environmental Assistance Center (pneac.org/sheets/all/paper.cfm).
30. "Environmental Trends and Climate Impacts: Findings from the U.S. Book Industry," Book Industry Study Group and Green Press Initiative (ecolibris.net/book_industry_footprint.asp).
31. "Forest Products Consumption and Its Environmental Impact" Sierra Club (sierraclub.org/sustainable_consumption/factsheets/forestproducts_factsheet.asp).
32. "Good Stuff? Paper," Worldwatch Institute (worldwatch.org/node/1497).
33. "What are some ways to save paper at the office?" *E/The Environmental Magazine*, October 18, 2004 (enn.com/top_stories/article/186).
34. "Recycling Facts and Figures," Wisconsin Department of Natural Resources, 2002 (dnr.state.wi.us/org/aw/wm/publications/).
35. International Institute for Environment and Development, *A Changing Future for Paper: An Independent Study on the Sustainability of the Pulp and Paper Industry* (Geneva: World Business Council for Sustainable Development, 1996), p. 4 (wbcsd.org/web/publications/paper-future.pdf).
36. Environmental Paper Network website: environmentalpaper.org.
37. "ForestEthics Junk Mail Campaign," fact sheet, Forest Ethics (forestethics.org/downloads/dnm_factsheet.pdf).
38. Ibid.
39. "Recycle City: Materials Recovery Center," U.S. Environmental Protection Agency (epa.gov/recyclecity/print/recovery.htm).
40. *FCS-US: Leading Forest Conservation and Market Transformation*, Forest Stewardship Council (fscus.org/images/documents/FSC_prospectus.pdf).
41. Personal communication with Todd Paglia, November 2008.
42. "What Percentage of the Human Body is Water?" *The Boston Globe*, November 2, 1998 (boston.com/globe/search/stories/health/how_and_why/011298.htm).

43. Personal communication with Pat Costner, August 2009.
44. "Fascinating Water Facts," Agua Solutions (aguasolutions.com/facts.html).
45. John Vidal, "UK gives £50m to Bangladesh climate change fund," *The Guardian* [UK], September 8, 2008 (guardian.co.uk/world/2008/sep/08/bangladesh.climatechange).
46. Seth H. Frisbie, Erika J. Mitchell, Lawrence J. Mastera, et al., "Public Health Strategies for Western Bangladesh That Address Arsenic, Manganese, Uranium, and Other Toxic Elements in Drinking Water," *Environmental Health Perspectives*, vol. 117, no. 3, March 2009 (ehponline.org/docs/2008/11886/abstract.html).
47. Amie Cooper, "The Lawn Goodbye," *Dwell Magazine*, February 26, 2009 (dwell.com/articles/the-lawn-goodbye.html).
48. "Cleaner Air: Gas Mower Pollution Facts," People Powered Machines (peoplepoweredmachines.com/faq-environment.htm).
49. Cooper, "The Lawn Goodbye."
50. Rebecca Lindsey, "Looking for Lawns," *NASA Earth Observatory*, November 8, 2005 (earthobservatory.nasa.gov/Features/Lawn/printall.php).
51. "Productgallery: Paper," Water Footprint Network (waterfootprint.org/?page=files/productgallery&product=paper).
52. "Productgallery: Cotton" Water Footprint Network (waterfootprint.org/?page=files/productgallery&product=cotton).
53. "Productgallery: Coffee" Water Footprint Network (waterfootprint.org/?page=files/productgallery&product=coffee).
54. "Siemens Offers Tips for Manufacturers to Reduce Their Water Footprint," PRNewswire/Reuters, August 17, 2009 (reuters.com/article/pressRelease/idUS142222+17-Aug-2009+PRN20090817).
55. "Where Is Earth's Water Located?" U.S. Geological Survey (ga.water.usgs.gov/edu/earthwherewater.html).
56. Ibid.
57. Ger Bergkamp and Claudia W. Sadoff, "Water in a Sustainable Economy," *State of the World 2008* (Washington, D.C.: The Worldwatch Institute, 2009), p. 107.
58. Ibid., p. 108.
59. World Health Organization and UNICEF, *Water for Life: Making It Happen* (Geneva: WHO Press, 2005), p. 5.
60. "Human Appropriation of the World's Fresh Water Supply," University of Michigan Global Change Program (globalchange.umich.edu/globalchange2/current/lectures/freshwater_supply/freshwater.html).
61. Bergkamp and Sadoff, "Water in a Sustainable Economy," p. 108.
62. Maude Barlow, "A UN Convention on the Right to Water—An Idea Whose Time Has

Come," Blue Planet Project, November 2006 (blueplanetproject.net/documents/UN_convention_MB_Dec06.pdf).
63. "Running Dry," *The Economist*, August 21, 2008. The quote "water is the oil of the 21st century" was from Andrew Liveris, the chief executive of Dow Chemical Company.
64. "The Soft Path for Water," Pacific Institute (pacinst.org/topics/water_and_sustainability/soft_path/index.htm).
65. "Virtual Water' Innovator Awarded 2008 Stockholm Water Prize," Stockholm International Water Institute (siwi.org/sa/node.asp?node=25).
66. 인용문은 '물 발자국(Water Footprint)' 홈페이지를 참고하라. (waterfootprint.org/?page=files/home)
67. Bergkamp and Sadoff, "Water in a Sustainable Economy," p. 114.
68. "Dublin Statements and Principles," Global Water Partnership (gwpforum.org/servlet/PSP?iNodeID=1345).
69. Ray Anderson, "The business logic of sustainability," TED talk filmed February 2009, posted May 2009 (ted.com/talks/ray_anderson_on_the_business_logic_of_sustainability.html).
70. *Dirty Metals: Mining, Communities, and the Environment*, Earthworks and Oxfam America, 2004, p. 4 (nodirtygold.org/pubs/DirtyMetals.pdf).
71. "Bingham Canyon Mine," Wikipedia (wikipedia.org/wiki/Bingham_Canyon_Mine).
72. *Rich Lands Poor People: Is Sustainable Mining Possible?* Centre for Science and the Environment, 2008, p. 1 (cseindia.org/programme/industry/pdf/miningpub.pdf).
73. *Dirty Metals: Mining, Communities and the Environment*, p. 4.
74. Ibid.
75. Ibid.
76. "Mining: Safety and Health," International Labour Organization (ilo.org/public/english/dialogue/sector/sectors/mining/safety.htm).
77. "Mineworkers Rights," GRAVIS (gravis.org.in/content/view/26/46/).
78. "1872 Mining Law," Earthworks (earthworksaction.org/1872.cfm).
79. Ken Geiser, *Materials Matter* (Boston: MIT Press, 2001), p. 170.
80. Ibid.
81. "H.R. 699: Hardrock Mining and Reclamation Act of 2009," Congressional Research Service summary, GovTrack (govtrack.us/congress/bill.xpd?bill=h111-699&tab=summary).
82. Radhika Sarin, *No Dirty Gold: Consumer education and action for mining reform* (Washington, D.C.: Earthworks, 2005), pp. 305-6.
83. "Why a Campaign Focused on Gold?" No Dirty Gold (nodirtygold.org/about_us.cfm).
84. "Poisoned Waters," No Dirty Gold (nodirtygold.org/poisoned_waters.cfm).
85. "Cyanide process," *Encyclopaedia Britannica* (britannica.com/EBchecked/topic/147730/cyanide-process).

86. "The Gold Discovery That Changed the World: Coloma, California, 1848," Coloma Valley website, adapted from *Discover Coloma: A Teacher's Guide*, by Alan Beilharz (coloma.com/gold/).
87. Pratap Chatterjee, *Gold, Greed and Genocide* (Berkeley, Calif.: Project Underground, 1998).
88. "NIH Mercury Abatement Program," National Institutes of Health, Office of Research Facilities (orf.od.nih.gov/Environmental+Protection/Mercury+Free/).
89. Rebecca Solnit, "Winged Mercury and the Golden Calf," *Orion*, September/October 2006 (orionmagazine.org/index.php/articles/article/176/).
90. "The Golden Rules," No Dirty Gold (nodirtygold.org/goldenrules.cfm).
91. "Combating Conflict Diamonds," Global Witness (globalwitness.org/pages/en/conflict_diamonds.html).
92. "Leaders of diamond-fuelled terror campaign convicted by Sierra Leone's Special Court," press release from Global Witness, February 26, 2009 (globalwitness.org/media_library_detail.php/723/en/leaders_of_diamond_fuelled_terror_campaign_convicted_by_sierra_leones_special_court).
93. Ibid.
94. Ibid.
95. "The Kimberley Process," Global Witness (globalwitness.org/pages/en/the_kimberley_process.html).
96. "Conflict Diamonds: Sanctions and War," United Nations (un.org/peace/africa/Diamond.html).
97. *Loupe Holes: Illicit Diamonds in the Kimberley Process*, Partnership Africa Canada and Global Witness, November 2008, p. 1 (globalwitness.org/media_library_detail.php/674/en/loupe_holes_illicit_diamonds_in_the_kimberley_proc).
98. "Tantalum," *Encyclopaedia Britannica* (britannica.com/EBchecked/topic/582754/tantalum). 이 백과사전에는 다음과 같이 나와 있다. "탄탈은 (1802년에) 스웨덴의 화학자 안데르스 구스타프 에셰베리가 발견했으며, 산화물이 과잉의 산에 의해서도 침식되지 않는 성질 때문에 그리스 신화에 나오는 탄탈루스의 이름을 따 명명했다."
99. "Congo's Tragedy: The war the world forgot," *The Independent* [UK], May 5, 2006 (independent.co.uk/news/world/africa/congos-tragedy-the-war-the-world-forgot-476929.html).
100. Ibid.
101. Ibid.
102. Ibid.
103. *Faced with a Gun, What Can you Do? War and the Militarisation of Mining in Eastern Congo*, Global Witness, July 2009. 2007년과 2008년 상반기의 광물 수출 통계표는

90페이지에서 볼 수 있다. (globalwitness.org/media_library_detail.php/786/en/global_witness_report_faced_with_a_gun_what_can_yo).
104. "Congo's Tragedy: The war the world forgot."
105. Jack Ewing, "Blood on Your Phone? Unlikely It's 'Conflict Coltan,'" *Der Speigel Online International*, November 18, 2008 (spiegel.de/international/world/0,1518,591097,00.html).
106. Larry Greenemeier, "Trashed Tech: Where Do Old Cell Phones, TVs and PCs Go to Die?" *Scientific American*, November 29, 2007 (scientificamerican.com/article.cfm?id=trash-tech-pc-tv-waste).
107. American Chemical Society, *Chemistry in the Community*, 5th ed. (New York: W. H. Freeman, 2006), p. 176.
108. Ibid.
109. "The Next 10 Years are Critical—The World Energy Outlook Makes the Case for Stepping up Co-operation with China and India to Address Global Energy Challenges," press release from the International Energy Agency, November 7, 2007 (iea.org/press/pressdetail.asp?PRESS_REL_ID=239).
110. Steve Connor, "Warning: Oil supplies are running out fast," *The Independent* [UK], August 3, 2009 (independent.co.uk/news/science/ warning-oil-supplies-are-running-out-fast%C2%AD1766585.html).
111. Ibid.
112. Ibid.
113. Lou Dematteis and Kayna Szymczak, *Crude Reflections: Oil, Ruin, and Resistance in the Amazon Rainforest* (San Francisco: City Lights Publishers, 2008), pp. 6-18.
114. "Carbon plan in Ecuador would leave jungle oil reserves untapped," *Yale Environment 360*, Yale School of Forestry and Environmental Studies (e360.yale.edu/content/digest.msp?id= 1897).
115. Haroon Siddique, "Pay-to-protect plan for Ecuador's rainforest on the brink," *The Guardian* [UK], October 9, 2008 (guardian.co.uk/environment/2008/oct/09/endangeredhabitats.endangeredspecies).
116. Ibid.
117. Jess Smee, "Oil or Trees? Germany Takes Lead in Saving Ecuador's Rainforest," Sustainable Development Media Think Tank, June 24, 2009 (sustainabilitank.info/2009/06/24/will-germany-go-for-the-oil-of-ecuador-or-for-the-trees-as-credits-for-its-own-pollution-who-are-the-future-good-samaritans/).
118. "The Ogoni Bill of Rights," Movement for the Survival of the Ogoni People, October 1990 (mosop.org/ogoni_bill_of_rights.html).
119. Andrew Walker, "Fresh start for Nigerian oil activists?" BBC News, August 11, 2008 (news.bbc.co.uk/2/hi/africa/7509220.stm).

120. "Shell in Nigeria: What Are the Issues?" Essential Action (essentialaction.org/shell/issues.html).
121. Andy Rowell, "Secret papers 'show how Shell targeted Nigeria oil protests,'" *The Independent* [UK], June 14, 2009 (independent.co.uk/news/world/americas/secret-papers-show-how-shell-targeted-nigeria-oil-protests-1704812.html).
122. "Ken Saro-Wiwa's closing statement to the Nigerian military-appointed special tribunal," *Southern Africa Report*, vol. 11, no. 2, January 1996 (africafiles.org/article.asp?ID=3906). 켄의 최후진술 전문은 다음과 같다. "우리는 모두 역사 앞에 서 있다. 나는 평화를 사랑하며 새로운 생각으로 넘치는 사람이다. 풍부한 자원을 가진 땅에 사는 우리 오고니 사람들이 극도의 빈곤에 시달리는 것에 경악을 금치 못해서, 이들이 정치적으로 주변화되고 경제적으로 질식사당하는 것에 충격을 받아서, 이들의 궁극적인 유산인 땅이 황폐화되는 것에 분노해서, 삶과 존엄성에 대한 권리를 너무나도 지키고 싶어서, 이 나라의 모든 인종과 모든 사람을 보호하고 모두에게 합당한 인간의 문명생활을 공정하게 제공할 정의로운 민주주의 시스템을 주장하기 위해서, 나의 지적 자원·물질적 자원을, 내 삶(life) 자체를 내가 전적으로 믿고 있는 대의를 위해 바쳐왔다. 그리고 이 대의는 어떤 위협이나 협박으로도 꺾을 수 없다. 나의 대의가 궁극적으로 성공하리라는 것을 추호도 의심하지 않는다. 우리의 여정에서 내가, 그리고 이 대의를 함께 믿는 사람들이 어떤 난관에 맞닥뜨리더라도 말이다. 감옥에 갇히고 죽는다 해도 우리의 궁극적인 승리는 꺾이지 않는다. 다시 한 번 말하지만, 우리는 모두 역사 앞에 서 있다. 법정의 심판에 처한 사람은 나와 내 동료들만이 아니다. 쉘석유도 법정에 서 있다. 아마도 서류가방을 든 변호인단이 쉘을 변호하고 있을 것이다. 이번 소송은 잘 피해갔지만 그날은 틀림없이 올 것이고, 쉘은 중요한 교훈을 얻을 것이다. 이 회사가 (니제르) 삼각주에서 벌인 생태학적 전쟁에 대해 곧 문제제기가 이루어질 것이고, 이 전쟁의 범죄자들은 상응하는 대가를 치르게 될 것이기 때문이다. 쉘이 오고니 사람들을 상대로 벌인 추악한 전쟁범죄도 처벌받을 것이다. 나이지리아 정부(현재 정권을 쥐고 있는 자들과 그 하수인들)도 심판대에 올라 있다. 나이지리아 정부가 오고니 사람들에게 한 것과 같은 짓을 약하고 힘없는 자들에게 할 수 있는 국가는, 외부로부터의 독립과 자유를 주장할 수 없을 것이다. 나는, 군사정권 통치하에서는 이러기 마련이라며 불의와 억압에 저항하지 않는 사람들과는 다르다. 군사정부는 혼자 행동하지 않는다. 그들은 정치인, 변호사, 판사, 학자, 기업인 등의 지원을 받고 있다. 이들 모두는 그저 자신이 할 일을 하고 있을 뿐이라고 변명하면서 뒤로 숨는다. 이들은 오물 묻은 바지를 빨기 두려워한다. 오, 신이여! 우리 모두는 심판대에 있다. 우리나라를 황폐화하고 우리의 미래 세대를 암울하게 만든 것에 대해서 말이다. 비정상적인 것을 인정하고, 이중잣대를 받아들이고, 공개적으로 거짓말을 하고, 불의와 억압을 용인하면서, 우리는 교실에 아이들이 못 오게 하고, 병원이 무너지게 하고, 사람들을 배곯게 하고, 더 높은 삶의 질과 진실과 정의와 자유와 성실한 노동을 원하는 사람들을 노예로 만드는 투표를 한다. 오늘의 모습은 아직 태어나지 않은 세대들에서도 되풀이되고 또 되풀이될 것이다. 어떤 사람들은 이미 사악한 악당이나 비극적인 희생자의 역할에 빠져버렸지만, 또 다른 사람들은 아직 스스로를 구원할 기회를 가지고 있다. 선택은 각자에게 달렸다. 니제르 삼각주 문제의 대단원이 곧 도래할 것이다. 이 심판의 의제는 정해져 있다. 결말로 가는 길이 내가 지지하는 평화로운 길일지 아닐지는 우리를

억압하는 자들의 결정에 달려 있다. 그들의 결정이 대중들에게 어떤 신호를 보내는지에 달려 있다. 내가 직면한 허위 죄목에서의 결백함으로, 그리고 나의 신념으로, 나는 오고니 사람들, 니제르 삼각주의 사람들, 그리고 나이지리아의 억압받는 소수인종 사람들이, 그들의 권리를 위해 바로 지금 일어나서 두려움 없이 평화롭게 싸우기를 촉구한다. 역사는 이들의 편이다. 신은 이들의 편이다. 코란의 수라 42장 41절은 이렇게 말하고 있지 않은가. '억압받을 때 싸우는 사람들은 죄를 짓는 것이 아니다. 알라는 억압하는 자들을 벌할 것이다.' 그날은 온다."

123. Stephen Kretzmann, "Shell's Settlement Doesn't Hide Unsettling Reality in Nigeria," *The Huffington Post*, June 10, 2009 (huffingtonpost.com/stephen-kretzmann/shells-settlement-doesnt_b_213352.html).

124. "The Case Against Shell," Center for Constitutional Rights and EarthRights International (wiwavshell.org/the-case-against-shell/).

125. Jad Mouawad, "Shell to Pay $15.5 Million to Settle Nigerian Case," *The New York Times*, June 8, 2009 (nytimes.com/2009/06/09/business/global/09shell.html?_r=1&ref=global).

126. Shai Oster, "Shell to Start Talks with Nigeria," *The Wall Street Journal*, May 31, 2005, page A7.

127. "The Ogoni Issue," Shell Oil (shell.com/home/content/nigeria/about_shell/issues/ogoni/ogoni.html).

128. *Oil for Nothing: Multinational Corporations, Environmental Destruction, Death and Impunity in the Niger Delta*, a U.S. nongovernmental delegation trip report, September 6-20, 1999, p. 18 (essentialaction.org/shell/Final_Report.pdf).

129. "Bowoto v. Chevron Case Overview," Earth Rights International (earthrights.org/site_blurbs/bowoto_v_chevrontexaco_case_overview.html).

130. David Morris and Irshad Ahmed, *The Carbohydrate Economy: Making Chemicals and Industrial Materials from Plant Matter* (Washington, D.C.: Institute for Local Self-Reliance, 1992). 이 책을 비롯해 석유에 대한 대안을 다룬 책들의 목록을 지역자립연구소(Institute for Local Self-Reliance)의 웹사이트에서 볼 수 있다. ilsr.org/pubs/pubscarbo.html.

131. Sustainable Biomaterials Collaborative website: sustainablebiomaterials.org.

132. "Electricity Overview," based on data from the International Energy Agency (IEA), *Key World Energy Statistics 2008*, Pew Center on Global Climate Change (pewclimate.org/technology/overview/electricity).

133. Shaila Dewan, "T.V.A. to Pay $43 Million on Projects in Spill Area," *The New York Times*, September 14, 2009 (nytimes.com/2009/09/15/us/15ash.html).

134. Jeff Goodell, *Big Coal: The Dirty Secret Behind America's Energy Future* (New York: Houghton Mifflin Harcourt, 2006), p. 146.

135. Ibid., p. 10.

136. Ibid., p. xx.

137. "National Memorial for the Mountains," iLoveMountains.org

(ilovemountains.org/memorial).
138. Deborah Bräutigam, *Taxation and Governance in Africa*, American Enterprise Institute for Public Policy Research, April 2008 (aei.org/outlook/27798).
139. *United Nations Declaration on the Rights of Indigenous Peoples*, adopted by the General Assembly September 13, 2007 (un.org/esa/socdev/unpfii/en/declaration.html).
140. "Sustainable Development and Indigenous Peoples," International Work Group for Indigenous Affairs (iwgia.org/sw219.asp).
141. "Extractive Industries," issue brief, World Bank Group (ifc.org/ifcext/media.nsf/AttachmentsByTitle/AM08_Extractive_Industries/$FILE/AM08_Extractive_Industries_IssueBrief.pdf).
142. "Environmental and Social Policies," Bank Information Center (bicusa.org/EN/Issue.Background.4.aspx).
143. Extractive Industries Transparency Initiative (eiti.org/ru/node/614).
144. "Anti World Bank, IMF Activists Say," Agence France-Presse, March 14, 2000 (globalpolicy.org/component/content/article/209/43161.html).
145. "World Bank Bonds Boycott," Center for Economic Justice (econjustice.net/wbbb/).
146. Jared Diamond, "What's Your Consumption Factor?" *The New York Times*, January 2, 2008 (nytimes.com/2008/01/02/opinion/02diamond.html).
147. "The State of Consumption Today," Worldwatch Institute (worldwatch.org/node/810).
148. "Earth Overshoot Day," Global Footprint Network (footprintnetwork.org/en/index.php/GFN/page/earth_overshoot_day/). 각국의 자원 사용에 대한 상세 정보는 다음을 참고하라. *Living Planet Report 2008*, coauthored by the World Wildlife Fund and the Global Footprint Network (footprintnetwork.org/en/index.php/GFN/page/national_assessments/).
149. One Planet Living website: oneplanetliving.org/index.html.
150. Ibid.
151. Hawken and Hunter, *Natural Capitalism*, p. 8.
152. "1994 Declaration of the Factor 10 Club" Factor 10 Institute (techfak.uni-bielefeld.de/~walter/f10/declaration94.html).

2장 | 생산

1. 이에 대해서는 다양한 참고자료가 있다. 다음을 참고하라. Our Stolen Future (Ourstolenfuture.org); *State of the World 2006*, Worldwatch Institute; Nancy Evans, ed., *State of the Evidence 2006*, executive summary, Breast Cancer Fund, p. 4 (breastcancerfund.org/atf/cf/%7BDE68F7B2-5F6A-4B57-9794-AFE5D27A3CFF%7D/State%20of%20the%20Evidence%202006.pdf); Gay Daly, "Bad Chemistry," *OnEarth*, Winter 2006

(nrdc.org/onearth/06win/chem1.asp).
2. "상업적으로 쓰이는 8만 종 이상의 화학물질 중 암, 생식 독성, 발달 독성, 면역계 이상 등과 같은 잠재적 위험에 대해 어느 한 가지라도 테스트를 받은 것은 극히 일부다. 테스트를 받은 약 15,000종이라고 해도 노출되었을 경우의 잠재적 위험에 대해 정확하게 추정할 수 있을 정도로 깊이 있게 연구된 것은 거의 없다. 또 현실세계에서처럼 복합적으로 노출될 때의 영향을 검사하기보다는 각각의 화학물질에 개별적으로 노출되었을 경우만 연구한다. 현실에서는 하나의 화학물질에만 노출되는 법은 없고 늘 화학물질의 잡탕수프에 노출되기 때문에, 예측하지 못하는 방식으로 화학물질들이 상호 작용을 해서 건강에 악영향을 미칠 수 있다." (출처: "Chemical Body Burden," Coming Clean (chemicalbodyburden.org/whatisbb.htm).
3. Theo Colburn, John Peter Myers, and Dianne Dumanoski, *Our Stolen Future: Are We Threatening Our Fertility, Intelligence, and Survival?* (New York: Plume Books, 1997). 각 장의 개요를 보려면 이 책의 웹사이트 중 다음을 참고하라. (ourstolenfuture.org/Basics/chapters.htm.) 화학물질 노출에 대한 최근 기사는 다음을 참고하라. (ourstolenfuture.org/New/recentimportant.htm.)
4. Fred Pearce, *Confessions of an Eco-Sinner: Tracking Down the Sources of My Stuff* (Boston: Beacon Press, 2008), p. 89.
5. A. K. Chapagain, A. Y. Hoekstra, H. H. G. Savenije, and R. Gautam, "The water footprint of cotton consumption," *Ecological Economics*, vol. 60, no. 1, November 1, 2006, pp. 201-2 (waterfootprint.org/Reports/Report18.pdf).
6. Ibid., p. 187.
7. Ibid., p. 195.
8. Ibid., p. 186.
9. Ibid., p. 187.
10. Pearce, *Confessions of an Eco-Sinner*, pp. 111-12.
11. Ibid., p. 90.
12. Worldwatch Institute, *State of the World 2004* (New York: W.W. Norton & Company, 2004), p. 162.
13. "Problems with conventional cotton production," Pesticide Action Network North America (panna.org/Node/570).
14. Ibid.
15. Pearce, *Confessions of an Eco-Sinner*, p. 114.
16. Charles Benbrook, *Pest Management at the Crossroads* (Yonkers, N.Y.: Consumer's Union, 1996), p. 2.
17. "Problems with conventional cotton production."
18. Ibid.
19. Ibid.
20. Billie J. Collier, Martin Bide, and Phyllis Tortora, *Understanding Textiles* (Upper Saddle

River, N.J.: Prentice Hall, 2008), p. 11.
21. Ibid., pp. 20-27.
22. Michael Lackman, "Care What You Wear: Facts on Cotton and Clothing Production," Organic Consumers Association, June 29, 2007 (organicconsumers.org/articles/article_6347.cfm).
23. Michael Lackman, "Permanent Press: Facts behind the fabrics," OrganicClothing.blogs.com, January 3, 2009 (organicclothing.blogs.com/my_weblog/2009/01/permanent-press-facts-behind-the-fabrics.html).
24. "Formaldehyde," U.S. Environmental Protection Agency (epa.gov/iaq/formalde.html#Health Effects).
25. Lackman, "Care What You Wear."
26. Chapagain, Hoekstra, Savenije, and Gautam, "The water footprint of cotton consumption," p. 202.
27. Pearce, *Confessions of an Eco-Sinner*, p. 104.
28. "Haitian Garment Factory Conditions," *Campaign for Labor Rights Newsletter*, July 8, 1997 (hartford-hwp.com/archives/43a/136.html).
29. Personal correspondence with Yannick Etienne, August 2009.
30. "Lawmakers Vote to Increase Minimum Wage for Haitians," Caribarena, August 5, 2009 (caribarena.com/caribbean/haiti/haiti-lawmakers-vote-to-increase-minimum-wage-for-haitians.html).
31. Pearce, *Confessions of an Eco-Sinner*, p. 91.
32. "The Footprint Chronicles: Tracking the Environmental and Social Impact of Patagonia Clothing and Apparel," Patagonia (patagonia.com/web/us/footprint/index.jsp).
33. Susan Kinsella, "The History of Paper," *Resource Recycling*, June 1990 (conservatree.org/learn/Papermaking/History.shtml).
34. Ibid.
35. "Environmentally Sound Paper Overview: Environmental Issues. Part III—Making Paper: Content," Conservatree (conservatree.org/learn/Essential%20Issues/EIPaperContent.shtml).
36. "Book Sector," Green Press Initiative (greenpressinitiative.org/about/bookSector.htm).
37. "The Trees of Central Park," Central Park Conservancy (centralparknyc.org/site/PageNavigator/virtualpark_cptreedbase).
38. "Impacts on Climate," Green Press Initiative (greenpressinitiative.org/impacts/climateimpacts.htm).
39. "Paper Making and Recycling," U.S. Environmental Protection Agency (epa.gov/waste/conserve/materials/paper/basics/papermaking.htm).
40. *Comparison of Kraft, Sulfite, and BCTMP Manufacturing Technologies for Paper,* white paper, Environmental Defense Fund, December 19, 1995 (edf.org/documents/

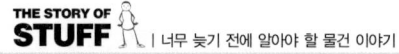

1632_WP12.pdf).
41. Carola Hanisch, "Finished in 15 Minutes: Paper Industry Global View," *Clariant*, February 1999 (emt-india.com/process/pulp_paper/pdf/Paper_industry_globalview.pdf).
42. *Pulp and Paper Chemicals: Industry Forecasts for 2011 and 2016*, Freedonia Group, February 2008 (reuters.com/article/pressRelease/idUS68793+23-Jan-2008+BW20080123).
43. Jeffrey Hollender, "Putting the Breast Cancer/Chlorine Connection on Paper," *The Non-Toxic Times*, July 2004 (consumerhealthreviews.com/articles/WomansHealth/BreastCancerChlorine.htm).
44. *Draft Dioxin Reassessment: Draft Exposure and Human Health Reassessment of 2,3,7,8-Tetrachlorodibenzo-p-Dioxin (TCDD) and Related Compounds*, U.S. Environmental Protection Agency, 2003 (cfpub.epa.gov/ncea/cfm/part1and2.cfm?ActType=default) ; "Dioxin," U.S. Environmental Protection Agency, National Center for Environmental Assessment (cfpub.epa.gov/ncea/CFM/nceaQFind.cfm?keyword=Dioxin); "Polychlorinated Dibenzo-para-Dioxins and Polychlorinated Dibenzofurans," *IARC Monographs on the Evaluation of Carcinogenic Risks to Humans*, vol. 69, August 12, 1997; J. Raloff, "Dioxin confirmed as a human carcinogen," *Science News*, May 15, 1999, pp. 3-9 (monographs.iarc.fr/ENG/Monographs/vol69/volume69.pdf).
45. *The American People's Dioxin Report*, Center for Health Environment and Justice (mindfully.org/Pesticide/Dioxin-Report-CEHJ.htm).
46. "Chlorine Free Processing," Conservatree (conservatree.org/paper/PaperTypes/CFDisc.shtml).
47. "Getting Mercury Out of Paper Production," Natural Resources Defense Council(nrdc.org/cities/living/mercury.asp).
48. Michelle Carstensen and David Morris, *Biochemicals for the Printing Industry*, Institute for Local Self-Reliance; available for purchase at ilsr.org or online at pneac.org/sheets/all/Biochemicals_for_the_Printing_Industry.pdf.
49. Ibid., p. 5.
50. Ibid., p. 4.
51. Elizabeth Grossman, *High Tech Trash* (Washington, D.C.: Island Press, 2006), p. 5.
52. Ibid., p. 78.
53. Michael Dell, speech given at the Gartner Symposium/ITxpo, October 2002, quoted in *Clean Up Your Computer*, a Catholic Agency for Overseas Development report (cafod.org.uk/var/storage/original/application/phpYyhizc.pdf).
54. Grossman, *High Tech Trash*, p. 5.
55. Interview with Ted Smith, June 2009.
56. Andrew S. Grove, *Only the Paranoid Survive* (New York: Doubleday Business, 1996).
57. *Trade and Development Report, 2002*, UN Conference on Trade and Development, p. vii

(unctad.org/en/docs/tdr2002overview_en.pdf).
58. Grossman, *High Tech Trash*, p. 4.
59. Ibid., p. 37.
60. Ibid., p. 36.
61. Ibid., pp. 37-38.
62. Ibid., p. 59.
63. Interview with Ted Smith, June 2009.
64. Alexandra McPherson, Beverley Thorpe, and Ann Blake, *Brominated Flame Retardants in Dust on Computers: The Case for Safer Chemicals and Better Computer Design*, Clean Production Action, June 2004, p. 5 (cleanproduction.org/library/BFR%20Dust%20on%20Computers.pdf).
65. Ibid., p. 24.
66. Ibid., pp. 30-32.
67. Grossman, *High Tech Trash*, p. 42.
68. Eric Williams, Robert Ayers, and Miriam Heller, "The 1.7 Kilogram Microchip: Energy and Material Use in the Production of Semiconductor Devices," *Environmental Science and Technology* Vol. 36, no. 24, 2002, p. 5509.
69. Peter Singer, "The Greening of the Semi-Conductor Industry," *Semiconductor International*, December 1, 2007 (semiconductor.net/article/205812-The_Greening_of_the_Semiconductor_Industry.php).
70. Ibid.
71. Grossman, *High Tech Trash*, pp. 42-43.
72. Ibid., p. 41.
73. Michiel van Dijk and Irene Schipper, *Dell: CSR Company Profile*, SOMO, the Centre for Research on Multinational Corporations, May 2007, p. 19 (somo.nl/publications-en/Publication_1956).
74. Interview with Dara O'Rourke, June 2009.
75. "Environmental Responsibility," Dell (content.dell.com/us/en/corp/dell-earth.aspx).
76. "Soesterberg Principles Electronic Sustainability Commitment," Clean Production Action (cleanproduction.org/Electronics.Green.php).
77. "Life Cycle Studies: Aluminum Cans," *World Watch*, vol. 19, no. 3, May/June 2006 (worldwatch.org/node/4062).
78. Alan Thein Durning and John C. Ryan, *Stuff: The Secret Lives of Everyday Things* (Washington, D.C.: World Future Society, 1998), pp. 62-63.
79. Pearce, *Confessions of an Eco-Sinner*, p. 146.
80. Durning and Ryan, Stuff, p. 63.
81. Pearce, *Confessions of an Eco-Sinner*, p. 148.

82. Durning and Ryan, *Stuff*, pp. 63-64.
83. Personal communication with Juan Rosario, July 2009.
84. "Life Cycle Studies: Aluminum Cans."
85. Jennifer Gitliz, *The Role of the Consumer in Reducing Primary Aluminum Demand*, a report by the Container Recycling Institute for the International Strategic Roundtable on the Aluminum Industry, São Luís, Brazil, October 16-18, 2003, p. 2.
86. Pearce, *Confessions of an Eco-Sinner*, p. 149.
87. Gitliz, *The Role of the Consumer in Reducing Primary Aluminum Demand*, p. 4.
88. Ibid.
89. "The Aluminum Can's Dirty Little Secret: On-going Environmental Harm Outpaces the Metal's 'Green' Benefits," press release from the Container Recycling Institute and International Rivers Network, May 17, 2006 (container-recycling.org/media/news release/aluminum/2006-5-AlumDirty.htm).
90. "Calculating the Aluminum Can Recycling Rate," Container Recycling Institute (container-recycling.org/facts/aluminum/data/UBCcalculate.htm).
91. Gitliz, *The Role of the Consumer in Reducing Primary Aluminum Demand*, p. 18.
92. Ibid., p. 13.
93. Ibid., p. 14.
94. Elizabeth Royte, *Garbageland: On the Secret Trail of Trash* (New York: Little, Brown & Co., 2005), p. 155.
95. "Life Cycle Studies: Aluminum Cans."
96. Ibid.
97. Michael Belliveau and Stephen Lester, *PVC—Bad News Comes in Threes: The Poison Plastic, Health Hazards and the Looming Waste Crisis*, The Environmental Health Strategy Center and the Center for Health, Environment and Justice, 2004, pp. 16-18 (chej.org/BESAFE/pvc/pvcreports.htm).
98. Ibid., p. 18.
99. Ibid., pp. 19-20.
100. Stephen Lester, Michael Schade, and Caitlin Weigand, "Volatile Vinyl: the New Shower Curtain's Chemical Smell," Center for Health, Environment and Justice, June 12, 2008 (cela.ca/publications/volatile-vinyl-new-shower-curtains-chemical-smell-0).
101. Belliveau and Lester, "PVC," pp. 1, 35.
102. Ibid., p. 2.
103. Ibid., p. 13.
104. Ibid., p. 21.
105. Beverley Thorpe, "Closing the Product Loop: How Europe Is Grappling with Waste," Clean Production Action, February 11, 2003 (ecologycenter.org/recycling/beyond50percent/

closingtheloop.ppt).
106. "PVC Governmental Policies Around the World," Center for Health, Environment and Justice (besafenet.com/pvc/government.htm).
107. Ibid.
108. Payal Sampat and Gary Gardner, *Mind Over Matter: Recasting the Role of Materials in Our Lives*, Worldwatch Institute, December 1998 (worldwatch.org/node/846).
109. Personal correspondence with Ted Schettler, July 2009.
110. "Lead, Cadmium, and Other Harmful Chemicals Found in Popular Children's Toys," press release from the Washington Toxics Coalition, December 12, 2007 (watoxics.org/pressroom/press-releases/popular-holiday-toys-contaminated-with-high-levels-of-toxic-chemicals/).
111. David Duncan, *Experimental Man* (Hoboken, N.J.: John Wiley & Sons, 2009), p. 159.
112. Michael Hawthorne, "Pregnant women get new mercury warning," *Chicago Tribune*, February 7, 2004 (ewg.org/node/22671).
113. Duncan, *Experimental Man*, p. 129.
114. "Mercury in the Environment," U.S. Geological Survey (usgs.gov/themes/factsheet/146-00/).
115. Duncan, *Experimental Man*, p. 159.
116. "Historic Treaty to Tackle Toxic Heavy Metal Mercury Gets Green Light," press release from the United Nations Environment Programme, February 20, 2009 (unep.org/Documents.Multilingual/Default.asp?DocumentID=562&ArticleID=6090&l=en/).
117. Ibid.
118. Ibid.
119. Stacy Malkan, *Not Just a Pretty Face: The Ugly Side of the Beauty Industry* (Gabriola Island, B.C.: New Society Publishers, 2007), p. 2.
120. Ibid., p. 54, 환경실무그룹(Environmental Working Group)이 15만 개 이상의 보디케어 제품에 대해 검토한 내용('스킨딥' 데이터베이스는 이를 토대로 만들어졌다)이 인용되어 있다. 스킨딥은 검토 대상 물질을 다음에 나오는 것들을 토대로 선정했다. 제품 라벨; 산업 성분 목록; 업계 자체 안전 패널인 '화장품 성분 리뷰(Cosmetic Ingredient Review)'; 독성, 규제 여부, 화학물질에 대한 기존 연구 상태 등에 대한 50개의 데이터 자료; 개인 사용자와 제조업체가 데이터베이스에 추가한 원료들 (cosmeticsdatabase.com/about.php).
121. Jane S. Fisher, "Environmental anti-androgens and male reproductive health: Focus on phthalates and testicular dysgenesis syndrome," white paper for the University of London School of Pharmacy, Department of Toxicology, 2004 (reproduction-online.org/cgi/content/full/127/3/305).
122. Malkan, *Not Just a Pretty Face*, p. 26, citing Jane Houlihan, Charlotte Brody, and Bryony Schwan, *Not Too Pretty: Pthalates, Beauty Products and the FDA*, Environmental Working

Group, Coming Clean, and Healthcare Without Harm, July 8, 2002 (ewg.org/reports/nottoopretty).
123. "A Poison Kiss: The Problem of Lead in Lipstick," The Campaign for Safe Cosmetics, October 2007 (safecosmetics.org/article.php?id=327).
124. "No More Toxic Tub," The Campaign for Safe Cosmetics, March 2009 (safecosmetics.org/article.php?id=414).
125. Malkan, Not Just a Pretty Face, p. 60.
126. Ibid., pp. 65-68.
127. Ibid., p. 70.
128. "Statement of Jane Houlihan on Cosmetics Safety. Discussion Draft of the 'Food and Drug Administration Globalization Act' Legislation: Device and Cosmetic Safety Before the Subcommittee on Health of the Committee on Energy and Commerce United States House of Representatives, May 2008," Environmental Working Group (ewg.org/node/26545).
129. Skin Deep cosmetics safety database (cosmeticsdatabase.com). See note 120.
130. Barry Commoner's foreword to Ken Geiser, Materials Matter (Boston: MIT Press, 2001), p. x.
131. "Chemical Body Burden," Coming Clean (chemicalbodyburden.org/).
132. "The Foundation for Global Action on Persistent Organic Pollutants: A United States Perspective," U.S. Environmental Protection Agency, March 2002 (scribd.com/doc/1799026/Environmental-Protection-Agency-POPsa).
133. David Santillo, Iryna Labunska, Helen Davidson, et al., Consuming Chemicals—Hazardous chemicals in house dust as an indicator of chemical exposure in the home, Greenpeace Research Laboratories (greenpeace.org/international/press/reports/consuming-chemicals-hazardou).
134. "Body Burden: The Pollution in Newborns," Environmental Working Group, July 14, 2005 (ewg.org/reports/bodyburden2/execsumm.php).
135. Sonya Lunder and Renee Sharp, Mother's Milk: Record Levels of Toxic Fire Retardants Found in American Mothers' Breast Milk, Environmental Working Group, September 2003, pp. 15-17 (ewg.org/reports/mothersmilk/).
136. Ibid., p. 17.
137. Ibid., p. 5.
138. Joene Hendry, "Being Breast-fed May Lower Breast Cancer Risk," Reuters Health, May 9, 2008 (breastcancer.org/risk/new_research/20080509.jsp).
139. Lunder and Sharp, Mother's Milk, p. 33.
140. "What is REACH?" EUROPA-Environment (ec.europa.eu/environment/chemicals/reach/reach_intro.htm).
141. "Why We Need the Kid-Safe Chemicals Act," Environmental Working Group (ewg.org/kid-safe-chemicals-act-blog/kid-safe-chemicals-act/).

142. "Lautenberg, Solis, Waxman Introduce Legislation to Protect Americans from Hazardous Chemicals in Consumer Products—'Kid Safe Chemical Act' Would Ensure All Chemicals Used in Every Day Products, Including Those Used in Baby Bottles and Children's Toys, Are Proven Safe," press release from the office of Senator Frank R. Lautenberg, May 20, 2008 (lautenberg.senate.gov/newsroom/record.cfm?id=298072).
143. "Landmark Chemical Reform Introduced in Congress," press release from the Environmental Working Group, May 20, 2008 (ewg.org/node/26571).
144. "More than a Paycheck," Sweet Honey in the Rock (youtube.com/watch?v=UzlEGxiHpEU).
145. Personal correspondence with Peter Orris, July 2009.
146. "Occupational Cancer," National Institute for Occupational Safety and Health (cdc.gov/niosh/topics/cancer/).
147. Ibid.
148. "Environmental Justice," U.S. Environmental Protection Agency (epa.gov/oecaerth/basics/ejbackground.html).
149. Benjamin F. Chavis, Jr., and Charles Lee, *Toxic Wastes and Race in the United States: A National Report on the Racial and Socio-Economic Characteristics of Communities with Hazardous Waste Sites*, United Church of Christ, 1987, p. xiv (ucc.org/about-us/archives/pdfs/toxwrace87.pdf).
150. Temma Kaplan, *Crazy for Democracy: Women in Grassroots Movements* (New York: Routledge, 1997), p. 69.
151. "Environmental Justice," U.S. Environmental Protection Agency (epa.gov/compliance/environmentaljustice/index.html).
152. Robert D. Bullard, Paul Mohai, Robin Saha, and Beverly Wright, *Toxic Wastes and Race at Twenty: 1987-2007*, United Church of Christ, March 2007, p. xii (ucc.org/justice/pdfs/toxic20.pdf).
153. Steve Lerner, "Fenceline and Disease Cluster Communities: Living in the Shadow of Heavily-Polluting Facilities," Collaborative on Health and the Environment, October 1, 2006 (healthandenvironment.org/articles/homepage/751).
154. Mick Brown, "Bhopal gas disaster's legacy lives on 25 years later," Telegraph.co.uk, August 6, 2009 (telegraph.co.uk/news/worldnews/asia/india/5978266/Bhopal-gas-disasters-legacy-lives-on-25-years-later.html); Helene Vosters, "Bhopal Survivors Confront Dow," CorpWatch, May 15, 2003 (corpwatch.org/article.php?id=6748).
155. "What Happened in Bhopal?" The Bhopal Medical Appeal (bhopal.org/index.php?id=22).
156. 연구 결과, 암을 유발하는 화학물질과 수은 등의 중금속이 높은 수치로 검출됐다. 수은은 기대치보다 2만~600만 배 높았고, 수은 원소가 공장 지역 전역에 퍼져 있었다. 환경보호청의 기준을 가장 많이 초과한 12종의 휘발성 유기 화합물은 약 2만 명의 주민이 사용하는 수원으로 흘러들어갔으며, 지금도 들어가고 있다. 공장 북동쪽에 위치한 이 마을의 우물 세 곳이 가장

오염이 심각했다. 다른 우물들은 그만큼 심각하게 오염되지는 않았지만 독성 화학물질 수치가 여전히 높게 나타났다. I. Labunska, A. Stephenson, K. Brigden, et al., "Toxic contaminants at the former Union Carbide factory site, Bhopal, India: 15 years after the Bhopal accident," Greenpeace Research Laboratories, April 1999.

157. Srishti, *Surviving Bhopal 2002: Toxic Present, Toxic Future*, Fact Finding Mission on Bhopal, January 2002 (bhopal.net/oldsite/documentlibrary/survivingbhopal2002.doc).
158. "What Happened in Bhopal?"
159. Rashida Bee and Champa Devi Shukla, Goldman Prize 2004 acceptance speech (goldmanprize.org/node/83).
160. "Padyatra/Dharna/Hungerstrike 2008 Demands," International Campaign for Justice in Bhopal (bhopal.net/march/padyatra2008_demands.html).
161. Ann Larabee, *Decade of Disaster* (Chicago: University of Illinois Press, 2000), p. 136.
162. Kim Fortun, *Advocacy after Bhopal: Environmentalism, Disaster, New Global Orders* (Chicago: University of Chicago Press, 2001), p. 58.
163. Ibid.
164. "Responsible Care," American Chemistry Council (americanchemistry.com/s_responsiblecare/sec.asp?CID=1298&DID=4841).
165. *Trust Us, Don't Track Us: An Investigation of the Chemical Industry's Responsible Care Program*, U.S. Public Interest Research Group Education Fund, January 28, 1998 (static.uspirg.org/usp.asp?id2=6997&id3=USPIRG&).
166. "What is the Toxics Release Inventory (TRI) Program," U.S. Environmental Protection Agency (epa.gov/TRI/triprogram/whatis.htm).
167. "2007 TRI Public Data Release," U.S. Environmental Protection Agency (epa.gov/TRI/tridata/tri07/index.htm).
168. "Pollution Report Card for Zip Code 94709, Alameda County," Scorecard.org (scorecard.org/community/index.tcl?zip_code=94709&set_community_zipcode_cookie_p=t&x=0&y=0).
169. Ibid.
170. "Limitations of EPA's Exposure Estimates," Scorecard.org (scorecard.org/env-releases/def/tri_ei_risk_methods.html).
171. "What You Need to Know About Mercury in Fish and Shellfish: 2004 EPA and FDA Advice for: Women Who Might Become Pregnant, Women Who Are Pregnant, Nursing Mothers, Young Children," press release from the U.S. Food and Drug Administration, March 2004 (fda.gov/Food/FoodSafety/Product-SpecificInformation/Seafood/FoodbornePathogensContaminants/Methylmercury/ucm115662.htm).
172. Ricardo Alonso-Zaldivar, "FDA Moves to Advise Pregnant Women to Consume More Mercury-Laced Seafood," Associated Press, December 15, 2008 (ewg.orgnode/27440).

173. Lyndsey Layton, "FDA Draft Report Urges Consumption of Fish, Despite Mercury Contamination," *The Washington Post*, December 12, 2008 (washingtonpost.com/wp-dyn/content/article/2008/12/11/AR2008121103394.html).
174. Ibid.
175. Research compiled by Renee Shade, from the official websites of the U.S. Office of Environmental Quality, Department of Health and Human Services, Department of Labor, Department of Commerce, and Environmental Protection Agency.
176. Geiser, *Materials Matter*, p. 140.
177. "Federal Advisory Committee Act: Issues Related to the Independence and Balance of Advisory Committees," U.S. Government Accountability Office, GAO-08-611T, April 2, 2008 (gao.gov/htext/d08611t.html).
178. "FDA Statement on Release of Bisphenol A (BPA) Subcommittee Report," press release by the U.S. Food and Drug Administration, October 28, 2008 (fda.gov/newsevents/newsroom/pressannouncements/2008/ucm116973.htm).
179. "NTP, FDA at Odds on Bisphenol-A," *Integrity in Science Watch*, Center for Science in the Public Interest, week of September 8, 2008 (cspinet.org/integrity/press/200809081.html).
180. Kirsten Stade, *Twisted Advice: Federal Advisory Committees Are Broken*, Center for Science in the Public Interest, January 2009 (cspinet.org/new/pdf/twisted_advice_final_report.pdf).
181. Ken Geiser, "Comprehensive Chemicals Policies for the Future," Lowell Center for Sustainable Production, University of Massachusetts Lowell, November 2008 (hhh.umn.edu/centers/stpp/pdf/Geiser_Chemicals_Policy_Paper.pdf).
182. M. King Hubbert, "Nuclear Energy and the Fossil Fuels," *Drilling and Production Practice*, American Petroleum Institute, 1956 (energybulletin.net/node/13630).
183. William McDonough quoted in *Sidwell Friends Alumni Magazine*, Spring 2005, p. 9 (sidwell.edu/data/files/news/AlumniMagazine/spring_2005.pdf).
184. "Mobile Industry Unites to Drive Universal Charging Solution for Mobile Phones," press release from the GSMA, February 17, 2009. GSMA(Groupe Special Mobile)은 이동통신협회다.
185. Ibid.
186. Biomimicry Institute website: biomimicryinstitute.org.
187. Ibid.
188. Janine Benyus, "Janine Benyus shares nature's designs," TED talk filmed February 2005 (ted.com/talks/janine_benyus_shares_nature_s_designs.html).

3장 | 유통

1. Sarah Anderson, John Cavanagh, and Thea Lee, *Field Guide to the Global Economy*, rev.

ed. (New York: New Press, 2005), p. 6.
2. Interview with Dara O'Rourke, April 2009.
3. Ibid.
4. Ibid.
5. Robert Goldman and Stephen Papson, *Nike Culture: the Sign of the Swoosh* (London: Sage Publications Ltd., 1999), p. 168.
6. Interview with Dara O'Rourke, April 2009.
7. Ibid.
8. Ibid.
9. William Greider, "A New Giant Sucking Sound," *The Nation*, December 31, 2001 (thenation.com/doc/20011231/greider).
10. David C. Korten, *When Corporations Rule the World*, 2nd ed. (San Francisco: Berrett-Koehler Publishers, 2001), p. 216.
11. Interview with Dara O'Rourke, April 2009.
12. Gary Fields, *Territories of Profit: Communications, Capitalist Development and the Innovative Enterprises of G. F. Swift and Dell Computer* (Palo Alto, Calif.: Stanford University Press, 2004), p. 208.
13. Interview with Dara O'Rourke, April 2009.
14. Personal communication with Patrick Bond, professor at the University of KwaZulu-Natal, August 2009.
15. Interview with Dara O'Rourke, April 2009.
16. Ibid.
17. Correspondence with Dara O'Rourke, September 2009.
18. Interview with Dara O'Rourke, April 2009.
19. Ibid.
20. Personal correspondence with Michael Maniates, March 2009.
21. *America's Freight Challenge*, a report by the American Association of State Highway and Transportation Officials (AASHTO) for the National Surface Transportation Policy and Revenue Study Commission, May 2007, p. 25.
22. Ibid.
23. Wayne Ellwood, *The No-Nonsense Guide to Globalization* (London: Verso, 2005), p. 18.
24. "Ship Sulfur Emissions Found to Strongly Impact Worldwide Ocean and Coastal Pollution," *Science Daily*, August 20, 1999, based on research from Carnegie Mellon and Duke universities.
25. Rochester Institute of Technology, "Pollution from Marine Vessels Linked to Heart and Lung Disease," FirstScience News, November 7, 2007 (firstscience.com/home/news/

breaking-news-all-topics/pollution-from-marine-vessels-linked-to-heart-and-lung-disease_39078.html).

26. "Commercial Ships Spew Half as Much Particulate Pollution as World's Cars," NASA Earth Observatory, February 26, 2009 (earthobservatory.nasa.gov/Newsroom/view.php?id=37290).

27. "Large Cargo Ships Emit Double Amount of Soot Previously Estimated," *Science Daily*, July 11, 2008 (sciencedaily.com/releases/2008/07/080709103848.htm).

28. John W. Miller, "The Mega Containers Invade," *The Wall Street Journal*, January 26, 2009 (online.wsj.com/article/SB123292489602813689.html).

29. *America's Freight Challenge*, p. 13.

30. *Freight and Intermodal Connectivity in China*, a report sponsored by the U.S. Department of Transportation, Federal Highway Administration, May 2008, pp. 19-23 (international.fhwa.dot.gov/pubs/pl08020/pl08020.pdf)

31. Ibid., p. 23.

32. Ibid., p. 31.

33. *America's Freight Challenge*, pp. 18-19.

34. Ibid., p. 19.

35. Ibid.

36. "Quantification of the Health Impacts and Economic Valuation of Air Pollution from Ports and Goods Movement in California," California Air Resources Board, April 20, 2006 (arb.ca.gov/planning/gmerp/gmerp.htm).

37. David Bensman and Yael Bromberg, "Deregulation has wrecked port trucking system," *The Record*/NorthJersey.com, March 29, 2009.

38. David R. Butcher, "The State of U.S. Rail, Air and Sea Shipping," ThomasNet News, February 3, 2009 (news.thomasnet.com/IMT/archives/2009/02/shipping-carrier-container-trends-challenges-in-us-state-of-industry.html).

39. Helen Lindblom and Christian Stenqvist, "SKF Freight Transports and CO2 Emissions: A study in environmental management accounting," master's thesis, Department of Energy and Environment, Chalmers University of Technology, 2007 (chalmers.se/ee/SV/forskning/forskargrupper/miljosystemanalys/publikationer/pdf-filer/2007_2/downloadFile/attachedFile_3_f0/2007-18.pdf).

40. "SmartWay," U.S. Environmental Protection Agency (epa.gov/smartway/basic-information/index.htm).

41. "Justin Thomas, "UPS Unveils 'World's Most Efficient Delivery Vehicle,'" TreeHugger, August 10, 2006 (treehugger.com/files/2006/08/ups_unveils_wor_1.php).

42. Michael Graham Richard, "FedEx Converts 92 Delivery Trucks to Diesel Hybrids with Lithium-Ion Batteries," TreeHugger, July 21, 2009 (treehugger.com/files/2009/07/

fedex-converts-92-delivery-trucks-to-diesel-electric-hybrids.php).
43. Andrew Posner, "DHL Unveils Guilt-free Shipping," TreeHugger, March 9, 2008 (treehugger.com/files/2008/03/dhl-guiltfree-shipping.php).
44. Mark Bernstein, "Driving the Integrated Global Supply Chain from the Top," *World Trade 100*, September 1, 2005 (worldtrademag.com/Articles/Feature_Article/5a7707fc6aaf7010VgnVCM100000f932a8c0).
45. Sarah Raper Larenaudie, "Inside the H&M Fashion Machine," *Time*, February 9, 2004 (time.com/time/magazine/article/0,9171,993352,00.html).
46. Ola Kinnander, "H&M Profit Falls 12% as Currencies Aggravate Weak Sales," *The Wall Street Journal*, March 26, 2009 (online.wsj.com/article/SB123807961431048401.html).
47. Larenaudie, "Inside the H&M Fashion Machine."
48. Susanne Göransson, Angelica Jönsson, and Michaela Persson, "Extreme Business Models in the Clothing Industry: A case study of H&M and ZARA," dissertation, Department of Business Studies, Kristianstad University, December 2007, pp. 50-52.
49. Interview with Dara O'Rourke, April 2009.
50. Göransson, Jönsson, and Persson, "Extreme Business Models," p. 55.
51. Interview with Dara O'Rourke, April 2009.
52. Larenaudie, "Inside the H&M Fashion Machine."
53. Keisha Lamothe, "Online retail spending surges in 2006," CNNMoney.com, January 4, 2007 (money.cnn.com/2007/01/04/news/economy/online_sales/?postversion=2007010410).
54. Stacy Mitchell, *Big-Box Swindle: The True Cost of Mega-Retailers and the Fight for America's Independent Businesses* (Boston: Beacon Press, 2007), p. 12.
55. Speech by Jeff Bezos at MIT, November 25, 2002 (mitworld.mit.edu/video/1/).
56. Ibid.
57. Renee Wilmeth of Google Books and Literary Architects, quoted by Dave Taylor, Ask Dave Taylor (askdavetaylor.com/what_percentage_of_books_printed_end_up_destroyed.html).
58. H. Scott Matthews and Chris T. Hendricks, "Economic and Environmental Implications of Online Retailing in the United States," dissertation, Graduate School of Industrial Administration, Carnegie Mellon University, August 2001.
59. 전 랜덤하우스 편집자이자《책 비즈니스 *Book Business: Publishing—Past, Present, and Future*》의 저자인 제이슨 엡스테인(Jason Epstein)은 이렇게 예측했다. "2010년이 되면 세계적으로 책의 50퍼센트는 '온 디맨드' 형식으로 판매될 것이다. 고객이 주문을 하면, 도서관 소장 수준의 페이퍼백 표지로 인쇄, 제본되는 것이다." 인용은《와이어드 *Wired*》, May 2002 (wired.com/wired/archive/10.05/longbets.html?pg=4).
60. Collin Dunn, "Online Shopping vs. Driving to the Mall: The Greener Way to Buy," TreeHugger, February 13, 2009 (treehugger.com/files/2009/02/online-shopping-vs-driving-mall-greener.php).

61. Freecycle website: freecycle.org.
62. Mitchell, *Big-Box Swindle*, p. 13.
63. Ibid.
64. "Wal-Mart awarding $2B to U.S. hourly employees, report says," Reuters, March 21, 2009 (usatoday.com/money/industries/retail/2009-03-19-walmart-workers_N.htm).
65. Mitchell, *Big-Box Swindle*, p. 13.
66. Ibid., p. 12.
67. Ibid., p. 15.
68. Ibid.
69. Ibid., p. 13.
70. Ibid., p. 14.
71. Sonia Reyes, "Study: Wal-Mart Private Brands Are Catching On," *Brandweek*, August 21, 2006 (brandweek.com/bw/esearch/article_display.jsp?vnu_content_id=1003019846).
72. Mitchell, *Big-Box Swindle*, p. 7.
73. "Where to buy appliances: Big stores aren't necessarily the best," *Consumer Reports*, September 1, 2005.
74. Mitchell, *Big-Box Swindle*, p. xvii.
75. "The Real Facts About Wal-Mart," WakeUpWalMart.com (wakeupwalmart.com/facts/).
76. *Wal-Mart: The High Cost of Low Price*, Robert Greenwald, director, 2005.
77. "The Real Facts About Wal-Mart," citing data from the UFCW analysis of Wal-Mart's health plan, WakeUpWalMart.com, March 2008 (wakeupwalmart.com/facts/).
78. "Disclosures of Employers Whose Workers and Their Dependents Are Using State Health Insurance Programs," Good Jobs First, updated October 26, 2009 (goodjobsfirst.org/corporate_subsidy/hidden_taxpayer_costs.cfm).
79. "How Wal-Mart Has Used Public Money in Your State," Wal-Mart Subsidy Watch (walmartsubsidywatch.org).
80. Mitchell, *Big-Box Swindle*, p. xv.
81. Al Norman, "Barstow, CA., Lawsuit Freezes Wal-Mart Distribution Center Until May," Wal-Mart Watch, January 12, 2009 (walmartwatch.com/battlemart/archives/barstow_ca_lawsuit_freezes_wal_mart_distribution_center_until_may/).
82. Mike Troy, "High-tech DC streamlines supply chain," *DSN Retailing Today*, May 9, 2005 (findarticles.com/p/articles/mi_mOFNP/is_9_44/13734506/ai_n).
83. Norman, "Barstow, CA., Lawsuit Freezes Wal-Mart Distribution Center Until May."
84. Bensman and Bromberg, "Deregulation has wrecked port trucking system."
85. Ibid.
86. Stephanie Rosenbloom and Michael Barbaro, "Green-Light Specials, Now at Wal-Mart," *The New York Times*, January 24, 2009 (nytimes.com/2009/01/25/business/

25walmart.html?pagewanted=1&_r=1). 월마트가 자사 홈페이지에 정기적으로 업데이트하는 자료도 참고하라. (walmartstores.com/FactsNews/FactSheets/#Sustainability).

87. "Zero Waste," Wal-Mart (walmartstores.com/Sustainability/7762.aspx).
88. Mitchell, *Big-Box Swindle*, pp. 3-4.
89. Ibid., pp. 5-6.
90. Ibid.
91. Ibid.
92. *Wal-Mart: The High Cost of Low Price*.
93. Mitchell, *Big-Box Swindle*, p. 40.
94. "The Real Facts About Wal-Mart," WakeUpWalMart (wakeupwalmart.com/facts/), based on data from the U.S. Department of Labor, Bureau of Labor Statistics (bls.gov/news.release/empsit.t16.htm).
95. "The Real Facts About Wal-Mart," quoting directly from Wal-Mart's "A Manager's Toolbox to Remaining Union Free," pp. 20-21.
96. *Wal-Mart: The High Cost of Low Price*.
97. Ross Perot with Pat Choate, *Save Your Job, Save Our Country* (New York: Hyperion Books, 1993), p. 41.
98. Thomas Friedman, "Mexico feels job-loss pain," *Arizona Daily Star*, April 3, 2004 (azstarnet.com/sn/related/16486).
99. Mitchell, *Big-Box Swindle*, p. xv.
100. Uri Berliner, "Haves and Have-Nots: Income Inequality in America," National Public Radio, February 5, 2007 (npr.org/templates/story/story.php?storyId=7180618).
101. John M. Broder, "California Voters Reject Wal-Mart Initiative," *The New York Times*, April 7, 2004 (nytimes.com/2004/04/07/national/07CND-WALM.html).
102. Ellwood, *The No-Nonsense Guide to Globalization*, pp. 24-27.
103. Ibid.
104. Ibid., pp. 27-34.
105. "World Bank energy complex creates hell on earth for Indian citizens," Probe International, March 1, 1998 (probeinternational.org/export-credit/world-bank-energy-complex-creates-hell-earth-indian-citizens).
106. "About Us," The World Bank (web.worldbank.org/WBSITE/EXTERNAL/EXTABOUTUS/0,,contentMDK:20040565~menuPK:1696892~pagePK:51123644~piPK:329829~theSitePK:29708,00.html).
107. Amitayu Sen Gupta, "Debt elief for LDCs: The new Trojan Horse of Neo-Liberalism," International Development Economics Associates (networkideas.org/news/aug2006/Debt_Relief.pdf).
108. "Status of Kenya's Debt," fact sheet, Jubilee USA (jubileeusa.org/fileadmin/user_upload/

Resources/Kenya_2005.pdf), citing Njoki Githethwa, "Government of Kenya should declare official position on debt," press release from the Kenya Debt Relief Network, July 19, 2005 (odiousdebts.org/odiousdebts/index.cfm?DSP=content&ContentID=13408).

109. "How Big is the Debt of Poor Countries?" Jubilee Debt Campaign (jubileedebtcampaign. org.uk/2 How big is the debt of poor countries%3F+2647.twl).

110. Ibid.

111. "World Bank/IMF Questions and Answers," Global Exchange (globalexchange.org/ campaigns/wbimf/faq.html). 다음도 참고하라. 50 Years Is Enough, a campaign of the U.S.Network for Global Economic Justice (50years.org/issues/).

112. "H.R. 2634: Jubilee Act for Responsible Lending and Expanded Debt Cancellation of 2008," Open Congress (opencongress.org/bill/110-h2634/actions_votes).

113. "Clinton pledges more than $50m in aid for Haiti," Agence France-Presse, April 14, 2009 (google.com/hostednews/afp/article/ALeqM5i0vtqlmpiKI-5VkFrRKXqINsYsJw).

114. "Top Reasons to Oppose the WTO," Global Exchange (globalexchange.org/campaigns/ wto/OpposeWTO.html). 다음도 참고하라. Ellwood, *The No-Nonsense Guide to Globalization*, p. 34.

115. Ellwood, *The No-Nonsense Guide to Globalization*, pp. 36-37.

116. Amory Starr, *Global Revolt: A guide to the movements against globalization* (London: Zed Books, 2005), p. 30.

117. 1999년 시애틀 투쟁을 담은 사진은 다음을 참고하라. youtube.com/watch?v=_JXPIBsxdk$; youtube.com/watch?v=YdACqgxRLsQ; video.google.com/videosearch?q=News+WTO+ Seattle+1999&hl=en&client=firefox-a&emb=0&aq=f#.

118. "A Million Farmers Protest Against the WTO in India," Karnataka State Farmers' Association, March 21, 2001 (organicconsumers.org/corp/wtoindia.cfm).

119. "Memorandum submitted to the Prime Minister: Keep Agriculture Out of WTO," Members of the Indian Coordination Committee of Farmers Movements, October 2, 2005 (focusweb.org/india/index.php?option=com_content&task=view&id=744&Itemid=30).

120. "Suicide and protests mar summit," BBC News, September 11, 2003 (news.bbc.co.uk/2/hi/business/3098916.stm).

121. "South Korea Activist Kills Himself, Others Injured in Cancun Protest," Agence France-Presse, September 11, 2003 (commondreams.org/headlines03/0911-06.htm).

122. "TRADE Act Fact Sheet 2009," Public Citizen (citizen.org/trade/tradeact/).

123. Personal correspondence with Kevin Gallagher, August 2009.

124. "This is USAID," USAID (usaid.gov/about_usaid/).

125. Marc Lacey, "Across Globe, Empty Bellies Bring Rising Anger," *The New York Times*, April 18, 2008 (nytimes.com/2008/04/18/world/americas/18food.html?pagewanted=1&_r=1).

126. Oscar Olivera and Tom Lewi, *Cochabamba!: Water War in Bolivia* (Boston: SouthEnd Press,

2004).

127. "100 Mile Diet: An interview with James and Alisa" (100milediet.org/faqs). 더 상세한 내용은 이들이 쓴 다음 책을 참고하라. Alisa Smith and J. B. MacKinnon, *Plenty: Eating Locally on the 100 Mile Diet* (New York: Three Rivers Press, 2007).
128. Bill McKibben, *Deep Economy* (New York: Times Books, 2007), p. 128.
129. David Kupfer, "Table for Six Billion, Please: Judy Wicks on her plan to change the world, one restaurant at a time," *The Sun Magazine*, iss. 392, August 2008 (thesunmagazine.org/issues/392/table_for_six_billion).
130. Ibid.
131. Rob Hopkins and Peter Lipman, *Who We Are and What We Do*, Transition Network, February 1, 2009 (transitionculture.org/wp-content/uploads/who_we_are_high.pdf).
132. Anderson, Cavanagh, and Lee, *Field Guide to the Global Economy*, p. 52.
133. Barbara Ehrenreich, foreword to Anderson, Cavanagh, and Lee, *Field Guide to the Global Economy*, p. viii.

4장 | 소비

1. Robert D. McFadden and Angela Macropoulos, "WalMart Employee Trampled to Death," *The New York Times*, November 28, 2008 (nytimes.com/2008/11/29/business/29walmart.html).
2. Ken Belson and Karen Zraick, "Mourning a Good Friend and Trying to Make Sense of a Stampede," *The New York Times*, November 29, 2008 (nytimes.com/2008/11/30/nyregion/30walmart.html).
3. Worldwatch Institute, *State of the World 2004: Special Focus—Consumer Society* (New York: W.W. Norton & Company, 2004), p. 5.
4. Christian Sylt, "Christopher Rodrigues: Visa is far more than just a card, says its Cambridge Blue boss," *The Independent* [UK], November 6, 2005 (independent.co.uk/news/people/profiles/christopher-rodrigues-visa-is-far-more-than-just-a-card-says-its-cambridge-blue-boss-514061.html).
5. John De Graaf, David Wann, and Thomas H. Naylor, *Affluenza: The All-Consuming Epidemic*, 2nd ed. (San Francico: Berrett-Koehler Publishers, Inc., 2005), p. 13.
6. Worldwatch Institute, *State of the World 2004*, p. 10.
7. Benjamin Barber, *Consumed: How Markets Corrupt Children, Infantilize Adults, and Swallow Citizens Whole* (New York: W.W. Norton & Co., 2008), p. 8.
8. Paul Lomartire, "The Monster That Is the Mall of America," *Chicago Tribune*, May 11, 2003 (chicagotribune.com/travel/midwest/minnesota/chi-071219twincities-

monstermall,0,1792859.story).
9. Mellody Hobson, "Mellody's Math: Credit Card Cleanup," ABC News, February 28, 2009 (abcnews.go.com/GMA/FinancialSecurity/story?id=126244&page=1).
10. De Graaf, Wann, and Naylor, *Affluenza*, p. 41.
11. Worldwatch Institute, *State of the World 2004*, p. 4.
12. Margot Adler, "Behind the Ever-Expanding American Dream House," National Public Radio, July 4, 2006 (npr.org/templates/story/story.php?storyId=5525283).
13. Juliet Schor, "Cleaning the Closet," essay in Duane Elgin's *The Voluntary Simplicity Discussion Course* (Portland: Northwest Earth Institute, 2008), p. 35.
14. Michelle Hofmann, "The s-t-r-e-t-c-h Garage," *Los Angeles Times*, October 1, 2006 (articles.latimes.com/2006/oct/01/realestate/re-garages1).
15. *SSA Industry Report and SSA Update for 2009*, Self Storage Association (selfstorage.org/SSA/Home/AM/ContentManagerNet/ContentDisplay.aspx?Section=Home&ContentID=4163).
16. 2001년 11월 8일 부시 대통령의 연설 원고를 참고하라. "사람들은 일상을 살아가고, 일하고, 쇼핑하고, 놀고, 시너고그와 교회와 모스크에서 예배보고, 영화를 보고, 야구를 할 것입니다. 미국의 삶은 계속될 것입니다. 나에게 편지를 보내온 어느 4학년 학생도 알고 있듯이, 이것이야말로 테러리즘에 대한 궁극적인 보복입니다." (archives.cnn.com/2001/US/11/08/rec.bush.transcript/).
17. Robert Louis Stevenson, "Henry David Thoreau: His Character and Opinions," *Cornhill Magazine*, June 1880.
18. Edward Wagenknecht, *John Greenleaf Whittier: A Portrait in Paradox* (New York: Oxford University Press, 1967), p. 112.
19. Wynn Yarborough, "Reading of Thoreau's 'Resistance to Civil Government,'" Virginia Commonwealth University, 1995 (vcu.edu/engweb/transcendentalism/authors/thoreau/critonrcg.html).
20. Eisenhower quoted by Joni Seager in *Earth Follies: Coming to Feminist Terms with the Global Environmental Crisis* (New York: Routledge, 1993), p. 221.
21. "Brighter" by Discover Card (youtube.com/watch?v=LKFZjg4eGMk).
22. Bill McKibben, *Deep Economy* (New York: Henry Holt & Company, 2007), pp. 35-36.
23. Worldwatch Institute, *State of the World 2004*, p. 166. (13,000달러는 1995년달러로 환산한, 혹은 '구매력 평가'로 환산한 1인당 연간 소득이다.)
24. Richard Layard, *Happiness: Lessons from a New Science* (London: Penguin Press, 2005), pp. 29-35.
25. Layard, *Happiness*, pp. 34-35.
26. Robert Putnam, *Bowling Alone* (New York: Simon & Schuster, 2000).
27. Shankar Vedantam, "Social Isolation Growing in U.S., Study Says," *The Washington Post*,

June 23, 2006 (washingtonpost.com/wp-dyn/content/article/2006/06/22/ AR2006062201763.html).
28. "Obesity and Overweight Statistics," U.S. Centers for Disease Control and Prevention (cdc.gov/obesity/data/index.html).
29. From the U.S. Centers for Disease Control and Prevention's *Morbidity and Mortality Weekly Report*, reported in *Science Daily*, September 8, 2007 (sciencedaily.com/releases/ 2007/09/070907221530.htm).
30. De Graaf, Wann, and Naylor, *Affluenza*, p. 77.
31. Ibid., p. 45.
32. McKibben, *Deep Economy*, p. 114.
33. Worldwatch Institute, *State of the World 2004*, p. 112.
34. "Credit Card Debt Statistics," Money-zine.com (money-zine.com/Financial-Planning/ Debt-Consolidation/Credit-Card-Debt-Statistics).
35. Tim Kasser, *The High Price of Materialism* (Boston: MIT Press, 2003), p. 22.
36. Ibid., p. 59.
37. Worldwatch Institute, *State of the World 2004*, p. 18.
38. *The Happy Planet Index 2.0: Why good lives don't have to cost the earth*, The New Economics Foundation, 2009, p. 61.
39. Malin Rising, "Global Arms Spending Rises Despite Economic Woes," *The Independent* [UK], June 9, 2009 (independent.co.uk/news/world/politics/ global-arms-spending-rises-despite-economic-woes-1700283.html).
40. *The Happy Planet Index 2.0*, p. 5.
41. "Earth Overshoot Day 2009," Global Footprint Network (footprintnetwork.org/en/ index.php/GFN/page/earth_overshoot_day/).
42. Worldwatch Institute, *State of the World 2004*, pp. 6-7.
43. "Earth Overshoot Day 2009."
44. David W. Orr, "The Ecology of Giving and Consuming," in *Consuming Desires: Consumption, Culture and the Pursuit of Happiness*, edited by Roger Rosenblatt (Washington D.C.: Island Press, 1999), p. 141.
45. Worldwatch Institute, *State of the World 2004*, p.12.
46. Ibid.
47. Juliet B. Schor, *The Overworked American: The Unexpected Decline of Leisure* (New York: Basic Books, 1993), p. 77.
48. "Corporate Deals with Nazi Germany," *UE News*, United Electrical, Radio and Machine Workers of America (ranknfile-ue.org/uen_nastybiz.html).
49. Elaine Ganley, "French Spend More Time Sleeping and Eating than Other Nations," *The Huffington Post*, May 4, 2009 (huffingtonpost.com/2009/05/04/

french-spend-more-time-ea_n_195548.html).

50. McKibben, *Deep Economy*, p. 114.
51. Duane Elgin, *The Voluntary Simplicity Discussion Course*, p. 15.
52. Thomas Princen, Michael Maniates, and Ken Conca, *Confronting Consumption* (Boston: MIT Press, 2002), p. 216.
53. Michael Burawoy, *Manufacturing Consent: Changes in the Labor Process Under Monopoly Capitalism* (Chicago: University of Chicago Press, 1979), pp. 32-40.
54. Victor Lebow in the *Journal of Retailing*, quoted in Vance Packard, *The Waste Makers* (New York: David McKay, 1960), p. 24.
55. "Industrial Strength Design: How Brooks Stevens Shaped Your World," Milwaukee Art Museum (mam.org/collection/archives/brooks/index.asp).
56. Bernard London, *Ending the Depression Through Planned Obsolescence*, originally published in 1932. Text of this pamphlet is posted at adbusters.org/blogs/blackspot_blog/consumer_society_made_break.htm.
57. Packard, *The Waste Makers*, p. 46.
58. Elgin, *The Voluntary Simplicity Discussion Course*, p. 31.
59. TV 광고에 대해 많이 인용되는 수치인 '연간 4만 개'를 토대로 한 것이다. 다음을 참고하라. "Television Advertising Leads to Unhealthy Habits in Children; Says APA Task Force," press release from the American Psychological Association, February 23, 2004 (apa.org/releases/childrenads.html). 일부 연구자들은 5만 건이라고 말한다. 다음을 참고하라. Nolo Press's *Marketing Without Advertising* (nolo.com/product.cfm?objectID=5E5BFB9E-A33A-43DB9D162A6460AA646A/sampleChapter/5/111/277/#summary).
60. Barber, *Consumed*, p. 29.
61. Elgin, *The Voluntary Simplicity Discussion Course*, p. 30.
62. Worldwatch Institute, *State of the World 2004*, p. 14.
63. Barber, *Consumed*, p. 11.
64. Barber, *Consumed*, p. 13.
65. "Big Three Spent $7.2 Billion on Ads in 2007," Dollars & Sense Blog (dollarsandsense.org/blog/2008/12/big-three-spent-72-billion-on-ads-in.html).
66. "Apple's Advertising Budget: Revealed!" BNET Technology Blog (industry.bnet.com/technology/1000574/apples-advertising-budget-revealed/).
67. "Sharp will change your life?" Media Mentalism (mediamentalism.com/2008/07/15/sharp-will-change-your-life/).
68. "Advertisers go after bedroom eyes," *Sustainable Industries Journal*, February 2007.
69. Aaron Falk, "Mom sells face space for tattoo advertisement," *Deseret News*, June 30, 2005 (deseretnews.com/article/1,5143,600145187,00.html).
70. Mya Frazier, "Channel 1: New Owner, Old Issues," Commercial Alert (commercialalert.

org/issues/education/channel-one/channel-one-new-owner-old-issues).
71. Ibid. 다음도 참고하라. obligation.org.
72. James Gustave Speth, *The Bridge at the Edge of the World: Capitalism, the Environment, and Crossing from Crisis to Sustainability* (New Haven: Yale University Press, 2008), p. 159.
73. Juliet B. Schor, *The Overspent American: Why We Want What We Don't Need* (New York: Harper Perennial, 1999), pp. 49-50.
74. Vedantam, "Social Isolation Growing in U.S.," quoting Robert B. Putnam, author of *Bowling Alone* (washingtonpost.com/wp-dyn/content/article/2006/06/22/AR2006062201763.html).
75. "Average Home Has More TVs than People," *USA Today*, September 21, 2006 (usatoday.com/.../television/.../2006-09-21-homes-tv_x.htm).
76. Alana Semuels, "Television viewing at all-time high," *Los Angeles Times*, February 24, 2009 (articles.latimes.com/2009/feb/24/business/fi-tvwatching24).
77. Schor, *The Overspent American*, p. 81.
78. Layard, *Happiness*, p. 89.
79. Schor, *The Overspent American*, pp. 74-79.
80. Sandra Gonzales, "Berkeley to Vote on Politically-Correct Coffee," *San Jose Mercury News*, October 24, 2002 (commondreams.org/headlines02/1024-05.htm).
81. Barber, *Consumed*, pp. 82-88.
82. Ibid., p. 139.
83. "Our Fading Heritage: Americans Fail a Basic Test of Their History and Institutions," Intercollegiate Studies Institute, 2008 (americancivicliteracy.org/2008/summary_summary.html).
84. Eric Lane and Michael Oreskes, "The Scary Consequences of Our Mindless Indifference to the History of the Constitution," History News Network, October 8, 2007 (hnn.us/articles/43202.html). Lane and Oreskes are authors of *The Genius of America: How the Constitution Saved Our Country—and Why It Can Again* (NY: Bloomsbury USA, 2007).
85. "National Voter Turnout in Federal Elections," Infoplease (infoplease.com/ipa/A0781453.html).
86. Putnam, *Bowling Alone*; 여성유권자연맹이 온라인에 올린 발췌에, 1993년 공공 미팅에 참석해본 적이 있는 사람 비중이 13퍼센트라고 나온다. (xroads.virginia.edu/~HYPER/DETOC/putnam1/putnam.htm).
87. Layard, *Happiness*, pp. 8, 63.
88. Jane E. Dematte, "Near-Fatal Heat Stroke During the 1995 Heat Wave in Chicago," *Annals of Internal Medicine*, vol. 129, no. 3, August 1, 1998, pp. 173-81.
89. Personal communication with Judith Helfand, 2009.
90. McKibben, *Deep Economy*, p. 117.

91. Layard, *Happiness*, p. 74.
92. Worldwatch Institute, *State of the World 2004*, p. 5.
93. Ibid., p. 6.
94. "Overview," *Human Development Report 1998*, United Nations Development Programme (hdr.undp.org/en/media/hdr_1998_en_overview.pdf).
95. Ibid.
96. "1.02 Billion People Hungry: One Sixth of Humanity Undernourished, More than Ever Before," *Science Daily*, June 20, 2009 (sciencedaily.com/releases/2009/06/090619121443.htm).
97. Andrew Pollack, "Disease of Rich Extends Its Pain to Middle Class," *The New York Times*, June 12, 2009 (nytimes.com/2009/06/13/health/13gout.html?_r=1&scp=1&sq=disease%20of%20kings&st=cse).
98. "More than Half the World Lives on Less than $2 a Day," Population Reference Bureau (prb.org/Journalists/PressReleases/2005/MoreThanHalftheWorldLivesonLessThan2aDayAugust2005.aspx), citing data from *the World Bank's World Development Report 2000/2001*.
99. Robert Frank, "Market Failures," *Boston Review*, Summer 1999 (bostonreview.net/BR24.3/frank.html) and in *Luxury Fever*, New York: Free Press, 1999.
100. World Resources Institute, quoting Josette Sheera, executive director of the World Food Programme (earthtrends.wri.org/updates/node/349).
101. William Greider, "One World of Consumers," in *Consuming Desires*, p. 27.
102. Carbon Footprint of Nations website, Norwegian University of Science and Technology: carbonfootprintofnations.com.
103. Elgin, *The Voluntary Simplicity Discussion Course*, p. 16.
104. Alan Durning, *How Much Is Enough? The Consumer Society and the Future of the Earth* (Washington, D.C.: Worldwatch Institute, 1992), p. 150.

5장 | 폐기

1. Jerry Seinfeld live on tour, 2008. (투어쇼에 참석했던 내 친구 안드레 캐로더스가 알려주었다.)
2. 자동차 정보 사이트인 에드먼즈닷컴(Edmunds.com)은 "대리점을 떠나는 순간 자동차는 대략 원래 가치의 4분의 1을 잃는다(edmunds.com/reviews/list/top10/122630/article.html)"고 설명하지만, '일반적으로'는 10퍼센트를 잃는다고 알려져 있다.
3. "George Carlin Talks About 'Stuff'" (youtube.com/watch?v=MvgN5gCuLac).
4. Personal correspondence with Paul Connett, June 2008.
5. "The Impact of the Economic Downturn on Solid Waste Services," Solid Waste Association of North America (swanacal-leg.org/downloads/SWANA%20LTF%20white%20paper%

20on%20letterhead.pdf).
6. Maria Elena Baca, "One Silver Lining of the Economic Downturn," Star Tribune, August 2, 2009 (startribune.com/local/north/52269857.html).
7. "U.S. Waste Management Industry Overview," Themedica, February 23, 2009 (themedica.com/articles/2009/02/us-waste-management-industry-o.html).
8. Joel Makower, "Industrial Strength Solution," *Mother Jones*, May/June 2009 (motherjones.com/environment/2009/05/industrial-strength-solution).
9. Ray Anderson, *Confessions of a Radical Industrialist* (New York: St. Martin's Press, 2009), pp. 64-65.
10. "Non-Hazardous Waste," U.S. Environmental Protection Agency (epa.gov/epawaste/nonhaz/).
11. Joel Makower, "Calculating the Gross National Trash," March 17, 2009 (readjoel.com/joel_makower/2009/03/calculating-the-gross-national-trash.html).
12. Makower, "Industrial Strength Solution."
13. Ibid.
14. "A Natural Step Network Case Study: Interface, Atlanta, Georgia," The Natural Step (naturalstep.org/en/usa/interface-atlanta-georgia-usa).
15. Ray Anderson, "The business logic of sustainability," TED talk filmed February 2009, posted May 2009 (ted.com/talks/ray_anderson_on_the_business_logic_of_sustainability.html).
16. Ibid.
17. Ibid.
18. Charles Fishman, "Sustainable Growth—Interface, Inc." *Fast Company*, December 18, 2007 (fastcompany.com/magazine/14/sustaing.html).
19. Kate Fletcher, *Sustainable Fashion and Textiles* (London: Earthscan, 2008), p. 158.
20. Personal correspondence with Ray Anderson, August 2009.
21. Personal communication with Dan Knapp, August 2009.
22. *Municipal Solid Waste in the United States 2007 Facts and Figures*, U.S. Environmental Protection Agency, November 2008, p. 3 (epa.gov/waste/nonhaz/municipal/pubs/msw07-rpt.pdf).
23. Ibid.
24. Research by Renee Shade based on data from Statistics Canada (40.statcan.gc.ca), the United Nations Statistics Division (unstats.un.org/unsd/environment/wastetreatment.ht), Index Mundi (indexmundi.com/), and the U.S. Passport Service Guide figures on China's population (us-passport-service-guide.com/china-population.html).
25. "도시 고형 폐기물의 75퍼센트가 제조품"이라고 할 때 75퍼센트라는 수치는 무게 기준이다. 환경보호청이 1960년 이래로 펴낸 자료를 토대로 한 것이다. *Characterization of Municipal Solid Waste* (epa.gov/osw//nonhaz/municipal/msw99.htm).

26. Helen Spiegelman and Bill Sheehan, *Unintended Consequences: Municipal Solid Waste Management and the Throwaway Society*, Product Policy Institute, 2005, p. 8.
27. Julie Scelfo, "Appliance Anxiety: Replace It or Fix It?" *The New York Times*, May 27, 2009 (nytimes.com/2009/05/28/garden/28repair.html).
28. "Industry Statistics for 2008," *PSA Update*, newsletter of the Professional Service Association newsletter, April 2009 (psaworld.com/ASN_Update_04-09.pdf).
29. Shoe Service Institute of America website: ssia.info/about.asp.
30. Gena Terlizzi, "Shoe Repair Shops Boom During Tough Economic Times," KTKA, February 16, 2009 (ktka.com/news/2009/feb/16/shoe_repair_shops_boom_during_tough_economic_times/).
31. Vance Packard, *The Waste Makers* (New York: David McKay, 1960), p. 119.
32. John Roach, "Plastic-Bag Bans Gaining Momentum Around the World," *National Geographic News*, April 4, 2008 (nationalgeographic.com/news/2008/04/080404-plastic-bags.html).
33. "Irish Bag Tax Hailed as Success," BBC News, August 20, 2002 (news.bbc.co.uk/1/hi/world/europe/2205419.stm).
34. Daniel Imhoff, *Paper or Plastic* (San Francisco: Sierra Club Books, 2005), p. 139.
35. "The Decline of Refillable Beverage Bottles in the U.S.," Container Recycling Institute (container-recycling.org/facts/glass/decline.htm).
36. *Beverage Containers: US Industry Forecasts for 2012 and 2017*, summary, Freedonia Group, November 2008 (reportbuyer.com/industry_manufacturing/chemicals_industry/beverage_containers.html).
37. "Bottle Bill Resource Guide," Container Recycling Institute (bottlebill.org/about/whatis.htm).
38. "H.R. 2046—Bottle Recycling Climate Protection Act of 2009," OpenCongress (opencongress.org/bill/111-h2046/show).
39. "Bottle Bill Opponents," Container Recycling Institute (bottlebill.org/about/opponents.htm).
40. "Bottle Bill Toolkit," Container Recycling Institute (toolkit.bottlebill.org/opposition/opponents.htm).
41. "Keep America Beautiful: A History," Container Recycling Institute (toolkit.bottlebill.org/opposition/KABhistory.htm).
42. Chadd De Las Casas, "Playing Indian: The Iron Eyes Cody Story," Associated Content, October 15, 2007 (associatedcontent.com/article/404817/playing_indian_the_iron_eyes_cody_story_pg2.html?cat=38).
43. Ted Williams, "The Metamorphosis of Keep America Beautiful," *Audubon*, March 1990.
44. "Key Vote for National Recycling Coalition," *BioCycle*, vol. 50, no. 7, July 2009, p. 6.

45. Bette K. Fishbein, *Germany, Garbage and the Green Dot: Challenging a Throwaway Society* (Philadelphia: Diane Publishing, 1996), p. 46.
46. Ibid., p. 36.
47. *Extended Producer Responsibility*, Clean Production Action, 2003, p. 28 (cleanproduction.org/library/EPRtoolkitFINAL.pdf).
48. Deanne Toto, "Green with Envy: Germany's Green Dot program continues generating good collection numbers," *Recycling Today*, October 2004 (thefreelibrary.com/Green+with+envy%3a+Germany's+Green+Dot+program+continues+generating...-a0123753975).
49. "Summary of Germany's packaging take-back law," Clean Production Action, September 2003, p. 3 (cleanproduction.org/library/EPR_dvd/DualesSystemDeutsch_REVISEDoverview.pdf).
50. Garth T. Hickle, "The Producer Is Responsible for Packaging in the European Union," *Package Design Magazine*, 2006 (packagedesignmag.com/issues/2006.11/special.producer.shtml).
51. Spiegelman and Sheehan, *Unintended Consequences*, p. 5.
52. "History of Waste," Product Policy Institute (productpolicy.org/content/history-waste).
53. Spiegelman and Sheehan, *Unintended Consequences*, p. 2.
54. "Fees," Product Policy Institute (productpolicy.org/content/fees).
55. Construction Materials Recycling Association website: cdrecycling.org.
56. "Mission Statement," Rebuilders Source (rebuilderssource.coop//index.php?option=com_content&task=view&id=14&Itemid=32).
57. Personal correspondence with Glenn McRae, May 2009.
58. "Waste Minimization, Segregation, and Recycling in Hospitals," Healthcare Without Harm, October 2001 (72.32.87.20/lib/downloads/waste/Waste_Min_Seg_Recyc_in_Hosp.pdf).
59. "Waste Management," Healthcare Without Harm (72.32.87.20/us_canada/issues/waste/) and Paul Connett, "Medical Waste Incineration: A mismatch between problem and solution," *The Ecologist Asia*, vol. 5, no. 2, March/April 1997 (bvsde.paho.org/bvsacd/cd48/mismatch.pdf).
60. "Electronics," Clean Production Action (cleanproduction.org/Producer.International.Europe.Electronics.php).
61. "Problem: Electronics Become Obsolete Quickly," Electronics TakeBack Coalition (computertakeback.com/problem/made_to_break.htm).
62. "Poison PCs and Toxic TVs," Silicon Valley Toxics Coalition, p. 9. Based on data from Microelectronics and Computer Technology Corporation's *Electronics Industry Environmental Roadmap*, 1996.
63. *E-Waste: The Exploding Global Electronic Waste Crisis*, Electronics TakeBack Coalition, p. 8 (computertakeback.com/legislation/Ewaste%20Briefing%20Book.pdf).

64. "Problem: Electronics Become Obsolete Quickly."
65. "Facts and Figures on E-Waste Recycling," Electronics TakeBack Coalition (computertakeback.com/Tools/Facts_and_Figures.pdf).
66. Ibid.
67. Brandon Sample, "Prisoners Exposed to Toxic Dust at UNICOR Recycling Factories," *Prison Legal News*, July 15, 2009 (prisonlegalnews.org/displayArticle.aspx?articleid=20750&AspxAutoDetectCookieSupport=1).
68. Elena H. Page and David Sylvain of the National Institute for Occupational Safety and Health report on the health and safety investigation of the Federal Prison Industries(UNICOR) electronics recycling program at Federal Bureau of Prisons institutions in Ohio, Texas, and California in a July 16, 2008, letter to Randall Humm, investigative counsel, U.S. Department of Justice (peer.org/docs/doj/08_28_7_elkton_prison_niosh_report.pdf).
69. Sample, "Prisoners Exposed to Toxic Dust at UNICOR Recycling Factories."
70. Michelle Chen, "E-waste: America's Electronics Feed the Global Digital Dump," The Women's International Perspective, April 26, 2009 (thewip.net/contributors/2009/04/ewaste_americas_electronics_fe.html).
71. Personal correspondence with Jim Puckett, February 2009.
72. "Environmentalists and Consumer Groups Applaud Dell's Policy on E-Waste Export," Electronics TakeBack Coalition, May 12, 2009 (computertakeback.com/media/press_releases_dell_export_poliy.htm).
73. "States Are Passing E-Waste Legislation," Electronics TakeBack Coalition (electron icstakeback.com/legislation/state_legislation.htm).
74. "The e-Steward Solution," e-Stewards (e-stewards.org/estewards_solution.html).
75. "The State of Garbage in America 2008," *BioCycle*, vol. 49, no. 12, December 2008, p. 22 (jgpress.com/archives/_free/001782.html).
76. Van Jones, *The Green Collar Economy* (San Francisco: Harper One, 2008), p. 7.
77. "Fresh Kills Park Project Introduction," New York City Department of City Planning, 2007 (nyc.gov/html/dcp/html/fkl/fkl_index.shtml).
78. Landfill Operation Management Advisor website: loma.civil.duth.gr/.
79. Landfill Operation Management Advisor website: loma.civil.duth.gr/.
80. Catherine Brahic, "Atlas of hidden water may avert future conflict," *New Scientist*, October 24, 2008 (newscientist.com/article/dn15030-atlas-of-hidden-water-may-avert-future-conflict.html).
81. 환경보호청이 모든 매립장에서는 점차 누수가 발생하게 된다는 견해를 처음 제시한 것은 1981년 2월 5일 연방정부 공보 《페더럴 레지스터*Federal Register*》를 통해서다. "이론적·실증적 증거들을 통해 보건대, 매립 시설에 들어 있는 유독한 성분은 그 시설을 벗어나 환경으로 방출될

가능성이 매우 큰 것으로 보인다. 폐기물이 매립장에 하치된 시점부터 누수되기까지 몇 년이 걸릴 수도, 몇십 년이 걸릴 수도 있지만, 어쨌든 대부분의 경우에, 현존하는 가장 좋은 매립 기술을 갖춘 곳이라고 해도 시간이 지나면 누수가 일어날 것이라고 과학적인 근거들을 통해 예상할 수 있다." 1년여가 지난 후인 1982년 7월 26일에 환경보호청은 《페더럴 레지스터》에서, 모든 매립장은 시간이 지남에 따라 누수된다는 점을 다시 한 번 강조했다. "깔개는 땅으로 침출수가 새어나가는 것을 줄이거나 막기 위한 일종의 '방책 쌓기' 기술이다. 하지만 어떤 깔개도 침출수가 땅으로 스며드는 것을 다 막을 수는 없다. 시간이 지나면서 깔개가 닳거나 찢어져서 침출수가 새나가게 될 것이다." vol. 46, no. 24, p. 32284.

82. "Waste Identification," U.S. Environmental Protection Agency (epa.gov/osw/hazard/wastetypes/wasteid/index.htm).

83. Daniel Steinway, "Trashing Superfund: The Role of Municipal Solid Waste in CERCLA Cases," *The American Lawyer's Corporate Counsel Magazine*, November 1999 (library.findlaw.com/1999/Nov/1/130490.htm).

84. "Additive to reduce cows' methane emissions on innovation shortlist," The Low Carbon Economy (lowcarboneconomy.com/community_content/_low_carbon_news/5073).

85. "Landfills Are Dangerous," Environmental Research Foundation (rachel.org/en/node/4467). 이 요약은 21개의 연구를 인용하고 있다. 인용된 연구는 다음과 같다. 1) State of New York Department of Health, *Investigation of Cancer: Incidence and Residence Near 38 Landfills with Soil Gas Migration Conditions, New York State, 1980-1989* (Atlanta, Ga.: Agency for Toxic Substances and Disease Registry, June 1998); 2) Lynton Baker, Renee Capouya, Carole Cenci, et al., *The Landfill Testing Program: Data Analysis and Evaluation Guidelines* (Sacramento, Calif.: California Air Resources Board, September 1990); 3) M. S. Goldberg et al., "Incidence of cancer among persons living near a municipal solid waste landfill site in Montreal, Quebec," *Archives of Environmental Health*, vol. 50, no. 6 (November 1995); 4) L. D. Budnick et al., "Cancer and birth defects near the Drake Superfund site, Pennsylvania," *Archives of Environmental Health*, vol. 39, no. 6 (November 1984); 5) K. Mallin, "Investigation of a bladder cancer cluster in northwestern Illinois," *American Journal of Epidemiology*, vol. 132, no. 1, supplement (July 1990); 6) J. Griffith et al., "Cancer mortality in U.S. counties with hazardous waste sites and ground water pollution," *Archives of Environmental Health*, vol. 44, no. 2 (March 1989); and 7) Martine Vrijheid, Ben Armstrong, et al., *Potential Human Health Effects of Landfill Sites; Report to the North West Region of the Environment Agency* (London: Environmental Epidemiology Unit, London School of Hygiene and Tropical Medicine, March 1998).

86. Daphne Wysham, "Good News, There's a Climate Bill—Bad News, It Stinks," originally published by Alternet.org (no-burn.org/article.php?id=711), and Kate Sheppard, "Everything You Always Wanted to Know About the Waxman-Markey Energy/Climate Bill," *Grist*, June 3, 2009 (grist.org/article/2009-06-03-waxman-markey-bill-breakdown/).

87. "Organic Materials," U.S. Environmental Protection Agency (epa.gov/osw/conserve/materials/organics/index.htm).
88. "Zero Waste: Composting," SFEnvironment (sfenvironment.org/our_programs/topics.html?ti=6).
89. Personal correspondence with Robin Plutchok, program manager at Stopwaste.org, August 2009.
90. "Managing MSW in Nova Scotia," *BioCycle*, February 1999, vol. 40, no. 2, p. 31.
91. "The State of Garbage in America" *BioCycle*, vol. 47, no. 4, April 2006, p. 26 (jgpress.com/archives/_free/000848.html).
92. Peter Montague, "The Modern Solution to Pollution is Dilution," *Rachel's Democracy and Health News*, no. 996, January 29, 2009 (precaution.org/lib/09/waste_dispersal.090129.htm).
93. *Inventory of Sources and Environmental Releases of Dioxin-Like Compounds in the United States for the Years 1987, 1995, and 2000*, final report, United States Environmental Protection Agency, EPA/600/P-03/002f, November 2006. And *Waste Incineration: A Dying Technology*, Global Alliance for Incinerator Alternatives/Global Anti-Incinerator Alliance, 2003 (no-burn.org/article.php?id=276). 추가적인 정보는 다음을 참고하라. "Dioxin Homepage," EJnet.org (ejnet.org/dioxin/).
94. Michelle Allsopp, Pat Costner, and Paul Johnston, *Incineration and Human Health—State of Knowledge of the Impacts of Waste Incinerators on Human Health*, Greenpeace Research Laboratories, University of Exeter, 2001; Jeremy Thompson and Honor Anthony, *The Health Effects of Waste Incinerators*: 4th Report, British Society for Ecological Medicine, 2006 (ecomed.org.uk/publications/reports/the-health-effects-of-waste-incinerators); M. Franchini, M. Rial, E. Buiatti, and F. Bianchi, "Health effects of exposure to waste incinerator emissions: A review of epidemiological studies," *Annali dell'Istituto Superiore di Sanità*, vol. 40, no. 1, 2004, pp. 101-15; N. Floret, E. Lucot, P. M. Badot, et al., "A municipal solid waste incinerator as the single dominant point source of PCDD/Fs in an area of increased non-Hodgkin's lymphoma incidence," *Chemosphere* vol. 68, no. 8, 2007, pp.1419-26; T. Tango, T. Fujita, T. Tanihata, et al., "Risk of adverse reproductive outcomes associated with proximity to municipal solid waste incinerators with high dioxin emission levels in Japan," *Journal of Epidemiology*, vol. 14, no. 3, 2004, pp. 83-93.
95. Paul Connett, from his white paper "Waste Management as if the Future Mattered," 1990.
96. Personal correspondence with Paul Connett, June 2008.
97. Personal correspondence with Mike Ewall, May 2009.
98. Global Alliance for Incinerator Alternatives/Global Anti-Incinerator Alliance website: no-burn.org.
99. "Incinerators in Disguise," Global Alliance for Incinerator Alternatives/Global

Anti-Incinerator Alliance (no-burn.org/article.php?list=type&type=132).
100. U.S. Environmental Protection Agency, eGRID 2000 database, cited in *Zero Waste for Zero Warming: GAIA's Statement of Concern on Waste and Climate Change*, Global Alliance for Incinerator Alternatives/Global Anti-Incinerator Alliance, December 2008 (no-burn.org/article.php?id=567).
101. Sherry Greenfield, "Trip to PA convinces Jenkins that Frederick should build incinerator," Gazette.net, May 20, 2009 (gazette.net/stories/05202009/frednew174253_32537.shtml).
102. Brenda Platt, *Resources up in Flames*, Global Alliance for Incinerator Alternatives/Global Anti-Incinerator Alliance, April 2004, p. 12 (no-burn.org/downloads/Resources up in Flames.pdf).
103. *Wasting and Recycling in the United States*, Grass Roots Recycling Network, 2000 (grrn.org/order/w2kinfo.html).
104. Information packet from a visit to the Davis Street Transfer Center in May 2009, compared to the data provided in Greenfield, "Trip to PA convinces Jenkins that Frederick should build incinerator."
105. Platt, *Resources up in Flames*, p. 14.
106. T. Rand, J.Haukohl, and U. Marxen, *Municipal Solid Waste Incineration: Requirements for a Successful Project*, World Bank technical paper no. 462, The World Bank, June 2000, p. 25.
107. Personal correspondence with Paul Connett, June 2008.
108. "What is TURA," Toxics Use Reduction Institute (turi.org/turadata/what_is_tura).
109. Jay Pateakos, "'Green' Light: City company recognized for helping environment," *The Herald News*, June 8, 2009 (heraldnews.com/homepage/x313680023/Green-light).
110. Ken Geiser and Joel Tickner, "When haste makes toxic waste," *The Boston Globe*, July 14, 2009 (boston.com/bostonglobe/editorial_opinion/oped/articles/2009/07/14/when_haste_makes_toxic_waste/).
111. "A Basic Guide to Exporting—International Legal Considerations," Unz and Co.(unzco.com/basicguide/c9.html).
112. Halina Ward, "Corporate accountability in search of a treaty?" briefing paper, The Royal Institute of International Affairs, May 2002 (chathamhouse.org.uk/files/3033_corporate_accountability_insights.pdf).
113. "Thor Chemicals and Mercury Exposure in Cato-Ridge, South Africa" (umich.edu/~snre492/Jones/thorchem.htm), using data from the series of articles by Bill Lambrecht for the *St. Louis Post-Dispatch* between 1989 and 1994.
114. Ibid.
115. Ibid.
116. "A Thor Chronology," *groundWork*, vol. 9, no. 3, September 2007 (groundwork.org.za/Newsletters/September2007.pdf).

117. "South Africa: Chemical cleanup begins," *Pambazuka News*, iss. 168, August 5, 2004 (pambazuka.org/en/category/environment/23609).
118. Tony Carnie, "Poison concerns for Inanda Dam," *The Mercury* [South Africa], October 15, 2008.
119. *Advising and Monitoring the Clean Up and Disposal of Mercury Waste in Kwazulu-Natal, South Africa: The Case of Thor Chemicals*, groundWork, May 2005 (Zeromercury.org/projects/Proposal_EEB_Thor_Chemicals_Final_revised_new_webvs.pdf).
120. James Ridgeway with Gaelle Drevet, "How Thousands of Tons of Philadelphia's Toxic Waste Ended Up on a Haitian Beach and What the City of New York Is Doing About It," *The Village Voice*, January 13, 1998 (ban.org/ban_news/dumping_on_Haiti.html).
121. Personal correspondence with Senior Litigation Counsel Howard Stewart, of the U.S. Department of Justice, Environmental Crimes Section, June 1989.
122. Website of the Basel Convention on the Control of Transboundary Movements of Hazardous Wastes and Their Disposal: basel.int/.
123. "Milestones in the Convention's History," Basel Convention (basel.int/convention/basics.html).
124. Heather Rogers, *Gone Tomorrow: The Hidden Life of Garbage* (New York: New Press, 2005), p. 170.
125. Neil Seldman, "The New Recycling Movement, Part 1: Recycling Changes to Meet New Challenges," Institute for Local Self-Reliance, October 2003 (ilsr.org/recycling/newmovement1.html).
126. *Municipal Solid Waste in the United States 2007 Facts and Figures*, U.S. Environmental Protection Agency, p. 1.
127. Ibid., p. 16.
128. "Recycling Means Business," Institute for Local Self-Reliance (ilsr.org/recycling/recyclingmeansbusiness.html).
129. "Mobil Chemical Corporation," abstract, World Resources Institute Sustainable Enterprise Program, 1992 (pdf.wri.org/bell/abstracts/case_1-56973-155-1_abstract_version_english.pdf). 모빌의 또 다른 대변인은 이렇게 말했다. "(분해 가능한 봉지는) 매립장이 넘쳐나는 것이나 쓰레기 투기의 문제에 대한 해결책이 아니다. …… '분해 가능성'은 단지 마케팅 도구일 뿐이다. …… 우리는 비닐봉지를 팔고 싶기 때문에 모순된 말을 한 것이다. 일반적인 소비자가 분해 가능성이라는 말의 의미를 알고 있는지조차 나는 잘 모르겠다. 소비자들은 이것이 고형 폐기물 문제를 해결하는지 아닌지에는 관심이 없다. 이것(분해 가능한 봉지)은 그들의 기분을 좋게 해준다." 다음에 인용됨. Carl Deal, *The Greenpeace Guide to Anti-Environmental Organizations* (Berkeley: Odonian Press, 1993), p. 9.
130. "Mobil, FTC to settle 'environmental' claims for its Hefty trash bags," *Boston Globe*, July 28, 1992. 다음도 참고하라. Keith Schneider, "Guides on Environmental Ad Claims," *New York*

Times, July 29, 1992.
131. Rogers, Gone Tomorrow, p. 174.
132. Personal correspondence with Paul Connett, June 2008.
133. Anne Underwood, "10 Fixes for the Planet," Newsweek, April 14, 2008 (newsweek.com/id/130625?tid=relatedcl%20).
134. "What Is Zero Waste?" Grass Roots Recycling Network (grrn.org/zerowaste/zerowaste_faq.html).
135. Personal correspondence with Monica Wilson, international co-coordinator for Global Alliance for Incinerator Alternatives/Global Anti-Incinerator Alliance, August 2009.
136. Brenda Platt, David Ciplet, Kate M. Bailey, and Eric Lombardi, Stop Trashing the Climate, Institute for Local-Self Reliance, the Global Alliance for Incinerator Alternatives/Global Anti-Incinerator Alliance, and Eco-Cycle, June 2008, p. 2 (stoptrashingtheclimate.org/fullreport_stoptrashingtheclimate.pdf).
137. "Milestones on the Zero Waste Journey," Zero Waste New Zealand Trust (zerowaste.co.nz/default,724.sm).
138. John Coté, "S.F. OKs toughest recycling law in U.S.," San Francisco Chronicle, June 10, 2009 (sfgate.com/cgi-bin/article.cgi?f=/c/a/2009/06/10/MN09183NV8.DTL).
139. Ibid.
140. Zero Waste Kovalam website: zerowastekovalam.org.
141. From a speech by Jayakumar Chelaton at a meeting of international waste activists in Penang, Malaysia, in 2003.

에필로그 | 새로운 이야기를 쓰자

1. John Talberth, Clifford Cobb, and Noah Slattery, The Genuine Progress Indicator 2006, Redefining Progress, p. 9 (rprogress.org/publications/2007/GPI%202006.pdf).
2. Personal correspondence with John Talberth, July 2009.
3. Associated Press, "Global Arms Spending Up, Study Shows," The New York Times, June 9, 2009 (query.nytimes.com/gst/fullpage.html?res=9B05E2DD1530F93AA35755C0A96F9C8B63).
4. National Priorities Project website: nationalpriorities.org.
5. The Happy Planet Index 2.0: Why good lives don't have to cost the earth, The New Economics Foundation, 2009, p. 28.
6. National Priorities Project Cost of War counters: costofwar.com.
7. Ibid.
8. Sarah van Gelder, "The Next Reformation," an interview with Paul Hawken, In Context:

A Quarterly of Humane Sustainable Culture, no. 41, Summer 1995 (context.org/ICLIB/IC41/ Hawken1.htm).
9. Personal correspondence with Dave Batker, July 2009.
10. Juliet Schor, "Downshifting to a Carbon Friendly Economy," in *Less Is More: Embracing Simplicity for a Healthy Planet, a Caring Economy and Lasting Happiness* (Canada: New Society Publishers, 2009), p. 231.
11. "Americans Eager to Take Back Their Time," Take Back Your Time Poll highlights, Center for a New American Dream, August 2003 (newdream.org/about/polls/timepoll.php).
12. Schor, "Downshifting to a Carbon Friendly Economy," p. 233.
13. David Wann, "Why Isn't This Empire Sustainable?" in *Less Is More: Embracing Simplicity for a Healthy Planet, a Caring Economy and Lasting Happiness* (Canada: New Society Publishers, 2009), p. 217.
14. "More of What Matters Poll," Center for a New American Dream, September 2004 (newdream.org/about/polls.php).
15. 특히, 폴 호켄(Paul Hawken), '글로벌 시나리오 그룹(Global Scenario Group, 스톡홀름 환경연구소Stockholm Environment Institute), 팀 잭슨(Tim Jackson, 지속 가능 개발위원회Sustainable Development Commission), 그리고 생태경제학자인 허먼 데일리(Hermann Daly)의 연구를 많이 참고했다.

찾아보기

ㄱ

가상수(假想水) 54, 100
가성소다(수산화나트륨) 104, 114, 129
가이저, 켄 182, 185
감가상각/가치하락 322
개별 38~39, 44~45
갤러거, 케빈 242
건축 폐기물 326
견암 채굴 및 재이용 법안 62
경량화 93
계획적 구식화 284~286, 288, 352
《계획적 구식화로 대공황 끝내기》(런던) 286
고압 살균 351
골드러시, 캘리포니아(1849년) 66, 70
공동체 삼림 관리 운동 91
공동체지원농업(CSA) 408
공익과학센터(CSPI) 183
공장 입지 지역 공동체(울타리 라인 공동체) 164
《과로하는 미국인》(쇼어) 277
《과소비하는 미국인》(쇼어) 295
과플루오로옥탄산(PFOA) 142
과플루오르화탄소(PFCs) 129
관세와 무역에 관한 일반협정(GATT) 230
광업 59
광업법 62
교토의정서 130
구델, 제프 83
구리 59~62, 120, 136, 356, 357

국가 환경청의 자문위원회 166
국가 환경정책법(NEPA) 178
국가우선순위프로젝트(NPP) 411
국가행복지수 269~270, 410~411, 419
국립 직업 안전 및 보건 연구원(NIOSH) 160, 178
국제 금융기구 89, 196, 231, 233, 242, 248
국제 토착민 문제 실무 그룹 87
국제노동기구(ILO) 40, 61
국제사면위원회 70, 78
국제에너지기구(IEA) 73
국제통화기금(IMF) 18~19, 87, 89, 230, 249
굿가이드 125, 204~205, 249, 307, 325
굿일렉트로닉스 127
굿잠스퍼스트 221
규폐증 61, 121, 160
그라비스(GRAVIS) 61
그레이 워터 시스템 55
그레이더, 윌리엄 200
그레이지 구즈 212
그로브, 앤디 120
그로스먼, 엘리자베스 121
그린도트 프로그램 344~345, 401
그린피스 10, 44, 77, 124~125, 127, 165, 171, 207, 383, 385~387
글로벌위트니스 67~70
기계적 펄프화 112
기아 260, 268, 311
《기업이 세계를 지배할 때》(코튼) 200

찾아보기 | 493

ㄴ

나이지리아 18, 74, 76~80, 85, 238
나이키 139, 199~200, 292, 331
《나 홀로 볼링》(퍼트넘) 266
난연제 122~125, 142, 152, 156~157, 297, 333, 354, 417
날씬한 유통(린 유통) 198, 201, 213
날씬한 제조(린 제조) 198, 201, 211
남아프리카공화국 63~64, 69, 273, 340, 382~385
납 51, 62, 65, 68, 81~82, 94, 120, 123, 135, 141~143, 147, 150, 171, 175, 189, 353~354, 362, 378
내프, 댄 334
노 더티 골드 운동 67
노동 착취 공장 105, 108, 198, 243~244, 326,
노천굴 채광 59~61
녹색 세탁 43, 329
〈녹색 전자제품 가이드〉(그린피스) 124~125
녹색인쇄이니셔티브 115
녹색화학 81, 159, 396
농민시장 250, 308
농약 44, 101~103, 107~108, 151, 178~179, 361~362, 398
뉴리프페이퍼 165
뉴섬, 개빈 404
뉴아메리칸드림센터 289, 414

ㄷ

다국적기업연구센터(SOMO) 125
다운시프팅 280~281
다이아몬드 59, 63, 67~70, 82, 85, 90, 94, 206
다이아몬드, 재레드 90
다이옥신 113, 135~136, 142, 150, 232, 303, 363, 368, 375
단일 작물 재배 102
《달마행자들》(케루악) 37

대공황 229, 286, 339
대두유 잉크 115
《대형 할인점의 속임수》(미첼) 218, 225
더닝, 앨런 316,
더블린 원칙 56
데이비스, 마이크 68
데카-BDE(난연제) 152
델, 마이클 119, 202
도시 생활 폐기물 326, 328, 333~335, 360, 364, 404
도시 처분품(MSD) 334
도요타 139, 198, 203
독성물질 사용 저감 연구소(TURI) 376~378
《독성 폐기물과 인종 20년, 1987~2007》(UCC) 166
독성물질 방출 목록 174
독성물질통제법(TSCA) 158, 179
독일 76, 92, 122, 139~140, 218, 272, 341, 343~345, 401
두알 시스템 독일 유한회사(DSD) 344
드클러크, 존 298
DDT 101, 142, 151
《디지털 쓰레기》(그로스먼) 121

ㄹ

라이토리어 377
램브레히트, 빌 382
러너, 스티브 167
러스트가튼, 리타 306
런던, 버나드 286
레이어드, 리처드 309
레인, 에릭 305
렌델, 에드워드 388~389
로베라, 시몬 40
로사리오, 후안 130
로저스, 헤더 392, 398
로컬푸드 운동 249, 251
르보, 빅터 283

르완다 70~71
리빌더소스 349~350
리턴 투 센터 프로젝트 388
립스틱 143, 147, 150, 295

ㅁ

마니아테스, 마이클 22, 206, 281
마셜, 제임스 66
마이어스, 존 피터슨 98
마이크로칩 119~120, 123
마조치, 토니 162
마키, 에드 341
만델라, 넬슨 383
매립장 72, 136, 331, 353~355, 360~364, 366~367, 369, 374, 377, 388, 404
매코위, 조엘 327~328
매키논, J. B. 249
매키번, 빌 250
맥도너, 빌 111, 188
맥레이, 글렌 351
메탄 83, 362~363
메틸이소시아네이트(MIC) 169
면화 18, 20, 50, 54, 100~104, 107~109, 206
멸종위기 동식물 보호법(ESA) 181
모리스, 데이비드 81
모빌케미컬컴퍼니 395
모유 155~157, 171, 303
목재 플랜테이션 36, 111
몬태규, 피터 366
무역 개혁 책임 발전 고용(TRADE) 법안 241
무염소가스 표백(ECF) 113
《문명의 붕괴》(다이아몬드) 90
물 발자국 54~55, 100
물 부족 49, 52, 54, 100, 309
〈물건 이야기〉(영화) 116, 258, 262, 278
뮤어, 존 39

미국화학협회 174, 183
미국국제개발처(USAID) 244~247
미국을 아름답게(KAB) 342~343
《미래를 위한 종합 화학 정책》(가이저) 185
미주개발은행 235
미첼, 스테이시 218, 225
〈미키마우스, 아이티에 가다〉(전국노동위원회) 105~106

ㅂ

바버, 벤저민 299
바이오리저널 90
바이오플라스틱 395~396
바젤행동네트워크 127, 357, 391
바젤협약 391
방글라데시 47~49, 105, 325, 338, 378~380, 397
배터리 117, 123, 143, 189, 353~355, 362, 368, 397
배트커, 데이브 414
백악관 환경의 질 위원회(CEQ) 178
베뉴스, 재닌 191
베번, 콜린 263
베조스, 제프 214
병 재활용 기후보호 법안 341
보건환경정의센터(CHEJ) 135
보디 케어 제품 146, 148
보스턴 차 사건 228
보크사이트 60, 128~129
보팔 참사(인도) 173, 181
보팔에서의 정의를 위한 국제 운동 173
볼리비아 248
부퍼탈 기후 환경 에너지 연구소 92
북미자유무역협정(NAFTA) 226
분쟁 광물 67, 70, 86
브라질 40, 70, 128, 131~132, 238, 315
브로이티감, 데버러 86
브루노, 케니 387

찾아보기 | 495

〈블러드 다이아몬드〉(영화) 68, 72
비, 라시다 171
비닐인스티튜트 137
비롤, 파티 74
비상 계획 및 지역사회의 알 권리에 관한 법 174, 180
비소 48, 50, 83, 120~121, 141
비스페놀A 150, 183
비시냐니, 조반니 209
비심와, 베르트랑 71
《빅콜》(구델) 83
빙정석 129

ㅅ

《사라진 내일, 쓰레기는 어디로 갔을까》(로저스) 392, 398
사로 위와, 켄 76
사인펠트, 제리 321
《사치의 열병》(프랭크) 313
산업 폐기물 326~329
살충제 101
삼림관리협의회(FSC) 43, 91, 116
생물학적 산소 요구량(BOD) 44
생산자 책임 재활용 제도(EPR) 344~345, 347~348, 401, 403
생체 모방 190~191, 417
생태 발자국 125, 270~271, 278, 281
《생태계와 생물종 다양성의 경제학》(유럽연합) 35
석유 73~77, 79~81
석탄 82~85
세계무역감시단 241
세계무역기구(WTO) 18, 230~231, 235~241, 249
세계반소각로연맹(GAIA) 371, 403~404
세계보건기구(WHO) 48, 120, 383~384
세계삼림연합 40
세계생태발자국네트워크(GFN) 271, 273
세계 수은 파트너십 145
세계야생생물기금 90
세계은행 채권 불매 운동(WBBB) 89
세계은행(IBRD, 국제부흥개발은행) 230
셀드먼, 닐 328, 393
세브런 18, 75, 80
셰틀러, 테드 143, 149, 151
소로, 헨리 데이비드 263, 275
《소박한 삶의 철학》(엘진) 281, 316
《소비되다》(바버) 230
《소비에 맞서기》(마니아테스) 281
소비자 제품 안전 개선법 179
소비자 제품 안전위원회(CPSC) 179
소비자 제품 안전법(1972) 179
쇼어, 줄리엣 179
수스테르베르흐 원칙 126
순환 공정 공장 57
셸석유 18, 76, 79
슈클라, 참파 데비 171
슈퍼펀드 지역 118, 180, 362
스마트웨이 트랜스포트 프로그램 210
스미스, 앨리사 249
스미스, 카리 291
스미스, 테드 119
스위트케스, 글렌 131
스코어카드 175
스테인리스스틸 98
스톨러케미컬 379
스튜어트, 하워드 386
스티븐스, 브룩스 285, 288
스페스, 구스타브 295
시안화물 51, 65
시에라리온 68, 69, 85
식품의약국(FDA) 147, 148, 183, 176~178
식품품질보호법 179
신경제재단 270

신화학물질 관리 제도(REACH) 158
실리콘밸리 118, 127
실리콘밸리유해물질연합 127
10배클럽 92
쓰레기 제로 프로그램 373
《쓰레기 제조자들》(패커드) 288, 340

ㅇ

아마존 18, 75, 131, 214, 215, 217~219, 248
아바차, 사니 77
아이티 18, 34, 105~108, 235, 242~247, 312, 345~349, 390
안전음용수법 180
알루미늄(캔) 127~134, 342
앤더슨, 레이 57, 327, 329~332
앤더슨, 워런 172
앨런, 존 54
야수니 우림 75, 76
어린이 화학물질 안전법안(KSCA) 158
어번오어 334
어스라이츠인터내셔널 80
어스라이프아프리카 383
어스워크 61, 72
에렌라이히, 바버라 252
H&M 211~214, 218
에코프린트 115
에콰도르 18, 74~76
에티엔, 야니크 105~107
엘진, 듀안 281, 316
연방 살충제·살균제·쥐약법(FIFRA) 179
연방 식품 의약품 화장품법 178
연합 그리스도의 교회(UCC) 165, 166
열대우림행동네트워크(RAN) 35
염산 123, 136
염소 104, 110, 112~114, 116, 135, 142, 145, 368
염소-알칼리 공장 114, 145

오고니 주민 생존을 위한 운동(MOSOP) 76
오고니랜드(나이지리아) 76, 77, 80
오레스케스, 마이클 305
오루크, 다라 125, 198, 199, 201, 203~205, 213, 249
오리스, 피터 160
오염방지법(1990) 180, 181
옥스팜아메리카 61
온실가스 90, 111, 129, 190, 209, 210, 216, 232, 315, 328, 330, 341, 362, 372, 393, 404
와이즈먼, 로브 236
왁스먼-마키 기후법안 363
왁스먼, 헨리 173
완전 무염소 표백(TCF) 113
《요람에서 요람으로》(맥도너) 111
용기재활용연구소 132, 342
《우리는 모두 하류에 산다》(코스트너) 46
워싱턴주 30, 37, 45, 237
월드워치 133, 265
《월든》(소로) 275
월러치, 로리 239
월마트 18, 139, 164, 196, 211, 218~228, 248, 259, 331~333
위와 대 쉘 소송 79, 80
윅스, 주디 251
윌리엄스, 에릭 123
윌리엄스, 테드 343
〈유기농 면섬유 보고서〉(농약행동네트워크) 102
유니온카바이드 169~173
유럽연합 39, 72, 140, 158, 237, 345, 366
유류오염법 181
유엔 경제사회문화적권리위원회 53
유엔 무역개발회의 391
유엔 식량농업기구 102
유엔환경계획(UNEP) 145
유해 폐기물 181, 362, 378, 381, 391
유해성 없는 의료 기관 352
은제후, 은조키 은조로게 89

의료 폐기물 136, 326, 350, 351
e스튜어드 프로그램 358
이산화탄소 12, 13, 31, 83, 107, 108, 128~130, 134,
　　　207, 209, 280, 314, 315, 362, 372, 393
이센셜액션 77
인간개발지수 410
인간빈곤지수 269
인공 화합물 29, 97, 135, 153, 154, 187
인도 12, 34, 36, 47, 60, 61, 100, 102, 128, 162, 169,
　　　172, 207, 226, 229, 231, 238~241, 272, 273, 291,
　　　315, 338, 351, 365, 397, 404, 405
인식된 구식화 284, 287, 288, 293
인터페이스 57, 214, 327, 329~332
1회용품 286, 287, 324, 325, 341, 365, 371, 395,
　　　396, 418
일산화탄소 130
잉크워크스프레스 115

ㅈ

자원 보전 및 복원법(RCRA) 181
자원 추출 산업 투명성 이니셔티브(EITI) 88
자원의 저주 85, 86, 234
잔류성 유기 오염물질(POPs) 123, 142
장난감(업계) 134, 135, 137, 140, 143, 150, 151,
　　　201~203, 212, 219, 223, 252, 263, 321, 325, 352,
　　　362, 417
장신구(보석) 63, 66, 67
재활용 19, 41, 42, 50, 55, 62, 72, 91, 93, 94,
　　　111~113, 115, 116, 124, 125, 128, 130~133, 136,
　　　138, 139, 152, 188, 190, 216, 223, 309, 325, 326,
　　　330, 332, 333, 335, 341~350, 353, 354, 356~360,
　　　364, 368, 372~375, 392~404
재활용 시 완전 무염소 표백(PCF) 113
재활용은행 394
저스트 인 타임(JIT) 모델 202
저활용 398

전국 유색인종 환경 리더십 회담(1991) 166
전국노동위원회 105
전국재활용연합(NRC) 343
전자제품 폐기물(e폐기물) 64, 72, 119, 319, 326,
　　　352, 354
전자제품회수연합 119, 124, 127, 352, 358
제품정책연구소(PPI) 346
존스, 밴 37, 360
종이 8, 13, 29, 30, 33, 40, 41, 50, 51, 76, 94, 110~116,
　　　126, 145, 158, 165, 167, 216, 217, 261, 269, 311,
　　　313, 324, 326, 327, 344, 351, 363, 365, 368, 374
종합 환경 대응·보상 및 책임법(CERCLA) 180
주빌리 부채탕감 운동 233
중국 9, 12, 36, 100, 105, 110, 125, 128, 198, 207, 208,
　　　218, 226, 228, 229, 252, 289, 315, 334, 335, 340,
　　　356, 397, 398, 411
증기기관의 발명 186
지구 생태 초과 소비 기점일 273
지구경제학 410
지구온난화 83, 129, 309
지속가능 복지 지수 409
지속 가능 삼림 이니셔티브 43
지속가능한바이오물질 연합 81
지속가능경제센터 410
지역 생활경제를 위한 비즈니스 연합(BALLE) 250
지역자립연구소 81, 328, 393, 394
지하 채굴 60
직업안전 및 보건국(OSHA) 176, 178, 223
진보 33, 54, 57, 59, 87, 187, 189, 229, 268, 276, 394,
　　　402, 408, 409, 419
진정 진보 지수 409
질산염 123

ㅊ

책 9, 14, 17, 19, 30, 40, 41, 63, 100, 109~111, 113,
　　　115~120, 122, 125, 137, 211, 213, 215~217, 240,

261, 284, 288, 292, 296, 305, 333, 334, 347, 353, 367
철 59, 60, 98, 120, 129, 133, 134, 326
청공 아야포르, 마틴 69
청소년자연보호단(YCC) 36
청정 생산을 위한 범대서양 네트워크 126
청정대기법 180
청정생산행동 122, 127, 159
청정수질법 180
체내 축적 유해물질량 검사 149
첼라톤, 자야쿠마 405
총경제적 가치 55
친환경종이네트워크 41, 115
《침묵의 봄》(카슨) 181
침출수 360~363

ㅋ

카드뮴 65, 75, 120, 124, 141, 354, 356, 378, 379
카슨, 레이첼 162, 181
카첸, 몰리 280
칼린, 조지 322
캐서, 팀 268, 269
커피 49, 50, 54, 55, 195, 261, 298~300, 315
컴퓨터 18, 95, 117~120, 122~125, 196, 199, 202, 211, 212, 217, 218, 229, 261, 267, 337, 352~354, 356~359, 396, 414
컴퓨터 회수 운동 122
《컴퓨터와 환경》(윌리엄스) 123
케루악, 잭 37
코넷, 엘렌 371
코넷, 폴 323, 324, 371, 375, 398
코레아, 라파엘 75
코스타리카 270, 273, 411
코스트너, 패트 46
코튼, 데이비드 200
콜본, 테오 98

콜탄(탄탈) 70~72, 85, 414
콩고 69~71, 85, 239, 270, 414
쿡, 켄 158
크롬 98, 120, 124, 148
클린턴, 빌 166
키안시호(화물선) 385, 386
킴벌리 프로세스 69, 72, 82
킹, 오나 71

ㅌ

탄소 격리 31, 33, 40
탄탈(콜탄) 70, 72, 120
탈버스, 존 410
태평양연구소 53
터커, 코라 166
터키 108, 206, 278
텔레비전 63, 337
토르케미컬 382~384
토착민 권리 선언 87
퇴비화 46, 58, 346, 363~366, 374, 394, 396, 400, 403, 404, 417
퇴적 침출법 65
트랜지션 타운(전환마을) 251
트리클로산 150

ㅍ

파타고니아 108, 109
패글리아, 토드 43
패커드, 밴스 288, 340
퍼킷, 짐 357, 365
퍼트넘, 로버트 266
펄프화 공정 112, 114
페로, 로스 226
《편집광만이 살아남는다》(그로브) 120
폐기물 에너지화 공장 371, 372

폐기물 투기 391
폐수 50, 75, 76, 103, 104, 123, 155, 163, 164, 165, 361, 376, 384
폐전기전자제품 처리 지침(WEEE) 401
포드, 헨리 282, 283, 289
포리스트에식스 42, 43
포장 50, 93, 125, 126, 137, 138, 183, 215, 216, 223, 245, 278, 328, 340, 343~345, 347, 371, 381, 395, 417
폭스, 피터 306
폴리브롬화디페닐에테르(PBDE) 122, 142
표백제 29, 51, 103
퓨젓사운드 45
프랭크, 로버트 313
프로젝트언더그라운드 77
프리드먼, 토머스 226
프리사이클 217
프린터 261, 354, 356, 400
프린트 온 디맨드(주문 시 인쇄) 기술 217
프탈레이트 135, 140, 141, 147, 191, 223, 417
플라스틱 73, 81, 90, 93, 94, 98, 104, 111, 122~124, 126, 134, 135, 137~139, 143, 150, 153, 163, 175, 268, 302, 303, 312, 324, 326, 327, 339, 341, 345, 348, 351, 353, 354, 356, 362, 394~398, 400, 402
플루오르화물 121, 150
PVC(폴리염화비닐) 223, 263, 300, 302, 303, 322, 324, 331, 352, 357, 362, 368, 417
피크 오일 73, 74
피크, 보비 383
필라델피아(펜실베이나아주) 242, 243, 385~390

해양대기관리처(NOAA) 178
헬팬드, 주디스 308
혁명연합전선(RUF, 시에라리온) 68
호켄, 폴 413
홀렌더, 제프리 402
화장품 417
화학적 펄프화 112
화학제조업협회(CMA) 174
환경보호청(EPA) 83, 113, 150, 166, 174, 176~179, 209, 327, 334, 335, 361, 372, 379, 387, 388, 393
환경실무그룹(EWG) 148, 155, 156, 158, 177
환경유전학 144
환경의 질 사무국 178
환경인종주의 165~167
환경정의 운동 165, 166
환경정의네트워크포럼 383
혹스트라, 아르옌 54
휘발성 유기 화합물(VOC) 114, 362
휴대전화 20, 59, 63, 70, 73, 93, 110, 117, 181, 189, 190, 217, 238, 261, 285, 287, 321, 352~354, 356, 368, 396

ㅎ

하나뿐인 지구 공동체 생활 프로그램 90, 272
하수 시스템 46, 384
항공운송 209, 215, 216
해양 보호 연구 및 보호구역법(해양투기법) 181